中國古代哲學史

复旦大学哲学系中国哲学教研室　编著

上

上海古籍出版社

图书在版编目(CIP)数据

中国古代哲学史 /复旦大学哲学系中国哲学教研室编著.—上海:上海古籍出版社,2011.12(2018.1重印)
 ISBN 978-7-5325-6028-8

Ⅰ.①中… Ⅱ.①复… Ⅲ.①古代哲学—哲学史—中国 Ⅳ.①B21

中国版本图书馆CIP数据核字(2011)第156573号

中国古代哲学史

(全二册)

复旦大学哲学系中国哲学教研室 编著
上海世纪出版股份有限公司
上 海 古 籍 出 版 社 出版
(上海瑞金二路272号 邮政编码200020)
(1)网址:www.guji.com.cn
(2)E-mail: guji1@guji.com.cn
(3)易文网网址:www.ewen.co
上海世纪出版股份有限公司发行中心发行经销
常熟人民印刷有限公司印刷

开本787×960 1/16 印张56.75 插页10 字数843,000
2011年12月第1版 2018 年 1 月第 5 次印刷
印数:8,001—10,100
ISBN 978-7-5325-6028-8
B·743 定价:98.00元
如发生质量问题,请与承印公司联系

目　　录

导论 ……………………………………………………………… 1

第一编　先秦时期哲学

绪论 ……………………………………………………………… 3
　一、中华文明原始思想的萌生 ………………………………… 3
　二、西周文化对中国哲学的影响 ……………………………… 7
　三、由"周文疲敝"到"哲学突破" …………………………… 11

第一章　孔子与其创立的儒家学派 …………………………… 16
　第一节　原始之儒与孔子创立的儒家 ………………………… 17
　　一、孔子之前原始之儒的情况 ……………………………… 17
　　二、孔子创立儒家学派的贡献 ……………………………… 17
　第二节　"吾为东周"的礼的思想 …………………………… 18
　　一、"吾为东周" ……………………………………………… 18
　　二、"必先正名" ……………………………………………… 20
　　三、"道之以德" ……………………………………………… 21
　第三节　"克己复礼为仁"的仁的思想 ……………………… 22
　　一、礼与仁的关系 …………………………………………… 22
　　二、仁的内在性特点 ………………………………………… 23
　　三、"为仁由己"的方法 ……………………………………… 25
　第四节　"以礼制中"的中庸思想 …………………………… 26

一、中庸思想的政治目的 …………………………………………… 26
　　二、中庸思想的方法论意义 ………………………………………… 27
第二章　墨子与其创立的墨家学派 …………………………………… 29
　第一节　"兼以易别"的思想主张 …………………………………… 30
　　一、"尚贤"与"尚同" ………………………………………………… 30
　　二、"兼爱"与"非攻" ………………………………………………… 31
　　三、"节用"、"节葬"与"非乐" ……………………………………… 32
　第二节　"天志"、"明鬼"的形上要求 ……………………………… 34
　　一、"天志"、"明鬼"与"非命"的矛盾 …………………………… 34
　　二、"天志"、"明鬼"的思想意义 ………………………………… 35
　第三节　"三表法"及功利主义思想倾向 …………………………… 37
　　一、"言必立仪"与"三表法" ……………………………………… 37
　　二、功利主义的思想倾向 ………………………………………… 38
第三章　老子与其创立的道家学派 …………………………………… 41
　第一节　老子道的思想的含义与特点 ……………………………… 42
　　一、道的思想的提出 ……………………………………………… 42
　　二、道的两个特点 ………………………………………………… 44
　第二节　道的思想在政治方面的应用 ……………………………… 45
　　一、"小国寡民" …………………………………………………… 45
　　二、"礼者,忠信之薄而乱之首" ………………………………… 46
　第三节　道的思想在生活方面的应用 ……………………………… 47
　　一、"柔弱胜刚强" ………………………………………………… 47
　　二、"慎终如始,则无败事" ……………………………………… 48
第四章　孟子对孔子仁的思想的发展 ………………………………… 50
　第一节　郭店楚简及思孟学派 ……………………………………… 51
　　一、《性自命出》与性的问题的出现 …………………………… 51
　　二、《五行》与"天道""人道"的剥离 …………………………… 52
　　三、郭店楚简、《中庸》与思孟学派 …………………………… 53
　第二节　以良心为基础的性善理论 ………………………………… 55

一、由孔子的仁学到孟子的性善论 ………………………………… 55
　　二、性善的根据在于心善 ………………………………………… 56
　　三、性善论坚持的道德内求的路向 ……………………………… 58
　第三节　以性善论为基础的王道主义 ………………………………… 59
　　一、王道与霸道 …………………………………………………… 59
　　二、王道主义的主要特征 ………………………………………… 61
　　三、孟子的民贵君轻思想 ………………………………………… 62
　第四节　义利观的两个不同向度 ……………………………………… 63
　　一、孟子对孔子义利思想的继承 ………………………………… 63
　　二、理解义利思想需要注意的一个问题 ………………………… 64

第五章　庄子对老子道的思想的发展 …………………………………… 67
　第一节　由老子论道到庄子论道 ……………………………………… 68
　　一、"道在物中" …………………………………………………… 68
　　二、"保身全生" …………………………………………………… 68
　第二节　道的思想与治国之道 ………………………………………… 70
　　一、现实社会环境之险恶 ………………………………………… 70
　　二、庄子对"圣知之法"的批评 …………………………………… 71
　　三、庄子的治国之道 ……………………………………………… 72
　第三节　道的思想与身心自由 ………………………………………… 74
　　一、庄子对身心自由的追求 ……………………………………… 74
　　二、庄子的逍遥理想 ……………………………………………… 74
　　三、庄子"道通为一"的思想 ……………………………………… 76

第六章　《易传》的哲学思想 …………………………………………… 79
　第一节　易学源流 ……………………………………………………… 79
　　一、《易经》与《易传》 ………………………………………… 79
　　二、象数与义理 …………………………………………………… 81
　第二节　《易传》论天道 ……………………………………………… 82
　　一、"一阴一阳之谓道" …………………………………………… 82
　　二、"生生之谓易" ………………………………………………… 82

第三节 《易传》论人道 ……………………………………… 84
一、"惧以终始,其要无咎" ………………………………… 84
二、"天行健,君子以自强不息" …………………………… 84
三、"天尊地卑,乾坤定矣" ………………………………… 86

第七章 名家思想与晚期墨家 ………………………………… 88
第一节 惠施的"合同异"思想 ……………………………… 88
一、关注万物的求知精神 …………………………………… 89
二、"历物之意"的十个辩题 ………………………………… 90
第二节 公孙龙的"离坚白"思想 …………………………… 93
一、名实关系论 ……………………………………………… 94
二、白马论 …………………………………………………… 95
三、坚白论 …………………………………………………… 97
第三节 后期墨家及其逻辑理论 …………………………… 98
一、对于前期名辩思想的反思 ……………………………… 99
二、关于"名"(概念)的思想 ……………………………… 100
三、关于"辞"(判断)的思想 ……………………………… 101
四、关于"说"(推理)的思想 ……………………………… 102

第八章 荀子对孔子礼的思想的发展 ………………………… 104
第一节 "化性起伪"的人性理论 …………………………… 105
一、"性伪之分" ……………………………………………… 105
二、"化性起伪" ……………………………………………… 106
三、"涂之人可以为禹" ……………………………………… 108
第二节 "隆礼重法"的政治主张 …………………………… 109
一、礼的起源、作用和范围 ………………………………… 109
二、"隆礼"而"重法" ………………………………………… 111
三、"一天下"与王霸之分 …………………………………… 113
第三节 "天人相分"的天道观 ……………………………… 114
一、"天行有常" ……………………………………………… 114
二、"天人相分" ……………………………………………… 115

三、"制天命而用之" …… 116

第九章 韩非的法家哲学思想 …… 118
第一节 自私的人性论 …… 118
第二节 变化的历史观 …… 120
第三节 法、术、势论 …… 121
一、前期法家的法、术、势思想 …… 121
二、韩非对前期法家思想的综合 …… 123

第十章 先秦其他学派的哲学思想 …… 126
第一节 孙子与兵家哲学思想 …… 126
一、"兵者,国之大事" …… 127
二、"知彼知己,百战不殆" …… 128
三、"知兵之将" …… 130
第二节 邹衍与阴阳家哲学思想 …… 131
第三节 《黄帝四经》 …… 133
一、《黄帝四经》的发现与成书年代 …… 133
二、道法结合 …… 134
三、天地人合一 …… 136
四、"柔不足寺"与"天下大争" …… 136
第四节 《大学》的历史地位 …… 138

第二编 秦汉时期哲学

绪论 …… 143
一、从"焚书坑儒"到"独尊儒术" …… 143
二、经学时代的确立 …… 145
三、秦汉时期思想哲学的主要特征 …… 147

第一章 《吕氏春秋》:兼融与构建 …… 150
第一节 对以往学说的兼融综合 …… 150
一、吕不韦与《吕氏春秋》 …… 150
二、"用众"与"取众" …… 151

第二节　对以后思想的规划构建 ················· 153
　　　一、自然社会人伦秩序化 ····················· 153
　　　二、思维模式的衍化 ························· 156
　　第三节　《吕氏春秋》的思想基础及意义和影响 ····· 158
第二章　《淮南子》：包罗万象的宇宙图式 ············· 161
　　第一节　刘安与《淮南子》之书 ················· 161
　　第二节　道论与宇宙论 ························· 163
　　　一、道论 ··································· 163
　　　二、宇宙生成观念 ··························· 165
　　第三节　"至道无为"与"人必事焉" ············· 166
　　　一、"至道无为" ····························· 166
　　　二、"人必事焉" ····························· 168
第三章　董仲舒：汉初儒学新形态 ··················· 170
　　第一节　天道至尊 ····························· 171
　　第二节　阴阳五行的形上整合 ··················· 172
　　第三节　以阴阳释性情 ························· 175
　　第四节　感应观念 ····························· 177
　　第五节　政治哲学 ····························· 179
第四章　扬雄援道入儒的思想 ······················· 182
　　第一节　《太玄》的基本结构和思想 ············· 182
　　　一、《太玄》的基本结构 ····················· 183
　　　二、《太玄》的基本思想 ····················· 183
　　第二节　《法言》对儒家思想的弘扬 ············· 186
　　　一、对先秦诸子的评价和吸收 ················· 186
　　　二、"尚智"、"尚勇"的人生取向 ············· 188
　　　三、学以成人的人性理论 ····················· 189
　　　四、"为政日新"的政治思想 ················· 191
　　　五、对谶纬学说的理性化对待 ················· 193
第五章　《白虎通》对汉代思想和制度的整合 ········· 195

第一节　两汉之际儒学的发展概况 …………………… 195
　　一、今古文经学 …………………………………… 196
　　二、谶纬之学 ……………………………………… 197
第二节　《白虎通》对汉代思想和制度的整合 ………… 198
　　一、天人关系 ……………………………………… 198
　　二、名号系统 ……………………………………… 200
　　三、情性理论 ……………………………………… 201
　　四、教化纲常 ……………………………………… 203
　　五、制度总结 ……………………………………… 204

第六章　王充的哲学思想 ……………………………… 207
　第一节　天道自然 …………………………………… 208
　　一、天道自然 ……………………………………… 208
　　二、天人不相感 …………………………………… 209
　第二节　实知与知实 ………………………………… 211
　第三节　性与命 ……………………………………… 213
　　一、人性与教化 …………………………………… 214
　　二、偶成与命定 …………………………………… 216

第三编　魏晋玄学

绪论 ……………………………………………………… 223
　一、丧乱之世 ………………………………………… 223
　二、门阀贵族制度 …………………………………… 224
　三、玄学的思想资源 ………………………………… 225
　四、玄学的方法 ……………………………………… 228
　五、玄学的主题 ……………………………………… 229
　六、玄学与魏晋风度 ………………………………… 231

第一章　正始玄学——"贵无"派（上）……………… 234
　第一节　才性问题 …………………………………… 234
　　一、《人物志》与才性问题 ……………………… 234

二、才性四本论与政治的关系 …… 235
三、才性与玄理 …… 236
第二节　何晏的"贵无"思想 …… 237
一、生平交游 …… 237
二、"贵无"的哲学思想 …… 240
第三节　王弼对玄学理论的建构 …… 243
一、生平交游 …… 243
二、对经学的改造 …… 244
三、"以无为本"的本体思想 …… 244
四、"得意忘言"的玄思方式 …… 247
五、"应物而无累"的人生哲学 …… 249

第二章　竹林玄学——"贵无"派（下） …… 253
第一节　阮籍由儒入道的思想 …… 254
一、生平交游 …… 254
二、由儒入道的现实批判 …… 256
三、自然而放达的玄思与生活 …… 258
第二节　嵇康非儒弘道的思想 …… 262
一、生平交游 …… 262
二、回归道家的思想路向 …… 264
三、"导养得理，以尽性命"的养生理论 …… 266
四、"越名教而任自然"的超越精神 …… 268
五、"方中之美范，人伦之胜业"的玄学风度 …… 274

第三章　裴頠的"崇有"思想——"崇有"派（上） …… 277
第一节　裴頠的政治人生 …… 277
一、生平交游 …… 277
二、"选贤举善"的政治思想 …… 279
第二节　裴頠的"崇有"思想 …… 281
一、裴頠与玄学的转向 …… 281
二、《崇有论》的基本思想 …… 282

第四章 郭象融儒入道的思想——"崇有"派（下） …… 290
第一节 郭象的生平与时代 …… 290
一、元康—永嘉时期的政治与社会 …… 290
二、生平交游 …… 291
第二节 《庄子注》融儒入道的基本思想 …… 294
一、"寄言以出意"的玄思方式 …… 294
二、万物"自生"而"独化"的"自然"论 …… 296
三、由"自然之性"到"自守其分"的"性分"论 …… 299
四、"无为"而"相为"的社会政治思想 …… 303
五、"足性"以"逍遥"的终极追寻 …… 307

第五章 范缜的"神灭"思想 …… 311
第一节 引言 …… 311
第二节 《神灭论》的基本思想 …… 313
一、《神灭论》所要挑战的现实 …… 314
二、《神灭论》的基本内容 …… 315

第四编 汉唐佛教哲学

绪论 …… 323
第一章 汉魏两晋南北朝佛教哲学 …… 330
第一节 佛教的初传 …… 330
一、佛教依附于神仙道术而行 …… 331
二、佛经翻译对佛教传播的推动 …… 333
第二节 早期中国佛教哲学 …… 336
一、"格义"佛教 …… 338
二、般若学和"六家七宗" …… 341
第三节 慧远 …… 348
一、对本无宗理论的发展 …… 349
二、佛教伦理哲学思想 …… 350
第四节 僧肇 …… 353

一、不真空论……………………………………………… 354
　　二、般若无知论…………………………………………… 355
　　三、物不迁论……………………………………………… 357
　第五节　竺道生………………………………………………… 360
　　一、涅槃佛性说…………………………………………… 361
　　二、顿悟成佛义…………………………………………… 364
　余论……………………………………………………………… 368
第二章　隋唐佛教哲学…………………………………………… 370
　第一节　天台宗………………………………………………… 370
　　一、圆融三谛……………………………………………… 371
　　二、一念三千……………………………………………… 374
　　三、性具善恶……………………………………………… 378
　　四、小结…………………………………………………… 381
　第二节　唯识宗………………………………………………… 383
　　一、一切唯识……………………………………………… 385
　　二、八识与转依…………………………………………… 387
　　三、三性与二谛…………………………………………… 394
　　四、小结…………………………………………………… 396
　第三节　华严宗………………………………………………… 397
　　一、法界缘起……………………………………………… 399
　　二、六相圆融……………………………………………… 402
　　三、十玄门………………………………………………… 404
　　四、小结…………………………………………………… 407
　第四节　禅宗…………………………………………………… 408
　　一、明心见性……………………………………………… 410
　　二、禅宗与经教…………………………………………… 414
　　三、顿悟与修行…………………………………………… 419
　　四、小结…………………………………………………… 424

第五编　唐至南宋时期哲学

绪论 ··· 429
　一、唐宋之际社会背景概说 ····················· 429
　二、儒佛道三家的冲突与整合 ················· 431
　三、思想文化的转型 ······························· 433
　四、道学思潮的崛起与演变 ····················· 435

第一章　唐代儒学 ································· 440
　第一节　王通 ·· 440
　　一、"王道"理想 ···································· 441
　　二、"三教"可一 ···································· 441
　第二节　韩愈 ·· 442
　　一、排佛道 ·· 443
　　二、倡"道统" ·· 443
　　三、尊孟子、批汉儒、崇《大学》 ··········· 445
　　四、兴古文、重"师道" ·························· 446
　第三节　李翱 ·· 447
　　一、性情说 ·· 447
　　二、排佛教 ·· 449
　　三、重《中庸》 ······································ 450

第二章　道学思潮的先驱 ······················· 452
　第一节　范仲淹与欧阳修 ·························· 452
　　一、范仲淹 ·· 452
　　二、欧阳修 ·· 454
　第二节　胡瑗 ·· 455
　　一、易学与"性情"论 ····························· 456
　　二、"明体用之学" ·································· 457
　第三节　孙复、石介与李觏 ······················ 459
　　一、孙复 ··· 459
　　二、石介 ··· 461

三、李觏 …………………………………………… 463
第三章　道学思潮的兴起 ……………………………… 465
　第一节　周敦颐 …………………………………… 465
　　一、"无极而太极" …………………………… 466
　　二、"诚者圣人之本" ………………………… 469
　　三、"主静立人极" …………………………… 472
　　四、"孔颜乐处" ……………………………… 473
　第二节　邵雍 ……………………………………… 474
　　一、"先天之学" ……………………………… 475
　　二、"心法"与"理数" ………………………… 480
　　三、"元会运世" ……………………………… 481
　　四、"以物观物" ……………………………… 482
　第三节　王安石 …………………………………… 484
　　一、"新学"与道学思潮 ……………………… 485
　　二、"道德性命之学" ………………………… 487
　　三、"万物一气"与"道立于两" ……………… 490
第四章　张载 …………………………………………… 492
　第一节　"太虚即气" ……………………………… 493
　　一、"太虚无形,气之本体" …………………… 493
　　二、"神化"与"参两" ………………………… 496
　　三、佛道二教"以言乎失道则均焉" ………… 498
　　四、"学至于知天" …………………………… 500
　第二节　"性"与"心" ……………………………… 502
　　一、"天地之性"与"气质之性" ……………… 502
　　二、"变化气质" ……………………………… 503
　　三、"不以见闻梏其心" ……………………… 505
　第三节　"民胞物与" ……………………………… 507
第五章　程颢、程颐 …………………………………… 510
　第一节　发现"天理" ……………………………… 512

一、"天下只有一个理" …………………………………… 512
　　二、形上形下 …………………………………………… 514
　　三、"天理"自然 ………………………………………… 517
第二节　"仁"与"礼乐" ……………………………………… 518
　　一、"仁"之体 …………………………………………… 519
　　二、"礼乐"之体 ………………………………………… 521
第三节　"性即理也" ………………………………………… 522
　　一、"理"、"命"、"心"、"性" …………………………… 523
　　二、"论性"与"论气" …………………………………… 524
　　三、"道心"与"人心" …………………………………… 526
第四节　"诚"与"敬" ………………………………………… 528
　　一、"定性"与"识仁" …………………………………… 528
　　二、"主敬"与"格物" …………………………………… 530
第五节　程门弟子 …………………………………………… 533
　　一、谢良佐 ……………………………………………… 534
　　二、杨时 ………………………………………………… 535

第六章　胡宏 ………………………………………………… 537
　第一节　"吾儒步步着实" ………………………………… 539
　第二节　即物求道 ………………………………………… 542
　第三节　性也者,天地之所以立 …………………………… 544
　第四节　心主乎性,心以成性 ……………………………… 546

第七章　朱熹 ………………………………………………… 551
　第一节　理与气 …………………………………………… 552
　　一、理气先后 …………………………………………… 552
　　二、理一分殊 …………………………………………… 554
　第二节　理与欲 …………………………………………… 557
　　一、人欲中自有天理 …………………………………… 557
　　二、道心却发现在那人心上 …………………………… 560
　第三节　心与性情 ………………………………………… 562

一、已发与未发 …………………………………… 562

二、心统性情 …………………………………… 564

第四节 主敬与穷理 …………………………………… 566

一、主敬涵养 …………………………………… 566

二、格物穷理 …………………………………… 568

第五节 经典与诠释 …………………………………… 570

一、经典诠释的目的 …………………………………… 571

二、经典诠释的方法 …………………………………… 572

第六节 朱熹在中国哲学史上的地位 …………………………………… 575

第八章 陆九渊 …………………………………… 578

第一节 本心即理 …………………………………… 579

一、仁义者人之本心 …………………………………… 579

二、心即理 …………………………………… 582

第二节 发明本心 …………………………………… 584

一、知本 …………………………………… 587

二、立志 …………………………………… 588

三、义利之辨 …………………………………… 590

第三节 朱陆之辩 …………………………………… 592

一、鹅湖之会 …………………………………… 592

二、无极太极之辨 …………………………………… 595

第九章 浙东事功之学 …………………………………… 597

第一节 陈亮 …………………………………… 599

一、经与道的诠释 …………………………………… 600

二、王与霸的论争 …………………………………… 605

第二节 叶適 …………………………………… 610

一、解《易》的用心 …………………………………… 611

二、道之本统 …………………………………… 613

三、古今易时之势 …………………………………… 616

第六编　元明时期哲学

绪论 ··· 623
　一、元代理学的演化 ································· 623
　二、明初理学的变调 ································· 625
　三、明中后期的心学 ································· 627

第一章　元代儒学 ····································· 631
　第一节　许衡 ··· 632
　　一、理在物先,心藏万理 ························· 632
　　二、真知力行,知行并进 ························· 634
　　三、本然与气禀 ··································· 635
　　四、治生最为先务 ································ 638
　第二节　吴澄 ··· 640
　　一、理在气中,太极即道 ························· 642
　　二、舍心无以为学 ································ 643
　　三、格物致知,诚意持敬 ························· 646

第二章　明初理学 ····································· 651
　第一节　薛瑄 ··· 651
　　一、理在气中 ······································ 652
　　二、此心惟觉性天通 ····························· 654
　第二节　吴与弼与胡居仁 ··························· 657
　　一、吴与弼：身体力行 ··························· 658
　　二、胡居仁：主敬穷理 ··························· 660
　第三节　陈献章与湛若水 ··························· 663
　　一、静坐中养出端倪 ····························· 664
　　二、以自然为宗 ··································· 666
　　三、湛若水的心学思想 ··························· 668

第三章　心学思想 ····································· 674
　第一节　王守仁 ······································ 674
　　一、心即理 ··· 675

二、知行合一 679
　　三、致良知 686
　　四、阳明学的历史评价 689
　第二节　王畿与阳明后学 691
　　一、四无说 691
　　二、悟门不开，无以证学 694
　　三、以无念为宗 697
　　四、以良知范围三教 700
　　五、现成良知与阳明后学 703
　第三节　王艮与泰州学派 707
　　一、良知现成 709
　　二、格物安身 712
　　三、泰州学派 716

第四章　气学思想 725
　第一节　罗钦顺 725
　　一、理气为一物 725
　　二、心学批判 728
　第二节　王廷相 732
　　一、气为实体 732
　　二、性出于气 736
　第三节　气学与明代思想 741

第五章　晚明思想 745
　第一节　顾宪成与高攀龙 745
　　一、心学批判 746
　　二、以性宰心 749
　　三、格物是求放心 751
　第二节　刘宗周 753
　　一、思想变迁 754
　　二、以慎独为宗 756

三、意为心之所存 ………………………………………… 759

第七编　明末至清中后期哲学

绪论 ……………………………………………………………… 767
　一、明末清初对理学的反思 ………………………………… 767
　二、清代前期的哲学特点 …………………………………… 772
　三、清代中后期的哲学特点 ………………………………… 773
第一章　明末清初对理学的反思 ……………………………… 775
　第一节　黄宗羲 ……………………………………………… 775
　　一、理气是一 ……………………………………………… 776
　　二、盈天地皆心 …………………………………………… 778
　　三、工夫与本体 …………………………………………… 779
　　四、《明夷待访录》 ………………………………………… 780
　第二节　顾炎武 ……………………………………………… 783
　　一、道寓于器 ……………………………………………… 783
　　二、一气相感 ……………………………………………… 785
　　三、行己有耻 ……………………………………………… 786
　　四、经学即理学 …………………………………………… 787
　第三节　王夫之 ……………………………………………… 789
　　一、太虚即气 ……………………………………………… 790
　　二、理依于气 ……………………………………………… 791
　　三、道器之辨 ……………………………………………… 792
　　四、理欲合性 ……………………………………………… 794
　　五、行可兼知 ……………………………………………… 796
　　六、理势相成 ……………………………………………… 798
　第四节　颜元与李塨 ………………………………………… 799
　　一、人性皆善 ……………………………………………… 799
　　二、习行经济 ……………………………………………… 801
　　三、效法三代 ……………………………………………… 803

四、李塨对颜学的发扬与修正 …………………………………… 806
　第五节　方以智 ………………………………………………………… 808
　　一、气一元论与太极一元论 …………………………………… 809
　　二、"质测"、"通几"与"宰理" …………………………………… 812
　　三、三教归《易》 ………………………………………………… 813
第二章　清代前期的理学 ……………………………………………… 817
　第一节　李光地 ………………………………………………………… 817
　　一、折中理气 …………………………………………………… 818
　　二、心与性合 …………………………………………………… 818
　第二节　陆陇其 ………………………………………………………… 819
　　一、尊朱辟王 …………………………………………………… 820
　　二、一本之理气 ………………………………………………… 821
　　三、人身之太极 ………………………………………………… 823
　第三节　李颙 …………………………………………………………… 824
　　一、兼取朱王 …………………………………………………… 825
　　二、悔过自新 …………………………………………………… 826
　　三、明体适用 …………………………………………………… 827
第三章　清代中后期的哲学思想 ……………………………………… 829
　第一节　戴震 …………………………………………………………… 829
　　一、气化即道 …………………………………………………… 830
　　二、就事求理 …………………………………………………… 831
　　三、理存乎欲 …………………………………………………… 832
　　四、由词通道 …………………………………………………… 833
　第二节　焦循 …………………………………………………………… 835
　　一、实测而知 …………………………………………………… 836
　　二、一贯与异端 ………………………………………………… 837
　　三、人道与天命 ………………………………………………… 839
　第三节　阮元 …………………………………………………………… 842
　　一、相人偶为仁 ………………………………………………… 842

二、性命与节性 …………………………………………… 845
第四节　凌廷堪 ……………………………………………… 848
一、以礼代理 ……………………………………………… 849
二、慎独格物 ……………………………………………… 851
第五节　龚自珍 ……………………………………………… 852
一、我气造天地 …………………………………………… 853
二、性无善无不善 ………………………………………… 855
三、尊德性与道问学 ……………………………………… 857
第六节　魏源 ………………………………………………… 859
一、以天为本 ……………………………………………… 859
二、及之而后知 …………………………………………… 861
三、历史观 ………………………………………………… 862

后记 ……………………………………………………………… 865

导　论

中国传统文化中,本没有"哲学"这个名目。汉语"哲学"一词是日本哲学家西周的发明,他在其《百一新论》(1874)中首先用"哲学"来翻译 philosophy 一词,但同时特别声明:他用它来与东方的儒学相区别。直到 1902 年中国人才在《新民丛报》的一篇文章中第一次将"哲学"用于中国传统思想。用是用了,却并未解决一个真正的问题:中国传统思想中有可称为"哲学"的东西吗?

要回答这个问题,首先必须弄清什么是哲学。从"哲学"概念的起源上讲,哲学的确是起源于古希腊。古希腊人称哲学为 philo-sophia,即"爱智慧"的意思。爱智慧当然不是希腊人专有的美德,人类各民族没有不爱智慧的。所以,纯粹将哲学理解为"爱智之学"是十分空洞的。实际上,哲学虽然已有两千多年的历史,但即使在西方,也没有一个统一的定义。有西方人说,哲学是什么是不能定义的,只能在哲学的实践中经验。[1] 此言甚是。但人的哲学经验不可能是一样的,因此,哲学也就可以有不同的模式,不同的概念和不同的做法。即使古代中国传统中完全没有西方形态的哲学,但并不等于古代中国就没有哲学。

不过,这毕竟只是一个逻辑的推理,并没有真正解决问题。虽然哲学可以有不同的形态,不同的经验和不同的做法,只要是哲学,就应该有普遍的

---

[1] Erwin Metzke, *Handlexikon der Philosophie* (Heidelberg: F. H. Kerle Verlag, 1949) s. 227.

共相，有最低限度的一般定义。如果没有"哲学"的一般定义，我们也无法将哲学与非哲学加以区分。因此，要回答中国传统文化中有无哲学，先要有一个一般的规定，即先要明确，哲学是关于什么的？

与其他的科学和人类精神活动相比，哲学是从总体上对生命意义的思索与追问。它的问题不涉及生命的某一具体部分，而是涉及一般生命，涉及我们日常生活中思想与行为的根本前提与背景。哲学的问题不像其他科学的问题那样是从学科内部产生的，而是从外部产生的。哲学总是产生于我们安身立命、为人处世的根基即文化的根基发生了根本的问题与动摇之时，产生于长期的文化传统遇到挑战和崩溃之时，"礼崩乐坏"是哲学产生和发展的根本动力。古今中外，概莫能外。中西哲学的几个高峰期，都有这样的背景。哲学是对人生根本问题、人的自我理解问题的根本思考与回应。哲学是对生命根本问题的引导。如果我们不把哲学讨论的认知问题与具体的科学认知混为一谈的话，那么就会发现，哲学的认知性是派生于它的引导性。苏格拉底"德行即知识"的命题实际已暗示了这一点。

康德在《纯粹理性批判》中说："我理性的全部兴趣（不但是思辨兴趣，而且也包括实践兴趣）统一为如下三个问题：1. 我能认识什么？2. 我应该做什么？3. 我可以希望什么？"[①]在《逻辑学》中，他又补充了"人是什么"这个问题。其中"我能认识什么"自然不能指着各门科学说："各门科学认识的，就是我们能认识的。"相反，这个问题问的恰恰是一般认知的可能性问题，它不仅可知事物的范围或人认知的界限，而且还涉及认知的性质，即涉及每次认知的东西的确定性程度和可靠性，涉及真理和个别真理的内在关联。没有基本而全面的认知引导或导向（cognitive orientation）作基础的话，以上这些都无从谈起。康德曾把哲学区分为学院概念（Schulbegriff）的哲学和世界概念（Weltbegriff）的哲学。前者是一个逻辑完美的知识系统，但必须导向世界概念的哲学。世界概念的哲学不是一种理论之知，而是一种实践之能。哲学的终极目的是在世界上行事的人。因此，康德认为哲学归根结底是道德—实践的；实践理性先于理论理性，是其基础，也是这个道理。

---

① Kant, *Kritik der reinen Vernunft*, B 832 f.

与此相应,"我应该做什么"也决不是要人去参照有效的习俗、法律条文或道德观念,去弄清该做什么。因为那样的话仍然有这样的问题:遵照这些行为指南是否明智或有意义,或它们对我有无根本的约束力。"我应该做什么"这个问题问的是那些行为规范根本的意义和约束力,尤其是它们约束力的根据:它来自哪里?立法者的权威、天道,还是遵守它们产生的个人或普遍的好处?这是任何哲学的核心问题,而不仅仅是伦理学的基本问题。哲学的引导性正体现在它对这个问题的提出和回答上。

"我可以希望什么"问的其实是生命的意义问题。但"意义"在这里不是指"含义",而是指目的,或我们生存的目标。这个问题也是中外哲人一直讨论的问题。但这个问题确如康德理解的那样,不是一个知识的问题,而是一个希望的问题。我们只能希望我们的生命是什么样的。这个问题也可以是一个宗教问题,而如果人们已不能从宗教信仰或各种世界观中找到可信的答案的话,哲学就是唯一可以给予回答的地方。

至于"人是什么"的问题,其答案就包含在以上三个问题中,这三个问题其实就是关于所谓我们的身份(identity)问题,或自我理解问题。哲学就是要从根本上整体地思考这个问题。所以,引导性应该是哲学的普遍特征,即使这个特征也可以有不同的表现。哲学的另一个普遍特征就是它的启蒙功能。孔子在中国被称为"万世师表"。"师"的职责就是传道、授业、解惑,其中起码传道与解惑是可称为启蒙的。无论孔、孟还是苏格拉底、柏拉图,都是人类的启蒙大师。

哲学既是思想的活动,又是思想的成果。哲学无论是引导还是启蒙,都离不开思考。在此意义上我们也可以说哲学是对人类最根本问题的最根本的思考。哲学的一些基本问题表面上看极为艰深,实际上不过是对人类所面对的一些基本问题的高度提炼和抽象。哲学的问题既是一般的,又是历史的。说它是一般的,是说它思考的问题虽然不拘一格,且从不拒绝特殊,但它的表述形式和结论总是一般的。说它是历史的,是说在哲学思考的一般问题中总是浸透了时代和历史的内容。马克思称康德哲学是法国革命的德国理论,就是这个意思。哲学与其时代的根本问题有着深切的关联,哲学史上那些划时代的人物,其言其行,最足证此。陈寅恪说"古人著书立说,皆有所为而发",①亦指思想与时代问题的张力关系,故他要求治哲学史者应对哲学家所处之环境,所受之背景完全明了后,方可下笔。

哲学从表面上看往往表述的形式非常抽象,以至于人们误以为哲学问题都是一些无关现实的虚玄深奥的问题。其实不然。从根本上说,哲学总是对时代问题的根本回应,看不到这一点,就不可能理解一切伟大的哲学。孟子说"知人论世",《淮南子》讲"应时耦变",说的都是这个道理。孟子自己就是这样来说孔子和他自己思想产生的原因的:

> 尧舜既没,圣人之道衰;暴君代作,坏宫室以为汙池,民无所安息;弃田以为园囿,使民不得衣食;邪说暴行又作,园囿、汙池、沛泽多而禽兽至。及纣之身,天下又大乱;周公相武王诛纣,伐奄,三年讨其君……灭国者五十……世衰道微,邪说暴行有作;臣弑其君者有之,子弑其父者有之;孔子惧,作《春秋》……圣王不作,诸侯放恣,处士横议,杨朱、墨翟之言盈天下……杨墨之道不息,孔子之道不著,是邪说诬民,充塞仁义也。仁义充塞,则率兽食人,人将相食。吾为此惧,闲先圣之道,距杨墨,放淫辞,邪说者不得作。(《孟子·滕文公下》)

但是,哲学虽然是对时代问题的回应,却不是给时代问题提出具体操作方案,它只是深层地思考问题的原因,指示问题解决可能的方向。哲学应时但不趋时,这是哲学与意识形态,道术与权术,哲学家和策士的根本区别。孟子所谓"居天下之广居,立天下之正位,行天下之大道;得志,与民由之;不得志,独行其道"(《孟子·滕文公下》)的"大丈夫";荀子的"其言有类,其行有礼,其举事无悔,其持险应变曲当……通则一天下,穷则独立贵名"(《荀子·儒效篇》)的"通儒",实际上就是他们心目中的哲学家形象。哲学家只关心道术,而不在意权术。他们"宁可牺牲机缘,决不肯降低理论"。②古今中外不乏要做王者师的哲学家,无一不以失败告终。这也间接证明,哲学若过于追求功利,哲学将不复存在。哲学虽有实践的根源和意义,但它本身是

---

① 陈寅恪:《金明馆丛稿二编》,上海古籍出版社,1982年,247页。
② 钱穆:《国史大纲》,下册,商务印书馆,2002年,797页。

理论的思考。

古今中外的哲学虽然形态各异,传统不同,但上述哲学的基本特点应该为各国哲学所共有。衡诸中国传统思想,也不例外。中国古代伟大的思想家几乎无一不关心上述基本的问题。"为天地立心,为生民立命,为往圣继绝学,为万世开太平"(张载语)是他们的共同追求。因此,中国古代有哲学应该是没有什么疑问的,尽管古代思想家不把自己的思想叫"哲学"。"中国哲学史"无论是作为一门学科还是作为一个研究领域都是成立的。

然而,由于中国古代没有明确的"哲学"概念,却有儒学和经学,所以要写中国哲学史,首先要明确哲学史与思想史、儒学史以及经学史的区别。哲学史和思想史的区别应该是比较明确的。思想史的外延要比哲学史大,哲学史的内容可以包容在思想史中,但反之则不然。例如,一部中国思想史完全可以讨论"道术"概念的演变;但任何一部中国哲学史恐怕都不会写到郦道元的《水经注》。尽管什么是哲学并没有一个清楚的边界,但什么不是哲学,还是有最低限度的明确界限。再有想像力,人们都不会把《说文解字》或《洛阳伽蓝记》算作哲学文献。

中国哲学史与儒学史和经学史的关系,要比它和思想史的关系复杂得多。由于儒学是中国传统文化的主流思想,与其他传统思想相比,儒学的确也更发达。汉以后它所取得的独尊地位,更使它产生了不少重要的思想家和文献。因此,只要一谈中国传统哲学,人们很自然就将它与儒学联系在一起。但中国传统哲学并不只有儒学一家,道家哲学和佛教哲学同样很有价值,很发达。因此,即使在这个意义上,中国哲学史也不可能就是儒学史。其次,儒学并不等于哲学。它的有些内容的确是哲学,但有些内容肯定不是哲学。这就像佛教或基督教的情况那样,其中有些东西可以算哲学,但其余的就只能是宗教。儒学当然不是宗教,但它也不纯粹是哲学。儒学是以庞杂为特色的思想文化体系,除了哲学外,它还包括有关政治、经济、文化的种种思想,还有许多内容只是政治意识形态甚至当下的对策。儒学史当然应该写所有这些内容;但哲学史则只涉及儒家哲学。

澄清了哲学史与儒学史的关系后,哲学史与经学史的区别也就迎刃而解了。经学是对儒学经典的研究,而经学史是指对儒学经典研究的历史。

如上所述，儒学并不全是哲学，因此，儒学经典也不是哲学经典。例如，《诗》、《书》、《礼》就基本不能算是哲学。① 中国哲学史会在某些内容上与经学史的内容重合，但决不等同于经学史。经学史的许多内容固然不是它所要考察的对象；它的许多内容也是经学史根本不可能纳入的，如道家哲学和佛教哲学。

综上所述，中国哲学史应该与中国思想史、儒学史或经学史有明确的区别。在明确了这些区别后，还须明确中国哲学与西方哲学的区别。本书将内容长度限定在中国哲学的发轫期——先秦到19世纪末，即中国哲学未受西方哲学全面而根本的影响之前。19世纪末以后中国哲学在相当程度上是按照自己所理解的西方哲学的形象在改造和重塑自己，与古代中国哲学已经有明显不同了。将古代中国哲学与现代中国哲学分开论述，既有助于我们把握传统中国哲学的特质，又便于我们认识中国哲学在现代的嬗变。这就是本书的编撰者为何要将自己的写作范围限制到19世纪末为止的原因。

当然，几乎没有一个中国哲学史的写作者和谈论者会不强调或不承认中西哲学的根本不同。然而，这种承认的基本模式往往是近代那种比较简单机械的做法，就是先指出西方哲学的特点，然后中国哲学一定与之相反。如西方哲学重思辨，中国哲学重实践；西方哲学重知识，中国哲学重道德；西方哲学追求的是知识的真理，中国哲学追求的则是超知识的真理；西方哲学重分析，中国哲学重直觉；西方哲学求客观世界的真相，中国哲学求内圣外王；西方哲学的核心观念是自然，中国哲学的核心观念是生命；如此等等，不一而足。总之，仿佛上帝有意安排，中西哲学总是反向而行。这种独断机械的对中西哲学特征的对举概括，其实是很成问题的。

明确中西哲学的区别，决不是将中西哲学作为对立面来观察，来看待。这种做法既歪曲了中国哲学，也歪曲了西方哲学。中西哲学之间的确存在着重大区别，但这种区别不一定是截然相反；它们之间除了区别外也有相近

---

① 由于中国古代文史哲不分，这三部儒家经典中也有若干内容可以算是哲学，但总体上说它们不能算哲学著作。

和相似的地方。明确中西哲学的区别,不是要将这二者机械对立起来,而是要真正把握中国哲学的特质,避免西化中国哲学。中国古代哲学由于其产生的根源、背景、面临的问题,整个文化传统,思维语言以及思维方式都与西方哲学有根本的不同,它注定在形态上、问题上、方式上和特质上与西方哲学有重大的不同,这种重大的不同决定了我们不能将西方哲学的形态、概念、方式、问题简单机械地加以挪用和平移。相反,我们应该努力提炼中国哲学独特的形态、问题、概念体系和方式方法,为真正的世界哲学作出我们独特的贡献。

平心而论,中国哲学没有西方哲学那么复杂。西方哲学在古希腊时已呈百家争鸣的局面,后又融入基督教和阿拉伯文化的因素,到了近代,各民族国家的哲学又呈现出各自的特点与不同,因此,泛泛而谈西方哲学如何如何是很不科学的。中国哲学相对而言要简单些。先秦诸子百家的确精彩纷呈,但魏晋以后除了佛教哲学有些影响外,基本是儒家哲学一枝独秀,诸子学直到清末才方始复苏。当然,这期间儒家哲学还是有许多变化,但其与原始儒学的区别与西方哲学中希腊哲学与基督教哲学或近代哲学的距离,不可同日而语。

但这只是中西哲学比较表面的不同,它并不能决定中国哲学的特质。决定中国传统哲学特质的因素首先在于其起源上的特殊性。中国古代相对完备的政教制度使得学术文化最初在相当程度上竟属官守。班固《汉书·艺文志》依刘歆《七略》分列诸子与王官关系如下:儒家者流盖出于司徒之官;道家者流盖出于史官;阴阳家者流盖出于羲和之官;法家者流盖出于理官;名家者流盖出于礼官;墨家者流盖出于清庙之守;纵横家者流盖出于行人之官;杂家者流盖出于议官;农家者流盖出于农稷之官,等等。这就是后来诸子出于王官说的张本。章学诚在《校雠通议》中也说:

> 后世文字,必溯源于六艺。六艺非孔氏之书,乃《周官》之旧典也。《易》掌太卜,《书》掌外史,《礼》在宗伯,《乐》在隶司乐,《诗》领于太师,《春秋》存乎国史。有官斯有法,故法具于官;有法斯有书,故官守其书;有书斯有学,故师传其学;有学斯有业,故弟子习其业。官守学业皆出

于一,而天下以同文为治,故私门无著述文字。①

章太炎在《国故论衡》中亦言:

是故九流皆出于王官,及其发舒,王官所不能与。官人守要,而九流究宣其义。②

当然,也有不同意的。如胡适就写过《诸子不出于王官论》。胡适的主要论点是"诸子出于王官"说"皆属汉儒附会揣测之辞,其言全无凭据"。③ 胡适的意见并非全无道理,班固等人可能确有牵强附会的毛病,但诸子学说亦不可能凭空发生。如果古代确有职掌文教之官,是古代思想文化的主要生产者和传播者,那么诸子不可能与王官之学毫无关系。由于古代除王官之学外再无别的思想文化资源,它必然构成诸子之学的主要来源。其次,哲学思想的产生需要闲暇。就像在古希腊只有奴隶主才可能从事哲学活动一样,④在中国古代要从事学术活动也需要行有余力,并需要有机会接触流传下来的传统文化。先秦诸子若要有所发明,必须以王官之学作为他们学术思想的起点。而在春秋之际,官学变为私学,为更多的平民百姓提供了接触官学的机会。这也是先秦学术繁荣发达的一个外在原因。⑤ 先秦诸子的这个思想渊源,加上他们身处一个世变剧烈、危机重重的时代,奠定他们现实关怀的基本思想倾向。

中国最早的哲学家与古希腊哲学家另一个重要的不同,是前者有共同的经典作为思想的资源或出发点。《庄子·天下》篇说六艺为百家所共习:"……其明而在数度者,旧法世传之史尚多有之。其在于诗书礼乐者,邹鲁之士搢绅先生多能明之。诗以道志,书以道事,礼以道行,乐以道和,易以道阴阳,春秋以道名分。其数散于天下而设于中国者,百家之学时或称而道

---

① 章学诚:《校雠通义·原道第一》,《文史通义校注》,中华书局,1985年,951页。
② 章太炎:《国故论衡·原学》。
③ 胡适:《诸子不出于王官论》,《胡适文集》,卷二,北京大学出版社,1998年,180页。
④ 当然,也有例外,斯多葛学派的爱比克泰德就是奴隶出身。
⑤ 参看吕思勉:《先秦学术概论》,中国大百科全书出版社,1985年,17页。

之。"章太炎亦曾指出:"六经者,周之史籍。道墨亦诵习之,岂专儒家之业。"①班固甚至说诸子九流"合其要归亦六经之支与流裔"。② 而古希腊哲学家除了《荷马史诗》外没有共同的经典。更重要的是,这些上古流传下来的经典,大都是政史之书。自先秦以来,就有将这些经典视为史书的传统。从庄子"旧法世传之史"到章学诚的"六经皆史"③和章太炎的"六经者,周之史籍",人们一直将六经看作历史。古人并非不知道,"六经皆官书,特典册之大者耳",④之所以仍认为六经皆史,是因为他们对"史"的理解与近代实证主义的理解是不一样的。近代实证主义对历史的理解是,历史是对过去发生之事的纪录。而按近代史学家金毓黻的说法,"史之初职,专掌官文书及起文书草,略如后世官署之掾吏"。⑤ 这就是说,史之所记,多为政事、政法、政令、政制、政典。由于这些东西都与国计民生和社会政治有关,所以人们很容易将与此有关的文书典籍都算为"史":"《易》也者,卜筮之史也;《书》也者,记言之史也;《春秋》也者,记动之史也;《风》也者,史所采于民,而编之于竹帛,付之司乐者也。《雅》、《颂》也者,史所采于士大夫也。《礼》也者,一代之律令,史职藏之故府,而时以昭王者也。"⑥不宁惟是,古人向来不把史看作与当下人生无关的断烂朝报,而是看作有关世道人心、经世济邦的经法。在古人眼里,不仅《春秋》,六经皆关人事政治。"夫《春秋》,上明三王之道,下辨人事之纪,别嫌疑,明是非,定犹豫,善善恶恶,贤贤贱不肖,存亡国,继绝世,补敝起废,王道之大者也。《易》者天地阴阳四时五行,故长于变;《礼》经纪人伦,故长于行;《书》记先王之事,故长于政;《诗》记山川溪谷禽兽草木牝牡雌雄,故长于风;《乐》乐所以立,故长于和;《春秋》辨是非,故长于治人。是故《礼》以节人,《乐》以发和;《书》以道事,《诗》以达意,《易》以道化,《春秋》以道义。"⑦作为中国哲学产生的共同的思想资源和出发点,六经

---

① 章太炎:《国故论衡·原道上》。
② 班固:《汉书·艺文志》。
③ 章学诚:《文史通义·易教上》。此说实本阳明。王阳明《传习录》曰"五经皆史"。
④ 黄建中:《中国哲学之起源》,《学原》,第一卷,第三期,31页。
⑤ 金毓黻:《中国史学史》,河北教育出版社,2001年,8页。
⑥ 龚自珍:《古史钩沉论二》,《龚自珍全集》,上海人民出版社,1975年,21页。
⑦ 司马迁:《太史公自序》,《史记》,卷一百三十。

对中国传统哲学的独特倾向产生了根本的影响。

中国哲学起源上的这两个根本特点,决定了中国古代哲学的基本倾向和基本特质是实践哲学,而不是别的什么东西。自从1958年海外新儒家的四个代表人物发表题为《中国文化与世界——我们对中国学术研究及中国文化与世界文化前途之认识》的宣言,将所谓心性之学定为"中国文化之神髓之所在"以来,随着新儒家对中国哲学影响的扩大,很多人以为中国哲学的特质就是心性之学。我们认为,将心性论阐释为中国传统思想的主流和正宗,恰恰会使中国传统思想中真正有普遍永恒价值的东西湮没不彰。我们看到,在心性论的解释下,中国传统的实践哲学几乎被人遗忘,而诸子学研究则退处于边缘状态,中国传统的政治哲学、历史哲学的研究,也将奄奄一息。中国传统哲学的研究现状足以证明,以心性之学作为中国传统哲学的主要解释原则,遮蔽了中国传统哲学的丰富性和多样性,缩小了中国哲学的问题域,限制了对哲学本身的开放性理解,在很大程度上曲解了中国传统思想,埋没了中国传统思想中真正独特和永恒的东西。

当然,像"哲学"这个概念本身一样,"实践哲学"也是一个来自西方的概念,但这并不妨碍我们将它用来阐明中国哲学的特点,因为它同样关乎人类思想行为的一些基本方面。在西方哲学中,"实践哲学"有狭义和广义之分。狭义的实践哲学只是指道德哲学和政治哲学。广义的实践哲学是指人类正确生活的方式和目的,人的公共世界和政治生活,人的自由活动和人际交往活动的哲学思考。如上所述,中国哲学起源上的两个特殊性使得它从一开始首先就是在狭义和广义两个意义上实践哲学。在外在形式上,先秦诸子就"论实际问题之语,诚较空谈玄理者为多"。① 而思想去向上,更是无一不是要对世道人心有所思考匡正。孔慕大同、老称郅治、墨尚兼爱固不论,就是杨朱、名家、管子、法家等等,其思想趋向也无一不是实践哲学的。

但这决不是说中国古代哲学就只是实践哲学,更不是像有些人狭隘理解的,中国哲学只是道德伦理之学。相反,我们祖先形上之思的能力并不弱。"四方之内,六合之里,万物所生恶起?……季真之莫为,接子之或使,

---

① 吕思勉:《先秦学术概论》,11页。

二家之议,孰正于其情? 孰偏于其理?"①"未有天地可知邪? ……死生有待邪? 有先天地生者物邪?"②"夫有形生于无形,则天地安从生?"③"古初有物乎? ……物无先后乎? ……上下八方有极尽乎? ……物有巨细乎? 有修短乎? 有同异乎?"④他们同样会问这些类似前苏格拉底哲学家们问的深奥问题。当然,中国古代哲学家并非一开始就是形而上学家,他们的思想,往往是从实践问题上升到思辨问题。

> 遂古之初,谁传道之? 上下未形,何由考之? 冥昭瞢暗,谁能极之? 冯翼惟像,何以识之? 明明暗暗,惟时何为? 阴阳三合,何本何化? 圜则九重,孰营度之? 惟兹何功,孰初作之? 斡维焉系? 天极焉加? 八柱何当? 东南何亏? 九天之际,安放何属? 隅隈多有,谁知其数? 天何所沓? 十二焉分? 日月安属? 列星安陈? 出自汤谷,次于蒙泛。自明及晦,所行几里? 夜光何德,死则又育? 厥利维何,而顾菟在腹? 何暗而晦? 何开而明? 角宿未旦,曜灵安藏? ……九州何错? 山谷何洿? 东流不溢,孰知其故? 东西南北,其脩孰多? 南北顺堕,其衍几何?⑤

这是屈原在《天问》中提出的许多形上气味强烈的问题的一部分。但屈原并不是玄学家,他本也无意像前苏格拉底哲学家那样以探寻宇宙世界奥秘为职志。他是在实践活动中遭遇极大挫折与不幸,在极度痛苦的情况下转向形而上学问题的。"屈原放逐,……仰天叹息,见楚有先王之庙及公卿祠堂,图画天地山川神灵琦玮谲佹,及古贤圣怪物行事。周流罢倦,休息其下,仰见图画,因书其壁。呵而问之,以泄愤懑,舒写愁思。"⑥汉人王逸对屈原形上之问产生的描写固然有想像的成分,亦合乎情理。

我们中国人向来是将"究天人之际"与"通古今之变"联系在一起的。

---

① 《庄子·则阳》。
② 《庄子·知北游》。
③ 《列子·天瑞篇》。
④ 《列子·汤问篇》。
⑤ 屈原:《离骚·天问》。
⑥ 王逸:《楚辞章句·序》。

"究天人之际"是为了"通古今之变";而"通古今之变"必须"究天人之际"。古人向来认为,道通为一。"古之所谓道术者,果恶乎在?曰:无乎不在。曰:神何由降?何由出?圣有所生,王有所成,皆原于一。"①内圣外王本非二事,"内圣外王之道暗而不明,郁而不发,天下之人各为其所欲焉以自为方",才会"道术将为天下裂"。② 因此,我们应该把实践哲学理解为中国古代的第一哲学,哲学的其他方面或其他哲学都是在这个基础上生发出来的。当代一些研究者津津乐道的形而上学问题,第一批中国哲学家并未在意。"六合之外,圣人存而不论;六合之内,圣人论而不议。春秋经世先王之志,圣人议而不辩。"③ 宇宙论问题也好,本体论(中国传统哲学意义)问题也好,既不是单独产生的,也不是最先产生的。形而上学在中国通过老庄、魏晋玄学和宋明理学几个阶段才渐成系统也说明了这一点。如果说古希腊哲学要靠苏格拉底才把哲学从天上带回了人间;那么中国哲学是从人间逐渐向天上延伸,但始终没有离开人间。这是我们中国哲学最可宝贵的传统。

迄今为止,中国哲学是生命的学问,是人生哲学的观点非常流行。研究者在其他问题上或有分歧,唯独在这个问题上少有异议。殊不知,所谓人生哲学乃实践哲学内涵之一。前面已经说过,实践哲学关心的是人类正确生活的方式和目的,实际上是对人生意义的思索与探究。因此,广义的实践哲学总是与人生哲学有关。实践哲学的概念完全可以涵盖中国哲学是生命的学问或中国哲学的道德性之类的说法。孔孟老庄固然是要给人生一个引导性方向;西来的释氏又何尝不是。所以,即使包括佛教哲学,中国哲学的基本特质是实践哲学仍然是成立的。

衡诸整个古代中国哲学史,中国哲学的基本特质是实践哲学仍然不可动摇。虽然汉代并非如一般人所以为的,武帝以后就是儒家的一统天下;而是"武帝以后,学者犹皆治诸子百家之学"。④ 但"两汉思想家的共同特性,是对

---

① 《庄子·天下》。
② 同上。
③ 《庄子·齐物论》。
④ 柳诒徵:《中国文化史》,上卷,东方出版中心,1996年,312页。

现实政治的特别关心"。① 这就决定了两汉哲学基本的实践哲学特征。即如在被人看成"重知识不重道德"②的王充,其动机也完全是实践哲学的:"故《论衡》者所以铨轻重之言,立真伪之平……其本皆起人间有非,故尽思极心,以机世俗……况《论衡》细说微论,解释世俗之疑,辩照是非之理。"③王充这里说的"是非",不是知识论意义上的是非,而是"人间是非"。他的攻击目标不在纯知识世界,而在"世俗"。所以说他的哲学也属实践哲学范畴。与两汉哲学并非儒家哲学的一统天下一样,魏晋时代哲学也并非只有玄学。即便玄学,也是实践哲学意义上的玄学。从表面上看,玄学家消极避世,实际却正是实践哲学的考量使然:"魏正始中,何晏、王弼等祖述《老》、《庄》,立论以为:'天地万物皆以无为本。无也者,开物成务,无往不存者也。阴阳恃以化生,万物恃以成形,贤者恃以成德,不肖恃以免身。故无之为用,无爵而贵矣。'"④玄学家的清谈玄言并非空无内容,也并非在彼岸世界或超验世界。玄学家不像古希腊的犬儒,他们许多人本来都有志世事,迫于环境不得不流于空谈。但从哲学角度看,他们的言谈并不"空",何晏、王弼玄思精深,但其实践哲学的取向,却是无可怀疑的。佛教哲学总的倾向当然是出世,但作为一种人生哲学或生命的学问,它同样应该算是实践哲学,而不是理论哲学。隋唐时代除了佛教哲学外哲学不甚发达,但基本是实践哲学一路是没什么疑问的。宋明理学被新儒家加以心性论解释后,其实践哲学的本旨往往湮没不彰。虽然宋明理学在形上思维方面达到了很高的成就,但理学诞生的初衷,却并非是纯理论的。理学产生之原因按柳诒徵的解释是:"(一)则鉴于已往之社会之堕落,而思以道义矫之也;(二)则鉴于从来之学者专治训诂词章,不足以淑人群也;(三)则韩、李之学已开其绪,至宋盛行古文,遂因文而见道也;(四)则书籍之流通盛于前代,其传授鼓吹,极易广被也。而其尤大之原因,则沟通佛、老,以治儒书,发前人之所未发,遂别成一时代之学术。"⑤理学家是"要把事功消融于学术里,说成一种

---

① 徐复观:《两汉思想史》,第二卷,华东师范大学出版社,2001年,344页。
② 同上,356页。
③ 王充:《论衡·对作篇》。
④ 房玄龄等:《晋书》,卷四十三。
⑤ 柳诒徵:《中国文化史》,下卷,东方出版中心,1996年,508页。

'义理'",①所以他们才能"不以事功为止境,亦不以禅寂为指归",②"明体达用,本末兼赅。"③理学在明清之际遭到猛烈的批评,在某种意义上甚至可以说明清代哲学是以批判理学或维护理学来区分的。维护理学不去说,批判理学的无一不借助实践哲学的名义和理由。

总之,就像历史决不停滞一样,中国哲学两千年里也是有许多发展的。但是其实践哲学的特质却没有根本的改变和消失。伟大的德国哲学家莱布尼茨曾对中西哲学的特长作过如下的比较。他说:"在思考的缜密和理性的思辨方面,显然我们要略胜一筹",但"在实践哲学方面,即在生活与人类实际方面的伦理以及治国学说方面,我们实在是相形见绌了"。④ 旁观者清,莱布尼茨的这个观察基本上是正确的。

"实践哲学"不能包括中国传统哲学所有的东西,这是必须强调的。但它的确是了解中国传统哲学特点的一个可靠进路。不能把中国哲学的所有问题都还原和化约为实践哲学,但中国传统哲学的大部分问题都与之有直接或间接的关联,中国传统哲学的各个流派也都有实践哲学的倾向。

实践哲学的取向不仅应该是我们解释中国古代哲学的基本进路,也应该是我们学习中国传统哲学的基本进路。为什么要学习中国传统哲学?当然不是为了发思古之幽情;也不是为了掌握关于中国古代哲学的一些客观知识。一个不学哲学的人可以轻而易举地掌握张载是《西铭》的作者;或"克己复礼"语出《论语》,但他不可能懂得"克己复礼"的含义。他不会哲学地思考。学中国传统哲学和学西方哲学一样,都是我们哲学实践的一部分。学哲学不像学物理化学那样,是在学习对象外面去逐渐掌握它们。哲学活动归根结底是人的生命活动,当我们在从事这种活动时,我们已经在哲学中了。学习哲学,不是为了掌握一门谋生的技能,也不是为了任何功利的目的。学习哲学,只是因为我们觉得生命需要有智慧的引导,对人对世界我们要有不同寻常的洞察。这也是我们学习中国哲学史的根本目的。

---

① 钱穆:《国史大纲》,下册,560页。
② 柳诒徵:《中国文化史》,下卷,515页。
③ 同上,514页。
④ [德]夏瑞春编:《德国思想家论中国》,陈爱政等译,江苏人民出版社,1995年,4、5页。

在中国古代哲学中,蕴含着丰富的智慧,这些智慧不会过时,并且具有一般的意义。作为中国人,我们理当继承这份宝贵的遗产,并加以发扬光大。今天的人类在征服自然和利用自然方面已经达到了很高的成就,但是对于人自己的生活,无论是私人生活还是共同生活,却始终不能有合理的安排。人类始终生活在战争的阴影、环境的危机或贫富的对立中。更危险的,是虚无主义的幽灵越来越渗入人类的生活。人类分辨是非的能力和正义感并未与他的物质能力成正比发展。很多人放弃了对生命意义的思考。人类现在比任何时候都更需要哲学来引导自己的思想和行动。中国传统哲学和世界别的哲学一样,不是什么救世良方,但中国传统哲学特有的实践哲学智慧,的确对于今天的人类来说,仍有极高的价值。它至少给人类提供了一个审视自己现状和未来的独特视角。学习中国哲学,我们首先要把祖先的实践智慧学到手,这对于我们和其他人类应对我们所面临的复杂问题,都将是必要和重要的。

毋庸讳言,与西方文化近三百年来在世界上的强势地位相一致,西方哲学在今天几乎具有了普遍哲学的地位。但是西方哲学本身的危机告诉我们,西方哲学也只是一种特殊哲学。它有它无与伦比的优点;但也有它的缺点和盲点。我们当然不能说中国哲学就比西方哲学高明,但的确有它所没有的优点和长处。如果我们能用现代但中国的方式将这些优点和长处阐发出来,不仅能补西方哲学之失,也是对世界哲学的一个贡献。它也定将有助于克服今天哲学面临的普遍危机。

与别的学科不同,哲学总是与它的历史连在一起的。故德国哲学家有"哲学就是哲学史"的说法。哲学史与其他史不一样的地方在于它不仅仅是史,只要求取过去的真相便算大功告成。哲学史本身就是哲学,很多哲学家都是通过对哲学史的研究、阐释和批判来表达自己的观点的,中国哲学史上如朱熹的《四书集注》,王夫之的《读四书大全说》,戴震的《孟子字义疏证》;西方哲学史上如托马斯·阿奎那对亚里士多德《尼各马可伦理学》的评注,黑格尔的《哲学史讲演录》,海德格尔的《尼采》等,都是这方面著名的例子。学习物理学可以不学物理学史,而学哲学一定不能不学哲学史,也就是因为这个道理。别的学科你只要了解它们的最新成果就够了,但哲学不同。当代哲学既不是哲学的全部,也不是哲学的顶峰。哲学可能会不断产生新的概念和思想,但它那些古老的概念和思想却不一定就因此而过时。相反,哲学的一些基本概念始终在人类的哲学思考中起着重要作用,尽管它们的意义会有所不同或扩充。在哲学史上,那些自称是全新的哲学总是最贫乏的。

就哲学而言,创新的力量总是与了解过去的能力成正比的。我们学习中国传统哲学,或者说学习中国哲学史,不是为了过去,而是为了现在,为了培养我们自己的哲学能力,为了发展当代中国哲学。学习中国哲学史,就是要把传统哲学变为我们今天哲学创新的基础和养料。学习中国哲学史,就是要使我们找到和建立一套中国的哲学话语系统和概念系统,逐步摆脱现在中国哲学界流行的西方哲学话语,让哲学真正说中文。否则我们就不可能有真正的中国哲学。

要达到上述这些学习中国哲学史的目的,必须有一些基本的方法论原则。没有正确的方法论原则,上述目的只能是一些良好的愿望。这里首先碰到的问题就是如何处理与西方哲学的关系。之所以要将这个问题首先加以提出,是因为西方哲学与其他西方文化成果一样,对现代中国文化产生了根本性的影响。就拿哲学来说,现在学习和研究哲学的中国人,相当数量的人对西方哲学的了解甚于中国古代哲学,这是一个我们不能不承认的事实。并且,由于西方文化的强势影响,西方哲学的许多概念早已融入我们的语言和思想,成为我们思想资源的一部分。因此,即使我们想要维护中国哲学的"纯洁性",恐怕也无法做到。同时,我们也无法否认,我们的确是在西方哲学的影响下开始思考中国哲学的问题。这些都决定了西方哲学对我们的影响具有历史和现实的合理性;我们使用西方哲学的一些概念、范畴甚至视点来考察和表述我们的传统哲学,也有一定的合理性。因此,恰恰是为了真正理解中国哲学的特质,我们必须更多地了解西方哲学。近代以来中国哲学史研究与写作之所以不令人满意,很大程度上在于从业者对西方哲学了解还不太够。诚如王国维当年所说:"且居今日之世,讲今日之学,未有西学不兴而中学能兴者,亦未有中学不兴而西学能兴者。"①"异日发明光大我国学

---

① 徐洪兴编:《求善·求美·求真——王国维文选》,上海远东出版社,1997年,112页。

术者，必在兼通世界学术之人，而不在一孔之陋儒固可决也。"①只有对西方哲学有透彻的了解，我们才能真正知道中国哲学特质何在，才不至于将西方哲学的某些特殊概念作为普遍的哲学概念来改造中国哲学，才能真正将中国哲学的传统发扬光大。但这决不等于我们就应该听任中国哲学西化。在一定程度上承认西方哲学的影响和使用西方哲学部分资源的合理性，不等于放弃梳理出中国哲学发展的独特思路，勾勒出中国哲学特有的问题域，建构中国哲学自己的概念体系这个根本目标。这也就是陈寅恪在《冯友兰中国哲学史下册审查报告》中说的："必须一方面吸收输入外来学说，一方面不忘本来民族之地位。"②只有这样，中国哲学才能为普遍哲学作出自己的贡献。而要达到这个根本目标，就必须保持对西方哲学概念、范畴和视点本身的反思与批判。只有这样，我们才能以我为主合理地使用西方哲学的一些资源，而又不为其所囿，造成让古人讲洋话的尴尬。

"使古人讲洋话"有一个重要的社会历史存在的原因，这就是我们的现代语言和现代生活方式受到西方现代文化和现代性的极大影响。由于西方文化是和现代性结合在一起影响我们，而我们又忘了现代性本身具有历史性，而以为它具有非历史、超时间的普遍性，因而经常忘了我们自己存在的历史性，就不免让古人说洋人的话，或说我们的话。③ 为避免"今日之谈中国哲学者，大抵即谈其今日自身之哲学者也。所著之中国哲学史者，即其今日自身之哲学史者也"（陈寅恪语），还必须像陈寅恪说的那样，要有"了解之同情"。即要对古人的问题处境及其著书立说的出发点和目的、用意和对象，有真切的了解和理解，方可落笔。所谓"真切的了解和理解"，陈寅恪有一极好的论述："必神游冥想，与立说之古人，处于同一境界，而对于其持论所以不得不如是之苦心孤诣，表一种之同情，始能批评其学说之是非得失，而无隔阂肤廓之论。否则数千年前之陈言旧说，与今日之情势迥殊，何一不

---

① 徐洪兴编：《求善·求美·求真——王国维文选》，上海远东出版社，1997年，126页。
② 陈寅恪：《金明馆丛稿二编》，上海古籍出版社，1980年，252页。
③ 这也并非始于今日，早在上个世纪二三十年代那些热衷整理国故的人已经这么做了（见陈寅恪：《金明馆丛稿二编》，上海古籍出版社，1980年，248页）。

可以可笑可怪目之乎?"①这就是说,在学习和研究中国哲学史时,必须贯彻历史性的方法论原则,不能以今度古,强作解人,把古人不可能有的种种思想要求于古人或强加于古人。

陈寅恪这里说的"了解之同情"不能简单理解为"移情",即完全没有批判的想当然式的"设身处地",因为"此种同情之态度,最易流于穿凿附会之恶习"。②欲避免此一"恶习",首先需要对史料的考证、整理、排比、解释,即对史料或原始资料的批判功夫。但仅有史料批判是不够的。还必须有内容和思想的批判。学习中国哲学史,同样需要有批判的态度。但这种批判决不是将后人的思想强加于前人,或以后人自己的标准来批判前人。即使是哲学史,也应该以历史本身来研究历史;但这决不等于说为历史而历史。研究哲学史是为了从中吸取智慧与养分,以为今天和未来的创造之资源和凭借。正因为如此,哲学史的批判应该是内在的批判而不是外在的批判,即以研究对象自己的逻辑理路和思想立场去批判他们,指出他们思想的内在缺陷,而不是以我们今天的思想立场去批判。只有这样的批判,哲学史才能真正成为我们哲学的一部分,而不是显示哲学史写作者比古人高明的工具。指责孔子不懂唯物辩证法或公孙龙子不符合现代逻辑,根本不是哲学意义上的批判,充其量是思想的无能和幼稚。它无论对于我们理解和掌握过去的思想还是自身哲学素养的提高,都毫无帮助。

然而,这并不是说我们应该以自然科学那种"客观认识"的态度去学习哲学史。如果哲学史的学习不是像学地理知识那样的客观知识的学习,而就是我们哲学活动的一部分,那么我们对哲学史就不可能有自然科学一样的"客观认识"。这当然不是说我们可以任意伪造哲学史,而是说我们在学习哲学史时,不能没有一定的释义学的解释和阐述,即从自己的问题出发,从哲学史中阐发出能够充实和激发我们应对面临的困境和问题,创造今天和未来的智慧。这种释义学的阐释当然不能是以今度古,更不能胡编乱造或想当然,而是通过阐释使古人的洞见变成今天的智慧,变成我们精神生命

---

① 见陈寅恪:《金明馆丛稿二编》,上海古籍出版社,1980年,247页。
② 同上。

的一部分,就像我们祖先的生命活在我们今天的生命中一样。朱子早就告诫人们:"读书不可专就纸上求义理,须反来就自家身上(以手自指)推究。"①这种释义学的阐释与那种讲孟子的"主体性"、庄子的"进化论"或阳明的"先验哲学"的比附是完全不同的。这种阐释的目的不是以以往哲学家来"证成"自己,而是以他们来充实自己、激发自己和提高自己。它不但要让我们看到我们有一个值得骄傲的传统,也应该证明它还活在我们今天的世界中,就像我们仍活在它的智慧中一样。

编　者
2005 年 4 月

---

① 《朱子语类》,卷十一。

第一编　先秦时期哲学

绪　　论

中华文明有着悠久的历史,中国哲学则是这种悠久文明的核心和基础。要了解中华文明必须研究中国哲学,要研究中国哲学又必须了解中国哲学的起源。只有我们明白了中国哲学是如何萌生、如何奠基、如何突破的,才能明白它为什么会有如此个性鲜明、引人入胜的特质,为什么会沿着与西方哲学几乎完全不同的进路前行。这些是我们在学习先秦哲学之前首先需要了解和掌握的。

一、中华文明原始思想的萌生

同世界上其他古代文明一样,中华文明的起源也离不开生产劳动。但同世界上其他古代文明不同的是,我们祖先的生产劳动有着自己的特点。

从地理环境看,古代中国在北方、西方、东南方都有天然的屏障,同外界的联系受到很大的限制,基本上处于一个半封闭的状态。这种地理环境本身就决定了,中国哲学是在与世界其他文明相互隔离的情况下,独立发展起来的。也就是说,中国哲学的初始时期是靠自己的力量发展起来的,几乎没有受到当时世界其他文明的影响。

受到这种特殊地理环境的限定,我们祖先主要依靠农业为生。农业生产的一个必不可少的条件是水。因此,我们祖先一般都聚居在河谷地区,即使遇到特殊情况被迫迁徙时,也总是寻找水源充足的平原地带。这种地带不仅水源充足便于灌溉,而且土地松软便于耕种。我国基本上是一个以水为生、以农立国的文明古国,水在中华文明产生之初发挥着决定性的作用。

我们祖先在享受水为生活生产带来的方便的同时,也面临着水所造成的巨大挑战。纵横交错的江河湖汊,既给予了灌溉之利,又带来了洪水之灾。中原一带雨水四季分配不均,使这种不利情况进一步加剧。在古代传说中,从黄帝开始,我们祖先就不断同洪水作斗争,有关治水的故事特别丰富多彩,其中夏禹治水即是我国古代最为著名的传说之一。我们祖先在治水过程中一步步成长强大了起来。

由此,农业与治水构成了中华文明产生之初两个非常重要的因素。一方面,由于农业生产必须依附于土地之上,不能像畜牧业那样随意迁移,我们祖先的生活相对来讲较为稳定。生活稳定的一个直接后果是人际联系的复杂。祖祖辈辈生活在同一块土地之上,随着人口的繁衍,不同辈分以及同一辈分的人必然不断增多,如何维系这一庞大的人际关系之网就成了一个大问题。中国人际关系与西方相比要复杂得多,这是一个重要原因。

另一方面,由于治水是一项十分复杂的工作,个人根本无法独自完成,必须依靠集体的力量。夏禹在治水过程中,已知道在政治上将各个不同氏族团结起来,建立共同的治水机构,在组织上按氏族分布的地域确定版图、调剂人力等等,说明我们祖先早就知道利用集体的力量来治理洪水了。这种做法的一个直接结果,是我们祖先在生产力并不十分发达的情况下,很早就建立了非常强大的政权组织,成立了我们今天所说的国家,进入到了文明社会。中华文明之所以被称作早熟的文明,根本原因之一就在于治水。

在生产生活过程中,随着生产能力的提高、生产规模的扩大,先民接触到的东西越来越多,思维能力不断提高。当思维能力达到一定水平时,实际的生产生活领域已经不能满足需要,他们逐渐将思维对象扩展到包罗天地万物的大世界,对这个大世界进行整体性和根源性的思考。这种思考的直接结果是产生了一系列的创世神话。盘古开天辟地便是其中之一:

> 天地浑(混)沌如鸡子,盘古生其中。万八千岁,天地开辟,阳清为天,阴浊为地。盘古在其中,一日九变,神于天,圣于地。天日高一丈,地日厚一丈,盘古日长一丈。如此万八千岁,天数极高,地数极深,盘古

极长。(《绎史》卷一引)

在这个故事中,元初的世界被描述成一个如同鸡蛋一般的混沌状态,蛋白蛋清混成一团,似分未分。盘古居于其中,将这个混沌状态一分为二,天在其上,地在其下,人在其中。天地分别向两个方向扩展,盘古在其中也日长一丈,不断变化,从而形成天数极高,地数极深的局面。这是一个流传很广的故事,它说明了我们祖先对天地起源的一种猜想。除此之外,女娲补天、精卫填海、后羿射日、共工怒触不周山的神话,也都属于这种类型。

值得注意的是,与古希腊相比,我们祖先的创世神话不算太多,流传下来的神话多属于实用型的,其中尤以三皇的传说最为有名:

> 上古之世,人民少而禽兽众,人民不胜禽兽虫蛇。有圣人作,构木为巢以避群害,而民悦之,使王天下,号之曰有巢氏。民食果蓏、蚌蛤,腥臊恶臭,而伤害腹胃,民多疾病。有圣人作,钻燧取火,以化腥臊,而民悦之,使王天下,号之曰燧人氏。(《韩非子·五蠹》)

> 民人食肉饮血,衣皮毛,至于神农,以为行虫走兽难以养民,乃求可食之物,尝百草之实,察酸苦之味,教民食五谷。(《新语·道基》)

有巢氏发明巢居,解决了住宿问题;燧人氏发明钻木取火,解决了饮食问题;神农发现中草药,解决了治病问题(在另一种说法中,三皇中没有神农而有伏羲),而被拥戴为王。他们之所以被后人尊为三皇,无不因为他们有重要的发明,而且这些发明都非常具体实用。

五帝的传说也不例外:

> 黄帝能成命百物,以明民共财。颛顼能修之。帝喾能序三辰以固民。尧能单均刑法以仪民。舜勤民事而野死。(《国语·鲁语上》)

按照这种说法,黄帝的贡献在于能够将百物作为万民的公共财产,颛顼的贡献在于能够将黄帝的做法进一步完善,帝喾的贡献在于发明历法为万民确立生活秩序,尧的贡献在于统一刑法为万民规定仪则,舜的贡献在于为万民的事业到处奔走而献身荒野。这些同样都属于实用型。当然,这些记载的文字出于后人之手,已经明显带有了后人的价值取向,但中国神话传说多偏重于实用型,较少神秘型,则大致是没有疑问的。

中华文明原始思维的萌芽不仅表现在神话传说中,更表现在我们祖先的原始宗教信仰中。我们祖先在文明发展过程中,必须对神灵、世界、人以及它们之间的关系给以某种解释,这些具有原始宗教信仰性质的解释本身就包含着文明的意义,是文明的一个源头和标志。

我国原始宗教大体经过了三个阶段。第一阶段叫作民神不杂。这时有专职的事神人员,女称巫,男称觋。这些专职的事神人员有着超常的感觉能力,通过明神附身实现巫术。一般的人没有这种能力,不参与事神的活动。第二阶段叫作民神杂糅。这时人人祭祀,家家作巫,任意通天,这种做法产生了一个不好的结果,就是宗教信仰的权威性出现了危机。第三阶段叫作绝地天通。绝地天通,就是使天地不通,切断人与神之间的联系。如远古时,颛顼以"古者民神不杂",而今"九黎乱德","民神相杂"为借口,"命南正重司天以属神,命火正黎司地以属民,使复旧常,无相侵渎,是谓绝地天通"。(《国语·楚语下》)

绝地天通的直接含义,是指一个部族在征服了另一个部族之后,强迫被征服者放弃原有的宗教,以信奉自己的宗教,并剥夺被统治者与神相通的权利。在原始社会中,财产为氏族集体所有,人们的关系是平等的。在这种平等关系中,有专人负责宗教事务,个人不需要自己求神祈福,这就是所谓的"古者民神不杂"。后来,随着氏族制度的衰落和贫富分化,出现了私有财产,使得每一个家庭和个人都有了求神祈福的要求,于是发展到"家为巫史"的程度。在这种情况下,开始享有特权的氏族贵族不能容忍这种现状,要求天上的神灵与地上的统治关系相适应,于是上帝神的观念也逐步加强,享有特权的贵族要求垄断与上帝相通的权利。经过绝地天通,人人都有权与神灵相通的局面结束了,原始宗教中的平等意识逐渐消失,神权开始为特权一手垄断。

这种情况在殷人的宗教信仰中得到了充分的表现。从卜辞来看,殷代的崇拜还处于比较具体的阶段,神灵分散多样,占卜的范围无所不包。在这众多的占卜中,帝是殷人的最高信仰,具有最高的权威。帝已经不是早期原始部落的部族神,它有帝廷,有工臣,殷人作为祖先崇拜的先王先公可以宾于帝廷,转达人间对上帝的请示。这说明,帝已经成为统一的神,其他神已不能取代它的位置,其他人也不再能参与神的事务。殷人的政治与宗教由此达到了一致。

二、西周文化对中国哲学的影响

殷商之前的原始文明对中国哲学发展的影响远远赶不上周代。在中国思想史上,殷周之际的转折无论从哪个角度看,都是一个不可忽视的时期。中国哲学可以说就是在殷周两大王朝交替过程中诞生,并在周人的思想自觉过程中奠基的。

西周文化对中国哲学的影响首先表现在它的礼乐制度方面。周克殷后,周公摄政,全面制礼作乐,建构起了一套完整的礼乐制度。在这一制度下,国家政治、社会生活中每一个阶层的人按照宗法血缘的关系,都有确切的定位,该做什么,该怎么做,如穿什么衣服,听什么音乐,站什么位置,说什么样的话,都有极为详细的规定。这样一来,整个社会就有了规范,达到了有序的治理。在这个意义上,西周的礼乐制度可以说是以宗法制为基础的一套完整的政治规范体系。这样一套制度对于刚刚建立的周代王朝来讲,其重要性当然是不言而喻的。"礼,国之干也"。(《左传》僖公十一年)"礼,经国家,定社稷,序民人,利后嗣者也"。(《左传》隐公十一年)这些不同的表述都明确表达了这一层意思。西周政治依靠其礼乐之制,不仅将其国家治理得井然有序,而且形成了一套独特的礼乐文化,使中华文明达到了前所未有的鼎盛时期。

礼乐制度有两大功能,一是治国,一是教人。早在周惠王时的内史过就曾这样讲过:

> 古者先王既有天下,又崇立上帝、明神而敬事之,于是乎有朝日、夕月以教民事君。诸侯春秋受职于王以临其民,大夫、士日恪位著以儆其官,庶人、工、商各守其业以共其上。犹恐其有坠失也,古为车服、族章以旌之,为贽币、瑞节以镇之,为班爵贵贱以列之,为令闻嘉誉以声之。

(《国语·周语上》)

这是说,崇立上帝、敬事鬼神的制度主要是为了"教民事君",让庶民服从君主。各种辅助方式,如等级性的车服、旗章、瑞节、班爵等也都是为了实现这个目的。更为重要的是,在这个过程中,庶民也得到了教育,有了道德仁义。"道德仁义,非礼不成"(《礼记·曲礼》)所要表达的正是这一思想。这就说明,礼的一个重要功能是成德成义,上下有序,因为在维持礼乐制度的同时,也就培养了人的道德意识,使人们明白辞让、合亲、睦友之道的教化功能。

另外,西周文化对中国哲学的影响也表现在周人的敬德保民思想方面。殷商在统一了中原大部分领土之后,其统治者提出了"有命在天"的理论,认为他们的统治是上天赋予的,以此来证明自己统治的合理性。这种理论在殷商末期受到了很大的挑战,因为殷人的政治并没有得到上天的保佑,而是让周这样一个原先不起眼的小部族给推翻了。

"小邦周克大国殷"的历史壮举在思想上产生的动荡是空前的。如何解释"有命在天"的殷商政治的倒台呢?周代的统治者对此做出自己的解释。他们提出了这样一个重要思想,叫作"惟德是辅":

> 皇天无亲,惟德是辅。民心无常,惟惠之怀。(《尚书·蔡仲之命》)
> 我不可不监于有夏,亦不可不监于有殷。我不敢知曰,有夏服天命,惟有历年;我不敢知曰,不其延。惟不敬厥德,乃早坠厥命。我不敢知曰,有殷受天命,惟有历年;我不敢知曰,不其延。惟不敬厥德,乃早坠厥命。(《尚书·召诰》)

周人认为,殷王自认为身负天命而任意非为,结果丧失了天命,周人不再像殷人那样把天命视作永恒的赐予,而是从自己的行动中寻找历史变动的因果性。这其中一个极为要紧的因素就是德的观念。只有"敬德"才能受命保命。"皇天无亲,惟德是辅"这一思想既是对殷人神授王权思想的历史性修正,也标志着宗教思想的一场根本变革的开始。从此之后,在中国历史上德的观念开始逐渐明确起来。

保民思想是与敬德紧密联系在一起的。周人注意到,殷朝灭亡的一个重要教训是没有处理好与庶民的关系,其政治根基早在武王伐纣之前,就被民众不断的造反摧毁了。周人在夺取政权后,时刻警惕这一历史教训的重演,始终保持对民众的敬畏态度。《尚书》中有大量有关的论述:

> 惟天地万物父母,惟人万物之灵,亶聪明,作元后,元后作民父母。(《泰誓》上)
>
> 天矜于民,民之所欲,天必从之。(《泰誓》上)
>
> 惟天惠民。(《泰誓》中)
>
> 天视自我民视,天听自我民听。百姓有过,在予一人。(《泰誓》中)

这里明确强调,天地是万物的父母,人是万物之灵,聪明者作君主,而君主则主要是承担作为百姓父母的责任。这一思想明确告诉人们,天爱护人民,倾听人民的呼声,天以人的意愿作为自己治理人世的标准。这种把民意民心抬到天意的高度,强调为官必须时刻关注民意民心的思想,成为著名的民本论的滥觞。

最后,西周文化对中国哲学的影响还表现在阴阳五行观念方面。阴阳是《周易》的基础。虽然阴阳两字对称并不见于《周易》古经之中,但《周易》中已经具有了阴阳的观念,并借助阴爻、阳爻、六十四卦的体系系统地表现出来。在《周易》的卦象和卦爻中,阴阳观念在客观和主观两个方面得以表现。在客观上,阴阳观念表示天地万物普遍存在的现象,实质上是一种天道观;在主观上,则表示主体在人事活动中两种相反的精神状态,阳代表积极、向上、进取,阴代表消极、向下、退守,又是一种人道观。

由阴阳对立为始发点,《周易》又引出变易的观念。所谓变易说到底是阴阳矛盾的结果。从卦象上看,任何一卦如果改动其中一爻,都可以变成另外一卦,代表完全不同的一个意思。从八卦和六十四卦的排列次序中,我们很容易看出这种推移变化的过程。例如乾卦取象于龙,从龙的活动环境与活动方式,描绘了事物发展的一般过程:

> 初九,潜龙勿用。九二,见龙在田,利见大人。九三,君子终日乾乾,夕惕若,厉,无咎。九四,或跃在渊,无咎。九五,飞龙在天,利见大人。上九,亢龙有悔。

事物由"潜"到"见",由"跃"到"飞",象征着事物发展的变化,进而不断上升而得到充分的发展,而人的成长过程也是如此。"君子终日乾乾",就是告诫人们要天天进步,夜夜反省,那样即使处于危险境地也不可怕了。然而,事物发展如果达到极限又会向相反的方面转化。"亢龙有悔"就是告诫人们在取得成功后不可忘乎所以,否则必然后悔莫及。

五行观念则见于《洪范》当中。《洪范》是《尚书·周书》中的一篇,记载了武王克殷后拜访箕子,请教如何治国之事。《洪范》之所以引人关注,是因为它首次明确提出了五行的观念:

> 五行:一曰水,二曰火,三曰木,四曰金,五曰土。水曰润下,火曰炎上,木曰曲直,金曰从革,土爰稼穑。润下作咸,炎上作苦,曲直作酸,从革作辛,稼穑作甘。

五行之"行",原表示纵横道路。五行直接的意思是五路,引申为五个类别。从原始思维的特点来看,我们祖先提出五行观念,是对宇宙万物进行一种大致的归类。五行不是单纯的五种物,而是由五种物所代表的五种类型。水代表流动类型,火代表燃烧类型,木代表植物类型,金代表熔化类型,土代表土壤类型。进一步而言,由五行代表的各种类型的物都有自己的物性,水的物性是润下,火的物性是炎上,木的物性是曲直,金的物性是从革,土的物性是稼穑。对于这些不同类型的物性,人们必须尊重它,顺从它,而不能轻视它,违逆它。

值得重视的是,阴阳五行观念并不是单纯讨论宇宙起源和物种分类,而是与政治问题紧密相连的。《周易》相传是伏羲所作,文王因而演《周易》,有着明确的忧患意识,这种忧患意识实际上是政治性的。《洪范》讲五行,谈到君主治国应该遵守的很多规范,根本的原则是尊重五行的特性,利用五行之性。例如,因为水有润下的特性,人们就应该引水灌溉作物;木有曲直的物性,人们就应该用来制造器物;火有炎上的特性,人们就应该用火烧煮食物;土有稼穑的特性,人们就应该以土种植植物。各种不同的类型有不同的特性,为政者必须尊重它们的特性,而不能违背。鲧治水之所以失败,就在于没有尊重水润下的特性,以土湮水,结果酿成大祸。夏禹接受了这个教训,采取"高高下下,疏川导滞"的办法,由于尊重了事物特性和规律,结果取得了成功。但随着时间的发展,阴阳五行观念的政治含义渐渐淡化,自然含义渐渐加强。

由此看来,周人在中国思想史上有三大创建:一是礼乐之制,一是敬德保民思想,一是阴阳五行观念。这三大创建对中国哲学的产生发挥了极为重要的影响。礼乐之制的影响主要表现在政治上,敬德保民思想主要表现在道德上,阴阳五行观念主要表现在自然观上。中国哲学正是在周人的这三大思想创建的基础上酝酿诞生的。

三、由"周文疲敝"到"哲学突破"

西周文化对先秦哲学的产生虽然有重大的影响,但中国哲学的真正产生则要归于春秋战国之际。这个时间点与世界其他哲学的产生有着惊人的同步性。

雅斯贝斯(Karl Jaspers)认为,在经历了史前和古代文明时代之后,在公元前500年左右的时期内,在世界范围内集中出现了最不平常的历史事件,进入到一个"轴心时代"。在中国,出现了孔子、老子、墨子等诸子百家。在印度,出现了《奥义书》和佛陀,探讨了从怀疑主义、唯物主义到诡辩派、虚无主义的全部范围的哲学可能性。在伊朗,琐罗亚斯德传授一种挑战性的观点,认为人世生活就是一场善与恶的斗争。在巴勒斯坦,从以利亚经由以赛亚和耶利米到赛亚第二,先知们纷纷涌现。在希腊,荷马、巴门尼德、赫拉克利特和柏拉图也都是在这个时期出现的。在这几百年间,这些名字所包含的一切,几乎同时在中国、印度和西方这三个互不知晓的地区发展起来。从此以后,人类便具有了进行历史自我理解的普遍框架。

帕森斯(Talcott Parsons)也有类似的观点。他认为,在公元前一千年内,希腊、以色列、印度和中国这四大古代文明,都曾不约而同地通过各自的方式经历了"哲学突破",在这个突破中,不同文化中的人们对宇宙本质都有了一种理性的认识,从而获得了对人类处境及其基本意义新的理解。比如,在希腊,由苏格拉底、柏拉图、亚里士多德所开创的哲学高峰,奠定了西方文明中理性认识的基础。在以色列,通过"先知运动"突出了上帝的创造主的观念。在印度，则产生了以业报和转世观念为中心的宗教哲学。

这种学说用于解释中国的情况有一定的可行性，因为中国在公元前 5 世纪左右的确有大的变化，可以说中国哲学的一些基本走向，在这个时期就已经确定下来了，以后再没有根本性的改变。无论是以孔子为代表的儒家学派的礼和仁的思想，或是以老子为代表的道家学派的自然无为的思想，还是以墨子为代表的墨家学派的兼爱尚同思想，在中国哲学都具有奠基性的作用。当然，"哲学突破"学说在解释中国情况的时候也有不足，因为它只是看到了中国哲学在公元前 5 世纪前后有一场根本性的变革，而没有能够有效说明中国的"哲学突破"为什么会产生于春秋战国之际，而不是其他时期。

要为这个问题寻求一个答案，必须把目光回到春秋战国之际，具体考察当时的历史背景。春秋时期是中国古代社会结构发生重大变动的一个时期。随着平王的东迁，周王室与诸侯国的离心力逐渐强化，周王室的地位日渐削弱，出现了一些大的封国"挟天子以令诸侯"，肆意兼并弱国的局面。齐桓公、晋文公相继主盟，成为春秋五霸。随着五霸局面的开拓，诸侯国国君的权力进一步旁落，"政令自大夫出"，终于发生"三家分晋"、"田氏代齐"等事件，春秋的混乱局面日甚一日。经过春秋时期的兼并战争，最后只剩下秦、齐、楚、燕、韩、赵、魏七强相互较量。进入到战国时期，诸侯彼此征战不断，天下更加大乱不已。这种局面与周初依靠礼乐制度使天下大治相比，已有了天壤之别，而这也就是历史上常说的"周文疲敝"。面对这个动荡不堪的时代，面对周文鼎盛与周文疲敝的巨大反差，人们不得不思考这样一个问题：社会为什么会出现这种混乱的局面？如何才能从这种混乱的局面中解救出来？

这是一个共同的时代课题，对此，思想家们纷纷表达了自己的看法，提交了自己答案。春秋时期晋国史官史墨提出了"物生有两"的观点以论证国家政权旁落的合理性：

> 物生有两、有三、有五，有陪贰。故天有三辰，地有五行，体有左右，各有妃耦。王有公，诸侯有卿，皆有贰也。……社稷无常奉，君臣无常位，自古以然。故《诗》曰：高岸为谷，深谷为陵。三后之姓，于今为庶，

主所知也。在易卦,雷乘乾曰大壮,天之道也。(《左传》昭公三十二年)

"物生有两"是一个重要的哲学命题。"两"即矛盾对立的两个方面。任何事物都有矛盾,都有"两",这就叫"物生有两"。这个"两"有时可以转化为三,转化为五,如"天有三辰,地有五行"。但说到底,还要归结到"两",归结到"陪贰",即陪伴为贰。事物的"两"不断变化,事物之间的关系也不断变化,君臣关系也是如此。在政治上是"无常奉"、"无常位"的。这正如大壮卦一样:乾为下为君,上为震(雷)为臣,"雷乘乾"所象征的正是君臣易位。"高岸为谷,深谷为陵",这种变化完全是正常的、合理的。

周宣王太史史伯则从"和实生物"的角度做出解释:

夫和实生物,同则不继。以他平他谓之和,故能丰长而物归之;若以同裨同,尽乃弃矣。故先王以土与金、木、水、火杂,以成百物。是以和五味以调口,刚四支以卫体,和六律以聪耳……夫如是,和之至也。于是乎先王聘后于异姓,求财于有方,择臣取谏工,而讲以多物,务和同也。声一无听,物一无文,味一无果,物一不讲。王将弃是类也,是与刬同,天夺之明,将无弊,得乎?(《国语·郑语》)

史伯认为,"和"与"同"是不一样的,"和"是各种不同因素形成的统一,"同"则是只有一种原素,没有矛盾。最好的境界是"和"而不是"同"。"和"能促使事物生长,"同"则停止事物的发展。没有"和六律"就没有动听的音乐,没有"和五味"就没有可口的美味。这就叫作"和实生物"。因此,明智的统治者必须善于利用"和",致力于矛盾的均衡统一,而不能只求"同"。如果"去和而取同",害怕矛盾,不听不同意见,"以同裨同,尽乃弃矣"。以此来治国,抛弃明德有识之士,喜欢阿谀奉承之徒,就会独断专行,没有不出毛病的。西周政治衰败的原因就在这里。

西周末伯阳甫进一步将阴阳观点运用到政治上来,以此说明当时社会的变化:

幽王二年,西周三川皆震。伯阳甫曰:"周将亡矣。夫天地之气,不失其序,若过其序,民乱之也。阳伏而不能出,阴迫而不能烝,于是有地震。今三川实震,是阳失其所而镇阴也。阳失而在阴,川源必塞,源塞,

国必亡。夫水土演而民用也；水土无所演，民乏财用，不亡何待。"(《国语·周语上》)

周幽王二年有大地震，伯阳甫认为，这是阴阳二气矛盾斗争的结果。阴阳二气始终处在斗争的过程中，阳要出，阴要迫，这种对立的趋势一旦超出一定限度，就会出现地震。伯阳甫的解释不仅完全排除了宗教神灵的原因，更为重要的是将这种解释与政治问题联系在一起。在他看来，阴阳关系最重要的是求得平衡有序，如果"失其序"、"过其序"就会出乱子。如今周王压迫庶民过重，"水土无所演，民乏财用"，矛盾完全失去平衡，西周"不亡何待"。

这些思想家的论述为中国哲学的诞生打下深厚的基础。到了春秋战国之际，这种积累起来的能量来了一次总爆发，出现了百家争鸣的局面，形成了儒家、墨家、道家、名家、法家、农家、兵家、纵横家、阴阳家、小说家等不同系统的学派，其中最有代表性的是以孔子为代表的儒家、以墨子为代表的墨家，以及以老子为代表的道家。

儒家走的是复周礼的路。孔子心目中的周代礼乐制度是尽善尽美的，要挽救社会于水火之中，最好的办法是回到周代的礼乐制度中去。为此孔子提出了"复周礼"的口号，并为此奋斗了一生。在复周礼的过程中，孔子发现并不是礼不好，也不是人们不知礼，而是没有行礼的内心基础，明明知道礼却不去行。孔子借鉴历史上有关的说法，将这个内心的基础叫作仁，从而创造了仁的学说，以仁作为复周礼的内在的根据和支撑。

墨家不满意儒家的学说，认为孔子提出的学说还不够彻底，因此"背周道而用夏政"，希望用更为遥远，更为理想化的夏礼改造当时的社会，挽救当时的社会。他们提倡尚贤、尚同、兼爱、非攻等一系列的主张，目的就是打破儒家所建构的爱有差等的社会秩序，建构一种由爱无差等为基础的理想社会。他们为此付出极大的努力，他们的学说也很得一部分人的欢迎，成为显学。

道家则完全走的是另外一条路。在老子看来，当时社会之所以出现如此多的问题，一个根本性的原因，是没有按照事物发展自己的规律走。在老子看来，事物发展自己的规律就是自然，万事万物在不受外界强力干扰的情况下,通常都能发挥自己的最佳状态,都能与周围的事物保持良好的关系,整个宇宙就在万物的最佳状态和良好关系中达到和谐与平衡。要达到这种和谐与平衡,最好的办法就是无为。这样一来,自然无为就成了道家学派的基本观点。

总之,在周代文化逐渐失落、辉煌不再的背景下,如何挽救这种时局成为了当时人们最为关注的共同时代课题。面对这个课题,各个学派都提出了自己的方案。形势的巨大刺激和派别的相互攻评构成了双重的压力,面对这种巨大的压力,先哲们最大程度地调动了他们的聪明才智,理性能力像火山一样迸发出来。在这种迸发中,中国完成了自己的"哲学突破"。

思考题:

1. 中国哲学是如何产生的?
2. 中国哲学的特质主要表现在哪些方面?

参考书目:

张光直:《中国青铜时代》,三联书店,1983年。
丁山:《中国古代宗教与神话考》,上海文艺出版社,1988年。
杨宽:《古史新探》,中华书局,1965年。
许倬云:《西周史》,台湾联经出版公司,1990年。
[美]葛瑞汉:《论道者:中国古代哲学论辩》,中国社会科学出版社,2003年。
[美]史华兹:《古代中国的思想世界》,江苏人民出版社,2004年。
陈来:《古代宗教与伦理——儒家思想的根源》,三联书店,1996年。
陈来:《古代思想文化的世界——春秋时代的宗教、伦理与社会思想》,三联书店,2002年。

第一章 孔子与其创立的儒家学派

孔子(前551—前479),名丘,字仲尼。春秋时期鲁国陬邑(今山东曲阜)人。先世为殷人后裔,宋国贵族。三岁丧父,少年贫贱。曾做过管仓库、畜牧的小吏。由于是贵族后裔,少时懂礼,以儒为业。中年招收弟子从事讲学,后在鲁国担任都宰和司寇,不久去职。为实现政治理想带领弟子周游列国,颠簸劳顿长达十四年之久,晚年归鲁,整理文化典籍。据说曾删《诗》、《书》,定《礼》、《乐》,作《春秋》。其言论由门徒记录整理,编成《论语》一书,是研究其思想的主要材料。

孔子生活的春秋末年,是一个新旧交替、方生方死的时代。在这个时代面前,人们最关心的是如何面对这个时代,如何从动荡不堪之中解脱出来。孔子属殷人之后,又生活在周代礼乐制度保存较为完整的鲁国,这种特殊的背景决定了他选择了复周礼的道路。在这个过程中,他认真学习周礼、传播周礼,为恢复周礼做出了极大的努力。更加重要的是,在复周礼的同时,他创造性地改造了古代仁的概念,将其赋予新的内容,把仁作为行礼的内在基础,从而形成了一套完整的道德学说。孔子的这种思想,与当时其他学派完全不同,走的是一条道德之路,这种建立在道德之路上的学派就是儒家学派。儒家学派在两千多年的发展过程中,对我们民族精神生活的各个方面都产生了重大影响。

第一节 原始之儒与孔子创立的儒家

一、孔子之前原始之儒的情况

儒,或者说以儒为职业的人,在孔子之前就有了。《说文》称:"儒,柔也,术士之称。从人,需声。"柔,即温和、软弱、驯顺之意。这就是说,被称为儒的一些人,都有柔的特点。有人则认为,儒字本从需,需在甲骨文中象沐浴濡身,濡字应是儒字的本义。沐浴濡身本是人之常事,之所以会成为儒家的专名,是因为古代的儒为人相礼、祭祖、事神、办理丧事等,都必须斋戒沐浴。所以,儒原本是指专门为人相礼、祭祖、办丧一类的人。

以儒为职业的人有着悠久的历史,据学者考察,以儒为职业的人,从殷商时就有了。最初的儒都是殷人。殷亡国后,周人以灭其国不灭其族的办法处理殷的遗民,划出一块地盘,将殷的遗民封到那里。当时殷人一部分集中到了宋国。这些人虽然生活在周的统治下,但并没有在文化上弃殷从周,仍然保持着自己的文化传统,其中生活在较高层面的人称为"殷士"。这些人因为有礼乐知识,有治丧相礼的技能,常常有人请,无需劳作,不耕而食。因为他们是殷之遗民,在亡国的状态下,慢慢养成了柔逊的作风。殷周民族杂居六七百年之后,文化的隔离已渐泯灭,他们不仅为殷人服务,也为周人服务。

由此可知,儒最早就是需,即濡,指沐浴斋戒之人,其中特指从事相礼、治丧一类工作的人员,最早多是殷的遗民。由于他们的地位低下、职业贫贱,逐渐养成了柔弱的作风。为了与后来孔子创立的儒家相区分,我们将这些人称为原始之儒。

二、孔子创立儒家学派的贡献

由原始之儒进化到后来的儒家学派,孔子是有大贡献的。

在孔子之时,据史书记载,"众人之命儒也妄,常以儒相诟病"。这就是说,当时很多儒者道德不纯,人格不高,常受人诟病。孔子不是这样。《礼记·儒行》记孔子答哀公问儒,孔子详细论述了儒者的人格形态、道德特质,包括自立、容貌、近人、特立、刚毅、忧思、宽裕、举贤、任举、交友、尊让等等,然后讲,儒者不损于贫贱,不失于富贵,不累于长上。在孔子看来,这样的人才能算是儒。这就是说,孔子当时所理解的儒者,已经不是仅仅懂得传统礼仪和诵说诗书的知识人,而是具有高尚人格和价值理想的儒。换句话说,孔子在这里的贡献,是将儒加入了道德的成分。孔子有"汝为君子儒,勿为小人儒"的说法,这就说明,孔子所自认为的儒,是有德行要求的,已不单单是以教授礼仪为职业的人。

简要而言,在孔子之前,儒只是操持礼乐仪式、传授礼乐知识的一种职业,以此为职业的人即为儒。但孔子以其自身的努力,改变了儒的内涵,加入了人格、道德乃至政治的内容。我们说,孔子是儒家的创始人,就是从这个意义上讲的。

第二节 "吾为东周"的礼的思想

一、"吾为东周"

孔子生活在一个礼崩乐坏的时代,如何把社会治理好,是他考虑的第一等的问题。孔子的态度是,"周监于二代,郁郁乎文哉,吾从周"(《论语·八佾》,以下引此书只注篇名)。周代礼乐文化灿烂多姿,只要能够恢复周代礼乐之制,就可以使社会得以平治,所以孔子主张复周礼。有人据费邑发动叛乱,使人召孔子,孔子准备应召前往,子路很不高兴,认为没有地方去也就算了,何必要去那里呢?孔子不以为然,说:

> 夫召我者,而岂徒哉?如有用我者,吾其为东周乎!(《阳货》)

费是一个很小的地方,但孔子并不在意,在他看来,"周文武起丰镐而王,今费虽小,傥庶几乎?"(《史记·孔子世家》)地方不在大小,周文王武王起身立事的地方也很小,只要有恢复东周盛业的机会,都不妨一试。虽然孔子最终没有应召前往,但很快被鲁定公任命为中都宰,由此开始了他以复周礼为最高志向的政治生涯。

恢复周代礼乐之制,从理论上说,就是以礼治国。以礼治国的一项核心内容,是实行以血缘关系为基础的宗法系统和等级系统。这种宗法等级制度,曾是周代礼乐制度的一项基本原则。孔子也继承了这一思想,并将这种制度的理想状态概括为"君君、臣臣、父父、子子"(《颜渊》)。孔子这一思想可以从两个向度来看:它既包括了下对上的尊,也包含着上对下的敬。"君使臣以礼,臣事君以忠"(《八佾》),说的就是这个意思。在孔子看来,君主是不可冒犯的,否则就是犯上作乱,所以臣对君要忠。但反过来说,君对臣也要尊敬,不能乱来,要事之以礼。以此推衍开来,君臣、父子的关系都是双向的,而非单向的。

孔子复周礼的态度非常坚决。在他看来,礼是人们行为的基本规范,是治理国家的根本。如果人们自觉遵守周代礼乐之制,复周礼的理想就可以实现了,社会也就治理好了。为此,孔子要求弟子"非礼勿视,非礼勿听,非礼勿言,非礼勿动"(《颜渊》),一切依据礼的规定来视听言动。对于当时人们不按周礼而行的一些事件,孔子予以了严厉的批评。季氏八佾舞于庭,孔子十分气愤,认为"是可忍,孰不可忍也?"(《八佾》)受此影响,对于当时的法律改革,孔子也公开表示反对。晋国当时有"铸刑鼎"的做法,孔子认为,西周所制定的法律是最完善的,如果把刑文公布出来,就会打乱贵贱等级制度,如今人们这样做,怕是很快要亡国的(《左传》昭公二十九年)。孔子在这方面的保守主义立场是非常鲜明的。

但另一方面,孔子认为对周礼也不能完全照搬照抄、原封不动地去施行,对其中一些具体的内容也可以加以改革。比如,"麻冕,礼也。今也纯,俭,吾从众"(《子罕》)。按照周礼的规定,帽子应该用麻织品制作,可是当时人们为了节俭,改用丝织品。因为这种做法符合孔子"礼,与其奢也,宁俭"(《八佾》)的主张,所以孔子也赞成。当然,这种改变只能用在一些小的问题上,对一些原则问题是不行的。"拜下,礼也;今拜乎上,泰也。虽违众,吾从下"(《子罕》)。君臣相见应该在台阶下参拜,这是礼的规定,但当时人们已经不行这种礼了,随便在台阶上拜见,孔子认为这是"泰",是一种怠慢,所以他仍然坚持按礼的规定,在台下拜见。这说明,孔子在复周礼的问题上,是很讲原则的。

二、"必先正名"

为了达到复周礼的政治目的,孔子提出了一个很重要的举措,这就是正名。周代的礼乐制度对各种等级有很严格的规定,强调君臣、上下、长幼之"位",这种位代表着与各种等级相应的身份、权力、财产,要弄清人们在社会上所处的地位,就必须"辨位",以使每个人都居于自己之位,不乱来。当时很多人并不自觉恪守自己之位,老是僭越,做高出自己等级之位的事情,享受高出自己等级之位的待遇。孔子提出的正名的主张,就是要克服这种现象,让人们安于自己之位。

《子路》篇记载,孔子与弟子子路在周游列国时有这样一段对话:

> 子路曰:"卫君待子而为政,子将奚先?"子曰:"必先正名乎!"子路曰:"有是哉,子之迂也!奚其正?"子曰:"野哉,由也!君子于其所不知,盖阙如也。名不正则言不顺,言不顺则事不成,事不成则礼乐不兴,礼乐不兴则刑罚不中,刑罚不中则民无所措手足。故君子名之必可言也,言之必可行也。君子于其言,无所苟而已矣。"

卫国当时发生了一件比较复杂难办的事。卫灵公不喜欢太子蒯聩,蒯聩只好逃到外国去。卫灵公死后,由蒯聩的儿子,也就是卫灵公的孙子辄继承了君位。九年后,蒯聩借晋国的兵回来,要求恢复自己的君位。可是,辄却派兵前去阻挡。当时子路刚好在卫国做官,问孔子,假如卫国用孔子,他首先应该怎么办。于是才有了上面这段对话,而孔子提出的办法就是"必先正名"。

正名是孔子的一项重要政治主张。这种主张完全是建立在周代礼乐制度基础之上的。既然周代有相当完善的宗法等级制度,要治理好一个国家,只要人们各安自己之位,做好自己之事,就完全可以了。孔子正名思想的理论根据就在这里。当然,孔子这一思想在当时实行起来是很难的,因为人们不安自己之位,并不是不明白自己处于哪一级的位,而完全是出于利欲的要求。上面孔子与子路的对话就是这样。辄与蒯聩之争完全是争权夺利,仅仅靠一个正名是很难化解的。正因为这样,子路才批评孔子是"迂"。虽然孔子的这一思想在当时并不足以解决问题,但对于中国文化却有极大的影响,正名始终是中国政治思想不可缺少的一环。

三、"道之以德"

应当特别注意的是,孔子在提出"为国以礼"主张的同时,继承周代杰出政治家的传统,在这一主张中加进了德的内容。他说:"道之以政,齐之以刑,民免而无耻;道之以德,齐之以礼,有耻且格。"(《为政》)在孔子看来,单纯以行政命令和刑罚制裁治理国家当然也会有成效,但这种办法不可能深入人心,也不可能长久,因为民众只是迫于压力,出于畏惧,不得不如此,并没有羞耻之心。反之,如果将道德教化与行政制度结合起来,就能唤起人们的道德意识,不仅有羞耻之心,而且使人心归服。只有这样,社会治理才能长久。

在治国之道中加进德的内容,还表现在对施政者在道德上有一定的要求。

> 子路问君子。子曰:"修己以敬。"曰:"如斯而已乎?"曰:"修己以安人。"曰:"如斯而已乎?"曰:"修己以安百姓。修己以安百姓,尧舜其犹病诸?"(《宪问》)

孔子在这里提出了一个重要主张,这就是"修己以安百姓"。在孔子看来,君子首先应该修己,加强自身的修养,但光有这些还不够,还要以此为基础使百姓生活好。虽然这个目标很高远,连尧舜也很难真正做到,但理想的政治体制必须如此。

孔子这一思想是一贯的,比如他还说过:

> 其身正,不令而行;其身不正,虽令不从。(《子路》)
> 苟正其身矣,于从政乎何有? 不能正其身,如正人何? (同上)

> 季康子问政于孔子。孔子对曰："政者，正也。子帅以正，孰敢不正？"（《颜渊》）

孔子坚持认为，只要自身正了，不令而行；反过来说，也只有自身正才能从政，只有自身正，才能使政为正。

第三节 "克己复礼为仁"的仁的思想

一、礼与仁的关系

孔子的复周礼的进程并不顺利，遇到了很大的困难，这个困难并不在于周礼当时已经湮落，散在民间，而在于很多人明明知道了礼却不按照礼的要求去做。周礼散落不要紧，只要注意收集，加强学习，总是可以了解和掌握的。但是人们明明知道礼的要求，却不依礼而行，这个问题就大了。孔子经过长时间的思考，终于明白了这样一个道理：行礼必须有内在的基础，只有有了内在的基础，行礼才能变成人们的自觉行动，这种内在基础就是仁。孔子早年谈仁并不多，只是到了大约五十多岁之后谈仁才渐渐多了起来，特别是晚年返鲁的最后几年间，与弟子讲学交谈更是偏重于仁，其原因主要就在这里。

在孔子之前，仁字就有了。有学者认为，古代夷、仁实为一字。更有学者主张，夷、仁二字，论形则为一体，论音则可互训，论义则意相表里，在形、音、义三个方面都可以证明夷、仁原为一字，其后才渐分渐远。这些看法有一定的可信度。古代有"夷俗仁"的说法，在东夷人中流行仁德之风，"好生"、"好让"，重视血缘关系，为人纯朴敦厚。随着文化交流范围的不断扩大，夷人之风也传入中原，对中原文化有重大影响。《诗经》中仁字两见，一处是"洵美且仁"（《郑风·叔于田》），另一处是"其人美且仁"（《齐风·卢令》）。这两处的仁都与美相对，美指外形之美，仁指内心之美。这与夷人仁德之风的内涵是一致的。

孔子之前，仁的观念虽然有了初步的发展，但并不是一个特别重要的概念。在孔子之前,人们普遍更加重视的是礼,而不是仁。《左传》中"礼"字出现462次,"仁"字仅出现33次,可见仁与礼在当时还远不可相提并论。经过孔子的发掘和转化,仁在两个方面有了大的变化。一是在地位上,二是在内容上。《论语》中仁字出现109次,所见相当频繁,说明仁的地位较以前有了很大提升,在某种意义上可以说,没有仁字的《论语》是根本不可想象的。在内容上,仁的内涵原来比较宽泛,往往与忠、义、信、孝等并列,孔子将仁的内涵进行新的加工,使其成为最重要的德的概念,成为行礼的内在基础。

这样一来,礼和仁的关系也就清楚了:仁是行礼的内在基础,礼是行仁的外在目的。这个道理孔子讲得非常明白,他说:

> 人而不仁,如礼何?人而不仁,如乐何?(《八佾》)

为人而不仁,再好的礼也没有用;为人而不仁,再好的乐也没有用。也就是说,人如果做不到仁,就不会自觉实行礼乐制度;反之,人如果做到了仁,就会将实行礼乐制度变成自己的自觉行动。这是从仁的角度讲,从礼的角度看也是如此。孔子讲过:"克己复礼为仁。一日克己复礼,天下归仁焉。"(《颜渊》)这段话是孔子在回答颜渊究竟什么是仁的问题时讲的。在这段话中,孔子将仁与礼联系在一起,视听言动皆合于礼,就是仁,如果有人真的可以做到这一点,那么天下的人都会称许他是仁人了。

二、仁的内在性特点

虽然孔子对仁进行了创造性的转换,但他并没有像西方哲学家那样,对仁下一个定义,而只是在教授学生的过程中,针对不同的情况随宜指点,让学生自己去体会。比如,"樊迟问仁,子曰:'爱人。'"(《颜渊》)"樊迟问仁,子曰:'居处恭,执事敬,与人忠。虽之夷狄,不可弃也。'"(《子路》)"仲弓问仁,子曰:'出门如见大宾,使民如承大祭。己所不欲,勿施于人。在邦无怨,在家无怨。'"(《颜渊》)由于这些论述只是针对弟子实际情况所做的指点,而没有一个统一的说法,为后人理解仁带来了很大的困难。

这其中一个最重要的困难是,孔子这些不同的说法中,何者为最基本的?换句话说就是,仁的核心是什么?对此学界有不同的理解。有的认为,爱人是仁的核心。因为孔子在回答弟子问话的时候,曾明确以"爱人"释仁(《颜渊》)。这种解释不能说没有道理,因为儒家重视宗法血缘联系,只有爱人,给人以爱,才能维系这样一张复杂的联系网。但也有学者更进一步,认为有比爱人更基本的东西,这就是"己欲立而立人,己欲达而达人"。"子贡曰:'如有博施于民,而能济众,何如?可谓仁乎?'子曰:'何事于仁!必也圣乎!尧舜其犹病诸!夫仁者,己欲立而立人,己欲达而达人。能近取譬,可谓仁之方也已。'"(《雍也》)这些学者认为,这是孔子对于仁的界说。因为一般问仁,孔子都是就各人的情况给以指点,仅说仁之一面,而子贡在这里已经说出比仁更高的境界并误认为那就是仁,孔子就不得不说出仁之全义了。而且"夫仁者"三字,很像是立界说的形式,他处论仁皆不用"夫"字。总的来看,《论语》中其余言仁各条,含义都不如此条深广,以此统一仁的各种表现"无有不通"。

尽管关于仁的核心问题现在学界还有不同看法,但仁最重要的特点是具有内在性,这一点学界的看法还是非常一致的。礼和仁的最大不同,就在于礼是外在的,表现为一系列的规章制度,仁是内在的,表现为一系列的内心品质。孔子说:"刚毅木讷近仁。"(《子路》)恭、宽、信、敏、惠,"能行五者于天下为仁矣"(《阳货》)。"仁者,其言也讱"(《颜渊》)。这些都是内心具有的,离开心这些都不能存在。这就说明,在孔子看来,仁是内在性的,这种内在性可以说是仁的最重要特点。

仁的内在性特点在孔子回答宰我三年之丧提问的时候,表现得最为明显。

> 宰我问:"三年之丧,期已久矣。君子三年不为礼,礼必坏;三年不为乐,乐必崩。旧谷既没,新谷既升,钻燧改火,期可已矣。"子曰:"食夫稻,衣夫锦,于汝安乎?"曰:"安。""女安,则为之!夫君子之居丧,食旨不甘,闻乐不乐,居处不安,故不为也。今女安,则为之!"宰我出。子曰:"予不仁也!子生三年,然后免于父母之怀。夫三年之丧,天下之通

丧也,予也有三年之爱于其父母乎!"(《阳货》)

宰我认为,三年之丧太长了,建议缩短。孔子则认为,君子之居丧,食旨不甘,闻乐不乐,居处不安,所以才不做这些事情。这里的"不安"明显是指人的内心的一种状态。因为内心的状态是内在的,所以仁有内在性的特点。简要而言,仁即是人的一种内在的道德品质。

从仁的内在性特点出发,我们不赞成将仁的核心仅仅归结为"爱人"或"己欲立而立人,己欲达而达人"上,因为这些都只是仁的某一个具体的表现,如果以仁的一个或几个具体表现来涵盖仁的全部内容,不利于全面理解孔子仁的思想。

三、"为仁由己"的方法

孔子不仅对传统的仁进行了创造性的解释,赋予了新的内涵,而且对如何得到仁的方法也有清楚的描述。孔子认为,"为仁由己,而由人乎哉?"(《颜渊》)人能不能得到仁,不能依靠别人,完全取决于自己。孔子这个思想是很值得重视的,他说明,由于仁是内在性的,所以对于仁的掌握完全在于自己的向内探求,也就是说,对于仁的掌握是人的一种自知或自识。

以此为基点,孔子进一步提出,每个人都可以得到仁,甚至提出这样的问题:

有能一日用其力于仁矣乎?有未见力不足者。(《里仁》)

只要人真心向往仁,用力于仁,是完全可以达成仁的。孔子的这一思想代表了一种内求的致思路线,是后来儒学心学提倡反躬内求、易简工夫的直接源头。

在为仁由己的基础上,孔子还提出了推己及人的原则。推己及人在孔子那里有两种相近的表述,一种是"己欲立而立人,己欲达而达人"(《雍也》),一种是"己所不欲,勿施于人"(《卫灵公》)。这两种说法侧重点有所不同。前者是从积极的意义上说,从自己的"欲立"、"欲达"推想到别人,积极促成别人的"欲立"、"欲达"。后者是从消极的意义上说,从自己的"不欲"推想到别人,强调不能将自己的"不欲"强加到别人身上。这两个方面合起来就是儒家强调的"恕道"。

第四节 "以礼制中"的中庸思想

一、中庸思想的政治目的

如上所述,在春秋末年的急剧变革中,社会上新旧势力的矛盾非常尖锐,如何解决这些矛盾,就成了当时的政治家和思想家不能回避的问题。孔子除了从礼和仁的关系上处理这一问题之外,还从另外一个角度考虑这一问题。他认为,当时之所以会有如此多的麻烦,一个重要原因,是人们为了达到自己的目的无所不用其极,而没有按照中庸的原则来办。为此他提出了中庸的问题。他说:"中庸之为德也,其至矣乎!民鲜久矣。"(《雍也》)"君子中庸,小人反中庸。""小人之反中庸也,小人而无忌惮也。"(《中庸》第二章)比如,"季氏八佾舞于廷",这显然就是一种过,而不是中。

这一观点可以在孔子的一段话中得到证明。《礼记·仲尼燕居》中记录了孔子这样一句话:"礼夫礼,夫礼所以制中也。"这就是说,在孔子看来,中是一种合理的程度和做法,要做到这个中,一个有力的办法,就是行礼。比如,要保证人们享受合理的音乐规模,就要靠礼来规定,如天子是八佾,诸侯是六佾,大夫是四佾。礼是行中的可靠保证。

所以,中庸问题应该和孔子整个思想结合起来理解。孔子的政治主张是复周礼,周礼是一个复杂的系统,依靠这种礼,各个阶层都可以得到合理的安排。但在当时,人们为了追求自己的欲望,拼命扩大自己的要求,超过了礼的限度,从而造成礼崩乐坏,天下大乱的局面。为了保证天下有一个合理的秩序,不能每个人想怎么样就怎么样,一个有效的办法就是复礼,以礼来保证达到中。从这个角度不难看出,中庸原初的意义是政治性的,而非一般方法性的。孔子生于乱世,时刻忧民忧世,不可能没有事闭门坐在那里想什么黄金分割法。如果离开中庸的政治意义和政治初衷,是很难把握孔子的中庸思想的。

二、中庸思想的方法论意义

孔子为了平治当时的政治秩序,提出了中庸的思想,但由于中庸本身具有方法论的内涵,所以也包含了普遍的方法论意义。就普遍的方法论意义而言,中庸主要是强调防止"过"和"不及"。"过"和"不及"是中的两极表现,从两边破坏了中,破坏了事物的平衡。为此孔子提出要避免这种情况。比如,子贡问师和商两个人谁好一点,孔子说:"师也过,商也不及。"子贡接着问,那么师是不是比商要好一点呢?孔子回答说:"过犹不及。"(《先进》)

孔子对学生总是设法裁其过补其不及。冉求和子路的情况不同,孔子的教育方法也不一样,"求也退,故进之;由也兼人,故退之"(《先进》)。又如,子张问惑,孔子说:"爱之欲其生,恶之欲其死。既欲其生,又欲其死,是惑也。"(《颜渊》)再如,孔子还反对质与文两种极端的情况,说:"质胜文则野,文胜质则史。文质彬彬,然后君子。"(《雍也》)

这种情况与亚里士多德的中道,确有不谋而合之处。亚里士多德认为,我们必须注意,过度与不及,均足以败坏德行。例如关于体力和健康的情形就是这样:运动太多和太少,同样损伤体力;饮食过多与过少,同样损害健康;惟有适度才可以增进健康。节制、勇敢以及其他的德性,也正是这样。一个畏首畏尾,退缩不前,不能勇于应事的人,可能变为懦夫;同时,一个无所畏惧,敢冒一切危险的人,也可能变为莽汉。亚里士多德的这些论述与孔子中庸思想的相合,说明不同文化在其思想上的共同性是不容忽视的。

就普遍的方法论意义而言,中庸还有另外一层意义,这就是"时中"。孔子说:"君子之中庸也,君子而时中。"(《中庸》第二章)什么是"时中"?从理论上分析,任何相互对立的两点之间的那个合适的中点,都是随时间等条件不断变化的,所以要真正做到中,必须随客观条件的变化而变化。这就是孔子所说的"时中"。"时中"是一个非常重要的概念,它要求人们必须不断考察事情的客观环境,随客观环境的变化而调整自己的行动方案。

可能是因为"时中"的境界过于高超了,真正中庸不容易做到,很多人便将中庸与折中主义混在一起。这是不对的。中庸与折中是两个完全不同的概念。中庸是在肯定事物原则和性质的前提下,力争在其两端之间寻找最为合适的那一个量的点,折中主义是为赢取某些好处,而一概否认事物的原则和性质。简单一点说,中庸只涉及事物量的问题,折中则涉及到事物质的问题。

思考题:
1. 孔子思想中礼和仁的关系是怎样的?
2. 孔子仁的思想有哪些特点,其核心是什么?

参考书目:
钱穆:《孔子传》,三联书店,2002年。
蔡尚思:《孔子思想体系》,上海人民出版社,1982年。
匡亚明:《孔子评传》,南京大学出版社,1985年。
金景芳、吕绍纲:《孔子新传》,湖南人民出版社,1992年。
[美]顾立雅:《孔子与中国之道》,大象出版社,2000年。
[美]安乐哲、罗思文:《〈论语〉的哲学诠释》,中国社会科学出版社,2003年。
李泽厚:《论语今读》,三联书店,2004年。
郭齐勇主编:《儒家伦理争鸣集——以"亲亲互隐"为中心》,湖北教育出版社,2004年。

第二章　墨子与其创立的墨家学派

墨子(约公元前480—前389),名翟,鲁国人,一说宋国人。自称"贱人"(《墨子·贵义》,以下引用此书只注篇名),擅长工艺技巧,与当时著名的工匠公输般(鲁班)齐名。早年受过良好的教育,对各种文化典籍相当熟悉,曾任宋国大夫。成年后也像孔子一样四处游历,宣传自己的政治主张,但因与时势不合,始终未见重用。晚年主要从事授徒讲学活动,并向各诸侯国推荐弟子,借以继续推行其思想主张。

墨子早年曾接受儒学教育,后来因反对儒家的政治主张,"背周道而用夏政"(《淮南子·要略》),创立了墨家学派。与儒家学派不同,墨家学派是一个组织严密的带有宗教色彩的团体。其成员称为"墨者",生活艰苦素朴,严守组织纪律,"赴火蹈刃,死不还踵"(《淮南子·泰族训》)。墨者出仕要由组织的领袖委派,出仕所得俸禄也必须交出一部分供团体使用。墨子死后,这个团体的领袖称为"钜子",继续严格执行墨家的各种规定。后分为三派,学术倾向有较大变化,直至逐渐散落。

墨家学派在当时的影响很大。《孟子·滕文公下》曾说:"杨朱、墨翟之言盈天下;天下之言不归杨,则归墨。"《吕氏春秋·当染》也说,孔墨之"从属弥众,弟子弥丰,充满天下"。这些都说明,墨家学派为当时显学。墨子曾将自己的思想概括为十个方面,史称"十事"。《鲁问》篇记墨子自云:"国家昏乱,则语之尚贤、尚同;国家贫,则语之节用、节葬;国家憙音湛湎,则语之非乐、非命;国家淫僻无礼,则语之尊天、事鬼;国家务夺侵凌,则语言兼爱、非攻。""十事"是墨子思想主张的集中体现。

墨家思想主要保留在《墨子》一书当中,该书现存五十三篇,其中《尚贤》、《尚同》、《兼爱》、《非攻》、《节用》、《节葬》、《天志》、《明鬼》、《非乐》、《非命》等二十四篇反映了墨子的主要思想;《经上》、《经下》、《经说上》、《经说下》、《大取》、《小取》六篇亦称《墨经》,为后期墨家作品。

第一节 "兼以易别"的思想主张

一、"尚贤"与"尚同"

墨子与孔子面对的社会现实是相同的,所要解决的问题也是相同的,但墨子提出的解决方案却与孔子完全不同。这一解决方案,首先就表现为"尚贤"和"尚同"。

墨子认为,国家与官吏不是原本就有的。在人类历史上曾有过"未有刑政"、"未有政长"的时代。在那个时代,每个人都是平等的,每人都有自己的"义"。一人一义,十人十义,百人百义,乃至最后"不可胜计"。这种人人各持一端的情况,导致了社会的混乱。为了制止这种混乱,达到天下太平,就要想办法使之归于统一,这样就必须建立"刑政",设立"政长",而政长之首就是天子,即所谓"选天下之贤可者,立以为天子"(《尚同上》)。天子以下,从三公、诸侯直到乡长、里长,也按照这种原则来设置。有了这样的各级政长之后,人们只要以各自上级政长的是非为是非,就可以达到"天下之百姓,皆上同于天子"的目的,即所谓"上之所是必皆是之,所非必皆非之"(同上)。这就是所谓的"尚同"。

要保证"尚同"的实现,必须做到"尚贤"。孔子也曾提出过"尊贤"的主张,但这种主张在宗法等级制度的大背景下受到很大的束缚,真正实行的还是"君子笃于亲"(《论语·泰伯》)。墨子对于孔子的这一思想非常不满,批评孔子是"尊贤有等",为此提出了"尚贤"的思想,要求把"尊贤"进一步彻底化、普遍化。他认为:

古者圣王之为政,列德而尚贤,虽在农与工肆之人,有能则举之,高

予之爵,重予之禄,任之以事,断之以令。……故官无常贵,民无终贱,有能则举之,无能则下之。(《尚贤上》)

墨子的"尚贤"思想带有鲜明的革新色彩,主张政权向"农与工肆之人"开放,强调在人员任用问题上,必须做到官无常贵,民无终贱,有能则用,无能则弃。"尚贤"因与殷周以来的世卿世禄和任人唯亲的制度正相反对,成为墨子思想的一大特色。

二、"兼爱"与"非攻"

墨子之时,国与国互相攻伐,家与家互相抢夺,人与人互相残害。墨子认为,"凡天下祸篡怨恨,其所以起者,以不相爱生也"(《兼爱中》)。也就是说,"天下之大害"的根源皆在于人们的"不相爱"。因此,墨子提倡"兼爱",希望用这种办法挽救社会,达到天下太平。墨子将他的理想做了这样生动的描述:

> 视人之国若视其国,视人之家若视其家,视人之身若视其身。是故诸侯相爱则不野战,家主相爱则不相篡,人与人相爱则不相贼,君臣相爱则惠忠,父子相爱则慈孝,兄弟相爱则和调。天下之人相爱,强不执弱,众不劫寡,贵不敖贱,诈不欺愚。(《兼爱中》)

将他人之国视为自己之国,将他人之家视为自己之家,将他人之身视为自己之身。这种理想不能说不伟大,不能说不崇高。墨子这种伟大崇高的理想,根源于下层劳动者之间真诚相爱的纯朴道德观念,他希望把这种爱推广到整个社会,从而实现人人相爱,天下太平的美好理想。

墨子的"兼爱"主张,在很大程度上是直接针对儒家仁爱思想而来的。儒墨两家都讲爱人,但有原则上的不同。儒家的爱人是有差等的爱,是"别爱",即以亲亲有差、尊贤有等为原则,在这种原则之下,首先是爱自己的亲人,然后再将这种爱扩展开来,爱周围的人,直至天下的人。这种办法的关键在于一个"别"字,即分别有等。墨子的"爱人"是无差等的爱,是"兼爱",即推行一种没有亲疏差别的仁爱,像爱自己的亲人一样爱天下所有的人,像爱自己的国家一样爱其他的国家。这种办法的关键在于一个"兼"字,即无别无等。"兼"与"别"的矛盾形成了儒墨两家在爱人问题上的根本分歧。墨子希望通过"兼以易别"(《兼爱下》)的办法,反对儒家有差等的爱,实现自己提倡的那种无差等的爱。

"非攻"的主张是由"兼爱"的原则直接引发的。墨子认为,当时连绵不断的战争有百害而无一利。"攻伐无罪之国,入其国家边境,芟刈其禾稼,斩其树木,堕其城郭,以湮其沟池,攘杀其牲牷,燔溃其祖庙,劲杀其万民,覆其老弱,迁其重器。"(《非攻下》)战争的消耗巨大,不仅侵犯了他人的权利,正如入人园圃,盗人桃李一样,而且对百姓没有任何好处,荒废土地,耽误农时,劳民严重。因此,墨子大力倡导"非攻"。在他看来,只要实行"兼以易别"的原则,就可以做到天下彼此一家,没有人与人、家与家、国与国的分别,天下的人就能够彼此相爱,战争当然也就完全没有必要了。当然,墨子并不是一味反对战争。他实际上将战争分为两类,一类叫"攻",一类叫"诛"。"诛"大致相当于今天所说的正义的战争,"攻"则相当于非正义的战争。墨子反对"攻",而不反对"诛",这是需要特别注意的。

三、"节用"、"节葬"与"非乐"

除此之外,墨子还在经济方面提出了自己的主张,这主要是"节用"、"节葬"、"非乐",三者之中又以"节用"为中心。

墨子提倡"节用"是反对当时统治者的铺张浪费。在他看来,统治者过分的奢侈已经严重威胁到了民众的正常生活。他说:

> 当今之主,其为宫室则与异矣。必厚作敛于百姓,暴夺民衣食之财,以为宫室台榭曲直之望,青黄刻镂之饰。为宫室若此,故左右皆法象之,是以其财不足以待凶饥,振孤寡,故国贫而民难治也。(《辞过》)

当时,统治者兴建豪华宫室成风,这一现象令墨子极为担忧。他认为,建造宫室不仅必须横征暴敛,抢夺百姓之财,而且一定会引起其他人的效仿,使国家之财空虚,不足以抗拒凶年饥岁的冲击。

要解决这一问题,一个有效的办法就是"节用"。墨子提出:"圣人为政一国,一国可倍也。大之为政天下,天下可倍也。其倍之,非外取地也,因其国家,去其无用之费,足以倍之。"(《节用上》)不难看出,墨子的"节用"主张实际上是为救治当时铺张浪费之风开出的一张处方。墨子为节用还提出了许多具体规定。比如饮食:"足以充虚继气,强股肱,耳目聪明则止。"衣服:"冬服绀緅之衣,轻且暖;夏服絺绤之衣,轻且清,则止。"器用:"凡天下群百工,轮车鞼匏,陶冶梓匠,使各从事其所能。"(《节用中》)在这些规定中,饮食、服装、器用方方面面都涉及到了,墨子为此想得十分具体。

为了贯彻"节用"原则,墨子还对当时的厚葬制度提出了严厉的批评,大力提倡"节葬":

  古者圣王制为节葬之法曰:"衣三领,足以朽肉。棺三寸,足以朽骸。堀穴深不通于泉,流不发于泄,则止。死者既葬,生者毋久丧用哀。"(《节用中》)

厚葬是当时流行的做法,也是儒家的主张。按照儒家的理论,人死之后应该按照其等级实行厚葬,只有这样才能使生者悲痛之情得到慰藉。墨子则明确反对这种做法,认为行葬的时候,三层衣裳,足可以使死者的尸体烂在里面;三寸的棺木,足可以使死者的骸骨烂在里面。掘的墓穴,深不可通于泉,以免污染了地下的泉水,也不能太浅,以免臭气发散开来。把死者埋葬之后,服丧之期不要过久,以免耽误了生产。

与"节葬"密切相关,墨子又主张"非乐"。他说:"今天下士君子,请将欲求兴天下之利,除天下之害,当在乐之为物,将不可不禁而止也。"(《非乐上》)在墨子看来,音乐之所以要"非",是因为音乐"亏夺民衣食之财":制造乐器要花费大量劳动,浪费大量材料;演奏音乐要占用劳力,影响生产;欣赏音乐要影响君子听政,干扰政务处理。虽然墨子对音乐的看法有些极端,但其从"节用"原则出发反对当时统治者以歌舞声色为特征的奢靡生活,仍然是有积极意义的。

需要注意的是,墨子主张"节用"、"节葬"、"非乐",并不是单纯从消费方面着眼,他也十分重视生产问题。他说:"凡五谷者,民之所仰也,君之所养也。故民无仰则君无养,民无食则不可事。故食不可不务也,地不可不力也,用不可不节也。"(《七患》)在墨子看来,生产是第一位的,只有具有了一定的生产能力,社会才能安稳,也才能最终使"节用"、"节葬"、"非乐"的目的得以落实。

第二节 "天志"、"明鬼"的形上要求

一、"天志"、"明鬼"与"非命"的矛盾

墨子的十大主张中有"非命"一条。墨子提出这种主张,同样主要是针对儒家学说的。在墨子看来,儒家实际上主张"寿夭富贵,安危治乱,固有天命,不可损益"(《非儒下》)。对此墨子认为,先王根本没有讲过命,百姓耳目也从来没有听到和看到过命,因此根本否定命的存在。社会上不同人生的遭遇不在命,而在力。贤良之人之所以富贵,饥渴之人之所以贫寒,皆"以其为力也"。由此,他强调,王公大夫、庶民百姓,都不能被动地听从命的安排,应该尽力而为,"强必治,不强必乱;强必宁,不强必危"(《非命下》)。

为了突出"非命"观,墨子把人与动物区分开来,认为人与禽兽的差别,就在于人是"赖其力"而生的:

> 今人固与禽兽、麋鹿、蜚鸟、贞虫异者也,今之禽兽、麋鹿、蜚鸟、贞虫,因其羽毛以为衣裳,因其蹄蚤以为绔屦,因其水草以为饮食,故唯使雄不耕稼树艺,雌亦不纺绩织纴,衣食之财固已具矣。今人之与此异也,赖其力者生,不赖其力者不生。(《非乐上》)

在墨子看来,动物依赖自己的本能就可以生存了,而人类必须"赖其力"才能生存。"力"在这个过程中的作用是非常重要的。墨子强调无论农夫农妇,还是王公大夫都一定要"赖其力"。"赖其力"就是"非命"。命定论的害处在于教人一切听之于命,"命富则富,命贫则贫,命众则众,命寡则寡,命治则治,命乱则乱,命寿则寿,命夭则夭"(《非命上》)。如果一切听任于命,人们就不可能再去积极努力有为,"上不听政","下不从事",整个社会必然被动

消极,不思进取。

但是,墨子在主张"非命"的同时,又提倡"天志"。墨子所说的"天"就是"上帝",所谓"天志"就是上帝的意志。在墨子看来,天能够赏善罚恶,所以"天之意,不可不顺也"(《天志中》)。"昔三代圣王禹、汤、文、武,此顺天意而得赏也;昔三代之暴王桀、纣、幽、厉,此反天意而得罚者也。"(《天志上》)墨子指出:

> 故子墨子之有天之意也,上将以度天下之王公大人为刑政也,下将以量天下之万民为文学出言谈也。观其行,顺天之意,谓之善意行;反天之意,谓之不善意行。观其言谈,顺天之意,谓之善言谈;反天之意,谓之不善言谈。观其刑政,顺天之意,谓之善刑政;反天之意,谓之不善刑政。故置此以为法,立此以为仪,将以量度天下之王公大人卿大夫之仁与不仁,譬之犹分黑白也。(《天志中》)

可见,天是有意志的。对于人而言,顺天之意即是善,逆天之意即是不善,对于政治而言,顺天之意即是善政,逆天之意即是不善之政。由此看来,"天志"可以说是神化了的墨家理想的最高准则,是按照墨家社会理想设计出来的最高主宰力量。

墨子不仅提倡"天志",而且提倡"明鬼"。墨子援引民间传说论证鬼神的存在,认为民间百姓经常讲某某人见到了鬼,可见鬼是存在的。他认为,鬼也是神,并把鬼神分为三种,一是"天鬼神",二是"山水鬼神",三是"人死而为鬼者"。这三种鬼神无所不在,无所不罚,有着强大的力量:"幽涧广泽,山林深谷,鬼神之明必知之";"勇力强武,坚甲利兵,鬼神之罚必胜之";"鬼神之所赏,无小必赏之,鬼神之所罚,无大必罚之"(《明鬼下》)。这些论述说明,在墨子思想中,"明鬼"一条是十分明确的,如欲"兴天下之利,除天下之害",必须"明鬼"。

二、"天志"、"明鬼"的思想意义

对于墨子这种思想,理论界一般都持批评态度,认为是墨子没有完全摆脱有神论传统的结果,是其思想不彻底的表现。这种看法不无道理。因为春秋战国之际,随着原始宗教思想的旁落,"敬鬼神而远之"是思想的主流。在这种特定背景下,墨子却仍然强调"天志"、"明鬼",明显与当时的思想主流不合。

但对于"天志"、"明鬼"不能只是这样简单理解。如果我们换一个角度,可能对此会有新的看法。我们知道,墨子的许多思想,比如尚贤、兼爱等等,都是很好的主张,有很高的价值。但这里隐藏着这样一个问题:当人们了解了这种主张之后,为什么必须按这种主张去做呢?比如,我知道"兼爱"是很好的,也知道应该去爱别人,但我为什么非要这样做呢?对此,墨子可能会以交相利的理论作答,说是给别人以爱的人,别人也会回报给他以爱;给别人以利的人,别人也会回报给他以利。但这种解释对于那些极端的人来说是没有用的,因为他们可能根本不相信由此可以得到"补偿"。这就说明,墨子要使自己的理论得以成立,必须为他的思想提供某种动力。

"天志"和"明鬼"就是墨子为此提出的办法。墨子这时会说,有上帝存在,上帝有明确的意志,这就是"天志"。"天志"的内容就是兼爱。天是爱人的:天为了让人得到光明,创造了日月星辰;天为了让人吃饱穿暖,降下了雨露风霜;天为了赏善罚暴,立下了王公侯伯。与此相应的是鬼神。鬼神是上帝意志的表现,它们帮助上帝赏"兼爱"之人,罚"相恶"之人。

不难提出,墨子的"天志"、"明鬼"是为自己学说提供的一个保证。照他的说法,上帝和鬼神都赏善罚恶,如果人们"兼爱"就会得到它们的奖赏,如果人们"相恶"就会得到它们的惩罚。正如墨子自己所说:

> 我有天志,譬如轮人之有规,匠人之有矩。轮匠执其规矩,以度天下之方圆,曰:中者是也,不中者非也。(《天志上》)

墨子在这里讲得很清楚,"天志"是他的一切学说的规矩,他以这个规矩来衡量天下之方圆,看它们是不是能够达到标准,是不是能够真正实行。有了这种规矩,就有思想的动力,就可以保证人们按照这一思想去行动。当时社会之所以动荡,之所以没有按墨子所说的去做,一个重要原因就是"疑惑鬼神之有与无之别,不明乎鬼神之能赏贤而罚暴"(《明鬼下》),即没有遵从"天志"和"明鬼"。

因此,我们对于墨子的"天志"、"明鬼"思想应该着重从其思想体系的完整性来考察。有一个现象非常值得注意:从组织结构上说,墨家学派具有很强的宗教性。墨家学派的成员都具有强烈的牺牲精神,跟随墨子,为除天下之害,兴天下之利,奔走于各国之间,以自苦为极。墨子死后,他们仍然能够绝对服从"钜子"的领导,拼死完成各种任务,死不还踵。要合理解释这种情况,必须考虑到"天志"和"明鬼"的作用,没有"天志"、"明鬼",墨子学说是无法真正得以落实的。从这个意义上我们可以看到,在先秦哲学各大流派中,墨家的宗教色彩最为浓厚。甚至可以说,墨家的哲学思想在很大程度上走的是一条近似宗教的道路。

第三节 "三表法"及功利主义思想倾向

一、"言必立仪"与"三表法"

墨家学说中还有一个非常有价值的内容,这就是"三表法"。墨子认为,检验人们认识是否正确,必须有一个标准,墨子将此叫作"立仪":

[言]必立仪。言而无仪,譬犹运钧之上而立朝夕者也,是非利害之辨不可得而明知也,故言必有三表。(《非命上》)

在墨子看来,认识必须有一个统一的标准,否则就会像在旋转的轮子上观测日影一样没有定准,根本不可能辨别是非得失。

那么这个标准应该定在哪里呢?墨子主张有三个标准,即所谓"三表":

何谓三表?子墨子言曰:有本之者,有原之者,有用之者。于何本之?上本之于古者圣王之事。于何原之?下原察百姓耳目之实。于何用之?废以为刑政,观其中国家百姓人民之利。此所谓有三表也。(《非命上》)

"三表"中第一条"上本之于古者圣王之事",是以历史上记载的古代圣王的言行为标准。"圣人以治天下为事者也。必知乱之所自起,焉(乃)能治之;

不知乱之所自起,则不能治"(《兼爱上》)。在春秋时期,各家各派都有强烈的崇古意识,墨子也不例外。墨子强调以古代圣王言行为标准,实际上是以历史经验作为检验是非的标准。

第二条"下原察百姓耳目之实",是以广大百姓的直接感觉经验作为依据。这里的"实"当指广大百姓耳闻目睹之"实"。这一条与上一条有密切的联系。墨子之所以看重古代圣王,并不是因为他们是神,而是因为"唯能使人之耳目助己之视听……助之视听者众,则其所闻见者远矣"(《尚同中》)。这就说明,古之圣王之所以为圣,关键在于他们能够听取广大百姓的意见,所以凡事必须察之于百姓耳目之实,是很重要的。

最后一条是"废以为刑政,观其中国家百姓人民之利"。意思是说,考察言论、举措是否合宜的一个标准,是看其能否给国家和百姓带来实际的好处。言论是否正确,不能只靠主观判断,必须看它的实际效果如何。"用而不可,虽我亦将非之。焉有善而不可用者?"(《兼爱下》)这就是说,实际效果是检验一切事物的最后尺度,用与不用都必须以此为标准。墨子能够在两千多年前提出如此精辟的主张,十分难能可贵。

二、功利主义的思想倾向

义利问题是先秦时期的重要问题。孔子较早提出这个问题,并确立了"义以为上"的价值原则。虽然孔子没有完全否定利的作用,但其"君子喻于义,小人喻于利"(《论语·里仁》),"君子怀德,小人怀土"(同上)等论述,容易让人产生义利互相对立的看法。在这个问题上,墨子同样提倡"贵义",强调"义以为上",认为"从事于义,必为圣人","万事莫贵于义"(《贵义》),但墨子并非不重视利,而是更加强调将义与利有机联系起来。

在墨子看来,"义"并非是那种高不可攀的东西,而是本身就具有功利性。"夫义,天下之大器也。"(《公孟》)这就是说,义必有其用,有其用必有其利,义说到底无非是给天下带来利益的工具而已。墨子为此解释说:

> 所为贵良宝者,可以利民也。而义可以利人,故曰:义为天下之良

宝也。(《耕柱》)

  天下有义则生,无义则死;有义则富,无义则贫;有义则治,无义则乱。(《天志上》)

墨子的意思是,义能够保证利,产生利,实现利,这样的义就是好的义,就是天下的"良宝"。义非常重要,但这种义并不是与利相对立的,而是与利相协调的,只有做到了义才能富足,才能平治,否则就会导致贫贱、混乱。

墨子在将义化约为利的时候,其所指主要是国家之利、天下之利。他认为,仁者的最高使命是"兴天下之利,除天下之害"(《明鬼下》)。在他心目中,古代圣人是这方面的典型:

  若事上利天,中利鬼,下利人,三利而无所不利,是谓天德。故凡从事此者,圣知也,仁义也,忠惠也,孝慈也,是故聚敛天下之善名而加之。……若事上不利天,中不利鬼,下不利人,三不利而无所利,是谓之贼。故凡从事此者,寇乱也、盗贼也,不仁不义、不忠不惠、不慈不孝,是故聚天下之恶名而加之。(《天志下》)

判定一个人是圣人还是贼寇,一个重要的标准,是看他能否上利天,中利鬼,下利人。在这"三利"当中,天与鬼都是虚说,真正的意义必须落实在人的身上。

墨子讲利,同样是由"兼爱"学说引申出来的。墨子看到,当时人人只是自爱,只是自利,结果弄得人人争斗不止,天下混乱不宁。要解决这个问题,一个办法就是"兼爱",如果人与人之间彼此相爱了,那么利自然也就可以相互交换了。这就是墨子所说的"兼相爱,交相利"(《兼爱中》)。只有兼爱才能交利,兼爱是交利的思想基础,交利是兼爱的必然结果。墨子由兼爱引出交利,将义与利有机结合起来,表现出浓厚的功利主义倾向,在先秦各大学派中是非常有特点的。

思考题:
1. 如何评价墨子的"兼爱"思想?
2. 墨子"天志"、"明鬼"的思想意义主要表现在哪里?

参考书目：

孙诒让：《墨子间诂》，诸子集成本，上海书店，1996年。
梁启超：《墨子学案》，中华书局，1936年。
方授楚：《墨学源流》，上海书店，1989年。
邢兆良：《墨子评传》，南京大学出版社，1993年。
孙中原：《墨学通论》，辽宁教育出版社，1995年。
谭家健：《墨子研究》，贵州教育出版社，1995年。
蔡尚思主编：《十家论墨》，上海人民出版社，2004年。

第三章 老子与其创立的道家学派

老子(生卒年不详)其人,在西汉初年已比较神秘了。司马迁《老子韩非列传》里讲到三个老子,即李耳、老莱子和太史儋。一般认为老子就是老聃,"老子者,楚苦县厉乡曲仁里人也,姓李氏,名耳,字聃,周守藏室之史也"(《史记·老子韩非列传》)。司马迁说,孔子曾"问礼于老子"(同上)。老子对孔子说:"君子得其时则驾,不得其实则蓬累而行。吾闻之,良贾深藏若虚,君子盛德容貌若愚。去子之骄气与多欲,态色与淫志,是皆无益于子之身。"(同上)孔子不但没有生气,反而称赞老子为"乘风云而上天"的"龙"(同上)。

关于老子著书的情况,司马迁说:"老子修道德,其学以自隐无名为务。居周久之,见周之衰,乃遂去。至关,关令尹喜曰:'子将隐矣,强为我著书。'于是老子乃著书上下篇,言道德之意五千余言而去,莫知其所终。"(同上)但一般认为,魏晋后通行的《老子》虽然保留了老聃的思想,但明显有后人增改的成分,已不是老聃著述原来的样子,年代当在孔墨以后。

《老子》最通行的注本是王弼的《老子注》。本章引文即以此为基础,同时参考其他版本。较古老的文本有1973年湖南长沙马王堆三号汉墓出土的《老子》帛书本,1993年湖北荆门郭店一号楚墓出土的《老子》竹简本。帛书本的内容与通行本基本相同,个别字句略有出入。但排列次序是《德经》在前,《道经》在后,与通行本刚好相反。帛书《老子》有两种写本。甲本字体在篆隶之间,不避汉高帝刘邦讳,抄写年代可能在高帝时期(前206—前195年)。乙本字体为隶书,避邦字讳而不避惠帝刘盈讳,抄写年代可能在惠帝或吕后时期(前194—前180年)。

竹简本的内容与通行本、帛书本相比有较大差异。竹简《老子》只有二千言,约为通行本、帛书本的五分之二。竹简《老子》既不分篇,也不分章,与通行本八十一章的排序大不相同。更重要的是,个别关键字句有很大差异。如通行本十九章:"绝圣弃智,民利百倍。绝仁弃义,民复孝慈。绝巧弃利,盗贼无有。"竹简本经点校后的文字是:"绝智弃辩,民利百倍。绝巧弃利,盗贼亡有。绝伪弃虑,民复季子。"竹简本《老子》抄在三种不同形制的竹简上,整理者将其分为竹简《老子》甲、乙、丙本。据考古学家的研究,抄写时间大概在公元前300年左右。与帛书本相比,竹简本《老子》更值得我们重视。

老子哲学思想博大精深,对后世的影响也是巨大、长远和多方面的。它不但为历代政治家所推崇,也给普通中国人以启发。老子思想中任自然和讲权术的两面,分别为后来的庄子和韩非所发展。庄子崇自然而求个人之解脱,韩非重权术而为帝王所赏识。

第一节 老子道的思想的含义与特点

一、道的思想的提出

老子提出了道的概念来与儒家、墨家学说相对抗,以他为代表的学派也因此被称为道家。什么是道?老子说:

> 道,可道,非常道。名,可名,非常名。无名,天地之始。有名,万物之母。故常无欲,以观其妙。常有欲,以观其徼。此两者同出而异名,同谓之玄。玄之又玄,众妙之门。(《老子·一章》,下引此书只注章数)

在这里,老子追问了天地万物的由来,即所谓"天地之始"、"万物之母"。追问下来,老子勉强给它取了个名字,这就叫作"道"。其实,"道"是"无名"。"道常无名。"(三十二章)"道隐无名。"(四十一章)道不是物,只是"物物者",而"物物者非物"(《庄子·知北游》),所以,物是"有名",道是"无名"。

除此之外,老子还称此"物物者"为"无"、为"一"、为"谷神"等等。"物物者"是如何化生天地万物的呢？老子说：

> 道生一，一生二，二生三，三生万物。万物负阴而抱阳，冲气以为和。(《四十二章》)

此处之"一"，就是"道"。"道生一"，即"道立于一"。《庄子·天下》篇论老聃之术说："主之以太一。"太一与此一、道同。太一即大一，亦即大道。"二"指阴阳两气，所谓"一阴一阳之谓道"(《易·系辞传上》)。"三"指阴阳两气活动而形成的和谐状态。万物就是在这种状态中产生的。当然，老子无意描述"物物者"化生天地万物的具体过程，他只是强调"物物者"对物的优先地位。

值得注意的是和竹简《老子》丙本合抄的《太一生水》篇。该篇详尽描述了太一通过水化生天地万物的具体过程："太一生水。水反辅太一，是以成天。天反辅太一，是以成地。天地[复相辅]也，是以成神明。神明复相辅也，是以成寒热。寒热复相辅也，是以成湿燥。湿燥复相辅也，成岁而止。故岁者，湿燥之所生也。湿燥者，寒热之所生也。寒热者，[四时之所生也。]四时者，阴阳之所生[也]。阴阳者，神明之所生也。神明者，天地之所生也。天地者，太一之所生也。是故太一藏于水，行于时，周而又[始，以己为]万物母；一缺一盈，以己为万物经。"(李零《郭店楚简校读记》第 32—33 页，北京大学出版社 2002 年版)《太一生水》给我们提供了一个完整的宇宙生成的模式，其中许多提法让我们想到《老子》。比如关于"水"，老子说："上善若水。水善利万物而不争。"(八章)再比如关于"辅"，老子说："以辅万物之自然，而不敢为。"(六十四章)特别是该篇结论，尤为意味深长。太一化生天地万物以后，并未消失，而是"藏于水，行于时"，所以它不仅是"万物母"，而且是"万物经"。"母"者，本源也；"经"者，规律也。"母"、"经"二者，在先秦道家文字中，又往往是合而为一的。

"物物者"的名称很多，为什么后世没有以"太一"为名，却以"道"著称呢？这就要从道的本义说起。道的本义是道路。"大道甚夷，而民好径。"(五十三章)其引申义就是规律。"大道泛兮，其可左右。"(三十四章)用庄子的话解释就是："道者，万物之所由也。庶物失之者死，得之者生；为事逆之则败,顺之则成。"(《庄子·渔父》)《汉书·艺文志》说:"道家者流,盖出于史官,历记成败、存亡、祸福、古今之道,然后知秉要执本,清虚自守,卑弱以自持,此君人南面之术也。"老子的道,是老子以史家眼光从历代兴亡中总结出来并提到哲学高度的政治智慧,也可理解为一种普遍规律。以此来看老子对道的描述,就比较清楚了。

二、道的两个特点

在老子对道的众多描述中,下面一章较为重要:

> 有物混成,先天地生。寂兮寥兮,独立而不改,周行而不殆,可以为天下母。吾不知其名,字之曰道,强为之名曰大。大曰逝,逝曰远,远曰反。(二十五章)

这一章不妨视为老子论道的总纲。道虽然是无声无形("寂兮寥兮")而不可言说的("不知其名"、"强为之名"),但它仍是适用于天地万物("天下母")。在这里,老子讲了道具有两个特点,其一是"独立而不改",其二是"周行而不殆"。

所谓"独立而不改"即是强调道的永恒性("先天地生")。具体地说,有三层意思。第一,道是"无物"(十四章)。道不是一个有形的物,它是"视之不见"、"听之不闻"、"抟之不得"的,它只是"无状之状,无物之象"(同上)。第二,道又是"有物"(二十一章)。道不但"有象",而且"有精",我可以道"知众甫之状"(同上)。这也就是老子说的"道冲,而用之或不盈"(四章)。第三,有物生于无物,"天下万物生于有,有生于无"(四十章)。意思是说天下万物都生于有形的物,但有形的物都遵循无形的道。

那么这个无形的道究竟是什么呢?就是"周行而不殆"。道及其化生的天地万物都在不停地运动,即"大曰逝,逝曰远,远曰反"。运动深层的原因则在于阴阳两种势力的冲突,即"万物负阴而抱阳"(四十二章)。道不仅不停地运动,而且运动的双方总是向它的相反方面转化,"反者,道之动"(四十章)。老子对此有深刻的认识。比如,他认为,贵是以贱为本的,"故贵以贱为本,高以下为基。是以侯王自谓孤、寡、不穀,此非以贱为本邪?"(三十九章)祸福是互相依存的,"祸兮福之所倚,福兮祸之所伏"(五十八章)。因此,他强调,必须"图难于其易,为大于其细。天下难事必作于易,天下大事必作于细。是以圣人终不为大,故能成其大"(六十三章)。

总之,如果我们把老子的道理解为"成败、存亡、祸福、古今之道",理解为一种普遍规律,理解为一种政治智慧,那么老子书中许多"玄之又玄"的论述都可以得到比较合理的解释。

第二节 道的思想在政治方面的应用

一、"小国寡民"

司马迁说:"老子,隐君子也。"(《史记·老子韩非列传》)据此人们往往将老子视为远离社会的隐君子,其实并非如此。老子自视很高,认为自己是"被褐怀玉"的"圣人"(七十一章),是勤于行道的"上士"(四十一章),其思想并没有离开现实社会。

老子追求的是一种"小国寡民"的政治理想:

> 小国寡民。使有什伯之器而不用,使民重死而不远徙。虽有舟舆无所乘之,虽有甲兵无所陈之,使民复结绳而用之。甘其食,美其服,安其居,乐其俗。邻国相望,鸡犬之声相闻,民至老死不相往来。(八十章)

透过这段论述,人们往往会形成这样一种印象:老子是在主张社会倒退。但如果深入考察,则不难看到老子的良苦用心。老子之所以提出这种政治主张,主要是因为他对社会现实的发展极为不满。老子对现实有清醒的认识,他认为,天道和人道是不同的,"天之道,损有余而补不足;人之道则不然,损不足以奉有余。孰能有余以奉天下?唯有道者"(七十七章)。他揭露贵族对平民的剥削,"民之饥,以其上食税之多,是以饥;民之难治,以其上之有为,是以难治;民之轻死,以其上求生之厚,是以轻死"(七十五章)。他甚至指责不劳而获的贵族是强盗头子,"朝甚除,田甚芜,仓甚虚。服文采,带利剑,厌饮食,财货有余。是为盗夸,非道也哉!"(五十三章)由此可见,老子对"小国寡民"理想社会的描绘,不能仅视为他怀古情结的显现,更应当视为对社会的强烈批评。

二、"礼者,忠信之薄而乱之首"

现实是如此的不合理,那么应当如何治理呢?老子认为,儒家讲礼治,讲仁义忠孝,这种办法是行不通的。他说:"礼者,忠信之薄而乱之首。"(三十八章)又说:"大道废,有仁义;慧智出,有大伪;六亲不和,有孝慈;国家昏乱,有忠臣。"(十八章)同样,法家的办法也不行。因为"天下多忌讳而民弥贫;民多利器,国家滋昏;人多伎巧,奇物滋起;法令滋彰,盗贼多有"(五十七章)。

这些办法之所以行不通,关键在于它们都是"以智治国"。对于这种办法,老子明确表示反对:

> 古之善为道者,非以明民,将以愚之。民之难治,以其智多。故以智治国,国之贼;不以智治国,国之福。(六十五章)

愚者,朴也。以道愚民即以道使民返朴归真。具体地说,就要"不尚贤,使民不争;不贵难得之货,使民不为盗;不见可欲,使民心不乱。是以圣人之治,虚其心,实其腹,弱其志,强其骨,常使民无知无欲"(三章)。对于标新立异的人,他主张镇压。"民不畏死,奈何以死惧之?若使民常畏死,而为奇者,吾得执而杀之,孰敢?"(七十四章)

以道愚民也就是"任自然",又叫作"道法自然"。从"任自然"的思想出发,老子反对战争,因为战争是违反自然的,"以道佐人主者,不以兵强天下。其事好还,师之所处,荆棘生焉。大军之后,必有凶年"(三十章)。从"任自然"的思想出发,老子重视农业,因为农业是符合自然的,"天下有道,却走马以粪。天下无道,戎马生于郊"(四十六章)。

同样是从"任自然"的思想出发,老子主张无为而治:

我无为而民自化,我好静而民自正,我无事而民自富,我无欲而民自朴。(五十七章)

无为就是君道,即"君人南面之术",君主只有"无为"才能"无不为"。因此老子把希望寄托在侯王身上,"道常无为而无不为。侯王若能守之,万物将自化。化而欲作,吾将镇之以无名之朴。无名之朴,夫亦将无欲。不欲以静,天下将自定"(三十七章)。但是侯王是否能行他的道呢?老子自己也很怀疑,"吾言甚易知,甚易行。天下莫能知,莫能行"(七十章)。因此,老子的心情是悲凉的,"众人熙熙,如享太牢,如春登台。我独泊兮,其未兆,如婴儿之未孩,儽儽兮,若无所归!众人皆有余,而我独若遗"(二十章)。短短数语,老子孤独、失意的心境跃然纸上。

第三节 道的思想在生活方面的应用

一、"柔弱胜刚强"

老子认为"为道"不同于"为学","为道"关键在"无为","无为"才能"无不为"。"为学日益,为道日损。损之又损,以至于无为。无为而无不为。取天下常以无事,及其有事,不足以取天下。"(四十八章)无为者,不妄为也。历来都说老子主张"无为"、"无事",其实,"无为"是为了"无不为","无事"是为了"取天下"。

把"无为而无不为"的原则运用到生活上,老子又提出了"柔弱胜刚强"的主张:

将欲歙之,必固张之;将欲弱之,必固强之;将欲废之,必固兴之;将欲夺之,必固与之。是谓微明。柔弱胜刚强。鱼不可脱于渊,国之利器不可以示人。(三十六章)

为什么柔弱能够战胜刚强呢?因为事物都在向相反方向转化,弱者经过一定条件的转化,就可以战胜强者,这就是老子所说的"反者,道之动;弱者,道之用"(四十章)。

老子认为,弱者要成为强者,首先要保存自己,不被强者消灭。

> 江海所以能为百谷王者,以其善下之,故能为百谷王。是以圣人欲上民,必以言下之;欲先民,必以身后之。是以圣人处上而民不重,处前而民不害,是以天下乐推而不厌。以其不争,故天下莫能与之争。(第六十六章)

江海能够成为百谷王,是因为其善于居下;圣人能够治民,是因为善于言下。因此,只有善于居弱才能战胜强者。由此出发,老子提出"慈"、"俭"、"不敢为天下先"三条原则。"我有三宝,持而保之:一曰慈,二曰俭,三曰不敢为天下先。慈,故能勇;俭,故能广;不敢为天下先,故能成器长。今舍慈且勇,舍俭且广,舍后且先,死矣。"(六十七章)顺此思路发展,老子最反对轻敌,强调"祸莫大于轻敌,轻敌,几丧吾宝"(六十九章)。

二、"慎终如始,则无败事"

只是消极地保存自己还不够,还必须积极地发展自己。老子认为,"孔德之容,唯道是从"(二十一章),只要遵循道的要求,就可以使自己立于不败之地。为此老子提出了一系列的办法。

比如,"以百姓心为心"。老子强调,"圣人无常心,以百姓心为心"(四十九章),只有这样才能使"天下乐推而不厌"(第六十六章)。又如,要善于用人。"圣人常善救人,故无弃人;常善救物,故无弃物。是谓袭明。故善人者不善人之师,不善人者善人之资。不贵其师,不爱其资,虽智大迷。是谓要妙"(二十七章)。不但用物,而且用人;不但用善人为师,而且用不善人为资。再如,先做小事情,再成大事业。"图难于其易,为大于其细。天下难事,必作于易。天下大事,必作于细。是以圣人终不为大,故能成其大。"(六十三章)再如,"慎终如始",坚持到底。"民之从事,常于几成败之。慎终如始,则无败事。"(六十四章)

由此可见,在老子看来,如果弱者不但能够在强者面前保存自己、发展自己,而且能够运用正确的策略削弱强者,那么,弱者变强,强者变弱,弱者就可以战胜强者了。因此,老子虽然深感孤独、失意,但他留给世人的并非只有消极的一面,同时也有积极的进取精神。

思考题:
1. 竹简本《老子》及《太一生水》篇的出土对老子哲学的研究有何意义?
2. 如何理解老子的"道法自然"?

参考书目:
《郭店楚墓竹简》,文物出版社,1998年。
朱谦之:《老子校释》,中华书局,1984年。
陈鼓应:《老子注释及评介》,中华书局,1984年。
陈鼓应、白奚:《老子评传》,2001年。
詹剑锋:《老子其人其书及其道论》,湖北人民出版社,1982年。
刘笑敢:《老子》,台湾东大图书公司,1997年。
王博:《老子思想的史官特色》,台湾文津出版社,1993年。
熊铁基:《中国老学史》,福建人民出版社,1995年。

第四章　孟子对孔子仁的思想的发展

孟子(公元前372—前289),名轲,战国时邹(今山东邹城)人。鲁国贵族后裔,幼年丧父,家庭贫困。其母代父三迁之教,对其成长有重要影响,历史上传为美谈。稍长受学于孔子之孙子思的弟子。成年后,仿效孔子在家乡授徒讲学,大约四十岁之后开始出仕,并开始游历齐、滕、薛、鲁、梁等国,推行其仁政主张。当时的情况是:"秦用商君,富国强兵;楚魏用吴起,战胜弱敌;齐威王、宣王用孙子、国忌之徒,诸侯东面朝齐。"(《史记·孟轲荀卿列传》)因仁政学说理想色彩太重,与时势不合,终不见用。晚年退居讲学,与弟子共同合作,著成《孟子》一书。

孟子自称是孔子的"私淑"弟子,自觉以学习和继承孔子思想为己任。其经历与孔子也相仿,都是先授徒讲学,再游历诸国,最后讲学著书。孟子对孔子思想的继承,主要表现在仁的方面,直接将孔子的仁学发展为性善论,对中国哲学思想的发展有着重要影响。但孟子性格与孔子有很大不同。孔子是一个谆谆长者,性格温和。孟子则以好辩著称,个性强烈。这种个性的差异对孟子思想的形成和发展也有一定的影响。

《孟子》全书分《梁惠王》、《公孙丑》、《滕文公》、《离娄》、《万章》、《告子》、《尽心》七篇,每篇又分上下,共十四篇,是研究孟子思想的直接材料。

第一节 郭店楚简及思孟学派

一、《性自命出》与性的问题的出现

我们知道,孔子思想有重要的两极,一个是礼,一个是仁。礼源于周代的礼乐制度,代表着孔子的政治夙求,是其政治思想的集中表现;仁源于对先前有关概念的改造,代表着孔子的道德理念,是其道德思想的集中反映。对孔子而言,礼的思想多属于继承,仁的思想则多属于创新。在孔子看来,人人都可以成为一个好人,都有自觉行礼的道德基础,这就是仁。

由于是首创,孔子对仁只是随宜指点,没有对仁予以明确的界定,这样就把仁究竟是什么的问题,特别是人为什么会有仁的问题,留给了后人。随着时间的发展,人们试图从性的角度来解答这个问题。这个问题在新出土的一些资料中得到了有力验证。1993 年湖北荆门郭店一号楚墓不仅出土了《老子》的竹简本,而且也有一批儒家作品,学界一般统称郭店楚简。在这批竹简中,有一篇《性自命出》,因为集中讨论性的问题而特别引人关注。该篇有这样一个重要的观点:

性自命出,命自天降。道始于情,情生于性。

这一论述之所以引起人们的兴趣,一个重要原因,是将性与命与天联系在一起,直接以命和天说性。"性"字由"生"字衍变而来,很长一段时间"性"字的含义与"生"字的含义是相同的,所以,人们一开始并没有将道德问题与性的问题相联系。《性自命出》中的"性"字严格说来还不是后来孟子意义上的性善之性,但这里的"性"字明显是从道德的意义上说的,无论如何已经具有了道德的内涵。这种将道德内涵的性与命与天联系在一起的思想,在孔子那里是没有的。孔子对于性的问题的论述非常简单,只是说"性相近也,习相远也",并没有深入下去,以致弟子常有"夫子之文章可得而闻也,夫子之言性与天道,不可得而闻也"(《论语·公冶长》)的感叹。《性自命出》直接以命和天论性,唯一合理的解释,就是孔子之后,孔子的后继者为了解决道德的

终极根源问题,不得不将道德问题上升到性的层面,上升到命和天的层面,希望以此对这个问题能有一个终极的解释。

该篇接下来又说:

> 四海之内,其性一也;其用心各异,教使然也。

这是说,凡人皆有性,四海之内的性都是相同的。这是一个十分值得品味的判断。人生下来都有自己的特点,人人各有不同,但所具有的性却是相同的。要对这一情况予以合理的解释,唯一的可能是,性是源于天之所命的。天与命是性的终极根源,既然如此,天下的性一定是相同而非相异的,我们无法想象天与命会生出各种不同的性来,所以至于后来有了不同,有了差异,是"用心各异"的结果,这就叫作"虽有性,心弗取不出"(同上)。对于性来说,心之已取与心之未取有着原则的区别,心之已取之性才能使性有所简别,保证性之为性;而心之未取之性尚未达到简别,只是喜怒哀乐未发之性。

二、《五行》与"天道""人道"的剥离

郭店楚简还有一篇叫作《五行》,同样引起学界的关注。此篇开门见山地将儒家道德观念排列为一个与金木水火土完全不同的另外一个"五行"的系统:

> 五行:仁形于内谓之德之行,不形于内谓之行。义形于内谓之德之行,不形于内谓之行。礼形于内谓之德之行,不行于内谓之[行。智形]于内谓之德之行,不形于内谓之行。圣形于内谓之德之行,不形于内谓之(德之)行。

这里列出的道德观念共有五种,即仁、义、礼、智、圣。《五行》的作者将这五种观念分为"德之行"与"行"两种情况。粗略地说,"德之行"指内在于人心尚未显发于外的东西,"行"则指施之于行为的具体表现。在先秦的观念中,德总是内在的,行则是外在的,只有将内在的德修好了,以德约行,才能有好的行为。《五行》所表达的正是这一思想。

《五行》中特别值得注意的是将"天道"与"人道"剥离:

德之行五和谓之德,四行和谓之善。善,人道也;德,天道也。

"德之行五和谓之德"一句中的前一个"德"字,指得之于天,即通过得到上天的赋予而有其心性,后一个"德"字则是指五种德行的和谐发展。《五行》作者在这里又区分了两种情况,一种是五行,一种是四行,二者的不同在于前者多了一个圣,即仁、义、礼、智、圣的那个"圣"。这种不同有着原则性的意义,因为多了一个圣,所以五行为"德",因为少了一个圣,所以四行为"善"。"德"与"善"的区别,就是"天道"与"人道"的区别。"德"为"天道","善"为"人道"。《五行》篇将道德分为"德"与"善","天道"与"人道",关键是因为"圣人知天道也"。将此句与《性自命出》中的"性自命出,命自天降"参读,不难看出,《五行》如此重视天道,唯一可信的解释,就是当时泛泛讲仁讲义已经无法满足人们的形上思维的需要,所以才将其上提到天和性的高度。

三、郭店楚简、《中庸》与思孟学派

《性自命出》、《五行》的作者现在学界还有不同看法,但多数学者倾向认为出自子思。这种看法对重新认识思孟学派的历史地位有很大帮助。

历史上任何大的思想家过世之后,其思想的传承都会发生分化,孔子也不例外。"自孔子死也,有子张之儒,有子思之儒,有颜氏之儒,有孟氏之儒,有漆雕氏之儒,有仲良氏之儒,有孙氏之儒,有乐正氏之儒。"(《韩非子·显学》)这种"儒分为八"的描述基本可以反映孔子之后儒家内部各个学派的分化情况。在孔子思想的传承上,较为值得关注的是子思之儒。子思(约公元前483—前402),名伋,孔子之孙。学界关注子思,重要原因是孟子曾受业于子思的学生。司马迁《史记·孟子荀卿列传》中明文记载,孟子"受业子思之门人"。由于子思是孔子之孙,地位很高,孟子受业于子思的弟子,也算是渊源有自,所以历史上将其合称为思孟学派。

但很长一段时间以来,学界对历史上是否真有一个思孟学派,提出了怀疑。郭店楚简的出土为反驳这种怀疑,提供了有力的材料。按照传统的说法,《中庸》为子思所作。依据这样一个时间顺序,将《中庸》与郭店楚简联系

起来,很容易看出其中内在的逻辑联系。比如,《中庸》讲:

> 天命之谓性,率性之谓道,修道之谓教。(第一章)

天所命的叫作性,顺性发展叫作道,修明其道叫作教。这里"天命之谓性"的说法值得高度重视。这一说法与郭店楚简"性自命出,命从天降"的说法虽然还有一些差异,但二者有着明显的共同之处,都将性与天和命挂钩,强调性的终极根据在于天,在于命。这一思想在孔子那里尚不存在,而在孟子那里却又十分明显,于是就产生了这样一个问题:由孔子是如何过渡到孟子的呢?郭店楚简的出土有效解决了这个问题,它不仅说明思孟学派在历史上确实存在过,不容怀疑,而且告诉我们,将性与命与天联系起来,是儒家解决心性难题的必由之路,虽然真正解决这个问题的是孟子,但在孟子之前还有《性自命出》,还有《五行》,还有《中庸》,孟子只是沿着这个方面不断发展而已。

今本《中庸》明显有后人增补的痕迹,上引一段是否为古本《中庸》的内容,难以确定,但这并不会影响我们的上述判断,因为《中庸》中有关的材料是非常多的。再比如:

> 诚者,天之道也;诚之者,人之道也。诚者不勉而中,不思而得,从容中道,圣人也。诚之者,择善而固执之也。(第二十章)

子思在这里明确区分了"天之道"和"人之道"。诚原本只是人的一种真实无妄的精神,但子思把诚的内容客观化,用以表示天道的真实性,反过来证明人之道。子思这种以天论诚的思路,与《五行》区分"天道"、"人道"的做法是一致的。这进一步说明,在孔子之后确实有一个从形上高度解决道德终极根据问题的思潮,《性自命出》《五行》《中庸》《孟子》都是这一思潮的具体体现者。

郭店楚简出土的时间还不长,有关的研究还正在深入进行。由于文字辨认、竹简排序、历史背景等方面的原因,一些问题还不很清楚。但仅就现有的研究成果来说,孔子之后性的问题已经引起人们的关注,甚至成为当时的一个热点,这一看法已为学界广为接受并认可。这些新材料告诉我们,由孔子到子思再到孟子,沿着仁的思想一线发展,以命和天作为性的终极根据,希望以此来彻底解决道德的形上根据的难题,这样一个路向在郭店楚简出土之后,已经越来越清晰,越来越难以动摇了。

第二节 以良心为基础的性善理论

一、由孔子的仁学到孟子的性善论

如上所说,孔子之后性的问题已经逐渐显现,成为一种思潮。到孟子之时,各种不同的人性理论就更加多了。从有关资料看,除孟子的性善论外,至少还有三种不同的理论。一是"性无善无不善论",这是告子的观点。告子认为,人的本性没有什么善,也没有什么不善。二是"性可以为善,可以为不善论",这是谁的主张,还不清楚。这种观点认为,性可以成为善,也可以成为不善,文王、武王在位,民众就崇尚善,幽王、厉王在位,民众就崇尚暴。三是"有性善,有性不善论",这是谁的观点,也不清楚。这种观点认为,有的人本性善,有的人本性不善,所以舜这样的圣贤之君却有象这样不贤的弟弟,瞽瞍这样昏庸的父亲却有舜这样孝顺的儿子。

在这三种观点中,第二种"性可以为善,可以为不善论",意义不大。这是因为,说性可以为善,也可以为不善,只是表明人有两种可能性,至于为什么有这两种可能性,这种观点并没有讲。第三种"有性善,有性不善论",意义也不大。这是因为,说有的人本性善,有的人本性不善,表面似乎比较全面,善和不善都讲了,但为什么有人为善有人为不善,这种观点也没有讲。相对来说,第一种即告子的"性无善无不善论"最为著名。

告子的观点以"生之谓性"为基础,认为"性"就是"生","生"就是"性",把人生而具有的那个东西称为性。比如他说,"食色,性也"(《孟子·告子上》,以下引此书只注篇名),就是因为食色是人生而具有的。既然"生之谓性",而人生下来并不具备善恶,善恶是后来教化的结果,所以他主张"性无善无不善"。告子认为,人性好比急流的水,从东方开了口子,就向东方流,从西方开了口子,就向西方流,人性没有善与不善的定性,正如水没有东流西流的定向一样。虽然人没有善恶的定性,却可以接受教化,善就是教化的结果。他打比方说,性好像是柳条,义好像是用柳条加工而成的器具,人不是天生就有义的,义是后天加工的结果。这就是他的"性无善无不善论"。

孟子不同意告子的理论,因为如果说性是无善无不善的,就等于取消了人们为善的基础,只有坚持人性为善,人们才有根据去行善,去成就道德。因此,要把孔子仁的学说贯彻到底,必须主张性善论。这也说明,由孔子的仁到孟子的性善论,是有很强的历史延续性的。

二、性善的根据在于心善

性善论是孟子的一大发明,也是孟子对中国哲学思想的最大贡献。孟子关于性善的论述非常多,其中《告子上》第六章最具代表性,我们不妨将这一章看作孟子论性善的一个总纲。孟子说:

> 乃若其情,则可以为善矣,乃所谓善也。若夫为不善,非才之罪也。恻隐之心,人皆有之;羞恶之心,人皆有之;恭敬之心,人皆有之;是非之心,人皆有之。恻隐之心,仁也;羞恶之心,义也;恭敬之心,礼也;是非之心,智也。仁义礼智,非由外铄我也,我固有之也,弗思耳矣。故曰,"求则得之,舍则失之"。或相倍蓰而无算者,不能尽其才者也。《诗》曰,"天生烝民,有物有则。民之秉彝,好是懿德"。孔子曰:"为此诗者,其知道乎!"故有物必有则;民之秉彝也,故好是懿德。

这就是说,就实情来讲,人可以为善,这便是我所说的性善。至于有些人不善,并不是因为没有善的初生之质,没有这种能力。恻隐之心人皆有之,羞恶之心人皆有之,恭敬之心人皆有之,是非之心人皆有之。恻隐之心即是仁,羞恶之心即是义,恭敬之心即是礼,是非之心即是智。仁义礼智不是外边给予我的,是我原本就有的,不过不曾切己反思罢了。所以说,"你如果求它,便会得到;你如果放弃,就会失掉"。人与人之间品行相差一倍、五倍以至无数倍的,就是因为不能充分发挥他们的初生之质的缘故。《诗经》说:"天生育众民,事物有自己的法则。百姓秉持常性,于是喜好优良的品德。"孔子说:"写此诗的人真懂得道呀!"所以事物一定有自己的法则,百姓秉持常性,故而喜欢优良的品德。

在这一章中最值得注意的部分,是孟子对于心这个概念的处理。"心"字很早就有了,但在孟子之前,心的概念比较混杂,既包括认知,又包括道德,既包括善,又包括恶。虽然《孟子》中"心"字的涵义也比较多,但作为性善论基础的心,却非常严格,非常纯洁。这个心就是"四心",即所谓恻隐之心、善恶之心、恭敬之心、是非之心。"四心"在孟子又叫作良心和本心。良心就是善心,本心就是原本具有之心。

在孟子看来,良心本心是人所固有的。比如,"乍见孺子将入于井,皆有怵惕恻隐之心"(《公孙丑上》)。猛然间见到刚刚会走路的小孩子就要掉到井里了,任何人都会有一种惊骇恐惧、悲悯不忍之情,这就是恻隐之心。既然每个人都有恻隐之心,而恻隐之心就是良心本心,那么每个人都有良心本心,也就不言自喻了。再比如,"人之所不学而能者,其良能也;所不虑而知者,其良知也。孩提之童无不知爱其亲者,及其长也,无不知敬其兄也"(《尽心上》)。人不待学习便能做到的,这是良能;不待思考便会知道的,这是良知。孩提之童即知爱其亲,稍大一点即知敬其兄,这些都是不学而能的良能,不虑而知的良知。良能良知人人固有,所以良心本心人人固有。

良心本心是内在的,但它总是要表现出来,这个表现出来的东西就是仁义礼智,就是善性,即所谓"恻隐之心,仁也;羞恶之心,义也;恭敬之心,礼也;是非之心,智也"。也就是说,因为人人都有良心本心,所以人人都有仁义礼智;因为人人都有仁义礼智,所以人人都有诚善之性。这就告诉我们,性善的根据完全在于心善,因为心善所以性善。孟子只以良心本心论性善的奥妙就在这里,掌握了这个奥妙也就掌握了性善论的核心。

更为重要的是,孟子还将良心本心的根据直接归到了天上。他专门引《诗经》中"天生烝民,有物有则。民之秉彝,好是懿德"的诗句,说明良心本心完全是天生的,是"天之所与我者"(《告子上》)。孟子的这种说法在今天看来可能有不同的理解,但在历史上却是十分有效的。这是因为,在传统的思维方式中,天是最高的力量,在人们还不明白良心本心到底来自何方的情况下,将它的根源上提到天上,就为其找到了一个形上的归宿。从《性自命出》,到《五行》,到《中庸》,再到《孟子》,这一思路一脉相承,源远流长,再没有根本性的改变。儒学即内在即超越,不是典型宗教却有宗教功能,其最深刻的原因就在这里。

三、性善论坚持的道德内求的路向

孟子只以良心本心论性善的思路,直接决定了其道德内求的路向。这是因为,良心本心是内在的,能不能得到它,完全在于自己是否能够做到反求诸己。

反求诸己的说法见于《离娄上》。孟子在这里提出了一个鲜明的观点"行有不得者皆反求诸己",意思是说,行为得不到预想的效果,都应该反身寻找自己的原因。比如,我爱别人,别人却不亲近我,就应该反问自己是不是做到了仁;管理别人,却没有管好,就应该反问自己是不是做到了智;礼待别人,却得不到回应,就应该反问自己是不是做到了敬。

反求诸己首先是自反,自反实际上是一种思的过程。孟子很重视思,这种思是"反思"之"思",与一般的"思考"、"思想"不同。比如,"仁义礼智,非由外铄我也,我固有之也,弗思耳矣"(《告子上》)。这里的"思"就是"反思"之"思",意思是说每个人原本就有仁义礼智,一些人不善于反思,所以丢了自家的本钱。

自反就是自得,"自得"是"自己得到良心本心"的意思。孟子说:

> 君子深造之以道,欲其自得之也。自得之,则居之安;居之安,则资之深;资之深,则取之左右逢其原,故君子欲其自得之也。(《离娄下》)

这是说,君子用大道来加深造诣,就是要求自得。自得就能牢固地掌握而不动摇;牢固地掌握而不动摇,就能积蓄得深;积蓄得深,便能取之不尽,左右逢源,所以君子要求自得。总之,反求诸己是自反和自得的紧密结合:自反是从途径上讲,自得是从目的上讲;自反是反思自己的良心本心,自得是得到自己的良心本心。一旦做到了自得,听从良心本心的命令,也就成就了道德。

反求诸己,得到自己的良心本心之后,忠实地按它的要求去做,完成由知到行的转变,这样就做到了无愧于心。孟子认为,"仰不愧于天,俯不怍于人"(《尽心上》),是人生的一大乐事。"愧"和"怍"都是惭愧的意思。仰不愧于天,俯不怍于人,根据全在于内心,只有做到心正无邪,才能无所愧怍,所以问题的实质是无愧于心。如果一件事情良心本心已告知不应该去做,你还是做了,良心本心就会不安,就会有愧,这叫有愧于心;如果一件事情良心本心告知应该去做,你照此做了,良心本心就会安稳,就会无愧,这叫无愧于心。无愧于心是性善论的大学问。

第三节 以性善论为基础的王道主义

一、王道与霸道

孟子建构性善论的根本目的是为了推行他的王道主义。孟子与孔子相距大约百年,如果说孔子所在的春秋末期西周盛况已经风光不再的话,那么孟子所在的战国中期更是典型的乱世。据史学家统计,战国时期的战争虽然在次数比春秋时期要少一些,但不论战争的规模,时间的持久,残酷的程度,都是春秋时期不可比拟的。孟子对当时的情况有一个形象的描述,叫作"争地以战,杀人盈野;争城以战,杀人盈城"(《离娄上》)。在这种情况下,诸侯国各自为是,兼并争霸,恣意妄为,毫无规矩可言;百姓生活在水深火热之中,"民之憔悴于虐政,未有甚于此时者也"(《公孙丑上》)。

如何改变当时的局面,使天下重归平治,救百姓于水火之中,是孟子面临的头等重要的课题。为了解决这个课题,孟子继承孔子的道德思想,认为最好的办法是实行王道主义。所谓王道主义就是学习古代圣王的做法,崇尚德治,"以德服人",使人"中心悦而诚服也"(《公孙丑上》)。孟子对王道主义的前景充满着理想,他说:

> 天时不如地利,地利不如人和。三里之城,七里之郭,环而攻之而不胜。夫环而攻之,必有得天时者矣;然而不胜者,是天时不如地利也。城非不高也,池非不深也,兵革非不坚利也,米粟非不多也;委而去之,

>是地利不如人和也。……得道者多助,失道者寡助。寡助之至,亲戚畔之;多助之至,天下顺之。以天下之所顺,攻亲戚之所畔;故君子有不战,战必胜矣。(《公孙丑下》)

在这段话中,孟子把王道主义的好处都讲清楚了。首先,实行王道可以达到"人和"。战争胜负要受很多因素的影响,这些因素中,天时的条件赶不上地利,地利的条件又赶不上人和。人和表面上是讲内部团结,实际上是讲人心归向。孟子非常重视民心的向背,人和就是人心之和。只有实行王道,才能团结一心,众志成城;不讲王道,必然分崩离析,一盘散沙。这就说明,人和首先是政治意义上的。宋代范仲淹《岳阳楼记》讲的"政通人和",比较合孟子的思想。今天人们常常从军事意义、竞争意义上引用孟子这句名言,忽视了它的政治含义,与孟子思想有一段距离。

其次,实行王道可以得到"多助"。政治上正确了,有了道义的支持,赞同的人就多,直至天下归顺;政治上不正确,没有道义的支持,反对的人就多,直至亲戚也来反叛。孟子甚至认为,如果一个国君能够实行王道,那么天下入仕的人都愿意到他的国家任职,耕田的人都愿意到他的国家耕作,从商的人都愿意到他的国家交易,旅行的人都愿意到他的国家行走,天下对自己君主不满的人都愿意到他的国家去投靠。这就是"得道者多助"。

最后,实行王道可以做到"战必胜"。由于有了人和,有了多助,赢得了民心,国家的力量自然就强了。当时各诸侯国之间的竞争非常激烈,如果别的国家不实行王道,得不到百姓的支持,甚至引起亲戚的反叛,人心相背,而你实行王道,得到百姓的拥护,人心相向,在这种情况下,你去攻打不实行王道的国家,那个国家的百姓如出水火,如解倒悬,必然喜悦异常,甚至外出迎接,结果当然是君子"战必胜"了。

"战必胜"又叫作"仁者无敌"。孟子对梁惠王说,如果你能够实行王道,减省刑罚,薄敛赋税,深耕土地,清除杂草,使青壮年空闲的时候修习孝悌忠信,在家事奉父母,出外事奉尊长,就是拿着木棒,也能抗击秦国和楚国的坚甲利兵。反过来,那些不实行王道的国家,侵夺农时,使百姓不能耕种农田,养活家里,父母挨饿受冻,兄弟妻儿离散。对这样的国家你前去讨伐,有谁能够和你抗争呢？所以,"仁者无敌,王请勿疑"(《梁惠王上》)。

与王道相对的是霸道。霸道就是一切崇尚武力,完全靠军事实力说话,在各诸侯国中居老大,迫使其他国家不得不服从的意思。用孟子的话说这叫作:"以力假仁者霸。"(《公孙丑上》)在孟子看来,霸道不是治理国家的最好办法,因为霸道只能得民力,不能得民心;只能以力服人,不能以心服人;只能得势一时,不能得势长久。孟子批霸道批得很厉害。齐宣王很欣赏霸道,孟子当即反驳说,这就像是"缘木而求鱼",甚至连"缘木而求鱼"还不如。因为爬到树上去找鱼,虽然找不到,但不会有什么灾难,而追求霸道必然后患无穷,即所谓"以若所为求若所欲,尽心力而为之,后必有灾"(《梁惠王上》)。

二、王道主义的主要特征

孟子所说的"王道"又叫"仁政",推行王道主义就是实行仁政。王道主义作为一种政治形式,有其明显的特征,这一特征简单说来就是在政治中加入了道德的成分。

王道主义对君王有较高的道德要求。孟子认为,历史发展有其自身的规律,一治一乱,"五百年必有王者兴"。这个"王者"就是圣人。圣人之所以有别于"暴君",首要的一条是自身有着崇高的德性。"君子之德,风也;小人之德,草也。草尚之风,必偃。"(《滕文公上》)圣人的崇高德性对于庶民百姓有很大的影响,因此,孟子十分重视君王个人的品质,强调"天下之本在国,国之本在家,家之本在身"(《离娄上》)。这样一来,在君王个人的德性与政治的实际结果之间,便构成了一种因果性的联系,"君仁,莫不仁;君义,莫不义;君正,莫不正。一正君而国定矣"(《离娄上》)。

君王个人的道德很重要的一项内容,表现在对待臣子的关系上。孟子强调,君王应该向臣子学习,"将大有为之君,必有不召之臣。欲有谋焉,则就之。……故汤之于伊尹,学焉而后臣之,故不劳而王;桓公之于管仲,学焉而后臣之,故不劳而霸"(《公孙丑下》)。与君相对,作为臣子来说,绝不能一味顺从君王,而必须以道义为重,只有以仁义之道劝说君王,才是真正的敬君。孟子自诩在齐国只有他才最尊敬齐王,因为"我非尧舜之道,不敢陈于王前,故齐人莫如我敬王也"(《公孙丑下》)。因此,孟子在君王面前,从不唯唯诺诺,阿谀顺从,强调如果天下有道,自然以道殉身,如果天下无道,则必须以身殉道,从来没有听说过牺牲道来迁就君王的,即所谓"未闻以道殉乎人者"(《尽心上》)。

王道主义必须关心民众的生活疾苦。孟子政治思想中的一项显著特点,是非常关心庶民的生活,为王道政治规定了许多具体的内容。比如,孟子强调要"制民之产",规定"五亩之宅,树之以桑,五十者可以衣帛矣。鸡豚狗彘之畜,无失其时,七十者可以食肉矣。百亩之田,勿夺其时,八口之家可以无饥矣"(《梁惠王上》)。再如,孟子主张减轻赋税徭役,减轻庶民的负担,救济生活最无保障的鳏、寡、孤、独等群体。另外,孟子还提出了保护工商业的要求。他认为,工商是社会生产和交换不可缺少的部门,而当时的关市之征有很大的局限性,对发展工商业不利,因而提出"市,廛而不征,法而不廛","关,讥而不征"的具体举措。

在刑法问题上,王道主义也有具体的要求。孟子并不反对刑法,认为"徒善不足以为政,徒法不能以自行"(《离娄上》)。在孟子看来,光有道德意识是不够的,还必须有相应的制度和刑法,因为道德意识属于道德范围,而平治天下属于政治运作,政治运作是不可能不用刑法的。但孟子同时又主张,虽然刑法是必需的,但对于犯罪的人还是以教育为主,"教之不改而后诛之"(《万章下》),即只有在教育无效之后才能诛之。另外,即使诛之也应坚持人道原则,做到"以生道杀民,虽死不怨杀者"(《尽心上》)。

三、孟子的民贵君轻思想

孟子在提倡王道主义的时候还提出了一个非常重要的政治原则,这就是民贵君轻论。孟子指出:

> 民为贵,社稷次之,君为轻。是故得乎丘民而为天子,得乎天子为诸侯,得乎诸侯为大夫。诸侯危社稷,则变置;牺牲既成,粢盛既洁,祭

祀以时,然而旱干水溢,则变置社稷。(《尽心下》)

孟子认为,在统一天下的过程中,君主最为次要,因为君主不好可以换掉。社稷也不特别重要,因为一个国家治理得不好,无法承当统一天下的大任,可以换另一个国家。相比而言,最为重要的是"民"。如果一个国家的百姓生活安泰,民心大顺,邻国之民不去招徕,便趋之若鹜,那么,遇有外敌入侵,"可使制梃以挞秦楚之坚甲利兵"(《梁惠王上》)。敌国不行仁政,陷溺其民,"王往而征之,夫谁与王敌?"(同上)因此,"民为贵"的"贵"字,与"君为轻"的"轻"相对,是尊贵、主要的意思,核心是讲得民心者得天下。得民心者得天下在孟子那里又叫作"得乎丘民而为天子"。孟子认为,在诸侯国相互竞争之中,一个诸侯如果能够施行仁政,就能赢得民心,就有了竞争制胜的法宝,就可以统一天下。

更加值得重视的是,在孟子看来,政治得失的标准完全在于是否符合民心的要求,一旦君王昏庸、政治腐败,庶民也有革命的权力。当有人问应该如何评价历史上武王伐纣之事的时候,孟子说:"贼仁者谓之'贼',贼义者谓之'残'。残贼之人谓之'一夫'。闻诛一夫纣矣,未闻弑君也。"(《梁惠王下》)这就是说,在孟子看来,武王伐纣完全是正义的,因为商纣不仁不义,伐纣只是杀掉一个不仁不义之人,不能算犯上。

为了说明民贵君轻理论的合理性,孟子还借助于天的力量。对于历史上"尧舜禅让"的故事,有人理解为这是尧把天下让给了舜。孟子不同意这种看法,认为"天子不能以天下与人",尧传于舜是"尧荐舜于天,而天受之;暴之于民,而民受之"(《万章上》)。这就是说,天意和民意是相通的,天意的真正意义在于民意,或者说民意是天意的真正代表。只有在这个意义上才能理解孟子"得乎丘民而为天子"的真正内涵。

第四节 义利观的两个不同向度

一、孟子对孔子义利思想的继承

孔子最早提出义利问题,并有很多具体论述。孟子继承了孔子的这一思想,对义利问题有具体的发挥,将义利问题的讨论引至一个新的阶段。因此,义利之辨在孟子思想中占据的分量是相当重的。《孟子》开篇就说:

> 孟子见梁惠王。王曰:"叟!不远千里而来,亦将有以利吾国乎?"孟子对曰:"王!何必曰利?亦有仁义而已矣。王曰,'何以利吾国?'大夫曰,'何以利吾家?'士庶人曰,'何以利吾身?'上下交征利而国危矣。万乘之国,弑其君者,必千乘之家;千乘之国,弑其君者,必百乘之家。万取千焉,千取百焉,不为不多矣。苟为后义而先利,不夺不厌。未有仁而遗其亲者也,未有义而后其君者也。王亦曰仁义而已矣,何必曰利?"(《梁惠王上》)

梁惠王一见孟子就说,你不远千里而来,"亦将有以利吾国乎"。孟子不赞成梁惠王的这种问题,在讲了一大套道理之后,直接言道"王亦曰仁义而已矣,何必曰利"。这样一来,"何必曰利"便成了孟子义利思想最具代表性的言论。

孟子关于义利的论述还有很多。比如,孟子讲过:"养心莫善于寡欲。其为人也寡欲,虽有不存焉者,寡矣;其为人也多欲,虽有存焉者,寡矣。"(《尽心下》)这是劝人从事道德修养,最好的办法是实行寡欲。如果能够做到寡欲,那么道德之心便会得到较多的保留,反之道德之心能够保留的一定很少。再比如:"鱼,我所欲也,熊掌亦我所欲也;二者不可得兼,舍鱼而取熊掌者也。生亦我所欲也,义亦我所欲也;二者不可得兼,舍生而取义者也。生亦我所欲,所欲有甚于生者,故不为苟得也;死亦我所恶,所恶有甚于死者,故患有所不辟也……"(《告子上》)生和死属于利的范围,与义形成一对矛盾,在很多情况下二者是"不可得兼"的,孟子劝导人们,在这种情况下,"不为苟得",应该更加重视义,而不应该选择利。这些都是对孔子义利思想的继承和发展。

二、理解义利思想需要注意的一个问题

但是,对于孟子的这些论述人们常常解释为,孟子只准言义,不准言利。

这种看法从司马迁就开始了。《史记·孟子荀卿列传》开篇即言:"余读《孟子》书,至梁惠王问'何以利吾国',未尝不废书而叹也。曰:嗟乎,利诚乱之始也。夫子罕言利者,常防其原也。故曰:'放于利而行,多怨。'自天子至于庶人,好利之弊何以异哉!"很明显,在司马迁看来,孟子是不准言利的。但如果我们认真研读《孟子》原文,就会明白,这种看法是对孟子的误解。到底孟子允不允许言利,不能笼统而言,要根据不同情况而定,因为孟子谈义利主要是针对两个不同的问题说的。也就是说,义利问题在孟子那里有两个完全不同的向度。

首先是治国方略意义上的义利。这种意义上的义利之辨,是孟子为寻求理想的治国方略而做的一种努力。强兵富国,征战夺地,是当时各诸侯中普遍运用的治国办法。但孟子认为,这种霸道主义不是最好的办法。为此,他精心设计了一套他非常满意的办法,这就是王道主义的仁政学说。霸道主义与王道主义的一个显著区别在于,霸道主义以"力"为主,追求短期之"利";王道主义以"义"为主,追求长远之效。正是因为这样,当梁惠王问"何以利吾我国"的时候,孟子马上意识到对方讲的"利"是征战夺地一类,是为了寻求霸道,所以立刻将这个话头打住,劝其"有仁义而已",意思是说,只有行仁政的王道主义才是治国的最好办法。这里的"义"特指王道,"利"特指霸道,"义"和"利"分别代表两种不同的治国方略,是彼此对立的:要"义"就不能要"利",追求王道就不能追求霸道。

其次是人禽之分意义上的义利。孟子认为,人与禽兽不同,人有道德,动物没有道德,要想成为一个人,就必须讲道德,而道德就是义,所以要想成为一个人,就必须讲义。但是孟子并不否定人必须有一定的利才能生存。虽然人们讥讽孟子"迂远而阔于事情",但那是从政治上说的,在实际生活方面,孟子远没有"迂"到那种程度。又要求利,以维持生存,又要求义,以成为一个有德的人,这之间是有矛盾的。要解决这个矛盾,就看你做什么样的选择:凡事只选择利,便与禽兽无异;凡事都选择义,便成为一个善人。

治国方略的义利与人禽之分的义利有着完全不同的性质。治国方略的义利属于彼此对立的性质,人禽之分的义利则属于价值选择的性质。彼此对立关系与价值选择关系有根本的不同。彼此对立关系有绝对的排他性,要么要义,要么要利,二者不能共存。具体一点说,要么是实行王道主义,要么是实行霸道主义。而在价值选择关系中,义与利只有层次之分,没有绝对的排他性,选择义不一定必须排斥利,选择利也不一定违背义。具体一点说,只要合于义,可以追求最大限度的利,反过来讲也是一样,追求最大限度的利,并不一定违反义,二者可以兼得。

但是,历史上人们并没有明确分辨孟子的这两种不同意义的义利关系,将人禽之分意义上的价值选择关系转换为治国方略意义上的彼此对立关系。既然治国方略的义与利是彼此对立的,那么便理所当然地认定孟子在人禽之分的义利之辨当中也是"只准言义,不准言利"了。笼统认定孟子不准言利,其混乱就是这样造成的。因此,要想了解孟子对待利的态度,首先应该分清是哪一种意义的利:如果是人禽之分的利,孟子并不排除,因为孟子从来不反对人们享受利的生活,只是劝导人们不要以此为最高的价值目标;如果是治国方略的利,孟子是不准讲的,因为孟子倡导王道主义,反对霸道主义。只有这样,才能准确把握儒家义利关系的真谛。

思考题:

1. 你对孟子的性善论是如何理解的?
2. 如何理解孟子以性善论为基础的王道主义?

参考书目:

郭沂:《郭店竹简与先秦学术思想》,上海教育出版社,2001年。

丁四新:《郭店楚墓版竹简思想研究》,东方出版社,2000年。

黄俊杰:《孟子思想史论》卷一,台湾东大图书公司,1990年。

黄俊杰:《中国孟学诠释史论》,社会科学文献出版社,2004年。

李明辉:《孟子重探》,台湾联经出版公司,2001年。

杨泽波:《孟子性善论研究》,中国社会科学出版社,1995年。

杨泽波:《孟子评传》,南京大学出版社,1998年。

杨泽波:《孟子与中国文化》,贵州人民出版社,2000年。

[美]安乐哲、江文思:《孟子心性之学》,社会科学文献出版社,2005年。

第五章　庄子对老子道的思想的发展

庄子(约公元前369—前286)名周,宋国蒙人(今河南商丘县境内)。"周尝为蒙漆园吏"(司马迁《史记·老子韩非列传》),但《庄子》书中并未提及,估计即使做过,时间也不长。而且"吏"也不同于"官","官"是掌权者,"吏"只是办事员。"漆园吏"的性质,大体相当于孔子做过的"委吏"、"乘田"。

司马迁论庄子道:"其学无所不窥,然其要本归于老子之言。故其著书十余万言,大抵率寓言也。作《渔父》、《盗跖》、《胠箧》,以抵訾孔子之徒,以明老子之术。"(同上)"无所不窥"者,熟悉当时的百家之学也;"归于老子之言"者,继承老子的"道法自然"也。庄子继承的是老子哲学中任自然的一面,但抛弃了其中讲权术的内容,因此有人认为,庄子其术似与老子相同,而其心与老子大有不同。

"楚威王闻庄周贤,使使厚币迎之,许以为相。庄周笑谓楚使者曰:'千金,重利;卿相,尊位也。子独不见郊祭之牺牛乎?养食之数岁,衣以文绣,以入大庙。当是之时,虽欲为孤豚,岂可得乎?子亟去,无污我。我宁游戏污渎之中自快,无为有国者所羁,终身不仕,以快吾志焉。'"(《老子韩非列传》)庄子是先秦诸子中的另类人物。他既不是苏秦、张仪那样的媚世者,也不是孔子、墨子那样的救世者,他只是一个"独往独来"的"独有之人"(《庄子·在宥》,下引此书只注篇名)。庄子几乎没有职业、没有弟子,他唯一拥有的只是梦,一个美丽的蝴蝶梦。"昔者庄周梦为胡蝶,栩栩然胡蝶也。自喻适志与,不知周也。"(《齐物论》)

梦境化为文字，即是仪态万方的《庄子》一书。魏晋时，《庄子》尚有五十二篇，郭象删去十九篇，遂成今本三十三篇，计内篇七，外篇十五，杂篇十一。一般认为，内篇为庄子本人所作，外、杂篇为其后学所作。但除杂篇《说剑》外，内、外、杂篇的思想还是相通的。就文字而言，庄子反对自以为是的"庄语"，主张不拘一格的"卮言"。"卮言"者，无心之言也。无心就是没有"成心"，没有"成心"才能言道。于是，"以卮言为曼衍，以重言为真，以寓言为广"(《天下》)，构成庄子的文字特色。

第一节　由老子论道到庄子论道

一、"道在物中"

道家学派，老庄并称。但老庄之道，既有相同点，也有不同点。

相同点在"道法自然"的思想。"天地有大美而不言，四时有明法而不议，万物有成理而不说。圣人者，原天地之美而达万物之理，是故至人无为，大圣不作，观于天地之谓也。"(《知北游》)观者，效法也。"观于天地"即是"道法自然"的意思。

不同点在老庄对道物关系的看法。老子强调的是道生天地万物。"有物混成，先天地生。"(《老子·二十五章》)"道生一，一生二，二生三，三生万物。"(《老子·四十二章》)《庄子》中虽然也有关于道生万物的一些描述，但更强调的是道在天地万物之中。庄子认为，道生万物，道当然不是物，"有先天地生者物邪？物物者非物"(《知北游》)。但道并不在物外，而在物中。所以当东郭子问庄子"所谓道，恶乎在"时，庄子的回答是"无所不在"，"在蝼蚁"，"在稊稗"，"在瓦甓"，甚至"在屎溺"(同上)。

二、"保身全生"

与老子论道的另外一个不同，是庄子更加重视养生问题。庄子之道，就本质而言，可以说就是养生之道。庄子指出：

> 道之真以治身，其绪余以为国家，其土苴以治天下。(《让王》)

在庄子看来，就身和天下国家的关系而言，身是本，而天下国家只是末。《让王》篇描写的子州支父、善卷和石户之农等人均不愿做天子，原因就是不想以天下"害其身"。王子搜不愿做国王，"非恶为君也，恶为君之患也"。所谓"为君之患"，就是"以国伤生"。"重生"的极端说法，就是"两臂重于天下"(同上)。

庄子的重生思想，也许同杨朱有关。《吕氏春秋·不二》篇说："阳生贵己。"阳生就是杨朱，"贵己"就是"贵生"。"圣人深虑天下，莫贵于生。"(《吕氏春秋·贵生》)而孟子对杨朱思想的理解是："杨子取为我，拔一毛而利天下，不为也。"(《孟子·尽心上》)杨朱老庄，三者思想实有贯通之处。老子曾把生命看得比天下还重要，说："贵以生为天下，若可寄天下；爱以身为天下，若可托天下。"(《老子·十三章》)庄子则更进一步直言：

> 为善无近名，为恶无近刑，缘督以为经，可以保身，可以全生，可以养亲，可以尽年。(《养生主》)

庄子对于养生问题的关注大大超过老子，这既可以看作是庄子对老子思想的发展，也可以看作是庄子对老子思想的修正。

如何养生？这是庄子关心的主要问题之一，并做过许多探讨。《养生主》、《刻意》、《缮性》等篇的主题都是讲养生。庄子论养生之道，主旨略有以下数端。

首先，养神重于养形，所谓"养志者忘形"(《让王》)也。《德充符》描写了五个肢体残缺但道德完美的人，就是为了说明"德有所长，而形有所忘"的道理。《让王》提到的原宪、曾子和颜回等人，无一不是安贫乐道之人。原宪虽贫，却不愿"希世而行"。"希世而行"者，孔子所说"乡原"也。曾子"曳纵而歌《商颂》，声满天地，若出金石"，使人如见其人，如闻其声。《养生主》的主题如篇名所说，即养护生命的主宰。主宰者，精神也。篇中除著名的庖丁解牛的寓言外，另有三则小故事，其中之一即是描写草泽里的野鸡，虽"十步一啄，百步一饮"，仍"不蕲畜乎樊中"，因为"神虽王，不善也"。

其次，养神的关键在主静。庄子说："静而圣，动而王，无为也而尊，朴素而天下莫能与之争美。"(《天道》)水应是静的,"水静则明烛须眉,大匠取法焉"。圣人之心也应是静的,"圣人之心静乎！天地之鉴也,万物之镜也"。静不但对治国有好处,"静则无为,无为也则任事者责矣",而且对养生更有好处,"无为则俞俞,俞俞者忧患不能处,年寿长矣"。庄子的最后结论是："虚静恬淡寂寞无为者,万物之本也。"(同上)

第三,无欲故静。老子有"常使民无知无欲"(《老子·三章》)的说法,庄子接着老子说："同乎无知,其德不离;同乎无欲,是谓素朴;素朴而民性得矣。"(《马蹄》)庄子认为人的物质享受是有限的,"鹪鹩巢于深林,不过一枝;偃鼠饮河,不过满腹"(《逍遥游》)。而精神追求却是无穷的,"指穷于为薪,火传也,不知其尽也"(《养生主》)。人如过分沉溺于物质享受,势必沦为"丧己于物,失性于俗"的"倒置之民"(《缮性》)。所谓"其耆欲深者,其天机浅"也(《大宗师》)。

第二节　道的思想与治国之道

一、现实社会环境之险恶

庄子同老子一样,对现实社会非常不满,对社会环境的险恶有更加深刻的感触。

在他看来,人生社会之内,如同"游于羿之彀中"(《德充符》)。此处"羿"喻君主,"彀中"喻刑网。人人都有被弓箭射中的可能,就看射手想不想射你了。颜阖将傅卫灵公太子,请教蘧伯玉该怎么做。灵公太子"其德天杀","其知适足以知人之过,而不知其所以过"。蘧伯玉反复强调的是"戒"、"慎"二字,"形莫若就,心莫若和";但又不能过分,"就不欲入,和不欲出"。首先,不要自恃才美,做螳臂挡车那样的蠢事去触犯太子。其次,要像养虎者那样顺着虎,否则必将招致杀身之祸。最后,要像爱马者那样服侍马,端屎端尿赶蚊虻;"而拊之不时,则缺衔毁首碎胸"(《人间世》)。说来说去,就是一个"顺"字。庄子"终身不仕"的原因,于此可见一斑。

现实政治统治的最大恶果是人心败坏。庄子对人心的看法极为悲观,指出：

> 民之于利甚勤,子有杀父,臣有杀君,正昼为盗,日中穴阫。(《庚桑楚》)

庄子认为,老百姓的争名夺利,乃至犯罪受刑,是统治者示范、逼迫的结果。首先是示范,"荣辱立然后睹所病,货财聚然后睹所争"。其次是逼迫,"匿为物而过不识,大为难而罪不敢,重为任而罚不胜,远其涂而诛不至"。结果可想而知,"民知力竭,则以伪继之,日出多伪,士民安取不伪！夫力不足则伪,知不足则欺,财不足则盗。盗窃之行,于谁责而可乎?"(《则阳》)庄子担心,长此以往,人将相食。"大乱之本,必生于尧舜之间,其末存乎千世之后。千世之后,其必有人与人相食者也。"(《庚桑楚》)

二、庄子对"圣知之法"的批评

人将相食,何以救之？庄子认为儒墨的所谓"圣知之法"根本不足以救世。他说：

> 今世殊死者相枕也,桁杨者相推也,形戮者相望也,而儒墨乃始离跂攘臂乎桎梏之间。噫,甚矣哉！其无愧而不知耻也甚矣！(《在宥》)

庄子在这里强调,"圣知之法"不过是窃国大盗的工具而已。"田成子一旦杀齐君而盗其国,所盗者岂独其国邪？并与其圣知之法而盗之",是"窃齐国,并与其圣知之法以守其盗贼之身"。所以庄子的结论是："圣人生而大盗起。"(《胠箧》)

庄子对圣人持严厉批评的态度。如《盗跖》篇中,盗跖批评孔子是"鲁国之巧伪人",他的言行是"矫言伪行",孔子之道是"诈巧虚伪事也,非可以全真也"！儒家讲父慈子孝,但实际上却"尧不慈,舜不孝"。庄子特别讨厌圣贤的"有心"、"自好",认为：

> 贼莫大乎德有心而心有睫,及其有睫也而内视,内视而败矣。凶德有五,中德为首。何谓中德？中德也者,有以自好也而吡其所不为者

也。(《列御寇》)

"德有心"者,有心为德也。有心为德,难免虚伪。"日出多伪,士民安取不伪。"(《则阳》)一旦上下皆伪,离天下大乱也就不远了。

庄子批评儒墨,特别是"孔子之徒"的原因,或隐或显,大体有以下三点。

较为显著的原因,是对圣人的作用不认可。圣人设立的制度,包括如何"立宗庙社稷",如何"治邑屋州闾乡曲"(《胠箧》)等等,都是为大盗服务的,田成子就是最典型的例子。甚至圣人推崇的美德,如知仁勇等,也难以幸免,所谓"盗亦有道"(同上)也。《徐无鬼》说:"爱利出乎仁义,捐仁义者寡,利仁义者众。夫仁义之行,唯且无诚,且假乎禽贪者器。"禽贪者,贪如禽兽者也。

较为隐晦的原因,是对圣人的学说不赞同。"昔者龙逢斩,比干剖,苌弘胣,子胥靡,故四子之贤而身不免乎戮。"(《胠箧》)贤人为何被虐杀?庄子认为儒家的尊君思想难辞其咎。儒家讲亲亲尊尊,"君君臣臣父父子子"(《论语·颜渊》),走向极端,就成了"君要臣死,臣不得不死;父要子亡,子不得不亡"。庄子本人则有比较明确的平等思想,《齐物论》说"道通为一",《知北游》说"道在蝼蚁",均可证明这一点。

另外一个原因,是对圣人的动机有怀疑。《外物》篇有一则"儒以诗礼发冢"的寓言,就是批评儒生之伪的。明明干的是犯法盗墓的勾当,还要一本正经地吟诗讲礼。儒生之伪,呼之欲出。当然,庄子并不认为圣人皆伪。《天下》篇就曾称赞墨子"真天下之好也",称赞宋尹为"救世之士"。但庄子还是认为,"天下之善人少而不善人多"(《胠箧》),所以我们必须时时警惕,听其言而观其行而已。

三、庄子的治国之道

以此为基础,庄子对儒家的以德治国,法家的以法治国,提出了尖锐的批评。庄子认为,儒家的仁义礼乐,正如工匠的钩绳规矩一样,是违背人类本性的。他认为:

> 屈折礼乐,呴俞仁义,以慰天下之心者,此失其常然也。(《骈拇》)

常然者,《马蹄》篇所说"常性"也:"彼民有常性,织而衣,耕而食,是谓同德;一而不党,命曰天放。"(《天运》)所以庄子说"仁义憯然乃愤吾心,乱莫大焉",因为仁义使天下"失其朴"(《天运》)。法家主张以赏罚刑杀治天下,这同样不行,所以庄子说:"昔者尧治天下,不赏而民劝,不罚而民畏。今子赏罚而民且不仁,德自此衰,刑自此立,后世之乱自此始矣。"(《天地》)

庄子反对以德治国、以法治国,核心是不赞成以知治国。他说:

> 上诚好知而无道,则天下大乱矣。(《胠箧》)

从知识的来源说,庄子认为知是"出乎争"的,它只是"争之器",不足以"尽行"(《人间世》)。所以汉阴丈人反对用桔槔,他的理由是:"有机械者必有机事,有机事者必有机心。机心存于胸中,则纯白不备;纯白不备,则神生不定;神生不定者,道之所不载也。"(《天地》)从知识对个人的影响说,庄子认为以"有涯"的人生追求"无涯"的知识是危险的。"吾生也有涯,而知也无涯。以有涯随无涯,殆已;已而为知者,殆而已矣。"(《养生主》)从知识对社会的作用说,庄子认为知识往往为大盗所利用。"田成子一旦杀齐君而盗其国。所盗者岂独其国邪?并与其圣知之法而盗之。"(《胠箧》)

基于以上几点理由,庄子同老子一样,主张"绝圣弃知"(同上)。庄子认为,天下是不能用仁义、赏罚和知识等等来统治的,只能任其自然。"闻在宥天下,不闻治天下也。"(《在宥》)在者,自在也;宥者,宽容也。"在宥天下",即道家主张的无为之治。"君子不得已而临莅天下,莫若无为。无为也而后安其性命之情。"(同上)无为之治的关键在君主的"无容私"。"汝游心于淡,合气于漠,顺物自然而无容私焉,而天下治矣。"(《应帝王》)

问题在于,君主可能"无容私"吗?君主是把天下作为"产业"来经营的。未得天下时,是"屠毒天下之肝脑,离散天下之子女,以博我一人之产业";既得天下后,是"敲剥天下之骨髓,离散天下之子女,以奉我一人之淫乐"(黄宗羲《明夷待访录·原君》)。

所以,庄子描写的理想国,无论是南方的"建德之国"、北方的"畏垒之山",还是所谓的"至德之世",其实只是白日梦而已。"至德之世,不尚贤,不使能;上如标枝,民如野鹿,端正而不知以为义,相爱而不知以为仁,实而不

知以为忠,当而不知以为信,蠢动而相使,不以为赐。是故行而无迹,事而无传。"(《天地》)

第三节 道的思想与身心自由

一、庄子对身心自由的追求

庄子真心关心的并非是帝王如何治天下,而是个人的身心自由。

从理论上说,人是应该自由的。"上如标枝,民如野鹿"。但从事实上看,却无人能够自由。人生社会之内,如同"游于羿之彀中"(《德充符》)。庄子对人生的总体看法,可用一个"芒"字来概括。"人之生也,固若是芒乎?"(《齐物论》)芒者,百思不得其解也。人总是要死的,"其形化,其心与之然"(同上)。而活着也只是受罪,"终身役役而不见其成功,苶然疲役而不知其所归"(同上)。如此人生,意义何在?而对人生的具体分析,则可以用一个"刑"字来描述。刑,不仅指外刑的折磨,而且指内刑的啃啮。人受"外内之刑"的煎熬,很少有人能幸免。"为外刑者,金与木也;为内刑者,动与过也。宵人之离外刑者,金木讯之;离内刑者,阴阳食之。夫免乎外内之刑者,唯真人能之。"(《列御寇》)

二、庄子的逍遥理想

针对如此困境,庄子提出了无用之学和游世之说的避祸之道。

首先是无用之学。"方今之时,仅免刑焉。"(《人间世》)这是庄子对当时社会环境的生动描写。这里的刑,就是外刑。如何才能"免刑"呢?庄子首先想到的就是"无用"。

> 山木自寇也,膏火自煎也。桂可食,故伐之;漆可用,故割之。人皆知有用之用,而莫知无用之用也。(同上)

所谓"无用",指不被权势者所用。伴君如伴虎,不知哪天就被老虎吃掉了。

"山中之木,以不材得终其天年"(《山木》),即是"无用之用"的体现。但无用并非永远有效,有时还是归于无效。"主人之雁,以不材死"(同上),就是明证。成材的树,要被砍伐;不成材的鹅,也要被宰杀。处世之难,于此可见。

于是庄子进一步提出了游世的思想,主张"乘道德而浮游"(同上)。游世者,游戏人间也。他说:

> 无誉无訾,一龙一蛇,与时俱化,而无肯专为;一上一下,以和为量,浮游乎万物之祖。(同上)

庄子认为,游世的要点在"物物而不物于物"(同上),即做物的主宰而不做物的奴隶。然而这是极难做到的。"自三代以下者,天下莫不以物易其性矣。"(《骈拇》)以物易性,就是内刑。物者,身外之物也。"小人则以身殉利,士则以身殉名,大夫则以身殉家,圣人则以身殉天下。"(同上)庄子认为,他们都是"伤性以身为殉"(同上)的人。什么是性呢?庄子强调两点:"同德"和"天放":

> 彼民有常性,织而衣,耕而食,是谓同德;一而不党,命曰天放。(《马蹄》)

"同德"者,同得也。冷了要穿衣,饿了要吃饭,这是人的本能。"天放"者,天赐自由也。除了衣食之外,人还追求自由,这也是人的本性。而要做到这两点,必须保持淳朴无知的状态。"同乎无知,其德不离;同乎无欲,是谓素朴;素朴而民性得矣。"(《马蹄》)

无知无欲,见素抱朴,就能免于"外内之刑",就是庄子所说的"真人"。"真人"是如此地与众不同,故可称为"独有之人"。"独有之人,是谓至贵。"为什么?因为他能"物物而不物于物",因为他能作逍遥游,"出入六合,游乎九州,独往独来"(《在宥》)。

逍遥游是庄子的理想境界:"乘天地之正,而御六气之辩,以游无穷。"(《逍遥游》)怎样才能逍遥呢?只有"无待"。有待则必为外物所役,如"列子御风而行","虽免乎行,犹有所待者也"(同上)。如何才能无待呢?只有"无己"。有己则必有所待。所以庄子说:

> 至人无己,神人无功,圣人无名。(同上)

至人是无己的,神人是无功的,圣人是无名的,这才是最高的境界。三句之中,"无己"是关键。"无功"、"无名"好理解。孔子"梦见周公"(《论语·述而》),说明他渴望像周公那样建功立业。"君子疾没世而名不称焉"(《论语·卫灵公》),可见孔子对名还是很重视的。连孔子都不能忘怀于功名,就不要说常人了。但在庄子看来,功名是不应追求的。大树因无用而免祸,狸狌因有用而被杀。不仅如此,大树还能"树之于无何有之乡,广莫之野,彷徨乎无为其侧,逍遥乎寝卧其下"(《逍遥游》)。"无用之用",此之谓也。"名者实之宾也。"(同上)"实"指人的真实需要。"鹪鹩巢于深林,不过一枝;偃鼠饮河,不过满腹。"(同上)人的真实需要是很有限的,如饮食男女;而许多东西是可有可无的,不必拼死拼活去争抢。

三、庄子"道通为一"的思想

庄子的"无己"并非不要自我,而是破除以自我为中心的观念。人类自从诞生以来,总是以自我为中心。庄子抓住人的根本习性进行批评,主张"无己"。"无己"的境界,就是《齐物论》所说的"丧我"。"丧我"之我,即受功名等束缚的小我。庄子认为,唯有摆脱小我,才能听到"天籁"。天籁者,自然之声也。"夫天籁者,吹万不同,而使其自己也,咸其自取,怒者其谁邪?"(《齐物论》)"无己"的境界,又是《大宗师》所说的"坐忘"。不但要忘礼乐、忘仁义,更要"堕肢体,黜聪明,离形去知,同于大通"(《大宗师》)。在庄子看来,"形"并不重要,因为"德有所长而形有所忘"(《德充符》);而"知"更是有害,因为"知也者,争之器也"(《人间世》)。

庄子认为,真正做到了"无己",也就能够明白"道通为一"的道理了。为此庄子专门写了《齐物论》,阐发"道通为一"的道理。首先是"物固有所然,物固有所可"。庄子说:

  物固有所然,物固有所可。无物不然,无物不可。故为是举莛与楹,厉与西施,恢诡谲怪,道通为一。(《齐物论》)

万物均有其存在的理由,小草与大柱,丑妇与美女,以及任何奇形怪状之物,莫不如此。由此得出的结论是："泛爱万物，天地一体也。"(《天下》)这是惠施的观点，也是庄子赞同的观点。舜反对讨伐宗、脍、胥敖三小国的理由是："昔者十日并出，万物皆照，而况德之进乎日者乎！"(《齐物论》)庄子称赞老子为"古之博大真人"，也正是因为老子待人接物的宽容态度，"常宽于物，不削于人"(《天下》)。

其次是"是亦一无穷，非亦一无穷"。庄子认为是非是相对的，他特别强调这样一个道理：

> 彼亦一是非，此亦一是非。(《齐物论》)

在庄子看来，事物是没有统一标准的，公说公有理，婆说婆有理。啮缺问王倪，是否知道"物之所同是"，结果是一问三不知，因为王倪深知是非难说。如何为"正处"、"正味"、"正色"？人和动物的标准完全不同，而各人的标准也差异很大。请谁来做裁判呢？权威、专家，还是大多数？长梧子认为无人可以做裁判。"我与若与人俱不能相知也，而待彼也邪？"(同上)既然各有各的是非标准，且无人可做合格裁判，那么好辩就是无益的。"圣人怀之，众人辩之以相示也。"(同上)庄子的结论是："是不是，然不然。"(同上)把不是的看作是的，把不然的看作然的。"化声之相待，若其不相待，和之以天倪，因之以曼衍，所以穷年也。"(同上)

最后是"善始善终"。庄子指出，不但是非是相对的，生死也是相对的。人只是大道"物化"的一种形态，为人并无喜乐可言。"特犯人之形而犹喜之。若人之形者，万化而未始有极也，其为乐可胜计邪！"(《大宗师》)在庄子的观念中，人生如梦，为此他有多方面的描述：

> 方其梦也，不知其梦也。梦之中又占其梦焉，觉而后知其梦也。且有大觉而后知此其大梦也。(《齐物论》)

死才是"大觉"，才是回老家。"予恶乎知说生之非惑邪！予恶乎知恶死之非弱丧而不知归者邪！"(同上)"弱丧""知归"，即相当于后来所说的"少小离家老大回"。所以，庄子妻死，他要"鼓盆而歌"(《至乐》)。庄子视生死为自然过程。"死生，命也，其有夜旦之常，天也。"(《大宗师》)所以，应该"善始善终"。"夫大块载我以形，劳我以生，佚我以老，息我以死。故善吾生者，乃所

以善吾死也。"(同上)

庄子认为,只要懂得齐物的道理,就可以齐是非、同生死了。为此他得出这样一个总的结论:

> 天地与我并生,而万物与我为一。(《齐物论》)

从道的观点看,天地万物都是相齐相并的。学术界有人将庄子的齐物论称为相对论,这一思想同儒法的主张相比,虽然"无用",却更为宽容。不仅是对"物"的宽容,因为天地万物都是大道"物化"的产物;而且是对"论"的宽容,因为任何理论只是"疑之所假"(《则阳》)。

庄子哲学继承老子"道法自然",杨朱"轻物重生"的思想,反对"以物易性",追求个人自由,对后世有深远影响。在魏晋,"竹林七贤""越名教而任自然";在盛唐,六祖慧能反对念佛坐禅,主张"从自心中顿见真如本性",都从庄子受到启发。然而,庄子"知其不可奈何而安之若命"的消极人生态度,同孔墨"知其不可而为之","摩顶放踵,利天下,为之"的积极救世精神相比,难免显得消极。

思考题:
1. 为什么说庄子之道是养生之道?
2. 庄子批评圣人的理由是什么?
3. 如何评价《齐物论》?

参考书目:

郭庆藩:《庄子集解》,中华书局,1982年。

曹础基:《庄子浅注》,中华书局,1982年。

陈鼓应:《庄子今注今译》,中华书局,1983年。

陈鼓应:《老庄新论》,上海古籍出版社,1992年。

刘笑敢:《庄子哲学及其转变》,中国社会科学出版社,1987年。

崔大华:《庄学研究》,人民出版社,1996年。

颜世安:《庄子评传》,南京大学出版社,1999年。

王博:《庄子哲学》,北京大学出版社,2004年。

第六章 《易传》的哲学思想

第一节 易学源流

一、《易经》与《易传》

《周易》包括《易经》和《易传》。

《周易》之"周",指西周。《周易》之"易"指变易,但其具体解法不一,有的以"日月为易",有的以"日出为易",有的则认为当为"蜥蜴"之"蜴"。因蜥蜴能变色,故假借为"变易"之"易"。

《易经》当作于商末周初,原为占筮之书。《易传》则当作于春秋、战国之间,实属借"经"发挥之哲学著作。关于经、传作者,旧说以司马迁的观点最具权威。司马迁说:"伏羲作八卦。"(《史记·日者列传》)又说:"文王拘而演《周易》。"(《史记·报任少卿书》)再说:"孔子晚而喜《易》,序《彖》、《系》、《象》、《说卦》、《文言》。"(《史记·孔子世家》)班固承司马迁之说进一步认为:"《易》道深矣,人更三圣,世历三古。"(《汉书·艺文志》)新说则认为经传并是"人更多手,时历多世"的集体之作。

《易经》包括六十四卦卦形和卦爻辞。六十四卦卦形由八卦重叠而成。八卦由阴(--)、阳(—)三叠而成。八卦卦名、卦形及象征意义如下:乾,☰,象征天,刚健;坤,☷,象征地,柔顺;震,☳,象征雷,奋动;巽,☴,象征风,顺入;坎,☵,象征水,险陷;离,☲,象征火,附着;艮,☶,象征山,静止;兑,☱,象征泽,欣悦。每卦六爻,阳爻(—)以九代表,阴爻(--)以六代表。每爻自下而上分六位,称初、二、三、四、五、上。故各卦凡阳爻居此六位者,称初九、九二、九三、九四、九五、上九;凡阴爻居此六位者,称初六、六二、六三、六四、六五、上六。卦爻辞是在六十四卦符号下撰系的文辞,分别表明各卦各爻的寓意。《易经》共有六十四则卦辞、三百八十四则爻辞。此即"假象喻意"也。在六十四卦中,前三十卦为"上经",后三十四卦为"下经"。

《易传》包括阐释《易经》的七种专论凡十篇,亦称"十翼"。《彖传》上下,每卦一节,共六十四节,论各卦卦名、卦辞及一卦要旨。《象传》上下,分《大象传》、《小象传》,前者每卦一则,共六十四则,论各卦取象原理,后者每爻一则,共三百八十四则,论各爻象旨。《系辞传》上下,通说《易》理。《文言传》,《乾》、《坤》两卦各一则。《说卦传》论八卦取象特点。《序卦传》论六十四卦编排次序。《杂卦传》分六十四卦为三十二组,两两对举,阐述卦义。《易传》原不与《易经》相连,汉以后学者将《彖传》、《象传》分附六十四卦,将《文言传》分附《乾》、《坤》两卦,并将《系辞传》、《说卦传》、《序卦传》、《杂卦传》各篇附于经后。我们这里所说的哲学思想以《易传》为主。

1973年湖南长沙马王堆三号汉墓出土的《周易》帛书本,是我们迄今看到的最完整的汉代《周易》本子。帛书《周易》可分三个部分。一、《六十四卦》,此即通行本《易经》部分,共约4 900多字。二、卷后佚书(包括《二三子》、《易之义》、《要》、《缪和》和《昭力》等五篇),除少部分见于通行本《系辞传下》外,大部分都是不曾流传的佚书,内容是孔子和弟子讨论卦爻辞含义的记录,现存9600多字。三、《系辞》,同通行本《系辞》有相当出入,共约6 700多字。帛书《周易》约编于汉初,写于汉文帝初年(约公元前180—前170)。

帛书《周易》六十四卦的卦名、卦爻辞和通行本基本相同,但使用的假借字很多;而六十四卦的排列次序和通行本大不相同。通行本分上、下经,上经三十卦,始于乾,终于离;下经三十四卦,始于咸,终于未济;与《序卦》次序一致。帛书六十四卦则不分上下篇,始于键,终于益,排列有序。这种情况与通行本排列无序,另需要一篇《序卦传》来说明排列理由的情况有所不同。

除帛书《周易》外,楚竹书《周易》是迄今发现的最古老的战国《周易》本子。竹书《周易》共五十八简,1806字。内容涉及三十四卦,有经无传。形式表示分别为卦画、文字与符号。竹书《周易》中出现的易学符号,在帛书《周易》中已不复存在。

二、象数与义理

《系辞传》论《周易》特点说:"其称名也小,其取类也大,其旨远,其辞文,其言曲而中,其事肆而隐。因贰以济民行,以明失得之报。"(《系辞传下》)根据这种说法,《周易》的难解、难读,不仅在于它寓意的广大深远,而且在于它"假象喻意"的象征手法。由此产生了古人治《易》的两大流派:象数派和义理派。粗略地说,象数派主要是利用《周易》卦象的特点占卜吉凶,而义理派则着重分析《周易》中所包含的思想内容。

清乾隆年间,《四库》馆臣综观易学历史的源流变迁,将汉以来的易学研究概括为"两派六宗":"汉儒言象数,去古未远也。一变而为京、焦,入于禨祥;再变而为陈、邵,务穷造化,《易》遂不切于民用。王弼尽黜象数,说以老、庄;一变而为胡瑗、程子,始阐明儒理;再变而为李光、杨万里,又参证史事,《易》遂日启论端。此两派六宗,已互相攻驳。"(《四库全书总目·经部易类小序》)

虽然历史上治《易》经过很大的变化,但孔子的态度最值得关注。孔子说过:"加我数年,五十以学《易》,可以无大过矣。"(《论语·述而》)司马迁记孔子:"读《易》,韦编三绝。"(《史记·孔子世家》)孔子对《易》的喜好及治《易》的方法,帛书《周易》提供了新的佐证。佚书《要》记载:"夫子老而好《易》,居则在席,行则在囊。"(邓球柏:《帛书周易校释》,第572页)当子贡问"夫子亦信其筮乎"时,孔子的回答是:"《易》,我后其祝卜矣!我观其德义耳也。幽赞而达乎数,明数而达乎德,又仁守者而义行之耳。赞而不达乎数,则其为之巫。数而不达乎德,则其为之史。史巫之筮,乡之而未也,好之而非也。后世之士疑丘者,或以《易》乎?吾求其德而已,吾与史巫同涂而殊归者也。君子德行焉求福,故祭祀而寡也;仁义焉求吉,故卜筮而希也。祝巫卜筮其后乎?"(同上,第573页)孔子不信卜筮求仁义的态度,值得我们深长思之。

第二节 《易传》论天道

一、"一阴一阳之谓道"

《易传》哲学思想可分天道、人道两端，此处先说天道。

《易传》论天道，一言以蔽之，曰："一阴一阳之谓道。"（《系辞传上》）阴阳学说，由来已久。西周末年曾有人以阴阳解释地震发生的原因。《易》则进一步以阴阳来解释天地万物的产生及其变化。故《庄子·天下》篇说："《易》以道阴阳。"在天道方面，《易》面对的首要问题就是：万物人伦从何而来？其根据何在？《序卦传》说：

> 有天地然后有万物，有万物然后有男女，有男女然后有夫妇，有夫妇然后有父子，有父子然后有君臣，有君臣然后有上下，有上下然后礼仪有所错。

从天地之道到人伦之常，一以贯之，均由阴阳变化而生。故曰："立天之道曰阴与阳，立地之道曰柔与刚，立人之道曰仁与义。"（《说卦传》）这是《易传》对万物人伦形上根据的终极解释，这样的解释对中国哲学思想的影响极大，中国人讨论万物人伦的起源几乎无不上溯到阴阳天道，原因即在于此。

因为天地万物是客观存在的，所以圣人必须观物取象。"古者包牺氏之王天下也，仰则观象于天，俯则观法于地，观鸟兽之文，与地之宜，近取诸身，远取诸物，于是始作八卦，以通神明之德，以类万物之情。"（《系辞传下》）所谓"近取诸身"，取诸男女也。有学者认为阴（--）阳（—）符号分别是男女生殖器的象征，八卦符号则分别是天地雷风水火山泽的象征。所以《系辞传》说："《易》者，象也；象也者，像也。"（《系辞传下》）

二、"生生之谓易"

伏牺氏仰观俯察得出了这样的结论：

天地之大德曰生。（同上）

一个"生"字，道出了《周易》哲学的核心。佛家视生为苦，"生苦"为"八苦"（生苦、老苦、病苦、死苦、怨憎会苦、爱别离苦、求不得苦和五阴盛苦）之首。道家"以生为附赘具疣，以死为决疣溃痈"（《庄子·大宗师》）。只有孔子以生为乐，"学而时习之，不亦说乎！有朋自远方来，不亦乐乎！人不知而不愠，不亦君子乎！"（《论语·学而》）《系辞传》说："生生之谓易。"又说："乐天知命，故不忧。"（《系辞传上》）就此而言，《周易》哲学与儒家重生求乐的哲学基本取向是一致的。

"生生"，生之又生、生生不绝之谓也。《易》道即是变化之道，故曰：

易之为书也，不可远。为道也屡迁，变动不居，周流六虚，上下无常，刚柔相易，不可为典要，唯变所适。（《系辞下传》）

天地万物始终处在变化之中，"在天成象，在地成形，变化见矣。是故刚柔相摩，八卦相荡。鼓之以雷霆，润之以风雨；日月运行，一寒一暑"（《系辞传上》）。人类社会也如此，"天地革而四时成；汤武革命，顺乎天而应乎人：革之时大矣哉！"（《易·革彖》）

变化的动力来自阴阳的冲突，所谓"刚柔相推而生变化"（《系辞传上》）。"日往则月来，月往则日来，日月相推而明生焉；寒往则暑来，暑往则寒来，寒暑相推而岁成焉。往者屈也，来者信也，屈信相感而利生焉。"（《系辞传下》）

变化的过程是由渐进到突变，所谓"履霜，坚冰至"（《易·坤初六》）。《坤文言》对此解释说："积善之家，必有余庆；积不善之家，必有余殃。臣弑其君，子弑其父，非一朝一夕之故，其所由来者渐矣！"

变化的结果是矛盾双方的转化，所谓"无平不陂，无往不复"（《易·泰九三》）。《序卦传》在谈论从《解》卦到《损》卦再到《益》卦的转化时说："解者缓也。缓必有所失，故受之以《损》。损而不已必益，故受之以《益》。"据说孔子读《易》至《损》、《益》两卦时，喟然叹曰："自损者益，自益者缺。"（《说苑·敬慎》）并发议论说："《益》、《损》者，其王者之事与！或欲以利之，适足以害之；或欲害之，及反以利之。利害之反，祸福之门户，不可不察也。"（《淮南子·

人间训》)

总之,"《易》穷则变,变则通,通则久。是以'自天祐之,吉无不利'"(《系辞下传》)。而事物的变化又是不能穷尽的,"有过物者必济,故受之《既济》。物不可穷也,故受之以《未济》终焉"(《序卦传》)。

第三节 《易传》论人道

一、"惧以终始,其要无咎"

这里再说人道。《易传》论人道,一言以蔽之,曰:"惧以终始,其要无咎。"(《系辞传下》)

《易》之兴也,其当殷之末世、周之盛德邪?当文王与纣之事邪?是故其辞危。危者使平,易者使倾;其道甚大,百物不废。惧以终始,其要无咎,此之谓《易》之道也。(同上)

因为时事艰险,所以要时时"知险"、"知阻"。"夫乾,天下之至健也,德行恒易以知险;夫坤,天下之至顺也,德行恒简以知阻。"(同上)

从这个意义上看,《周易》确实是一部"忧患之作"。

《易》之兴也,其于中古乎?作《易》者,其有忧患乎?(同上)

明来知德认为:"《易》之兴,指《周易》所系之辞。《易》乃伏羲所作,然无其辞,文王已前不过为占卜之书而已。至文王始有彖辞,教人以反身修德之道,则《易》书之著名而兴起者,自文王始也。因受羑里之难,身经乎患难,故所作之《易》无非处患难之道。"(《周易集注》)孔子反对"暴虎冯河,死而无悔",主张"临事而惧,好谋而成"(《论语·述而》);孟子则明确提出"生于忧患而死于安乐"(《孟子·告子下》);忧患意识,一脉相承。

二、"天行健,君子以自强不息"

身处忧患怎么办?唯有"自强不息"。"天行健,君子以自强不息。"

(《易·乾象》)自强不息的具体表现就是朝乾夕惕,"君子终日乾乾,夕惕若,厉无咎"(《易·乾九三》)。《乾文言》对此解释说:

> 君子进德修业。忠信,所以进德也;修辞立其诚,所以居业也。知至至之,可与言几也;知终终之,可与存义也。是故居上位而不骄,在下位而不忧。故乾乾因其时而惕,虽危无咎矣。

周公姬旦"一沐三捉发,一饭三吐哺"(《史记·鲁周公世家》),是朝乾夕惕的典范,"周公吐哺,天下归心"。孔子一生,"知其不可而为之",也是自强不息的典范。

自强不息与谦虚并不矛盾。"'谦谦君子',卑以自牧也。"(《易·谦初六象》)因为"天道亏盈而益谦,地道变盈而流谦,鬼神害盈而福谦,人道恶盈而好谦"(《易·谦彖》)。相传周公曾借《谦》卦告诫其子伯禽说:"《易》有一道,大足以守天下,中足以守其国家,小足以守其身:'谦'之谓也。"(《韩诗外传》引)

除了谦虚还要谨慎。"括囊,无咎无誉。"(《易·坤六四》)《象传》的解释是:"慎不害也。"《文言》的解释是:"盖言谨也。"唐李鼎祚《周易集解》引孔颖达的话说:"囊所以贮物,以譬心藏智也;闭其智而不用,故曰'括囊'。不与物忤,故'无咎';功名不显,故'无誉'。"谨慎指的是言行。

> 言出乎身,加乎民;行发乎迩,见乎远;言行,君子之枢机。枢机之发,荣辱之主也。言行,君子之所以动天地也,可不慎乎?(《系辞上传》)

言必密,不密则生乱。"乱之所生也,则言语以为阶。君不密则失臣,臣不密则失身,几事不密则害成。是以君子慎密而不出也。"(同上)行必正,不正则招盗。"慢藏诲盗,冶容诲淫。《易》曰'负且乘,致寇至',盗之招也。"(同上)

谦虚谨慎,并非"无为",而是"待时而动"。"君子藏器于身,待时而动,何不利之有?"(《系辞传下》)这里包括知彼知己两方面。知彼指对形势的把握,"几者,动之微,吉之先见者也。君子见几而作,不俟终日"(同上)。知己指对自己的了解,"德薄而位尊,知小而谋大,力小而任重,鲜不及矣"(同上)。如果两个方面都兼顾到,当然就能百战不殆了。

三、"天尊地卑,乾坤定矣"

以上所说为修身,修身的目的是齐家治国平天下。

《周易》极重"正家"。"家人,女正位乎内,男正位乎外;男女正,天下之大义也。家人有严君焉,父母之谓也。父父,子子,兄兄,弟弟,夫夫,妇妇,而家道正;正家而天下定矣。"(《易·家人彖》)

家庭由男女组成,男人该娶何类女人为妻呢?当然是"淑女"而不是"壮女"。《诗》云:"窈窕淑女,君子好逑。"《易》云:"女壮,勿用取女。"(《易·姤卦辞》)女人不但不能"壮",而且必须"从一而终"。"恒其德,贞;妇人吉,夫子凶。"(《易·恒六五》)《象传》的解释是:"妇人贞吉,从一而终也;夫子制义,从妇凶也。"

关于老夫少妻、老妇少夫,《周易》提出的看法较为有趣。"枯杨生稊,老夫得其女妻;无不利。"(《易·大过九二》)《象传》的解释是:"老夫女妻,过以相与也。"反过来说,"枯杨生华,老妇得其士夫;无咎无誉"(《易·大过九五》)。而《象传》对此解释为:"枯杨生华,何可久也?老妇士夫,亦可丑也。"

家为小国,国为大家,齐家然后能治国。治国之要,在明尊卑。"天尊地卑,乾坤定矣。卑高以陈,贵贱位矣。"(《系辞传上》)谁是尊贵者?当然是以"圣人"为代表的"君子"。圣人的任务是什么呢?"天地之大德曰生,圣人之大宝曰位,何以守位曰仁,何以聚人曰财,理财正辞、禁民为非曰义。"(《系辞传下》)仁者,人也。发展经济、统一思想、打击违法乱纪现象,圣人之事全而圣人之位保矣。当然,圣人还得经常关心小人,"损上益下,民说无疆;自上下下,其道大光"(《易·益彖》)。小人满意了,圣道自然就大放光芒了。

思考题:
1. 为什么说《周易》哲学是儒家哲学?
2. 为什么说《周易》一书是"忧患之作"?

参考书目：

朱伯崑：《易学哲学史》，北京大学出版社，1986年。
金景芳、吕绍纲：《周易全解》，吉林大学出版社，1989年。
高亨：《周易大传今注》，齐鲁书社，1979年。
刘大钧：《周易概论》，齐鲁书社，1986年。
徐志锐：《周易大传新注》，齐鲁书社，1989年。
蔡尚思：《十家论易》，岳麓书社，1993年。
邓球柏：《帛书周易校释》，湖南人民出版社，2002年。
廖名春：《〈周易〉经传十五讲》，北京大学出版社，2004年。

第七章　名家思想与晚期墨家

春秋战国之际,社会诞生了很多新制度、新事物,而反映旧制度、旧事物的名依然存在着,这样在新与旧之间就出现了矛盾,而这种矛盾首先就表现在名与实的关系上。"名实之相怨久矣"(《管子·宙合》),由此引发了"名实之争"。孔子提倡的"正名",墨子提出的"取名予实",法家倡导的"循名督实",都是在这种背景下产生的。另外,当时各诸侯国为了巩固政治、互相征战,"养士"之风日盛,这也为"名实之争"的发展创造了人才的条件。比如,稷下学宫中的"游说之士"不负责具体政治事务,专心著书立说,即所谓"不治而议论",使其成为参与各个方面争辩的重要力量。

当时社会的政治问题和道德问题十分突出,各家的意见大多集中于各自的政治主张和道德信念方面。但是,确实也有一些人将精力集中于一般的名实关系上,进而考察了概念的分类界定、判断推理等问题上,对古代名辩思想有较大的推进。这些人当时称为"辩士",汉代则叫作"名家"。名家中最有影响和代表性的人物是惠施和公孙龙,他们分别代表了两个不同的学派,惠施是"合同异"派的代表,公孙龙是"离坚白"派的代表。另外,晚期墨家对此也有专门的研究,较好地解决了惠施和公孙龙留下的问题,在这方面做出了杰出的贡献。

第一节　惠施的"合同异"思想

惠施(约公元前370—前318),宋国人。在魏国任相执政15年,曾立新法,"示诸民人,民人皆善之。献之惠王,惠王善之"(《吕氏春秋·淫辞》)。政治上针对强秦提出过"去尊"、"偃兵"的主张。在其努力下,魏国和齐国会于徐州,互尊为王。在张仪"连衡"说得势后,惠施被放逐,到楚、宋等国。与庄子为挚友,《庄子》中保留了两人交往论学的故事。据说惠施死后,庄子前去送葬,感叹再无人可以论学为道了。惠施之书不传,其思想主要保留在《庄子·天下》篇当中。

一、关注万物的求知精神

《庄子·天下》篇中对惠施的思想特征有形象的记载和讨论:

> 南方有倚人焉,曰黄缭。问天地所以不坠不陷,风雨雷霆之故。惠施不辞而应,不虑而对,遍为万物说,说而不休,多而无已,犹以为寡,益之以怪。以反人为实,而欲以胜人为名,是以与众不适也。弱于德,强于物,其涂隩矣。由天地之道,观惠施之能,其犹一蚊一虻之劳者也,其于物也何庸!夫充一尚可,曰愈于道,几矣!惠施不能以此自宁,散于万物而不厌,卒以善辩为名。惜乎惠施之才,骀荡而不得,逐万物而不反,是穷响以声,形与影竞走也。悲夫!

从这段记载可以看出,惠施的才学十分渊博,对于黄缭追问的天地为什么不坠不陷、风雨雷霆为什么发生等问题,能够不假思索地予以回答,这在当时的认识水平之下是十分难得的。

但是,对于惠施的这种才能,庄子并不认可。道家的最高境界是对道的体认,惠施的取向则是关注万物。因此,庄子批评惠施"弱于德,强于物",即不能体认于道,而只偏好于具体事物。在庄子看来,从"天地之道"的意义看惠施的工作,"犹一蚊一虻之劳",实在是太渺小了,毫无意义。但从另一个角度来看,惠施之所以如此善辩,说明他对自然事物十分关心,他的辩才没有深厚的对万事万物的观察作支撑,是难以想象的。由于特殊的历史背景,先秦哲学很早就偏重于人文精神,没有像西方文化那样重视自然科学,使得中国哲学中自然科学精神相对较为薄弱。在这种情况下,惠施关注万物的精神虽然受到道家的批评,但其意义还是应该予以肯定的,它至少代表了中国文化发展的另外一种可能走向。

二、"历物之意"的十个辩题

《庄子·天下》篇中保留了惠施所谓"历物之意"的十个论题,虽然其他内容已经不详,但作者有意将这些记述下来而不记述其他,至少说明这些论题是惠施论辩中最精彩的部分。这十个论题如下:

(一)"至大无外,谓之大一;至小无内,谓之小一。"

(二)"无厚不可积也,其大千里。"

(三)"天与地卑,山与泽平。"

(四)"日方中方睨,物方生方死。"

(五)"大同而与小同异,此之谓小同异;万物毕同毕异,此之谓大同异。"

(六)"南方无穷而有穷。"

(七)"今日适越而昔来。"

(八)"连环可解也。"

(九)"我知于下之中央,燕之北,越之南是也。"

(十)"泛爱万物,天地一体也。"

《天下篇》对这十个论题的记述非常简略,没有说明这些论题的具体情境,这为后人理解带来了很大的困难。不过,从名实之辩的角度来看,这些论题涉及的都是名与实的关系问题。我们可以着重从这个角度对这些论题作一些猜测。这十个论题从内容上可分为三组:(一)、(五)、(十)为一组,是"合同异"的中心命题;(二)、(三)、(六)、(九)为一组,讲事物的空间问题;(四)、(七)、(八)为一组,讲事物的时间问题。下面就按照这种顺序作一些说明。

第一组:

(一)"至大无外,谓之大一;至小无内,谓之小一。"这一条是说,大到极点,再没有在它之外的东西,这叫大一;小到极点,再没有在它之内的东西,这叫小一。有人认为,此条是惠施对宇宙大小的一种猜测。因为文字过于简略,难以判断。惠施在这里提出这个论题,可能是要说明,只有无限大才是"至大",只有无限小才是"至小"。一切有限之物,不管多么大多么小,都不是至大至小。从这个意义上讲,"至大"、"至小"都是相对的,这一相对性就是它们的同一性。人们一般只看到"至大"、"至小"的区别,很少注意到它们之间的这种相对性和同一性。能够注意到这种相对性和同一性,对于名辩来说是十分重要的。

(五)"大同而与小同异,此之谓小同异;万物毕同毕异,此之谓大同异。"这一条是惠施"合同异"思想的关键。惠施被称为"合同异"派,主要就是根据这一条。惠施这里主要讲事物的同异关系。这里共有六个概念,即"大同"、"小同"、"小同异"、"毕同"、"毕异"、"大同异"。"大同"是事物类的同,如牛、羊、人都属于动物;"小同"是种的同,如牛、羊在动物中都属于兽。"大同"和"小同"属于事物类与种之同,在外延上属于从属关系,这个基础上的同异就是"小同异"。也就是说,"小同异"是指包含有同一成分的差异,如牛、羊之间既有相同成分又有相异的成分。"毕同"一是指事物都可以找到相同,二是事物彼此都相异,仅就这一点来说,也是一种同。"毕异"指事物总是有差别的。宇宙万物既有最大的同,又有最大的异,这种"毕同"、"毕异"就叫作"大同异"。惠施讲同异,重点不在异,而在同,他通过这一论题旨在告诉人们,世界上的万事万物都有相同性,不能因为事物各有不同而否定了它们之间的相同性。

(十)"泛爱万物,天地一体也。"这一条可以看作惠施"历物之意"的一个总结。它是讲,天地万物并没有严格的区别,本来就是一体的。个人作为这个一体中的一员,也不应该强分彼此,而应当将万物视为一体。

第二组:

(二)"无厚不可积也,其大千里。"这里说的"无厚",大致相当于几何学上的"面"。几何学上的面,没有厚度只有广度。这种面从理论上讲是不能求积的,但它的面却可以无限扩展。如果从名实关系的角度看,惠施提出这一论题的用意,应该不在论述几何学的常识,而在于表明有与无这一概念的相对性。"无厚"在体积上是无,在面积上却是有。这就告诉我们,同一事物如果从不同的角度看可以得出完全不同的结论,既可以是有,又可以是无,这两个结论并不矛盾,可以相安无事地共居于同一事物之中。

(三)"天与地卑,山与泽平。""天与地卑"的"卑"同"比"。"天与地卑,山与泽平"是说,天与地是紧挨着的,山与泽是一样平的。天为上地为下,山为高泽为低,这是一般的常识。但如果换一个视角,就可能得出完全不同结论。地上面的空间就是天,从这个意义上说,天与地确实是连着的。地面上高耸的部分叫作山,但山顶是山,山底也是山,作为山的底部确实是与泽相平的。惠施提出这个与常识完全不同的论题可能有着深刻的用意,他是希望说明,事物在空间上的差异并不具有绝对性,只具有相对性,不同的事物换一个角度来看,则是相同的。

(六)"南方无穷而有穷。"在战国时期,人们一般的看法是"南方有穷"。但惠施却大反其道地提出南方既是无穷的,又是有穷的。为了解决这种矛盾,有人便猜测惠施可能已经有地球是圆的这一意识。因为只有这样才能解决惠施的这一论题:因为地球是圆的,所以从地球的任一点向南走,都可以无限地循环下去,这个"南"是不可能有边界的,这就叫"南方无穷";一旦绕行一周回到起点,这个"南"就有了边界,这就叫"南方有穷"。

(九)"我知天下之中央,燕之北,越之南是也。"本条是辩说空间的相对性。在一般的古代中国人看来,他们所居住的中原一带的国土就是天下的中心,但惠施却大唱反调,认为"燕之北,越之南"是天下的中心。这明显是一个矛盾。这个矛盾似乎只能通过地圆说才能得到合理的解释。因为地球是圆的,所以天下的中心是不固定的,可以有很多中心,中原一带是中心,"燕之北,越之南"同样可以是中心。

第三组:

(四)"日方中方睨,物方生方死。"这条的意思是,太阳正午的时候,也是它正在偏斜的时候,事物正在成长的时候,也是它正在走向死亡的时候。惠施在这里表达了对于时间相对性的看法。从常识来看,时间发展的各个阶段都有确定的性质,不可混淆,"中"就不是"睨","生"就不是"死"。但惠施从另一个视角告诉人们,"中"就是"睨","生"就是"死"。这是因为,时间总是流动的,"中"、"睨"、"生"、"死"都有相对性,"中"的那个瞬间就是"睨"

的开始,"生"的那个瞬间就是"死"的开始。

(七)"今日适越而昔来。"这是综合讲时间和空间的相对性。从字面上看,这条是说:如果今天到越国去,昨天就已出发。有人认为,惠施论辩这个问题,可能是想表达这样一个思想:因为空间位置不同,其所采用的时间标准可能会发生变化。比如这里所说的"到越国去"这一举动,如果站在出发地的角度看,是今天发生的事,但如果站在越国的角度看,则可能是昨天的事情。也有人认为,惠施此条主要是强调时间的相对性,今日昔日都是相对的,今日对明日而言是昔日,昔日对昔日而言又是今日。

(八)"连环可解也。"此条在"历物之意"十个论题中意义最不明确。有多种解释。有人认为,连环虽然无法完全解开,但当两个环平形相错的时候,就会露出一定的空间距离,露出这个距离就是"可解"。也有人认为,连环虽不可解,但如果将其砸断,也就解开了。这两种解释都不理想,于是有人进一步主张,这是惠施以此说明难易的相对性。

以上是对惠施"历物之意"十个论题的简要分析。将这些论题集中起来可以看出,惠施的命题主要是强调事物概念的相对性,反对把概念的差异绝对化。但是,他在强调不同概念都具有相同性的时候往往忽视了转化的条件,容易滑向相对主义,使人们感到怪异,不好理解。从这个意义上看,荀子批评他"好治怪说,玩琦辞,甚察而不惠",是有道理的。不过,惠施的这些论题,充满了辩证的气息,大大提高人们的怀疑精神和思辨能力,有重要的思想意义。

第二节 公孙龙的"离坚白"思想

公孙龙(约公元前320—前250),赵国人。长期为赵国平原君门客,担任过赵惠文王、孝成王的相国。受墨子思想影响,主张"兼爱天下",曾出使劝说燕昭王"偃兵"。与惠施齐名,同为著名辩士。赵国与秦国有约,规定两国相互帮助。后秦攻魏,赵欲救魏。秦国批评说,你赵国这样做不合我们两国的约定。平原君为此事求教于公孙龙,公孙龙说,赵国同样也可以谴责秦国,说赵国要救魏国,秦国不帮助,这也不合两国的约定(《吕氏春秋·淫辞》)。公孙龙系统整理了自己的名辩理论,其成果主要保留在《公孙龙子》一书中。该书除《迹府》一篇为后人叙述其生平外,其余五篇均从不同侧面阐述了公孙龙的名辩思想,是研究公孙龙思想的主要依据。

虽然公孙龙与惠施同为著名的辩士,但两人论辩的思维方法却刚好相反。惠施强调事物的同一性,即突出"合"的一面,公孙龙则重视事物的差异性,即突出"离"的一面。突出"离"的一面就是强调"彼止于彼","此止于此"。从思维方法上看,公孙龙完全是作为惠施的对立面出现的。学术界将他们一个称为"合同异"派,一个称为"离坚白"派,正是考虑到他们在思维方法上的差异。

一、名实关系论

先秦名学是由正名发展而来的,公孙龙的名辩思想自然也离不开这个主题。在《名实论》中,公孙龙讨论了"名"、"物"、"实"、"位"、"正"的关系问题,详细论述了正名的基础。他指出:

> 夫名,实谓也。
> 天地与其所产焉,物也。物以物其所物,而不过焉,实也。实以实其所实,而不旷焉,位也。出其所位,非位;位其所位焉,正也。
> 其正者,正其所实也;正其所实者,正其名也。

按照公孙龙的论述,实的称谓叫作名;天地及其衍生的所有存在叫作"物";物之所以成为该物的具体存在叫作"实",其特点是"不过";实所占据的时空位置叫作"位",其特点是"不旷";占据它应该占据的那个位置叫作"正",超出它应该占据的位置就叫作"非位",即不正;最后一句可视为总结,强调正名的关键就是名实一致,即所谓"正其所实者,正其名也"。

根据上述原则,公孙龙进一步提出了"唯谓"的主张:

> 其名正,则唯乎其彼此焉。谓彼,而彼不唯乎彼,则彼谓不行;谓此,而此不唯乎此,则此谓不行。以其当不当也。不当而当,乱也。故彼彼当乎彼,则唯乎彼,其谓行彼;此此当乎此,则唯乎此,其谓行此。

其以当而当也。以当而当，正也。(《名实论》)

"唯谓"是公孙龙的重要主张。他认为，名只能用来称谓与其相应的实，即所谓"唯乎其彼此"，而不能用来称谓与其不相应的实，即所谓"彼不唯乎彼"，"此不唯乎此"，只有这样才能叫作"正名"。比如，正当的"白马"之名，只能用来称谓"白马"之实，而不能用来称谓"黑马"之实，也不能同时用来称为"白马"和"黑马"之实，否则就是不"唯谓"。不"唯谓"就是"不当"，"不当"就是"乱"。要达到正名，最重要的就是不能跨越名的界限，严格坚持"唯乎彼"，"唯乎此"的原则。

不仅如此，公孙龙还创造性地提出了指物论，其中心思想是：

非有非指者，物莫非指也。物莫非指而指非指也。(《指物论》)

这里首先需要了解"指"和"物"这两个概念。如上所说，"物"在公孙龙那里特指天地及其衍生的所有存在，这一点比较清楚。相对而言，"指"的概念要复杂得多。"指"为动词，原意为指称某种东西，这种指称某种东西的动作，后来又叫作"能指"。另外，"指"一定有其指的对象，这个对象便是"物"，这个物就是后来所说的"所指"。公孙龙的"指"既包含"能指"，又包含"所指"。以此为基础，再来看公孙龙的上述论断。"非有所指"是说，天下没有什么东西不可能被指称("能指")。"物莫非指"是说，天下万物都是被指称的东西("所指")。但"能指"与"所指"并不是一回事，这就叫作"指非指"。公孙龙明确将指与物区分开来，实际上就是将"能指"与"所指"区分开来，在名实关系中加入了主客观区分的观念，大大推进了先秦名辩思想的发展。

二、白马论

"龙之学，以白马为非马者也。"(《迹府》)"唯谓"是公孙龙名辩思想的中心，公孙龙的其他命题都是围绕这一核心展开的，其中最具代表性的论题就是"白马非马"。在一般人看来，白马当然属于马，但公孙龙却论辩说"白马非马"。公孙龙主要从名和实两个方面展开论证。

先看关于名的论证：

马者,所以命形也;白者,所以命色也;命色者非命形也,故曰,白马非马。(《白马论》)

名是称谓实的,不同的名与不同的实相对应。"马"是形的概念,"白"是色的概念,二者的性质完全不同。"命色者非命形也",即用来称谓色的概念不能用来称谓形,所以说"白马非马"。

再看关于实的论证:

求马,黄黑马皆可致;求白马,黄黑马不可致。使白马乃马也,是所求一也;所求一者,白马不异马也。所求不异,黄黑马有可有不可,何也?可与不可,其相非明。故黄黑马一也,而可以应有马,而不可以应有白马。是白马之非马,审矣。(同上)

马固有色,故有白马。使马无色,有马如已耳,安取白马?故白者,非马也。白马者,马与白也。马与白马也。故曰:白马非马也。(同上)

头一段是说,如果有人需要马,那么无论是黄马还是黑马都可以,如果有人指定要白马,那么黄马、黑马就不可以了。这种情况说明,"白马"之实不同于黄马、黑马之实。既然有黄马、黑马就可以说有马,但又不能说有白马,那么"白马非马"的命题就可以成立了。第二段是说,马本来就是有色的,所以才有白马。如果马没有色,这样的马还有吗?还怎么能够得到白马?白并不是马,白马是马之形与马之色的合一,而马之形与马之色并不是马。所以说"白马非马"。

"白马非马"说之所以著名,从形式逻辑上分析,是因为它涉及到了概念内涵和外延的关系。从内涵上说,"马"与"白马"是有区别的:"马"的内涵比较单一,"白马"的内涵比较复杂,"白马非马"正是为了说明这种概念内涵的差异性。从外延上说,"马"与"白马"也是有区别的:"马"的外延比较宽,"白马"的外延比较窄,"白马非马"的命题正说明了这种概念外延的差异性。从这个角度看,公孙龙的名辩思想达到了前人未曾有的高度,是十分有意义的。公孙龙的问题出在一般与个别的关系上。"白马"与"马"的关系是典型的个别与一般的关系。一般总是存在于个别之中的,没有脱离个别而独立存在的一般。"白马"与"马"即是如此,它们属于一种包含关系,"马"包含在"白马"之中。在这种包含关系中,凡是个别均可同时称为一般。如人可以同时称为动物,白马同样可以同时称为马。公孙龙没有看到这一点,或者说因为过分强调"离"而忽视了这一点,这是其论辩的缺陷。

三、坚白论

坚白论是公孙龙另一个著名的论题,公孙龙指出:

"坚白石三,可乎?"

曰:"不可。"

曰:"二,可乎?"

曰:"可。"

曰:"何哉?"

曰:"无坚得白,其举也二;无白得坚,其举也二。"(《坚白论》)

"坚白石"是一块坚硬而白色的石头,通常看来,我们既可以手摸到它的坚,又可以眼见到它的白。但公孙龙不同意这种观点,主张坚白石的概念是不能成立的,因为我们的手只能摸到它的坚,不能见到它的白,我们的眼睛只能见到它的白,不能摸到它的坚。在这种情况下,我们只能同时知道石的两种属性,不能同时知道石的三种属性。也就是说,我们只能讲坚石或白石,而不能讲坚白石。

这里有这样一个问题:如果我们摸到坚石的话,那么白的属性到哪里去了呢?同理,如果我们见到白石的话,坚的属性到哪里去了呢?公孙龙认为,这种白的属性或坚的属性藏了起来:

得其白,得其坚。见与不见,谓之离一,二不相盈,故离。离也者,藏也。(同上)

我们得到石之白而不能同时得到石之坚,或我们得到石之坚而不能同时得到石之白,此时的坚或白处于一种离的状态,并不出现,这种不出现就叫作"藏"。因为事物的属性有"藏"的特点,所以事物才能够"一二不相盈"。

那么，藏起来的事物的属性究竟存在不存在呢？公孙龙回答说：

　　坚未与石为坚，而物兼未与物为坚。而坚必坚，其不坚石物而物而坚，天下未有若坚而坚藏。（同上）

　　白固未能自白，恶能白石物乎？若白者必白，则不白物而白焉，黄、黑与之然，石其无有。恶取坚白石乎？（同上）

这是说，即使"坚"不表现在坚石上，它仍然是一种性质，其本身仍然是存在的。这种不表现在坚石上的"坚"只是一种"藏"，并不是不存在。白也是一样。白一定是一种固有的性质，没有白石，其自身仍然存在，或者说不必依赖具体事物而存在。

　　如果从概念与属性的独立性方面考察，公孙龙的"坚白石"之说可能得到较好的说明。公孙龙此说有两个重要的理论支撑：一是概念的独立性。概念是我们借助认知而形成的，它一旦形成就有一定的独立性。如"坚白石"中"坚"的概念和"白"的概念即是如此。二是属性的独立性。事物有各种不同的属性，各种属性是相对于人的不同认知渠道而存在的，一种渠道只能得到一种属性，而不能得到其他的属性。公孙龙详细探讨了认识过程中的这些深层次的问题，对提高人们抽象思维水平，增强认知的逻辑性，有着重要的贡献。他的失误在于没有把这个名辩命题与日常生活做出必要的区分，忽视了人们感知过程中的综合能力。在感知过程中，各种不同的感知器官的确是分别进行的，但人的大脑有综合的能力，可以将不同器官分别得到的材料综合起来。从这个意义上说，"坚白石"之说割裂了人们感知的综合性，这是人们对其难以接受的重要原因。

第三节　后期墨家及其逻辑理论

　　后期墨家是指战国中后期的墨家学派。墨子死后，墨家内部发生了分化，"有相里氏之墨，有相夫氏之墨，有邓陵氏之墨……取舍相反不同，而皆自谓真墨"（《韩非子·显学》）。这些不同的学派"俱诵《墨经》"，仍然保持着墨家的思想传统。今存《墨子》一书中有《经上》、《经下》、《经说上》、《经说下》、《大取》、

《小取》六篇,其致思方向和关注重点与其他篇章明显有别,自成一体,学者一般将其归为后期墨家的作品,历史上通常将其合称为《墨经》或《墨辩》。

《墨经》中包含有丰富的自然科学知识,涉及物理知识和数学知识的有四十多条。在光学方面,他们对光的直线传播原理做了专门研究,考察了光照的投影、重影、反射以及球面成像原理等问题,做了世界上最早的针孔成像的试验。在力学方面,他们界定了时空的概念,讨论了运动与时空的关系,具体分析了杠杆、滑轮和斜面的作用等问题。在几何学方面,他们提出了平、中、圆、厚等概念的定义,探讨了整体与部分的关系,有穷无穷以及点、线、面以及形体之间的相交、相切、相比等重要问题。

与上述特点紧密相关,后期墨家的知识论也十分丰富。他们把自然万物作为认知的对象,详细分析了认知的本质,提出认知在本质上是运用人的能力与物相接,从而能够"貌物"或"论物"的学说。他们以此为基础,考察了认知的过程和心的察辨作用,强调认知不仅要靠耳目之实,更要靠心智思虑。他们还探讨了认知的目的,提出了"志行"的理论,将认知的最后目的落实在"志行"之上。这些都大大发展了墨子的认知理论。后期墨家可以说是中国哲学史上第一个建立起系统的知识论的学派,其成绩在先秦只有荀子可以与之相比。

当然,后期墨家对后世影响最大的还是他们的名辩思想,这也是《墨经》的中心。以此为中心,后期墨家由此建构起了一套与西方不同的逻辑体系,为中国哲学史的发展做出了独特的贡献。

一、对于前期名辩思想的反思

后期墨家的名辩理论是在总结前期名辩思想的成绩和不足的基础上提出来的。前期名辩思想虽然取得了很大的成绩,有助于提高人们的思维能力和名辩能力,但也陷入了文字概念之争的泥潭,常常令人感到怪异。后期墨家认为,这种情况之所以产生,关键在于没有处理好名实的关系。他们说:

所以谓,名也;所谓,实也;名实耦(偶),合也。(《经说上》)

> 有之实也，而后谓之；无文实也，则无谓也。(《经说下》)

用于称谓的言词叫作名，称谓的对象叫作实。名必须以实为中心，而不能反过来。所以，有其实才能有其名，无其实则无其名。"名实耦(偶)"的意思是，一定的名与一定的实彼此对应，这便是名实相符。

以此为基础，后期墨家进一步讨论了名辩胜负的标准。他们说：

> 辩也者，或谓之是，或谓之非，当者胜也。(《经说下》)

对于一个论题，论辩双方常常有不同的意见，有的认为是，有的认为非。论辩的意义正在于此。论辩的胜负并不决定于哪一方面更为好辩，而在于是否有"当"，即所谓"当者胜也"。这里的"当"字大有讲究。结合后期墨家的整体思想，这个"当"的一个重要内涵就是是否与事实相符。

后期墨家对于名实同异进行了相当细致的分析，指出：

> 同：重、体、合、类。(《经上》)
> 异：二、不体、不合、不类。(同上)

这里列举了"同"的四种情况，即：重同、体同、合同、类同。"重同"即二名一实，如狗和犬同指一物；"体同"即同属一实的各个部分，如手足同属于身；"合同"即不同的实同处一起，如人和物同处一室；"类同"即同属一类，如人和牛、羊同属动物。同理，异也有四种情况，即：二异、不体异、不合异、不类异。"二异"即两物完全不同；"不体异"即不属于同一个整体；"不合异"即不同之物处于不同之处；"不类异"即两物属于不同的类别。

我们知道，墨子在讲到认识问题的时候提出过"三表法"，其中特别强调"众人耳目之实"或"百姓耳目之实"，这个实就是事实，就是实际。后期墨家对名实关系进行详细的划分，强调"名实耦(偶)"、"当者胜"，既是对前期名辩思潮经验教训的总结，使其与仅仅局限于文字概念之争划清界限，又是对墨子思想的继承和发展。

二、关于"名"(概念)的思想

除了强调名实关系之外，后期墨家对于名辩思想中的概念、判断、推理都有详细的分疏,形成了自己非常有特色的理论。这里先说概念。

后期墨家将概念称为"名",并将"名"分为三大类:

> 名:达、类、私。(《经上》)
>
> 名:物,达也,有实必待文名也。命之马,类也,若实也者必以是名也。命之臧,私也,是名也止于实也。(《经说上》)

"名"可分为达名、类名、私名。"达名"是最高的普遍概念,一切事物都必须以它为名,即"有实必待之名",如"物"的外延包含了一切实际存在的东西,世间一切东西都可以称为物。"类名"是属性相同的类别概念,一切类的事物都必须以它为名,即"若实也者必以是名",如"马"的外延包括同类的所有的马。"私名"是专有的单独概念,其特点是专门性,即"是名止于是实",如"臧"的外延只限于特定的人。"达"、"类"、"私"正确地划分了概念的外延和内涵,个别与一般的关系。比如,白马究竟能否叫作马,按照这种划分,就很容易解决。因为"白马"包括在"马"这个类的概念之中,所以理所当然地可以说"白马,马也;乘白马,乘马也"(《小取》)。

三、关于"辞"(判断)的思想

在后期墨家那里,与判断相类似的概念叫作"辞"。"以辞抒意"是后期墨家表达判断的重要思想。他们说:

> 或也者,不尽也;假者,今不然也;效者,为之法也;所效者,所以为之法也,故中效,则是也,不中效,则非也,此效也。(《小取》)

后期墨家将判断主要分为三种,这就是"或"、"假"、"效"。"或"相当于选言判断,比如,有很多种颜色的马,如白马、黑马、红马等等,可以有很多种选择,这就叫作"不尽也"。"假"相当于假言判断,它特指一种假定,并非真实如此。只有相应的条件出现,才能断定这一判断是否正确,比如说,"如果下雨则降温",这里的下雨就是假定,没有这个条件,判断的后件就是不定的,这就叫作"今不然也"。"效"相当于定言判断,强调根据正确的法则做出判断,如圆有圆的规则,三角有三角的规则,要是画一个圆或一个三角,必须符合它们的规则,这就叫"中效"。

四、关于"说"(推理)的思想

后期墨家也讨论了推理的问题,他们将此称为"以说出故"。"说"大致相当于论证的过程和形式,"故"则大致相当于根据和理由。在后期墨家看来,单纯的语词语句("说")并不能使一个判断得以成立,要使一个判断真正成立,必须有可靠的根据("故")。这样一来,"故"就比"说"具有更强的意义。后期墨家将"故"分为两种:

> 小故,有之不必然,无之必不然。……大故,有之必然,无之必不然。(《经说上》)

事物的根据按其性质可分为"小故"和"大故"。"小故"是一现象所依据的部分条件,没有这种条件,这一现象固然不能出现,但有了这种条件,这一现象也未必一定出现,大致相当于今天所说的必要条件。"大故"是一现象所依据的条件总和,有了它,这种现象就不可避免地出现,所以它大致相当今天所说的于充分而必要的条件。在"说"的过程中,正确区分"小故"和"大故"是非常重要的,"小故"并不具有绝对正确性,"大故"才具有绝对的正确性。

后期墨家还对推理的各种具体形式做了详细的分类:

> 辟也者,举也物而以明之也。侔也者,比辞而俱行者也。援也者,曰:子然,我奚独不可以然也?推也者,以其所不取之同于其所取者,予之也。(《小取》)

这里共划分了四种重要的推理形式,即"辟"、"侔"、"援"、"推"。"辟"就是比喻,是通过打比方进行推理,用具体的例子说明另一事物的道理,相当于传统逻辑中的类比法。"侔"是齐等的意思,是通过对比从一个判断推导出另一个判断,相当于传统逻辑中的直接推理的附比法。"援"是援引对方的论断作为自己立论的根据,从而驳倒对方,也相当于传统逻辑的类比法,但这种类比法要求援引对方所论问题的性质与自己所论的问题完全一致。"推"即是推理,由已知的事物推出未知的事物。"以其所不取之同于其所取者,予之也",是把对方所认可的主张用作类推的前提,提出一个本质上和它的荒谬结论,让对方难以接受。从这个意义上看,"推"也属于类比推理,它与"辟"、"侔"的区别在于,"辟"、"侔"正面说明的成分较多,而"推"则偏重于反驳。

总的看来,后期墨家的名辩思想中包含着相当丰富的内容,已经初步构成了有别于西方的一个名辩系统,这一名辩系统对中国逻辑学的发展做出了相当重要的贡献。中国传统学术中的名辩理论能够在世界逻辑思想宝库中占有一席之地,后期墨家有着不可磨灭的功绩。

思考题:
1. 如何评价惠施的"合同异"思想?
2. 公孙龙"离坚白"思想的合理性及理论缺陷表现在哪些方面?

参考书目:
胡适:《先秦名学史》,学林出版社,1996年。
庞朴:《〈公孙龙子〉研究》,中华书局,1979年。
王琯:《公孙龙子悬解》,中华书局,1996年。
谭戒甫:《墨辩发微》,中华书局,1964年。
姜宝昌:《墨经训释》,齐鲁书社,1993年。
杨俊光:《墨经研究》,南京大学出版社,2002年。
崔清田:《墨家逻辑与亚里士多德逻辑比较研究》,人民出版社,2004年。
翟锦程:《先秦名学研究》,天津古籍出版社,2005年。

第八章 荀子对孔子礼的思想的发展

荀子(约公元前328—前235),名况。战国时期赵国(今山西南部)人。时人尊称其为卿,汉代为避宣帝刘询之讳,又称孙卿。自少年开始,多次游学于齐,在稷下学宫"三为祭酒"(学宫之长),声望很高。对儒家的《诗》、《礼》、《易》、《春秋》都很有研究。一度应聘入秦,又曾在赵国"议兵",后在楚国任兰陵(今山东苍山县兰陵镇)令。晚年定居兰陵,专心著述。弟子很多,尤为值得注意的是,法家著名代表韩非、李斯均出自其门下。

荀子对墨家、道家、法家以及儒家内部的其他学派均有所批评,独崇孔子,认为只有孔子学说能够"总方略,齐言行,壹统类,而群天下之英杰,而告之以大古,教之以至顺"(《荀子·非十二子》,下引此书只注篇名)。在思想上以孔门正宗自居,与孟子的思想路向有异,"取舍相反不同"。荀子和孟子的思想都源于孔子,但孟子对孔子思想的继承多偏重于仁学,荀子则多偏重于礼学。由于这一区别,后儒对荀子在儒学中的地位多有争论,宋代大醇小疵之说占据上风,清代则有人认为荀子醇乎醇,根本无小疵可言,评价轩轾截然不同。

传世《荀子》一书,大部分是荀子的自撰,少部分出自门人的记录,是研究荀子思想的可靠材料。

第一节 "化性起伪"的人性理论

一、"性伪之分"

正如孟子思想的基础是性善论,荀子思想的基础则是性恶论。荀子创立性恶论直接起源于对孟子性善论的不满。荀子不满孟子的性善论,逻辑的起点在于性伪之分。荀子说:"孟子曰:人之学者,其性善。曰:是不然。是不及知人之性,而不察乎人之性伪之分者也。"(《性恶》)这就是说,荀子不同意孟子的性善论,一个重要原因,是认为孟子不知道性和伪的区别。

为此,荀子首先对性、伪进行了严格的区分。荀子指出:

性者,本始材朴也。(《礼论》)
生之所以然者谓之性。(《正名》)
不可学,不可事,而在人者,谓之性。(《性恶》)

性是原本具有的材质,是生之自然者,也就是说,生之自然的状况或资质叫作性。因为是生之自然,所以是先天如此的素朴材质,又因为是先天如此的素朴材质,所以是不可学,不可事的。荀子以生之自然之状况或资质为性,一个主要内容是指身体器官的欲望。荀子讲:"若夫目好色,耳好声,口好味,心好利,骨体肤理好愉佚,是生于人之情性者也。"(《性恶》)好色,好声,好味,欲食,欲息,这些都是人的自然欲望,是生之自然的。

既然性是指生之自然之资或生之自然的状况,那么很自然可以引出一个结论,即人与人的性是相同的。"凡人之性者,尧舜之与桀纣,其性一也。君子之与小人,其性一也。""故圣人之所以同于众,其不异于众者,性也。"(《性恶》)在荀子看来,圣人与众人、尧舜与桀纣都有相同的性,这是性恶论的必然要求。因为如果圣人与众人不同性,那么势必引出"有性恶有性不恶"的结论来。孟子主张性善论,坚持"圣人与我同类",也是出于同样的道理。可见,不管是性善论还是性恶论,必须主张人与人的性是相同的。

人生而有各种欲望,这不可怕,可怕的是,人的欲望是无限度的,如果任

这种欲望自然发展,必然引生争夺。荀子看到了这个问题的严重性,明确指出:

> 今人之性,生而有好利焉,顺是,故争夺生而辞让亡焉。生而有疾恶焉,顺是,故残贼生而忠信亡焉。生而有耳目之欲,有好声色焉,顺是,故淫乱生而礼义文理亡焉。(《性恶》)

需要注意的是,荀子只是以欲望任其发展的结果为恶,而不是以欲望本身为恶,荀子并不是一个禁欲主义者。

与性相对的是伪,也就是人为的意思。荀子讲:

> 夫感而不能然,必且待事而后然者,谓之生于伪。(《性恶》)
> 虑积焉,能习焉,而后成谓之伪。(《正名》)

伪具有明显的后天性,是与人的道德相关的思想、行动及其结果,这部分来源于人为的努力,所以称为伪。

荀子区分性伪,主要是想说明人并非具有先天的善性,善性是后天养成的,是后天教化的结果。他以对生活的观察论证说:

> 今人之性,饥而欲饱,寒而欲暖,劳而欲休,此人之情性也。今人饥,见长者而不敢先食者,将有所让也;劳而不敢求息者,将有所代也。夫子之让乎父,弟之让乎兄,子之代乎父,弟之代乎兄,此二行者,皆反于性而悖于情也。然而孝子之道,礼义之文理也。故顺情性则不辞让矣。辞让则悖于情性矣。(《性恶》)

饥而欲饱,劳而欲息,是人原本之情性。饥时见长者而不敢先食,劳时见长者不敢先息,是因为受到了礼义教育。对长者辞让,对长者代劳,这种辞让和代劳,有悖于人原本的情性,完全是后天人为的结果。

二、"化性起伪"

既然饥而欲饱,劳而欲息是人之情性,任其无限度发展的结果必然为恶,为了社会的平治就必须制止这种恶,对人的情性进行一番矫治。荀子将这一过程叫作"化性而起伪"(《性恶》)。所谓"化性而起伪",从理论上说,就是将先天的自然资质转化为后天人为的道德特性。

要完成"化性而起伪",必须具有两个方面的条件。首先是需要人有认知的能力。在荀子看来,人天生就有认知的能力。他说:"目辨黑白美恶,耳辨声音清浊,口辨酸咸甘苦,鼻辨芬芳腥臊,骨体肤理辨寒暑疾养,是又人之所常生而有也,是无待而然者也。"(《荣辱》)目的能力是见,耳的能力是听,口的能力是味,鼻的能力是辨,这些是生之自然,必须包括在性的内涵当中。目、耳、口、鼻、骨体肤理都有自己的能力,心自然也不例外,对此荀子有明确的论述。他说:

> 人何以知道?曰:心。心何心知?曰:虚壹而静。(《解蔽》)
> 心未尝不藏,然而有所谓虚。心未尝不两也,然而有所谓壹。心未尝不动也,然而有所谓静。(同上)

"虚壹而静"是荀子十分重要的思想。"虚"是指不以已有的知识妨碍接受新的知识,"壹"是指思想专一不二,"静"是指思想宁静不躁。荀子认为,人能够知道,在于虚心、专心、静心,即能够"虚壹而静"。通过"虚壹而静"的工夫,不偏执一端,不为想象和经验所混淆,不让情感扰乱理智,心就可以知道了。

"化性而起伪"的另一个条件,是需要有道。荀子讲,"心可以知道"的"道"是有具体所指的:"道者,非天之道,非地之道,人之所以道也,君子之所道也。"(《儒效》)"道者何也?曰:君道也。……道存则国存,道亡则国亡。"(《君道》)荀子的道不是自然之道,宇宙之道,而是治国之道。荀子强调"知道"首先偏重于社会道德的内容,而并非是一般意义上的认识论,儒家传统重视经世治用的特点,在荀子身上也得到了生动体现。

需要注意的是,这样的道与礼义法度在某种程度上具有相同的意义。荀子说:

> 今人之性恶,必将待师法然后正,待礼义然后治。今人无师法,则偏险而不正,无礼义,则悖乱也不治。古者圣王以人之性恶,以为偏险而不正,悖乱而不治,是以为之起礼义,制法度,以矫饰人之情性而正

之，以扰化人之情性而导之也，始皆出于治，合于道者也。(《性恶》)

因为人有欲望、有情性，为了防止欲望情性的无限度发展，必须有礼义法度。有了礼义法度，人的欲望才能得到节制，情性才能得到矫饰，社会才不至于悖乱偏险而不治，从而达到善的目的。这样的礼义法度是"合于道"必不可少的条件，"知道"在某种意义上可以说就是知晓礼义法度。

一旦知道之后，就可以操守于道了。他说：

> 故心不可以不知道，心不知道，则不可道而可非道。……心知道，然后可道；可道，然后能守道以禁非道；以其可道之心取人，则合于道人而不合于不道之人矣。(《解蔽》)

心的知虑能力可以认识道，认识了道，就可以肯定道；肯定了道，就可以操守于道；操守了道，就可以禁绝非道。不然的话，心不知道，就不能认可道，而认可非道，以非道为原则，这样天下就会悖乱，就会偏险而不治。这里的前提是心必须有知虑的能力。否则，知道，可道，守道，禁非道，都会化为乌有。这样一来，通过心知就达到了化性起伪的目的。只有通过心知才能认识礼义法度，才能以礼义法度为标准，才能达到化性起伪的目的。心知是化性起伪的必由之路。

三、"涂之人可以为禹"

以此为基础，荀子进一步提出"涂之人可以为禹"的说法。他写道：

> 涂之人可以为禹。曷谓也？曰：凡禹之所以为禹者，以其为仁义法正也。然则仁义法正有可知可能之理，然而涂之人也，皆有可以知仁义法正之质，皆有可以能仁义法正之具。然则其可以为禹明矣。(《性恶》)

从认识论的角度说，人是可以接受礼义法正的，因为人作为认识和学习的主体，具有认识礼义法正的能力，具有接受礼义法正的条件。人既然有认识礼义法正的能力，就有接受礼义法正的可能。人接受了礼义法正，也就使自己成为有德之人，这就是"涂之人可以为禹"的具体含义。"涂之人可以为禹"是"化性而起伪"的终极形态。

在"涂之人可以为禹"的过程中，环境的作用非常重要。荀子说："可以为尧禹，可以为桀跖，可以为工匠，可以为农贾，在势注错习俗之所积耳，是又人之所生而有也，是无待而然者也，是禹桀之所同也。"（《荣辱》）这里所说的尧、禹、桀、跖、工匠、农贾，既指职业不同，又指道德不同，这些不同是由环境生活习俗不同造成的。这就是所谓的"在势注错习俗之所积"。势是后天环境，注错习俗指生活教育习俗等。

孟子主张"人皆可以为尧舜"，荀子也认为"涂之人可以为禹"，两种说法词句虽然有别，所走的路向也不相同，但本质并无区别。这也说明，不管是性善论，还是性恶论，最终的目的都是教人成善，成就圣贤。对这一点而言，孟荀两家并无分歧。

第二节 "隆礼重法"的政治主张

一、礼的起源、作用和范围

心有认识礼义法度的能力，依靠这些礼义法度，可以实现社会的平治。但在此之前，必须首先回答礼义法度源自何处的问题。礼乐制度是西周社会的一大创建，孔子自觉继承了这一传统，非常重视礼的问题，并以"复周礼"为自己的历史使命，但受历史条件的限制，他并没有深入讨论礼的起源和本质等一系列理论问题。荀子沿着这个方面发展，对礼的起源、作用和范围等问题作了深入的探讨。

荀子认为，礼是由圣人制定出来的。他说：

> 人生而有欲，欲而不得，则不能无求，求而无度量分界，则不能不争。争则乱，乱则穷。先王恶其乱也，故制礼义以分之，以养人之欲，给人以求，使欲必不穷乎物，物必不屈于欲，两者相持而长，是礼之所起也。（《礼论》）

人生而有欲望,欲望引发争夺,于是天下大乱。圣人不忍心这种局面的发生,专门制定礼乐制度,以解决欲多物少的矛盾,以限制社会发展对于物的追求,使有限的物得到合理的使用。这就是礼的起源。

礼的重要作用在于"分"。荀子指出:

> 故人之所以为人者,非特以二足而无毛也,以其有辨也。夫禽兽有父子而无父子之亲,有牝牡而无男女之别,故人道莫不有辨。
> 辨莫大于分,分莫大于礼,礼莫大于圣王。(《非相》)

荀子在这里提出了三个相关的概念,一是"辨",二是"分",三是"礼"。"辨"指身份上的自觉,如父为父,子为子,君为君,臣为臣;"分"指身份的区别,父有父的身份,子有子的身份,君有君的身份,臣有臣的身份;"礼"指制定"分"的一种制度。在这三者中,"礼"最重要,只有制定了"礼",才能谈得上"分",也才能谈得上"辨"。有了这三者,就可以保证整个社会井然有序、稳定平治了。

更进一步说,有了"分"才能将人与世间万物区别开来。他说:

> (人)力不若牛,走不若马,而牛马为用,何也?曰:人能群,彼不能群也。人何以能群?曰:分。分何以能行?曰:义。故义以分则和,和则一,一则多力,多力则强,强则胜物,故宫室可得而居也。(《王制》)

荀子认为,人并不比牛马优越,但牛马却为人所用,一个重要原因是人能"群",即能够组合成社会,而之所以能"群"是能"分",即能够划分为不同的团体,而之所以能"分"是有"义",即能够按照各个团体的本分行事。有了这样的"义"、"分"、"群",人们就可以将力量集合起来,战胜自然,获得生存。

在荀子思想中,礼的范围包括很广。礼首先指各种社会的名分规定。"礼者,贵贱有等,长幼有差,贫富轻重皆有称者也。"(《富国》)人类社会之所以能够组成并按一定秩序运作,关键在于人类社会有各种社会名分的规定,否则必然陷入混乱。礼的重要作用是把人按照不同的等级团体区别开来,而这种区别必须通过各种规定来实现。

礼还指各种礼节礼仪。《周礼》对此有严格的规定,十分繁复。这些经过长期的发展,已经演变为维系社会发展必不可少的礼节礼仪,成为文化生活的一个组成部分。荀子对此非常重视,在其著作中有很多专门的论述。《大略》所说的"亲迎之礼"、"聘礼",《君子》所说的"客礼",《礼论》所说的"丧礼",都属于人际交往中不可或缺的礼节仪式,构成现实生活的一个重要的组成部分。

礼还表现为各种人伦道德的规定。荀子把礼看作是人道的极致,是道德的最高原则。"礼者,法之大分,类之纲纪也,故学至乎礼而止矣,夫是之谓道德之极。"(《劝学》)"绳者,直之至;衡者,平之至;规矩者,方圆之至;礼者,人道之极也。"(《礼论》)这就把礼放在了人道和道德宝塔的尖顶上,不仅成了人道和道德的原则,而且包含统率其他德目和原则。荀子如此看重礼,是十分值得重视的。

二、"隆礼"而"重法"

经过圣人的努力,有了礼义法度,但人如何才能执行这些礼义法度呢?最理想的形态,是人们都把执行礼义法度当作自己的自觉行动。但这种理想形态在现实中是很难有的。荀子有这样一个看法:

尧舜者,天下之善教化者也,不能使嵬琐化。(《正论》)

尧舜是圣人,嵬琐是不德之人,连尧舜尚且不能教化嵬琐之人,何况其他人呢?

荀子的这一观点与其人性理论是一致的。在荀子看来,人天生具有的只是身体的欲望和能力,并不存在生而具有的善性,善性都是后天教化的结果。但这种教化是有限的:一则可能有一部分人,无论如何教化都不能转化为善人,如嵬琐之类;二则即使大部分人可以接受教化,但这种教化也不足以保证人任何时候都是善的,任何时候都可以自觉遵守礼义法度。既然如此,唯一的出路就是赋予礼义法度以强制性,迫使人们必须去执行。

正是由于这个原因,荀子在重礼的同时,非常强调法的重要性。他讲:

隆礼至法则国有常。(《君道》)

道之与法也者,国家之本作也。(《致士》)

治之经，礼与刑，君子以修百姓宁。明德慎罚，国家既治四海平。（《成相》）

这些不同的说法都是强调法是须臾不可离的。只有重法，国家才能稳定，四海才能太平。国家治理第一需要道，第二需要法。法无论如何不可缺少，否则社会不可能达到治理。从这个意义上说，法与礼具有同等的重要性。

这样就形成了荀子礼的思想的一大特点，即援法入礼。所谓"援法入礼"就是将法加入到礼的内容当中，赋予礼以强制的性质。为此，荀子一方面常常从法律的角度对礼进行解说，使礼具有了法的特质；另一方面又常常礼法连用，将礼法合为一体。在荀子思想中，礼法成了一个重要的概念，如"学也者，礼法也"（《修身》），"礼法之大分"，"礼法之枢要"（《王霸》）。这些不同的用词说明，荀子的礼法概念，不仅包括等级名分的内容，更包括具有强制性的政令制度的成分。这样一来，在荀子思想中，礼的强制性成分就大大加强了。正是由于其理论的这一特点，在荀子与法家之间有着一种微妙的关系。这当然可以看作是荀子吸收了法家思想的成果，也可以理解为是荀子思想发展的必然归宿。

当然，必须看到，荀子并不是真正的法家。在他看来，单纯的法治是不足取的。"凡人之动，为赏庆而为之，则见害伤焉止矣。故赏庆、刑罚、势诈不足以尽人之力，致人之死。"（《议兵》）这就是说，如果人们只是为了奖赏而去做事，那么在身家性命面临危险的时候，奖赏也就没有用了。因此，刑罚奖赏只是雇佣买卖之道，即所谓"佣徒鬻卖之道"（《议兵》），不能作为治国的基本原则。只有把礼法结合起来，摆正两者之间的关系，礼是第一位的，法是第二位的，做到礼尊而法卑，才能收到礼法并治的效果。

荀子的这一思想还可以通过人治和法治的关系来把握。在人治与法治的关系中，荀子认为，最重要的还是人，而不是法。"有良法而乱者，有之矣；有君子而乱者，自古及今，未尝闻也。"（《王制》）"法者，治之端也；君子者，法之原也。故有君子，则法虽省，足以遍矣；无君子，则法虽具，失先后之施，不能应事之变，足以乱矣。"（《君道》）法是由人制定的，有了君子，自然会有好的法，否则只是法，没有人，这个法也是没有用的。从这个角度不难看出，荀子仍然没有脱离儒家的基本脉络。

三、"一天下"与王霸之分

荀子论礼绝非仅仅是为了理论探讨,而是有着明确的现实目的。荀子之时,社会变化更为剧烈,天下统一实际上已经是大势所趋了。荀子自觉认识到这一历史的要求。在他看来,随着农业、手工业、商业的发展,水陆交通的便利,必将形成"四海之内若一家"的局面,由此提出"一天下,振毫末,使天下莫不顺比从服,天王之事也"(《王制》)的判断。荀子的这一论述表明,"一天下"问题已经不得不提到日程上来了。

在这种情况下,如何才能"一天下",或者说用什么制度"一天下",荀子同样面临着王霸之分的选择。荀子与孟子对此的态度有所不同。孟子认为,王道与霸道是性质完全不同的两种治国方略,两者之间属于根本对立的关系,儒家必须坚持王道,反对霸道。荀子则提出,"粹而王,驳而霸"(《强国》),"隆礼尊贤而王,重法爱民而霸"(《大略》)的主张。在他看来,最理想的政治叫作王,次等的政治叫作霸,王道比较纯粹,霸道比较驳杂,虽说王道是最理想的,但在特殊情况下,霸道也不失为统一天下的办法。

荀子与孟子对于王霸的不同态度,在对齐桓公的评价上得到了具体的展现。孟子对齐桓公很轻视,认为他的治国没有多少价值可言,甚至有"五霸者,三王之罪人"(《孟子·告子下》)的说法。荀子则对齐桓公有一定程度的肯定,认为齐桓公"倓然见管仲之能足以托国也,是天下之大知也"(《仲尼》)。荀子肯定齐桓公是因为他能重用管仲,运用富国强兵的政策,使齐国迅速强盛起来,"天下莫之敢当"(《王霸》)。荀子的这种观点也表现在对秦国的评价上。在当时,秦国实行变法最为彻底,力量最为强大。荀子到过秦国,认为秦国的治理虽然有所不足,但对其还是给予了较高的评价,认为"秦国威强乎汤武,广大乎舜禹",令人有"四海之内若一家"的感觉。荀子对秦国政治有所肯定,说明他对于霸道在一定程度上是接受的,较孟子的政治态度现实得多。

尽管荀子在一定程度上承认了秦国的政治现实,但这种政治从根本上说并不合荀子的要求。当有人问秦国下一步应该怎么办的时候,荀子提出了一个著名的主张:"力术止,义术行"(《强国》)。"力术"就是指强力,也就是法家通常所说的富国强兵,征战夺地之类。荀子认为,这种办法有很大的危险性,"常恐天下之一合而轧也",专靠武力的方法所能取得的成果是有限的。为此应该"义术行",强调要回过头用文德治国,推行道德之术,以道德的力量感召天下,使各诸侯国听令,这样一来,天下不需要战争也就可以令行天下,从而达到"一天下"的目的。从这个意义上说,荀子坚持的仍然是孔子为政以德的基本思想,只是态度较孟子更为现实,在一定程度上承认并接受了霸政的实际存在而已。

第三节 "天人相分"的天道观

由于荀子坚持性恶论,强调认知在"化性起伪"中的作用,认知之心在荀子的理论中占有极为重要的地位。这一理论格局使荀子对自然界提出了很多有价值的观点。在先秦三大儒之中,荀子对于自然的看法最为深入,常为后人称道,深层的原因即在于此。

一、"天行有常"

在先秦哲学中,天始终是一个重要问题,每个哲学家必须提交自己的答案。在荀子看来,天是客观存在的自然界。他说:

> 列星随旋,日月递炤,四时代御,阴阳大化,风雨博施,万物各得其和以生,各得其养以成,不见其事而见其功,夫是之谓神;皆知其所以成,莫知其无形,夫是之谓天。(《天论》)

荀子这里所说的天,是指日月星辰,阴阳风雨,四时变化的那个物质世界。荀子认为,宇宙万物是自身矛盾运动的结果,"天地合而万物生,阴阳接而变化起"(《礼运》),其间没有神的地位。荀子以此出发,对传统中关于天和神的观念进行了尖锐批判。他说:"星队木鸣,国人皆恐,曰:是何也?曰:无何也,是天地之变,阴阳之化,物之罕至者也。怪之,可也;而畏之,非也。"(《天论》)这就是说,自然界各种怪异现象都是天地、阴阳运动变化的结果,无论什么世道都可能出现,没有什么可害怕的,与社会的治乱吉凶没有关系。

荀子进一步提出,由于天是客观存在的自然界,所以其运动变化有着固有的法则。为此他指出了一个著名的思想:

> 天行有常,不为尧存,不为桀亡。应之以治则吉,应之以乱则凶。(《天论》)

自然界完全是按照自身的规律发展变化的,既不因人世间有好的统治者而存,也不因人世间有坏的统治者而亡。人们只有遵循自然规律,才能取得好的结果,反之,违背自然规律,一定会遭殃。

二、"天 人 相 分"

既然天是客观存在的自然界,人们便不应该将其神化,以天来干扰人世间的事物,而应该将天与人分别开来。在荀子看来,人有自己的职分,不应"与天争职"。他说:

> 天有其时,地有其财,人有其治,夫是之谓参。(《天论》)
> 君子敬其在己者,而不慕其在天者。(同上)

天有四时,地能生财,人的责任是治理社会,这就是所谓的参天地。如果打破这个职分的界限,让天地管人事,或让人管自己不能管的天地之事,都是一种错误。人通过自己的自觉活动,可以参与天道的变化,实现自己的目的,但人所能参与的只是治物治人,如果企图获得天道的职分,那就不对了。

荀子如此说,尽管两方面都讲到了,但最重要的目的还是强调天道不能干预人事,社会治乱的原因只能从社会本身来寻找。他说:

> 本荒而用侈,则天不能使之富;养略而动罕,则天不能使之全;倍道而妄行,则天不能使之吉。……受时与治世同,而殃祸与治世异,不可

以怨天,其道然。故明于天人之分,则可谓之圣人矣。(《天论》)

人的所作所为、祸福夭寿,完全是由人自己造成的,不由上天决定,这是由于天人有别的缘故。因此,最理想的境界是"明于天人之分",将天与人不同的职分区别开来。

三、"制天命而用之"

根据"天人相分"的思想,荀子进一步提出"制天命而用之"的观点。他说:

> 大天而思之,孰与物畜而制之;从天而颂之,孰与制天命而用之;望时而待之,孰与应时而使之;因物而多之,孰与骋能而化之;思物而物之,孰与理物而勿失之也;愿于物之所以生,孰与有物之所以成。故错人而思天,则失万物之情。(《天论》)

与其迷信天的权威,思慕它,歌颂它,等待它的恩赐,不如利用自然规律,"物畜而制之","制天命而用之","应时而使之","骋能而化之","理物而勿失之","有物而勿失之",使其得到充分合理的利用。如果不重视人的作用,而盲目尊崇天道,那就失去了自然万物的本性了。

需要注意的是,荀子"制天命而用之"的命题与西方一般所说的"征服自然"并不相同。按照《说文》的解释,"制"是"裁"的意思。因此,"制天命"与"序四时,裁万物"(《王制》)含义相近。"制天命"不但要受到一定范围的限制,也要受到天道之常的制约。荀子主张人不能"与天争职",这就说明,荀子这里强调的是人只能在一定范围内改造自然,而不是说人可以无限度地征服自然。征服自然是把人与自然对立起来,制天命则是追求人与自然的协调发展。从这个意义上说,荀子"制天命而用之"的思想主要当从两个方面考察。其一,荀子继承了儒家的有为传统,强调对于自然应该有所为,人类不能一切听命于天;另一方面,荀子又吸取了道家的无为传统,强调自然有其固有的规律,人类应该尊重这一规律,不能将自己置于与自然完全对立的立场之上。

思考题：

1. 荀子"化性起伪"思想的主要内容有哪些？其基本理路是怎样的？
2. 如何评价荀子的"隆礼重法"的思想？

参考书目：

白奚：《稷下学研究——中国古代的思想自由与百家争鸣》，三联书店，1998年。
蔡仁厚：《孔孟荀哲学》，台湾学生书局，1985年。
韦政通：《荀子与古代哲学》，台湾商务印书馆，1985年。
郭志坤：《荀学论稿》，上海三联书店，1991年。
方尔加：《荀子新论》，中国和平出版社，1993年。
惠吉星：《荀子与中国文化》，贵州人民出版社，1996年。
孔繁：《荀子评传》，南京大学出版社，1997年。
马积高：《荀学源流》，上海古籍出版社，2000年。

第九章　韩非的法家哲学思想

韩非(约公元前280—前233),韩国公子,受老子及荀子思想影响很大,"喜刑名法术之学,而其归本于黄老","与李斯俱事荀卿,斯自以为不如非"(《史记·老子韩非列传》)。韩非见韩国渐弱,数将书谏韩王,韩王终不能用。"于是韩非疾治国不务修明其法制,执势以御其臣下,富国强兵而以求人任贤,反举浮淫之蠹而加之于功实之上。以为儒者用文乱法,而侠者以武犯禁。宽则宠名誉之人,急则用介胄之士。今者所养非所用,所用非所养,悲廉直不容于邪枉之臣,观往者得失之变,故作《孤愤》、《五蠹》、《内外储》、《说林》、《说难》十余万言。"(同上)韩非的著作传到秦国,受到秦始皇的赏识,"秦王见《孤愤》、《五蠹》之书,曰:'嗟乎!寡人得见此人与之游,死不恨矣!'"(同上)并为韩非发兵攻韩,韩王不得已乃遣非使秦。韩非至秦不久即受李斯、姚贾陷害,下狱自杀。司马迁为此叹曰:"余独悲韩子为《说难》而不能自脱耳。"(同上)韩非确是个悲剧人物,一生讲法而难免死于法。

韩非"为人口吃,不能道说,而善著书"(同上)。《韩非子》现存五十五篇,其中大部分当为韩非本人所作,思路清晰,逻辑严密,是研究韩非思想的主要材料。

第一节　自私的人性论

在人性论上,韩非继承了他的老师荀子的性恶论,并把它推向极端,以此作为其法治思想的理论基础。韩非认为人性都是自私的。他说:

　　　　古者苍颉之作书也，自环者谓之私，背私谓之公，公私之相背也，乃苍颉固以知之矣。今以为同利者，不察之患也。(《韩非子·五蠹》，以下只注篇名)

韩非之所以认为人性自私，是因为他看到人人都有衣食等"欲利之心"。"人无毛羽，不衣则不犯寒。上不属天，而下不着地，以肠胃为根本，不食则不能活。是以不免于欲利之心。"(《解老》)韩非对人的"欲利之心"有极为细致的观察，生动地指出："鳣似蛇，蚕似蠋。人见蛇则惊骇，见蠋则毛起。渔者持鳣，妇人拾蚕，利之所在，皆为贲、诸。"(《说林下》)

由人人都有"欲利之心"，韩非进而得出了人人都是为利而生的结论。舆人匠人即是如此："舆人成舆则欲人之富贵，匠人成棺则欲人之夭死也，非舆人仁而匠人贼也，人不贵则舆不售，人不死则棺不卖，情非憎人也，利在人之死也。"(《备内》)主人庸客也不例外："夫卖庸而播耕者，主人费家而美食、调布而求易钱者，非爱庸客也，曰：如是，耕者且深耨者熟耘也。庸客致力而疾耘耕者，尽巧而正畦陌畦時者，非爱主人也，曰：如是，羹且美钱布且易云也。"(《外储说左上》)

因为人人都为利而生，所以人际之间纯属利害关系，人生即为战场。比如，君臣之间即是这样："君以计畜臣，臣以计事君，君臣之交，计也。害身而利国，臣弗为也；富国而利臣，君不行也。臣之情，害身无利；君之情，害国无亲。君臣也者，以计合者也。"(《饰邪》)父子之间也是如此："父母之于子也，产男则相贺，产女则杀之。"为什么呢？"虑其后便，计之长利也。故父母之于子也，犹用计算之心以相待也，而况无父子之泽乎？"(《六反》)夫妇之间亦不例外："卫人有夫妻祷者，而祝曰：'使我无故，得百束布。'其夫曰：'何少也？'对曰：'益是，子将以买妾。'"(《内储说下》)

总之，"利之所在民归之，名之所彰士死之"(同上)。正因为人人都有"欲利之心"，所以人主才能用赏罚之权来推行法治：

　　　　凡治天下，必因人情。人情者，有好恶，故赏罚可用；赏罚可用则禁令可立而治道具矣。(《八经》)

因为人有人情，有好恶，这样便有了赏罚的可能。从这一点出发，韩非讨厌

"轻物重生"的隐士，因为他们不为名利所缚，所以难为君主所用。"夫上所以陈良田大宅、设爵禄，所以易民死命也。今上尊贵轻物重生之士，而索民之出死而重殉上事，不可得也。"（《显学》）

第二节　变化的历史观

在历史观上，韩非具有变化的观念，并企图从经济上来解释变化的原因，以此作为他的法治思想的又一个理论根据。

先秦诸子中，孔墨老庄都认为黄金时代在过去，而不在将来。孔子怀念夏商周三代，特别是周公设计的周代制度。"周监于二代，郁郁乎文哉！吾从周！"（《论语·八佾》）墨子称禹为"大圣"："禹亲自操橐耜而九杂天下之川；腓无胈，胫无毛，沐甚雨，栉疾风，置万国。"（《庄子·天下》）老子要求回到"小国寡民"的原始社会，"使有什伯之器而不用"，"使人复结绳而用之"，"邻国相望，鸡犬之声相闻，民至老死不相往来"（《老子·八十章》）。庄子追求"至德之世"："不尚贤，不使能，上如标枝，民如野鹿。"（《庄子·天地》）

韩非不同意他们的看法，坚持发展的历史观。他把历史的发展分为四期，即有巢氏、燧人氏的上古之世，鲧禹的中古之世，桀纣汤武的近古之世和当今之世。

> 上古之世，人民少而禽兽众，人民不胜禽兽虫蛇，有圣人作，构木为巢以避群害，而民悦之，使王天下，号之曰有巢氏。民食果蓏蚌蛤，腥臊恶臭而伤害腹胃，民多疾病，有圣人作，钻燧取火以化腥臊，而民悦之，使王天下，号之曰燧人氏。中古之世，天下大水，而鲧禹决渎。近古之世，桀、纣暴乱，而汤、武征伐。今有构木钻燧于夏后氏之世者，必为鲧、禹笑矣。有决渎于殷、周之世者，必为汤、武笑矣。然则今有美尧、舜、汤、武、禹之道于当今之世者，必为新圣笑矣。（《五蠹》）

历史是向前发展的，每个时代都有进步，韩非没有把眼光放在怀古忆旧之上，而是将希望寄托于"新圣"。

韩非进而还探讨了历史变化的内在原因。在他看来，这主要是由人口、财产的状况决定的。"古者丈夫不耕,草木之实足食也;妇人不织,禽兽之皮足衣也。不事力而养足,人民少而财有余,故民不争。是以厚赏不行,重罚不用而民自治。今人有五子不为多,子又有五子,大父未死而有二十五孙,是以人民众而货财寡,事力劳而供养薄,故民争,虽倍赏累罚而不免于乱。"(同上)韩非由此得出结论说:"上古竞于道德,中世逐于智谋,当今争于气力。"(《五蠹》)因此,他反对"以先王之政治当世之民"(同上),认为这同"守株待兔"没有两样,主张"不期修古,不法常可,论世之事,因为之备"(同上)。

第三节 法、术、势 论

一、前期法家的法、术、势思想

法、术、势思想是韩非法家思想的一项重要内容,而这一思想是对前期法家商鞅、申不害、慎到相关思想的继承和发展。

商鞅(约公元前390—前338)姓公孙,名鞅,卫国人,亦名卫鞅。后入秦,助秦孝公两次变法,使秦国迅速强盛起来,封于商,号商君,故名商鞅。商鞅思想主要见于《商君书》。《商君书》是商鞅后学辑录他的言行,并加附益的一部著作。《汉书·艺文志》著录《商君书》二十九篇,现存二十四篇。

治理国家,或在法,或在礼,比较而言,商鞅重法而轻礼。这是因为:

以刑治则民威(畏),民威则无奸,无奸则民安其所乐;以义教则民纵,民纵则乱,乱则民伤其所恶。吾所谓刑者,义之本也;而世所谓义者,暴之道也。(《商君书·开塞》,下引此书只注篇名)

在商鞅看来,刑治可以使民生畏,而义教只能使民放纵,因此刑治才是治理国家的根本之道,而义教只能给社会带来混乱。

那么,如何用刑呢?商鞅为此提出一系列重要看法。首先是"刑无等级":"自卿相、将军以至大夫、庶人,有不从王令、犯国禁、乱上制者,罪死不赦。"对执法犯法者,不但"罪死不赦",还要"刑及三族"(《赏刑》)。其次是"轻罪重刑":"故禁奸止过,莫若重刑;刑重而必得,则民不敢试,故国无刑民。"晋文公宠臣颠颉开会迟到被处腰斩示众,商鞅对此大为称道,认为"故一假道重轻于颠颉之脊而晋国治"(同上)。第三是"刑于将过":"故王者刑用于将过,则大邪不生;赏施于告奸,则细过不失。治民能使大邪不生、细过不失,则国治,国治必强。"(《开塞》)"将过"者,过错即将发生但尚未发生也。这就是说,刑治必须用于事之未然,只有这样才能减少错乱。在前期法家中,商鞅以严刑峻法著称。司马迁批评其过于"刻薄"、"少恩",指出:"余尝读商君《开塞》、《耕战》书,与其人行事相类。卒受恶名于秦,有以也夫!"(《史记·商君列传》)

　　申不害也是前期法家的代表人物,"学术以干韩昭侯,昭侯用为相。内修政教,外应诸侯,十五年。终申子之身,国治兵强,无侵韩者。申子之学本于黄老而主刑名。著书二篇,号曰《申子》"(《史记·老子韩非列传》)。《汉书·艺文志》记载:"《申子》六篇。"现仅存《群书治要》内保留的《大体篇》及一些佚文。

　　商鞅主张重法,申不害主张用术,认为"善为主者,倚于愚,立于不盈,设于不敢,藏于无事,窜端匿疏(跡),示天下无为"(《申子·大体篇》,下引此书只注篇名)。在申不害看来,君臣关系如身手、如声响:"君设其本,臣操其末;君治其要,臣行其详;君操其柄,臣事其常。"(同上)明君要驾驭臣下,关键在掌握刑名之术。"名自正也,事自定也,是以有道者自名而正之,随事而定之也。鼓不与于五音,而为五音主;有道者不为五官之事,而为治主。君知其道也,臣知其事也。十言十当,百为百当者,人臣之事也,非君人之道也。"(同上)君道"无为",臣道"有为";只要掌握刑名之术,君主就能"无为而无不为"了。

　　前期法家的另一个重要人物是慎到。慎到是著名的稷下学者。司马迁说他"学黄老道德之术"(《史记·孟子荀卿列传》),认为其属道家;荀子则说他"蔽于法而不知贤"(《荀子·解蔽》),把他作为法家看待。这种情况说明,道家思想与法家思想对慎到都有重要影响。《汉书·艺文志》著录《慎子》四十二篇,现在保存下来的只有《群书治要》选录的七篇及部分佚文。

　　慎到的特点是贵势。他说:"故腾蛇游雾,飞龙乘云,云罢雾霁,与蚯蚓同,则失其所乘也。故贤而屈于不肖者,权轻也;不肖而服于贤者,位尊也。

尧为匹夫,不能使其邻家,至南面而王,则令行禁止。由此观之,贤不足以服不肖,而势位足以屈贤矣。"(《慎子·威德篇》,下引此书只注篇名)这就是说,君主只有善于利用势才能保持自己的权位。贵势的关键在于任法。慎到指出:"法虽不善,犹愈于无法,所以一人心也。"(同上)法虽然有缺陷,不完善,但总比没有要好,因为任法远比任心更为有效。他说:"君人者舍法而以身为治,则诛赏予夺从君心出矣。……君舍法而以心裁轻重,则同功殊赏,同罪殊罚矣,怨之所由生也。……故曰:大君任法而弗躬,则事断于法矣。"(《君人篇》)除了任法之外,还必须重视用人。慎到说:"君臣之道:臣事事,而君无事;君逸乐,而臣任劳。"(《民杂篇》)要做到这一点,明君必须"不择其下":"大君者,太上也,兼畜下者也;下之所能不同,而皆上之用也。"(同上)

二、韩非对前期法家思想的综合

韩非对前期法家思想进行了认真的总结。在他看来,商鞅只讲法而不用术是不够的,因为"无术以知奸,则以其富强也资人臣而已矣"(《定法》)。申不害只用术而不讲法也不行,因为"不擅其法,不一其宪令,则奸多"(同上)。法术两者,"不可一无,皆帝王之具也"(同上)。这是因为,"君无术则弊于上,臣无法则乱于下"(同上)。在韩非看来,治理国家最好的办法是将法、术、势结合起来。

韩非论法道:"法者,宪令著于官府,刑罚必于民心,赏存乎慎法,而罚加乎奸令者也,此臣之所师也。"(同上)法要严厉,"明王峭其法,而严其刑"(《五蠹》);又要公正,"诚有功则虽疏贱必赏,诚有过则虽近爱必诛"(《主道》)。

韩非论术道:"术者,因任而授官,循名而责实,操杀生之柄,课群臣之能者也,此人主之所执也。"(《定法》)光有法还不行,还要用术。用术首先需要做到知人善任。"使智者尽其虑","贤者敕其材"(《主道》),这样就能"臣有其劳,君有其成功"(同上)。用术还需要做到论功行赏。"群臣陈其言,君以其言授其事,事以责其功。功当其事,事当其言则赏;功不当其事,事不当其言则罚。"(同上)《二柄》篇记载韩昭侯用术的一则故事,说的就是这个道理:"昔者韩昭侯醉而寝,典冠者见君之寒也,故加衣于君之上,觉寝而说,问左右曰:'谁加衣者?'左右对曰:'典冠。'君因兼罪典衣与典冠。其罪典衣,以为失其事也;其罪典冠,以为越其职也。非不恶寒也,以为侵官之害甚于寒。"总之,君主自己不必做事,而应让臣下去做,做好了是自己的功劳,做坏了是臣子的过错,这就叫作"明君无为于上,群臣竦惧乎下"(同上)。

讲法用术都要靠势,因此韩非说:"抱法处势则治,背法去势则乱。"(《难势》)他认为,君主必须牢固地掌握权力,不能和臣下分享。掌握什么权力呢?掌握了解情况、控制财政、发布命令、施行恩惠和树立党羽等权力,"此人主之所独擅也,非人臣之所以得操也"(《主道》)。人臣窃取了这些权力就叫作壅,即闭塞,"臣闭其主则主失位,臣制财利则主失德,臣擅行令则主失制,臣得行义则主失明,臣得树人则主失党"(同上)。总之,人主必须"处制人之势","一法而不求智,固术而不慕信"(《五蠹》)。这就是韩非法、术、势三位一体的政治理论。

韩非认为,君主只要重法、用术、贵势,就能推行他的法治主张了。韩非所说的法治,其内容主要是商鞅以来的耕战政策。韩非指出:"今境内之民皆言治,藏商、管之法者家有之,而国愈贫,言耕者众,执耒者寡也;境内皆言兵,藏孙、吴之书者家有之,而兵愈弱,言战者多,被甲者少也。"(同上)实施耕战政策的关键是除去"五蠹之民",即"学者"、"言谈者"、"带剑者"、"患御者"和"工商之民"。韩非指出:

> 是故乱国之俗,其学者则称先王之道,以籍仁义,盛容服而饰辩说,以疑当世之法而贰人主之心。其言谈者,为设诈称,借于外力,以成其私而遗社稷之利。其带剑者,聚徒属,立节操,以显其名而犯五官之禁。其患御者,积于私门,尽货赂而用重人之谒,退汗马之劳。其商工之民,修治苦窳之器,聚弗靡之财,蓄积待时而侔农夫之利。此五者,邦之蠹也。人主不除此五蠹之民,不养耿介之士,则海内虽有破亡之国,削灭之朝,亦勿怪矣。(同上)

这就是说,只有推行法治,才能去除"五蠹之民",才能使国家真正强盛。

韩非的思想对后世有重要影响。自汉代"罢黜百家,独尊儒术"之后,中国古代社会虽以孔子的儒家思想为正统,以儒学治国,但实际上并没有放弃"刑名法术之学",这就叫作"外儒内法"。汉武帝"独尊儒术"以后不久,宣帝就告诫他的儿子:"汉家自有制度,本以霸王道杂之。"此即明证。

思考题:
1. 韩非如何解释历史的变化?
2. 如何评价韩非的法、术、势的理论?

参考书目:
陈奇猷:《韩非子集释》,上海人民出版社,1974年。
谷方:《韩非与中国文化》,贵州人民出版社,1996年。
蒋重跃:《韩非子的政治思想》,北京师范大学出版社,2000年。
张富祥:《韩非子解读》,泰山出版社,2004年。
施觉怀:《韩非评传》,南京大学出版社,2002年。
王邦雄:《韩非子的哲学》,台湾东大图书公司,1977年。
张觉:《〈韩非子〉选评》,上海古籍出版社,2004年。

第十章　先秦其他学派的哲学思想

在先秦时期还有其他一些重要的思想流派,其中包括兵家、阴阳家等等,其哲学思想对中国文化的发展也有重要影响。这里一并予以简单介绍。

第一节　孙子与兵家哲学思想

孙子(生卒年不详)名武,字长卿,齐国人。曾以兵法十三篇见吴王阖闾,吴王请他以妇人"小试勒兵"。孙子将宫中美女一百八十人分为两队,以王之宠姬二人各为队长。操练中,孙子"三令五申",妇人则嬉笑不止,孙子遂斩左右队长,"妇人左右前后跪起皆中规矩绳墨"。"于是阖庐知孙子能用兵,卒以为将。西破强楚,入郢,北威齐晋,显名诸侯,孙子与有力焉。"(《史记·孙子吴起列传》)孙子是春秋末期兵家代表人物,今传《孙子兵法》共十三篇,虽为兵书,却富含哲理,对后世影响深远。

《孙子兵法》中包含丰富的哲学思想,这些思想不是游离于战争实践之外的抽象思辨,而是植根于战略战术之中的具体总结。对于先秦诸子讨论的天人关系、道器关系和知行关系等哲学问题,孙子都从用兵打仗的角度提出了自己的看法。如"先知者,不可取于鬼神","必取于人";"知兵之将"应该唯道是从;"知彼知己"才能"百战不殆"等等。

一、"兵者，国之大事"

孙子认为，战争关系国家的生死存亡，是必须认真研究的。"兵者，国之大事，死生之地，存亡之道，不可不察也。"（《孙子·计篇》，下引此书只注篇名）在研究战争的过程中，孙子明确指出：

> 明君贤将，所以动而胜人，成功出于众者，先知也。先知者，不可取于鬼神，不可象于事，不可验于度，必取于人，知敌之情者也。（《用间篇》）

孙子不信鬼神重人事，他认为，战争之事实在具体，不可取于鬼神，这与孔子"畏天命"、"敬鬼神"的态度有所不同。

孙子眼界开阔，主张把战争和政治、经济等因素联系起来加以考察，这就是他所说的"五事"、"七计"。所谓"五事"是："一曰道，二曰天，三曰地，四曰将，五曰法。道者，令民与上同意也，故可以与之死，可以与之生，而不畏危。天者，阴阳、寒暑、时制也。地者，远近、险易、广狭、死生也。将者，智、信、仁、勇、严也。法者，曲制、官道、主用也。"（《计篇》）所谓"七计"是："主孰有道？将孰有能？天地孰得？法令孰行？兵众孰强？士卒孰练？赏罚孰明？"（同上）

值得注意的是，孙子把"道"放在"五事"、"七计"之首，强调君主是否得到民众的支持，是战争胜负的关键。正因为了解人心向背对战争胜负的作用，孙子主张"慎战"。"主不可以怒而兴师，将不可以愠而致战。合于利而动，不合于利而止。怒可以复喜，愠可以复悦，亡国不可以复存，死者不可以复生。故明君慎之，良将警之，此安国全军之道也。"（《火攻篇》）

孙子认为战争并不是解决争端的最佳途径，不战而胜才是最高明的，他说：

> 百战百胜，非善之善者也；不战而屈人之兵，善之善者也。（《谋攻篇》）

所谓"不战而屈人之兵"，指的是用"伐谋"、"伐交"的方式来战胜敌人。"故上兵伐谋,其次伐交,其次伐兵,其下攻城。攻城之法为不得已。"(同上)为什么?因为"攻城"伤亡最大。所以,战争最忌久拖不决,一旦开战,应求速胜,"兵贵胜,不贵久","兵闻拙速,未睹巧之久也"(《作战篇》)。

决定战争胜负的因素,除了人心向背之外,还有国家的经济实力。"凡用兵之法,驰车千驷,革车千乘,带甲十万,千里馈粮;则内外之费,宾客之用,胶漆之材,车甲之奉,日费千金,然后十万之师举矣。"(同上)孙子特别关心兵员、粮饷的供给。"善用兵者,役不再籍,粮不三载;取用于国,因粮于敌,故军食可足也。"(同上)关于粮饷,孙子主张"智将务食于敌",因为"食敌一钟,当吾二十钟;萁秆一石,当吾二十石"。关于兵员,他主张善待并使用俘虏,"卒善而养之",这样才能"胜敌而益强"(同上)。

二、"知彼知己,百战不殆"

即使政治、经济等条件都具备了,仗还是要靠人去打的。孙子认为,在具体的战争中,必须做到"知彼知己":

> 知彼知己,百战不殆;不知彼而知己,一胜一负。不知彼,不知己,每战必殆。(《谋攻篇》)

孙子非常重视"知",认为对敌我双方的"五事"、"七计"都要"闻"、要"知","知之者胜,不知者不胜"(《计篇》)。

对于敌方,他强调"用间"的重要,因为这样才能"知敌之情"。他主张"以上智为间","昔殷之兴也,伊挚在夏;周之兴也,吕牙在殷。故惟明君贤将,能以上智为间者,必成大功,此兵之要,三军所恃而动也"(《用间篇》)。而对于我方,孙子主要突出了五个方面。"故知胜有五:知可以战与不可以战者胜;识众寡之用者胜;上下同欲者胜;以虞待不虞者胜;将能而君不御者胜。此五者,知胜之道也。"(《谋攻篇》)

不但战争有敌我双方,任何事物都有正反两面。因此,我们考虑问题必须"杂于利害"。"是故智者之虑,必杂于利害。杂于利而务可信也;杂于害而患可解也。"(《九变篇》)比如战争本身即有利害两面,"故不尽知用兵之害

者,则不能尽知用兵之利也。"(《作战篇》)

孙子认为,任何事物不仅都有正反两面,而且矛盾双方在一定条件下是可以互相转化的。"乱生于治,怯生于勇,弱生于强。"(《势篇》)战争艺术,就实质而言,即是促使敌我双方强弱转化的艺术。"敌佚能劳之,饱能饥之,安能动之。"(《虚实篇》)

做到了"知"才谈得上"战"。作为军事家,孙子关心的首先是实战。他从实战中总结出来的战略战术思想极有启发意义,在一定程度上也可以运用于其他领域。

第一,"立于不败之地"。在战争中,保存自己是第一位的。孙子说:

> 昔之善战者,先为不可胜,以待敌之可胜。不可胜在己,可胜在敌。故善战者,能为不可胜,不能使敌之可胜。故曰:胜可知而不可为。(《形篇》)

战争胜负取决于力量的对比,即"得算"的多少。"夫未战而庙算胜者,得算多也;未战而庙算不胜者,得算少也。多算胜,少算不胜;而况于无算乎!吾以此观之,胜负见矣。"(《计篇》)重要的是不应存在任何侥幸心理,而应做好充分准备,有备才能无患。"故用兵之法,无恃其不来,恃吾有以待也;无恃其不攻,恃吾有所不可攻也。"(《九变篇》)孙子最后总结说:"故善战者,立于不败之地,而不失敌之败也。是故胜兵先胜而后求战,败兵先战而后求胜。善用兵者,修道而保法,故能为胜败之政。"(《形篇》)

第二,"攻其无备,出其不意"。孙子非常注重战争中的"奇正之变",强调出奇制胜。他强调:

> 凡战者,以正合,以奇胜。故善出奇者,无穷如天地,不竭如江河。……战势不过奇正,奇正之变,不可胜穷也。奇正相生,如循环之无端,孰能穷之?(《势篇》)

要做到出奇制胜,就必须掌握主动权,"致人而不致于人"(《虚实篇》)。所谓"致人",就是"动敌",即调动敌人。"善动敌者,形之,敌必从之;予之,敌必取之。以利动之,以卒待之。"(《势篇》)通过这些措施达到"动敌"的目的,从而"攻其无备,出其不意"(《计篇》),取得战争的胜利。

第三,"避实而击虚","因敌而制胜"。孙子在《形篇》中说:"胜可知而不可为。"但他在《虚实篇》又说:"胜可为也。"这两种说法看似矛盾,其实不然。因为"敌虽众,可使无斗"(《虚实篇》)。如何使敌"无斗"呢?他说:

> 故形人而我无形,则我专而敌分;我专为一,敌分为十,是以十攻其一也,则我众而敌寡;能以众击寡者,则吾之所与战者约矣。吾所与战之地不可知,不可知,则敌所备者多;敌所备者多,则吾所与战者寡矣。故备前则后寡,备后则前寡,备左则右寡,备右则左寡,无所不备,则无所不寡。寡者,备人者也;众者,使人备己者也。(同上)

这是说,首先让敌人有形而我无形,这样就可以做到我专而敌分了,一旦做到我专而敌分,真正能够与我正面作战的敌人就不多了,于是就可以达到"以众击寡"的目的。《孙子兵法》中有关的论述很多,《谋攻篇》中的一段也是此意,"以众击寡"是指导战争的基本原则:"故用兵之法,十则围之,五则攻之,倍则分之,敌则能战之,少则能逃之,不若则能避之。故小敌之坚,大敌之擒也。"自从孙子对这一问题详加论述之后,集中兵力,"以众击寡"就成了兵家必须遵守的基本原则。

除了"以众击寡"之外,还要注意"避其锐气,击其惰归"。孙子很重视"气"的问题,提出"三军可夺气,将军可夺心"(《军争篇》)。孙子对气进行了具体的研究,认为气有三种,即"朝气锐,昼气惰,暮气归"(同上)。以此为基础,孙子强调:"故善用兵者,避其锐气,击其惰归,此治气者也。以治待乱,以静待哗,此治心者也。以近待远,以佚待劳,以饱待饥,此治力者也。无邀正正之旗,勿击堂堂之陈,此治变者也。"(同上)"避其锐气,击其惰归",就是"避实而击虚","因敌而制胜"。

三、"知兵之将"

孙子非常重视将帅在战争中的作用,指出"知兵之将,生民之司命,国家安危之主"(《作战篇》),强调"知兵之将"应具备如下品质。

首先,必须唯道是从。"故战道必胜,主曰无战,必战可也;战道不胜,主曰必战，无战可也。故进不求名，退不避罪，唯人是保，而利合于主，国之宝也。"(《地形篇》)这就是所谓"君命有所不受"，"途有所不由，军有所不击，城有所不攻，地有所不争，君命有所不受"(《九变篇》)。

其次，必须爱兵如子。"视卒如婴儿，故可以与之赴深溪；视卒如爱子，故可与之俱死。厚而不能使，爱而不能令，乱而不能治，譬若骄子，不可用也。"(《地形篇》)这就是所谓"令之以文，齐之以武"，"卒未亲附而罚之则不服，不服则难用也；卒已亲附而罚不行，则不可用也。故令之以文，齐之以武，是谓必取。令素行以教其民，则民服；令素不行以教其民，则民不服。令素行者，与众相得也"(《行军篇》)。

第三，必须善于独断。"将军之事，静以幽，正以治。能愚士卒之耳目，使之无知。易其事，革其谋，使人无识；易其居，迂其途，使民不得虑。帅与之期，如登高而去其梯；帅与之深入诸侯之地，而发其机，焚舟破釜，若驱群羊，驱而往，驱而来，莫知所之。聚三军之众，投之于险，此谓将军之事也。"(《九地篇》)将军如果擅长此法，便能令部队达到"投之亡地然后存，陷之死地然后生"的神奇效果。

第二节　邹衍与阴阳家哲学思想

"阴阳"与"五行"分别是古代中国对世界的两种解释模式，其渊源相当古老。自西周春秋以来，人们已经比较普遍地用"阴阳"或"五行"来解释世界。到战国中晚期，这两种学说渐渐合流，将阴阳、四时、五行相互关联起来，并以阴阳消长与五行生克等相互关系来解释一切自然现象与社会现象，从而形成了一种新的学派，史称为"阴阳家"或"阴阳五行学派"。阴阳家对秦汉以来的思想影响极大，《礼记·月令》、《吕氏春秋·十二纪》等著作均以阴阳五行学说为理论基础，汉代思想中更是无处不打上阴阳家的烙印，故汉代司马谈在《论六家要旨》中将阴阳家列为六大学派之首，《汉书·艺文志》也将其列为"九流十家"之一。

阴阳家最主要的代表人物是战国末期的齐国人邹衍(约前305—前240)。邹衍生平不详，大概生活于齐宣、威王之际，曾经为齐国的"稷下先生"。据说其学说包天罗地,"迂大而闳辩",所以齐人称之为"谈天衍"。邹衍的著作已经失传,《汉书·艺文志》著录有《邹子》四十九篇,《邹子终始》五十六篇,都没有流传下来。但他的学说要旨,在秦汉的一些经籍中,如司马迁的《史记·孟子荀卿列传》、《史记·封禅书》和李善的《文选·魏都赋注》等,都还略有保留。根据这些文献的所载,邹衍的思想主要有这么几个方面:

第一,"深观阴阳消息",以"机祥度制"(《史记·孟子荀卿列传》)。"深观阴阳消息"就是以阴阳消长变化来说明四时的更替,从而视之为天道运行的基本法则,其潜在的内涵就在于说明人间的秩序应该合乎天道的法则,所以邹衍又补充以"机祥度制"的说法。"机祥"之义为吉凶灾异,"度制"的意思则是度吉凶灾异之所以然而加以制御,这实质上是一种天瑞天谴说。也就是说,在邹衍看来,与阴阳消长相符合一致的,就是合于天道,则呈天瑞;逆于阴阳消长,即与天道运行不相一致的,则现天谴。后来通行于汉代的天人感应说,其理论渊源即本于此。

第二,"五德转移"说,或称"终始五德"说。《文选·魏都赋注》引《七略》说:"邹子有终始五德,从所不胜:木德继之,金德次之,火德次之,水德次之。"这是邹衍心目中的历史运行法则,即以五行相生相胜来解释朝代的兴衰更替。这一观念在《吕氏春秋·应同》中被更清楚地表达了出来:

凡帝王者之将兴也,天必先见祥乎下民。黄帝之时,天先见大螾大蝼,黄帝曰:"土气胜!"土气胜,故其色尚黄,其事则土。及禹之时,天先见草木秋冬不杀,禹曰:"木气胜!"木气胜,故其色尚青,其事则木。及汤之时,天先见金刃生于水,汤曰:"金气胜!"金气胜,故其色尚白,其事则金。及文王之时,天先见火赤乌衔丹书集于周社,文王曰:"火气胜!"火气胜,故其色尚赤,其事则火。代火者必将水,天且先见水气胜,水气胜,故其色尚黑,其事则水。

据《七略》称:"《吕览》所述,邹子之文也。"古今学术界基本上都承认这段话代表的是邹衍的"五德终始"说。所谓"五德",指的是与五行相对应的表征不同气运的五种"德",其先后顺序为:一、土德,二、木德,三、金德,四、火德,五、水德。在邹衍看来,每一个王朝都有与它的气运相一致的"德",当一个王朝将要兴起时,它相对应的某一"德"就会盛,从而上天就会呈现与之相对应的符瑞来预示变化的到来,这被认为是上天垂命于帝王,帝王也就应该相应在地顺天改制,也就是说,他必须自觉地效法符应所显示的"德"的性质,为新王朝制定相应的各种制度,即所谓的"改正朔,易服色"等。同时,每一种"德"又不是恒常不变的,而是可以相转移的,当某一"德"衰时,气运也就转到了新的朝代,历史就这样随着"五德"的"终始"而循环发展。

邹衍"五德终始"说一经提出,便迅速流传开来,受到当时帝王们的高度重视。秦始皇统一天下之后,便依照邹衍的说法,立水德,正朔望,易服色,这是邹衍学说的第一次实践,其后历代王朝更替无不如此,影响极为深远。

第三节 《黄帝四经》

黄老之学或曰黄老之术,是道家发展史上的一个重要阶段,在汉初曾发生过重大影响。"黄老"之名始见于《史记·老子韩非列传》,"申子之学本于黄老而主刑名"。战国中期,齐国的稷下道家将道家学脉由老子直溯黄帝,合"黄帝之言"与"老子之学"而称"黄老之学",而《黄帝四经》则是黄老学派的主要著作。

一、《黄帝四经》的发现与成书年代

1973年12月,长沙马王堆汉墓出土了28种帛书。其中帛书《老子》乙本前面有《经法》、《十大经》、《称》、《道原》四篇,系失传了两千多年的古佚书。因《汉书·艺文志》有"《黄帝四经》四篇",与马王堆帛书《老子》乙本的前面四篇在篇目数量、文体结构方面均相符合,所以学术界一般都认定这四篇帛书就是失传已久的《黄帝四经》。

马王堆汉墓的主人是轪侯利仓之妻,《黄帝四经》能够与《老子》安放在一起,说明它在汉初和《老子》一样被视为参习黄老之术的必读经典,深受王公贵族重视。帛书的抄写避"邦"字而不避"盈"字,说明抄写年代当在惠帝

之后至文帝初年。但自出土以来,《黄帝四经》的成书年代一向争议颇多,难有定论。主要观点有：战国中期以前说,晚于《墨子》,早于《管子》；战国中期说,早于《慎子》、《孟子》和《庄子》；战国末期说,至少与《孟子》、《庄子·内篇》同时；秦汉之际或西汉初年说,不排除抄袭或拼凑先秦古籍的可能。

如按照学术思想的发展历程看,战国中后期,曾被诸子普遍关心并热烈讨论过的问题,如人性论、心与思等,《黄帝四经》中始终没有涉及。而在战国后期荀子、韩非学说中已基本达成一致的观念,《黄帝四经》或予以否定,如对"欲"的态度,或仍处于草创、萌芽阶段。战国中后期,阴阳与五行的结合与统一已大行于世,但《黄帝四经》中有"阴阳"却不见"五行"。再从古史传说的演绎系统看,越是后来的先秦子书追溯得越古老久远,而在《黄帝四经》的写作时代,演绎古史之风可能还没有兴起。综合多种因素,《黄帝四经》应属于战国中期的作品,大约形成于公元前4世纪。

《黄帝四经》的产地,目前学术界也无定论。有郑(韩)国说,楚国说,越国说,齐国说。黄老之学热衷于假托黄帝之言,改造前期道家清静隐逸的思想,将法家路线与无为之道糅合在一起,以适应天下大争的现实政治需要。从社会根源、文化背景与政治需要方面看,齐国稷下学宫的道家学派最具有酝酿黄老之学的客观条件。

二、道法结合

黄老之学的产生与发展始终与道家、法家联系在一起。《老子》一书的思想孕育着两种发展可能：一种是纯粹的道家,如《庄子》,逃避现实、藐视一切、逍遥超越,彻底否定社会,消极无为,最终发展出一种与儒家完全对立的不合作主义或出世主义。另一种则是法家、兵家与黄老之学,如《荀子》、《韩非子》及《黄帝四经》,积极面向社会,主动投身政治实践,注重对成败、得失与祸福的理性研究,也发展出一套不同于儒家的社会、政治、军事思想。《黄帝四经》一方面继承了《老子》的道论,仍然以"道"为最高哲学范畴,另一方面也弘扬法家的思想理念,强调"道生法",努力为现实的社会存在寻找形上依据。

《道原》的开篇说:"恒先之初,迥同大(太)虚。虚同为一,恒一而止。湿湿梦梦,未有明晦。""大(太)虚"不在时空之中出现,也不分明暗,相反却可以构成一切时空与明暗的前提、基础,它存在于经验世界之前。"虚"可以等同于"一",是绝对,属于一切存在事物自身的本体境地。《十六经·观》曰:"无晦无明,未有阴阳。阴阳未定,吾未有以名。今始判为两,分为阴阳,离为四时。"没有进入我心认识之前的"虚"或"一"只是一团混沌,一片虚无,茫然而不可称名,无知无识,无欲无意。只是后来才被分别出阴阳、四时与天地万物。而"一"并不是一个数量概念,毋宁说是"道"的代名词:"一者,其号也"(《道原》);"一者,道之本也"(《十六经·成法》)。"一"甚至比"道"还具有本体论的性质。"一"为先,为大,是超越了人的理解能力的宇宙本真。"一"之中蕴藏着深刻的道学思想,"一之解,察于天地。一之理,施于四海","万物之多,皆阅一空"(《十六经·成法》)。如果能够理解了"一"的道理,那么,天地万物、四海之内的一切存在都可以真实地被把握。

然而,《黄帝四经》中的"道"并不是什么都没有的纯粹空无,也不是无法通达、难以企及的不可知物。道一方面高深莫测,玄妙难知,另一方面又是可以通达的。"道,无始而有应。其未来也,无之;其已来,如之"(《称》)。道,尽管不存在于时空之中,却并不一无声息,人还是可以与道相沟通与统一的。在还没有成为现象事物的时候,道就是实实在在的无自身。当它已经成为现象事物时,道就始终只是其所是,如其自身。"唯圣人能察无刑(形),能听无[声]。知虚之实,后能大虚。乃通天地之精"(《道原》)。

以道立论,以道论法,进而使法获得深刻的思想基础,这便决定了《黄帝四经》既不能归于老子之道,又难以并入三晋法家。"道生法"的观念确立了黄老之学的基本思路。"道生法。法者,引得失以绳,而明曲直者也。[故]执道者,生法而弗敢犯也,法立而弗敢废也"(《经法·道法》)。法由道所派生,道是法的源泉,因而法便获得了绝对权威性和普遍有效性。法是道在现实社会里的落实,是现实社会一切是非、曲直的具体标准,不可触犯。离开法或者违于法,人世生活必然陷入无序紊乱的状态。

《黄帝四经》所强调的"法"主要包括:第一,对名分、顺逆、贵贱等级的高度重视;第二,对法度、道纪的严格遵循;第三,法即重民富国、务实固本的政治主张。

三、天地人合一

战国后期,天地人一体的思想非常盛行。《黄帝四经》已呈现出人与天地相沟通、统一天地人的思想倾向。"王天下者之道,有天焉,有人焉,有地焉。参(三)者参用之"(《经法·六分》)。一方面,上天下地,人居其中,人可以贯通于天和地。物在先,人在后。"天地已成而民生"(《十六经·观》),人是天地的产物,而不是天地的主宰。另一方面,为人之主应精通天道、人道、地道,这三方面结合才能拥有天下,真正实现"地广,人众,兵强,天下无敌"。王者治国必须以天地人之道作为自己的精神指导,而通天地也只是人君的职责与使命,因为只有他们才是生民的真正代表,政治统治的合法性来自人君身份的权威性。至于人君如何才能够与天地通合、统一?《黄帝四经》认为唯一的途径是取法于天地,从自然天道的运行规律中获得启发,根据"天地之道",颁布并施行政策号令。

《黄帝四经》认为,现实的人伦之秩是由天所建构出来的,王者的政治行为应体现自然世界的一般法则,按章行事、有矩可循才能够稳定民心。政治实践中的一切行为都应该取法于天,其结果也只能得之于天。天地人之合的实质是人对天的绝对遵从与屈服。

四、"柔不足寺"与"天下大争"

《黄帝四经》本于道却又不局限于道,它有效结合了战国时期的特殊社会背景与现实政治需要,对道家绝对遵顺自然的社会政治理念做了一番积极的改造。

《十六经·顺道》篇记载了黄帝与力黑的对话。黄帝问,远古帝王"大庭氏之有天下也,不辨阴阳,不数日月,不志四时,而天开以时,地成以财",他为什么能够获得这样的治政业绩?力黑回答说,这是因为大庭氏能够"安徐正静,柔节先定。昴湿共(恭)佥(俭),卑约主柔,常后而不失。体正信以仁,兹(慈)惠以爱人,端正勇,弗敢以先人,中请不剌,执一毋求"。这里的"徐"、"静"、"卑"、"柔"已经不再是单纯的懦弱或一味的后退,而是融进了慈惠、爱民的成分。"好德不争,立于不敢,行于不能……若此者,其民劳不□(怠),几(饥)不饴,死不宛(怨)"。"不争"、"不敢"、"不能"只是表面的策略手段,争取民心,赢得一定的社会基础才是真正的政治目的。"心之所欲,则志归之。志之所欲,则力归之"(《称》),内心想要的就应该立志去追求它,立志追求的就应该身体力行地获得它,积极有为、努力向上的进取精神跃然纸上。在治理百姓的路径与策略中,"一年从其俗,二年用其德,三年而民有得,四年而发号令,[五年而以刑正,六年而]民畏敬,七年而可以正(征)。一年从其俗则知民则。二年用[其德]民力则。三年无赋敛则民有得。……[七]年而可以正(征),则朕(胜)强适(敌)"(《经法·君正》)。由富民而强国,由强国而胜敌的功利追求非常明确。《黄帝四经》还主张,"时极未至,而隐于德;既得时极,远其德"(《称》),当机遇没有成熟时应独修德行,一旦条件允许则应使自己的德行广布远施,经世济民。这与孔子"天下有道则见,无道则隐"(《论语·泰伯》)的观念颇为一致。而《十六经·立命》提出:"吾畏天、爱地、亲民"、"亲亲而兴贤",《经法·君正》主张:"顺民心","毋苛事,节赋敛,毋夺民时",已经渗透了儒、墨亲爱、仁民的治政理念。《经法·国次》中,甚至还提出了"人强胜天"之说,认为人力可以超越自然。

《黄帝四经》还把刚柔相济之理上升到"天地之道"的高度予以论述,"夫天地之道,寒涅(热)燥湿,不能并立。刚柔阴阳,固不两行。两相养,时相成"(《十六经·姓争》)。提出"人道刚柔,刚不足以,柔不足寺(恃)"(《十六经·三禁》)的主张,阴阳、刚柔的任何一方都不足为决定性因素,它们都不是绝对无待的,因而也都不可能获得真正的独立。

《老子》主张"不争",但《黄帝四经》却指出:"不争亦毋以成功"(《十六经·姓争》),人事理想如果不去努力争取也不会实现。《十六经·五正》篇记载,阉冉问黄帝:"今天下大争,时至矣,后(黄帝)能慎勿争乎?"黄帝回答说:"勿争若何?!""大争"是战国时代之社会大势,攻伐夺取,兼并吞没,争天下则有可能强国富民,不争则连维持生存的希望都没有了。

第四节 《大学》的历史地位

这里附带提一下《大学》的问题。《大学》原只是《礼记》中的一篇,旧传为子思之师曾子所作,但无确证。宋儒将其抽出,单独成篇,与《论语》、《孟子》、《中庸》合为《四书》,地位日渐抬升。因此,尽管《大学》在先秦远不能算是一个独立的学派,但对日后的影响很大,也需要引起关注。

"大学"即大人之学,与目的在于启蒙的"小学"有别。《大学》开篇即提出了"三纲领":"大学之道,在明明德,在亲民,在止于至善。"这里所说的"明明德"是光明其德的意思。"亲民"应为"新民",而这里讲的"新"只能从道德上讲。这两条有一个共同点,即它们都是在讲"内圣"。而"至善"的意思较宽泛,不仅包含道德,也包含政治操作,即所谓的"外王"。所以,《大学》的"三纲领"实质上强调的是一个内圣外王之道。

如何实现"三纲领",《大学》又有"八条目"之说:

> 古之欲明明德于天下者,先治其国;欲治其国者,先齐其家;欲齐其家者,先修其身;欲修其身者,先正其心;欲正其心者,先诚其意;欲诚其意者,先致其知;致知在格物。物格而后知至,知至而后意诚,意诚而后心正,心正而后身修,身修而后家齐,家齐而后国治,国治而后天下平。

"八条目"的顺序依次是:格物、致知、诚意、正心、修身、齐家、治国、平天下。"八条目"是内圣外王的具体化,也可以说是其逻辑顺序的逐渐展开:其基础在于格物、致知、诚意、正心,这属于内圣;其目的在于修身、齐家、治国、平天下,这属于外王。《大学》通过"三纲领"、"八条目",将儒家内圣而外王的最高追求表达得具体而系统。如此具体而系统的表述,在先秦著作中是不多见的。《大学》之所以为后人关注,并成为"四书"之一,与此不无关系。

然而,在"八条目"中隐含着一个问题:"八条目"的基础按其顺序是格物致知,但什么是格物,什么是致知,《大学》本身并没有给予十分清楚的说明。这样一来,格物致知如何达到诚意、正心乃到修身、齐家、治国、平天下,就成了一个未解之谜。围绕这个问题后来争论不断,遂使《大学》的历史地位,包括它属于哪个学派,其学理是否有疏漏,都成了一个难以定论的问题。

思考题:
1. 如何理解孙子"知彼知己,百战不殆"的思想?
2. 如何理解邹衍的五德终始说?
3. 简述《黄帝四经》的主要思想。
4. 如何理解《大学》的"三纲领"、"八条目"?

参考书目:

陶汉章:《孙子兵法概论》,解放军出版社,1985年。

[日]服部千春:《孙子兵法校解》,军事科学出版社,1987年。

朱军:《孙子兵法释义》,海潮出版社,1992年。

褚良才:《孙子兵法研究与应用》,浙江大学出版社,2002年。

钮先钟:《孙子三论》,广西师范大学出版社,2003年。

黄朴民:《〈孙子兵法〉选评》,上海古籍出版社,2004年。

谢松龄:《天人象:阴阳五行学说史导论》,山东文艺出版社,1989年。

白奚:《稷下学研究——中国古代的思想自由与百家争鸣》,三联书店,1998年。

余明光:《黄帝四经与黄老思想》,黑龙江人民出版社,1989年。

李纪祥:《两宋以来大学改本之研究》,台湾学生书局,1988年。

第二编　秦汉时期哲学

绪　　论

公元前221年,积六世余威的秦国,经过多年兼并战争,终于荡灭诸国,完成了"吞二周而亡诸侯,履至尊而制六合"的统一大业,在东方大地上首次建立起一个政治上大一统的帝国——秦王朝。秦统一中国,标志着中华文化共同体开始真正创建,到两汉结束之时,这一文化共同体基本上得到完成,尤其是汉民族的正统文化形态得到了基本的定型。

一、从"焚书坑儒"到"独尊儒术"

在完成统一大业后,为强化专制君主集权统治,秦始皇在采取"书同文,车同轨"、销毁兵器、统一度量衡等一系列重大措施之外,又实施了统一思想的文化政策,这一政策的着重点就在于"别黑白而定一尊"(《史记·秦始皇本纪》),而"焚书坑儒"则是其最极端的表现之一。

秦始皇三十四年(前213),丞相李斯借博士官淳于越批评秦朝不行分封制之由,提出"焚书"之议,得到秦始皇批准。这一措施的恶果,不仅使中国上古文化典籍遭受了一次空前劫难,更重要的是把先秦诸子时代中国的思想自由扼杀了。"焚书"是一次性的行为,但禁"私学"和读书之令却持续了很长时间(直到西汉惠帝四年〔前191〕始"除挟书律")。如果说,"焚书"是秦始皇幻想强制性地窒息六国故民的怀旧心态及对秦国"取天下多暴"的记忆;那"以吏为师",则意味着对民间思想和言论自由的钳制。而所谓"以古非今者族",则表明不允许有任何与专制君主意志相违背的意志存在。中国人开始失去自我意志，只能把自己的思想纳入以专制君主是非为是非的思想轨道。所以，"焚书"事件是秦王朝真正意义上的"统一思想"，这一事件对中国思想文化的发展产生了难以估量的恶劣影响。"焚书"事件的翌年，又发生了"坑儒"事件。后人常把"焚书"与"坑儒"联系在一起。但应指出的是，就对中国思想文化的危害而言，"坑儒"是不能与"焚书"相提并论的。

秦朝奉法家学说为圭臬，以严刑酷法实行极端统治，而把先秦法家学说中的"信赏必罚，以辅礼制"的积极含义抛弃殆尽，只强调"无教化，去仁爱，专任刑法"。倘若说这样的思想文化政策，在形成君主专制政治上还算成功的话，那它在巩固这一政制上却是个大失败。这一政策企图以极端恐怖的手段把天下人的思想统一在君主的个人意志之下，这就把人们的思想"统死"了。人们思想被"统死"的结果，表面上是鸦雀无声，而内心深处却是离心离德，"海内同忧而俱不聊生"（《盐铁论·诏圣》），最终导致全体人民起来反抗。"坑灰未冷山东乱，刘项原来不读书"（章碣《焚书坑》），秦王朝的暴政把自己推向了绝路，公元前209年陈胜、吴广"揭竿而起"，秦末农民起义的洪流推翻了秦王朝。

秦始皇主观上想把天下人的思想"统死"，但天下的思想是统不死的，这一点给后来的统治者提供了借鉴，使他们比较地明智起来，试图找到其他统一思想的方法。

经过楚汉相争，刘邦建立起西汉王朝。刘邦是个不读书的人，身上有很浓的流氓无赖习气。他不仅不喜欢儒家的《诗》、《书》，还憎恨儒生的衣冠，更有"溺儒冠"的恶作剧（见《史记·郦生陆贾列传》）。后来，在儒生陆贾"居马上得之，安可以马上治之乎"、"汤武逆取而顺守之，文武并用，长久之术也"（同上）思想的开导下，又在博士叔孙通制定朝仪使他真正感到皇帝威风（见《史记·刘敬叔孙通列传》）的事实影响下，刘邦对儒学有利于统治的一面有了一定认识，也不再限制儒学。但在整个汉初时期，占据统治地位的思想是黄老学说兼及刑名之言，儒家思想并没有受到统治者特别的看重。

汉初黄老之学的盛行，有其特定的历史背景。在经历了长期的苛政和战乱后，无为而治，与民休息，适应汉初巩固封建王朝统治的需要。它对消除秦朝苛政之敝，恢复发展社会生产，安定社会秩序，起到了重要作用。但

"无为而治"也造成西汉王朝在内外政策上的姑息妥协,由此产生了许多不良后果,最突出的是地方藩王的权势日重,西北的匈奴常常侵掠中原。

随着国家经济的恢复和军事实力的增长,主张"无为"的黄老之学已不适应西汉强化中央集权的需要。要使统治加强,就必须改变统治思想。汉景帝后元三年(前141),太子刘彻继位,是为汉武帝。刘彻虽在黄老之学盛行的氛围中长大,但却受了到儒家思想的很大影响,他的老师卫绾和王臧都是儒生。建元元年(前140),汉武帝在卫绾等的提议下试图"罢黜百家"(见《汉书·武帝纪》),以儒家思想来取代黄老之学。这一行动,遭到了热衷黄老之学、以太皇太后身份摄政的窦太后的严厉打击而失败(见《史记·魏其武安侯列传》)。但改变统治思想已成大势所趋。建元五年(前136),汉王朝正式设置《诗》、《书》、《礼》、《易》、《春秋》五经博士。建元六年(前135),窦太后死,标志着黄老之学开始退出统治舞台。元光元年(前134)的五月,汉武帝诏举贤良对策,董仲舒上著名的"天人三策",对"罢黜百家"进行了理论阐发,曰:"《春秋》大一统者,天地之常经,古今之通谊也……诸不在六艺之科、孔子之术者,皆绝其道,勿使并进。"(《汉书·董仲舒传》)在对策中,董仲舒还提出了"兴太学"的建议。元朔五年(前124),在丞相公孙弘等规划下,以博士官培养弟子员为核心,研习儒家经典、培养儒生的太学制度开始形成。西汉王朝终于完成了统治思想的转折,儒家学说也开始被抬上统治思想的位置。

二、经学时代的确立

"罢黜百家"的转折,并非出于汉武帝个人志趣好恶的偶然,而是中国古代社会的特征所决定的。自秦汉大一统帝国开创,统治者为统一思想,曾先后选择过法家和黄老学说,但实践证明它们只能行于一时。相比之下,只有儒家思想才真正适应大一统帝国的长远需要。因为比较其他各家,儒家与中国古老的经济社会传统有更深的现实联系,它不是一时崛起的纯理论主张或虚玄空想,而是以具有久远的氏族血缘的宗法制度为其根基,从而能在家庭小生产农业为经济本位的社会中始终保持现实的力量和传统的有效性

(参见李泽厚《中国古代思想史论》，人民出版社，1986年）。可以说，儒学中关于树立纲常名教、确立宗法等级秩序、调节各种社会关系的政治伦理规范等基本理论，适应了当时社会的必需。

儒学之所以会被汉代统治者选择为统治思想，还有一个重要原因，那就是此时的儒学已非孔子创立的原始儒学，也非孟子、荀子发展了的战国儒学，而是经过汉儒改造更新过了的儒学——经学。以董仲舒作为代表，首先是把儒家的经典《春秋》，与战国以来风行的阴阳家五行学说，以及汉初盛行的黄老道家的"无为"思想整合在一起，构造出了一个以"天人感应"目的论为特征的理论框架。这个理论框架稍后又经由今文经学家们的充实和完善，诸如加进了《尚书》的"《洪范》五行"、《周易》的"阴阳卦气"、《齐诗》的"四始五际"、《礼记》的"明堂阴阳"等，从而形成了一个完整的思想体系。这个体系不仅为汉代统治者提供了一种思维模式和理论形态，也适应了统一帝国的政治需要。汉代统治者所接受的正是这种既保存有原始儒学基本精神，又整合进了当时其他各家思想学说的、"新"的儒学形态。

汉武帝"罢黜百家"，立"五经博士"，置"博士弟子员"等举措的施行，一方面标志着"经学"的正式确立，同时也标志着中国历史上持续长达二千年之久的"经学时代"的开始。这是中国历史上的一件大事，有着重大且深远的意义。经学的确立，标志着中国古代官方统治学说的正式形成，而中国古代的教育制度也因之而展开，并旁及中国古代的文官制度。从思想文化层面而言，经学确立的重要性则表现在：

一、经典的确立。"六经"之名始见于战国，但自战国迄汉武帝时，更通行的称谓是"六艺"。"六艺"实为五，即《诗》、《书》、《礼》、《易》、《春秋》。自"五经博士"设置，这些上古典籍的书名又添上了"经"字，即：《诗经》、《书经》、《礼经》（《仪礼》）、《易经》和《春秋经》。此后，又陆续加进了《论语》、《孝经》、《周礼》、《礼记》、《尔雅》、《孟子》，《春秋经》附在《左传》、《公羊传》、《穀梁传》之前而成三部，共十三部。"十三经"成为以后历代公认的中华民族的经典，它拥有不可动摇的神圣地位，被视为如"日月经天，江河行地"的"大经大法"。上自朝廷的诏令奏议，下至士人的著文发言，经典成为最基本的文本依据。"引经据典"，因而也成了中国历史上一种特殊的政治和文化现象。

二、标志着中国思想文化发展第一个否定之否定过程的完成。以"五经"这些中华原典为主干,加之对这些经典阐释训解的论著体系和传授体系,构成了庞杂繁复的专门学问——经学,它既包括传经之学,也包括注经之学。自汉代以降迄至清末,经学始终被统治者奉为正统的官学。所谓经典,本是唐虞三代到春秋时期思想学术文化的总汇。它们原本为"王官之学",春秋末期,随着学术下移而变为私家之学,经秦汉之际到汉武帝时又重新成为官学。这么一个从一到多,又从多到一的否定之否定过程,实际上反映的是中华思想和学术文化从殷周之际到秦汉之际一千年间的演变轨迹。

三、儒家正统地位的确立。由孔子开创的儒家学派,在战国数百年里虽有很大发展,号称"显学",但还仅是诸子"百家争鸣"中的一派。汉武帝由"宗经"开始,其必然结果就是"尊儒"。到西汉宣帝、成帝时期,儒家已确立起其统治地位。这并不奇怪,因为经学的形成及传播,与孔子和儒家学派密切相关。后来被称为儒经的"六艺",代表的是以周文化为核心的中原正统文化。而儒家的前身,在很大程度上是周代以传授"六艺"为主的"师儒"。儒家又是先秦诸子中最先兴起的一个学派,通过"传经"而"传道",这正是从孔子开始就具有的儒家之显明特点。西周"王官之学"的被冲破,也是从孔子正式开始的。孔子并没有诉诸空言,而是借助"六经"来发挥自己的思想。他一方面"述而不作",承继了西周《诗》、《书》、礼、乐的官学传统;同时,他又赋予了《诗》、《书》、礼、乐以新的精神及意义。孔子以后的儒者,"游文于六经之中,留意于仁义之际,祖述尧舜,宪章文武,宗师仲尼,以重其言"(《汉书·艺文志》)。因此,"稽古礼文之事",引经据典,本是儒家的看家本领,非儒家莫属。所以,经学的确立,也使得儒家的地位获得了最终肯定。

三、秦汉时期思想哲学的主要特征

秦汉时期思想和哲学的特征,大而言之可概括为两点:一,兼综各家;二,儒道斗争并互补。

与当时政治上大一统的进程如合符契,秦汉时期的思想和哲学以结束先秦"诸子蜂起,百家争鸣"、"道术将为天下裂"的局面为旨归,追求殊途同归、百川汇海,尽可能地融会吸收先秦各派的思想学说。实际上,在战国后期,诸子中已有不少人开始努力尝试以自己的学说来统一人们的思想,这方面的情况可以在《荀子·非十二子》、《韩非子·显学》、《庄子·天下》等作品中见到。但最典型的当推由吕不韦门客合写、成书于秦王嬴政八年(前239)的《吕氏春秋》,它更系统地展示了这种努力。《吕氏春秋》是杂家的代表作,它力图综汇战国诸子百家的思想,而成"一代兴亡之典礼"。所以,书中既有孔孟的德治、仁政学说(如《精通》、《执一》、《务本》、《用民》、《达爵》、《分职》诸篇),也有墨家的薄葬、短丧主张(如《薄葬》、《安死》诸篇),既有商、韩的变法改制思想(如《勿躬》、《审应览》、《君守》、《知度》、《察今》诸篇),还有老子的天道思想(如《大东》、《圜道》、《尽数》诸篇),杨朱的养生之道(如《贵生》、《先己》诸篇)。可以说,《吕氏春秋》的特色固然是"杂",但从另一个角度看则是"通",这是它试图统一各家之说的结果。而与《吕氏春秋》具有同样性质的《淮南子》也是如此,它取材百象,兼融诸子,骈阗夏后、周官、老聃、庄周、孔子、列子、孙武、吴起、邓析、申子、慎到、韩非、张仪、苏秦、吕不韦等,同冶而一铸。至于后来成为主流思想的儒家和道家两派,其对先秦墨家、法家、名家、阴阳家等诸家之学的肢解、吸收,乃至儒道双方的整合、兼容,更是比比皆是,不胜枚举。

进入汉代以后,儒道两家的斗争与互补,逐渐成为当时思想界的主要取向,尽管此时的"儒道"已非严格意义上的先秦儒道两家。从先秦到汉初,儒道作为两种思想体系基本呈对立的状态,如司马迁所说:"世之学老子者则绌儒学,儒学亦绌老子,道不同不相为谋,岂谓是邪?"(《史记·老庄申韩列传》)到汉景帝时,这一矛盾终于爆发。先是《齐诗》博士辕固生与道家学者黄生在景帝面前辩论汤武是"受命"还是"弑"的问题;后是辕固生与好黄老术的窦太后论《老子》乃"家人言耳"(即私家之言),被罚去与野猪搏斗(事见《史记·儒林列传》)。儒道两家在政坛上的明争暗斗,一直持续到汉武帝继位初期。当儒学定于一尊后,儒道两家的思想斗争虽仍在继续,但吸收互补也开始加强,董仲舒、扬雄、王充等儒者,都自觉不自觉地把道家思想引进到自己学说中,如董仲舒的"无为"思想,扬雄《太玄》的"玄"之观念及宇宙图式,王充的天道"自然"观等。

汉代儒道两家既相对立而又相补充的事实,充分说明了:在外来思想文化进入中国之前,儒家和道家是中国古代最重要的两派思想。儒家的日新、刚健、有为,道家的体无、阴柔、恬退;儒家的制礼作乐、入世精神、人文关怀,道家的自然情趣、忘世理想、逍遥自得,充分体现了中国的民族精神与思想文化。

思考题:
试述秦汉之际的思想演变及秦汉思想哲学的主要特征。

参考书目:
1. 林剑鸣:《秦汉史》,上海人民出版社,1989年。
2. 金春峰:《汉代思想史》,中国社会科学出版社,1997年。

第一章 《吕氏春秋》：兼融与构建

战国后期,百家之学在争鸣辩驳、交锋砥砺的基础上,也开始相互吸纳、彼此兼容。及至秦汉,汇聚百家、博采兼容而又创新整合、一以统之的趋势甚为明显。秦汉之际融会百家异说,整合战国时期诸子思想,最先出现也做得最为出色、典型的,要数挂在吕不韦名下的《吕氏春秋》了。

第一节 对以往学说的兼融综合

一、吕不韦与《吕氏春秋》

吕不韦(？—前235),战国后期卫国濮阳(今河南濮阳西南)人。原为阳翟(今河南禹县)之富商,家累千金。他在赵国首都邯郸经商时,认识了秦国送到赵国做人质的公子异人(后改名为子楚),认为"此奇货可居"(《史记·吕不韦列传》)。于是,他游说秦华阳夫人,帮助子楚取得了秦国嫡嗣的地位。子楚继位,是为庄襄王,吕不韦被任命为丞相,封文信侯。庄襄王死,太子政(即后来的秦始皇嬴政)年幼即位,吕不韦被尊为相国,称作"仲父"。一直到秦王政亲理政务后,吕不韦才被免职,出居封地河南(今河南洛阳),不久又被迁往蜀郡,忧惧自杀。

吕不韦身为相国,权倾一时,富贵已极。当时,有所谓的战国"四君子",即魏国的信陵君、楚国的春申君、赵国的平原君和齐国的孟尝君,他们各养食客千人。吕不韦"以秦之强,羞不如",决心要超过他们,于是"招致士,厚遇之,至食客三千人"(同上)。他让这些食客"人人著所闻",然后反复修改,选取他认为"备天地万物古今之事"的内容,即代表当时最正确而有效的思想,成十二"纪",八"览",六"论",每一"纪"、"览"、"论"下各有短文若干篇,共计160篇,题为《吕氏春秋》(又名《吕览》)。书成之后,据说"暴之咸阳市门,悬千金其上,有能增损一字者与千金。时人无能增损者"(高诱《吕氏春秋序》)。当然,就如东汉高诱紧接着指出的那样,"时人非不能也,盖惮相国,畏其势耳"(同上),即挂名主编的威权使人不敢提什么意见。但不管怎么说,成于众手的《吕氏春秋》确实可认为是代表了当时最高水平的一部鸿篇巨著。

二、"用众"与"取众"

从《吕氏春秋》全书的内容来看,可以发现,吕不韦已经不像战国后期的思想家那样,以门户之见互相呵骂,攻击异己。而是如同《庄子·天下篇》中所表现的那样,即超然于诸子百家之上,充分意识到百家各派各有长处优点,犹百家众技皆有所长而时有所用那样。《吕氏春秋·不二篇》中说:

> 老聃贵柔,孔子贵仁,墨翟贵廉,关尹贵清,子列子贵虚,陈骈贵齐,阳生贵己,孙膑贵势,王廖贵先,兒良贵后。此十人者,皆天下之豪士也。

然而,如同一狐之白不能成为千镒之裘一样,吕不韦意识到此十人中任何一人的思想都不可能成为以后大一统社会的思想准绳,而只有"用众"、"取众",将各派学说中的优秀思想融会综合成新的思想,才能为以后的大一统社会提供理论基础。他在《用众篇》中说,"物固莫不有长,莫不有短,人亦然。故善学者,假人之长,以补其短",这就像"天下无粹白之裘,取之众白"一样。

正因为"用众",兼融以往学说,所以表现在《吕氏春秋》一书中有神农之教、黄帝之诲、尧之戒、舜之诗、后稷之书,伊尹之说、夏之鼎、商周之箴;及三代以来之礼乐刑政、春秋战国之法令,《易》、《书》、《诗》、《礼》、《孝经》,周公、孔子、曾子、子贡、子思之言，以及老子、庄子、列子、文子、子华子、季子、李子、魏公子牟、惠施、慎到、宁越、陈骈、孙膑、墨翟、公孙龙之书，歌颂谣谚一并记录。正因为"用众"而兼融整合，所以表现在《吕氏春秋》一书中，结构编次恢弘整齐精深，整合所有，囊怀一切。

古代政事统于明堂，明堂出令顺于时日，所以《吕氏春秋》首举十二纪，即一年十二月的农事、政事及其他。十二纪是：《孟春纪》说治身之道，因为春为生长之始，所以本之于身。《仲春》、《季春》二纪则论知人任人之术，因身及人。《孟夏纪》言尊师取友教学之法，因为夏主长大，人之为学，所以能长大自己。《仲夏》、《季夏》论音乐，因乐盈而进，率神而从天，故于盛阳之时论音乐。《孟秋》、《仲秋》二纪皆谈兵家军事，因为秋收结束，所以可以言兵。《季秋》所属《顺民》、《知士》二篇接着谈用兵之本；《审己》言慎战之道；《精通》言不战屈人之道理。《孟冬纪》论丧葬之事，因为冬为藏物，而葬者为藏，所以论丧葬之事。《仲冬》、《季冬》二纪论求知及知人，因为人能在冬天藏物就算多识多知，进而知人。

以下"八览"是：《有始览》为八览之首，故谈开天辟地；其中《应同》言祯祥感应，由天及人；《去尤》、《听言》、《谨听》三篇则谈人君驭下之道；《务本》言人臣事君之理；《论天》谈君臣治国之道，而本之于天。《孝行览》言天下国家之本在身，身之本在孝。所属各篇从创业说起，追念至始祖功名。《慎大览》谈居安思危之义。所属各篇，谈人君用贤、人臣事君的治国之道。《先识览》论识微观变。《审分览》论君臣职责。《审应览》谈人君听说之道。《离俗览》说用人之法。《恃君览》论人之乐群，因群能利人。

而"六论"则是：《开春论》谈用人之术。《慎行论》明利害之辩。《贵直论》讲人君求直臣。《不苟论》言当去不肖。《似顺论》讲百官之职不可不慎，引出谨小慎微之道理。《士容论》首二篇谈人臣之道，下四篇谈氓庶之事。

正因为突出了"用众"、"取众"的特点，所以很难将《吕氏春秋》规定为何种方家道术。所以，不少人干脆将《吕氏春秋》归之为"兼儒墨，合名法"的杂家。这样倒也合情合理，因为《吕氏春秋》要兼融整合诸子百家，哪能不杂？《吕氏春秋》企盼产生新思想，哪能脱离开这融杂综合的基础？这就好像每一个新时代和新思想的开创，总在它的前期有一个综合基础和杂多阶段一样。

第二节 对以后思想的规划构建

一、自然社会人伦秩序化

如上所述，秉承以"堂下之阴而知日月之行"（《吕氏春秋·察今篇》）这种独特认知能力的吕不韦，敏锐地感受到天下即将为秦所统一。鉴于此，位据秦相之位的吕不韦，从其职业身份出发，开始为行将统一的秦王朝打理准备，他从宏观上对新王朝的统治思想进行构建，以使天下的林林总总的事物各归其位，井然有序。

吕不韦从众多的学说中拈出原本出于《周易》和《洪范》的阴阳五行，进一步以金、木、土、火来配置对应天下之事物及南北东西这天下方圆和春秋冬夏这一年四季十二月，又将阴阳流行其间活动其中，于是就有了《吕氏春秋》十二纪。吕不韦认为这样就可以"大圜在上，大矩在下"，框架整合一切，使天下之所有都"无所遁"（《吕氏春秋·序意》）。这十二纪元就是吕不韦为王朝帝国规划整合出的一种自然社会人伦秩序化的模式和框架。

如《孟春纪》：

孟春之月，日在营室，昏参中，旦尾中。其日甲乙，其帝太皞，其神句芒，其虫鳞，其音角，律中太蔟，其数八，其味酸，其臭膻，其祀户，祭先脾。东风解冻，蛰虫始振，鱼上冰，獭祭鱼，候雁北。天子居青阳左个，乘鸾辂，驾苍龙，载青旂，衣青衣，服青玉。食麦与羊，其气疏以达。是月也，以立春。先立春三日，太史谒之天子曰："某日立春，盛德在木。"天子乃斋。立春之日，天子亲率三公、九卿、诸侯、大夫，以迎春于东郊。还，乃赏卿、诸侯、大夫于朝。命相布德和令，行庆施惠，下及兆民。庆赐遂行，无有不当。乃命太史，守典奉法，司天日月星辰之行，宿离不贷，无失经纪，以初为常。是月也，天子乃以元日祈谷于上帝。乃择元辰，天子亲载耒耜，措之参于保介之御间。率三公、九卿、诸侯、大夫，躬耕帝籍田。天子三推，三公五推，卿、诸侯、大夫九推。反，执爵于太寝。三公、九卿、诸侯、大夫皆御，命曰"劳酒"。是月也，天气下降,地气上腾,天地和同,草木繁动。王布农事,命田舍东郊,皆修封疆,审端径术,善相丘陵阪险原隰,土地所宜,五谷所殖,以教道民,必躬亲之。田事既饬,先定准直,农乃不惑。是月也,命乐正入学习舞。乃修祭典,命祀山林川泽,牺牲无用牝。禁止伐木。无覆巢,无杀孩虫、胎夭、飞鸟,无麛无卵,无聚大众,无置城郭,掩骼霾髊。是月也,不可以称兵,称兵必有天殃。兵戎不起,不可以从我始。无变天之道,无绝地之理,无乱人之纪。孟春行夏令,则风雨不时,草木早槁,国乃有恐。行秋令,则民大疫,疾风暴雨数至,藜莠蓬蒿并兴。行冬令,则水潦为败,霜雪大挚,首种不入。

吕不韦的规划框架可以用下图示意:

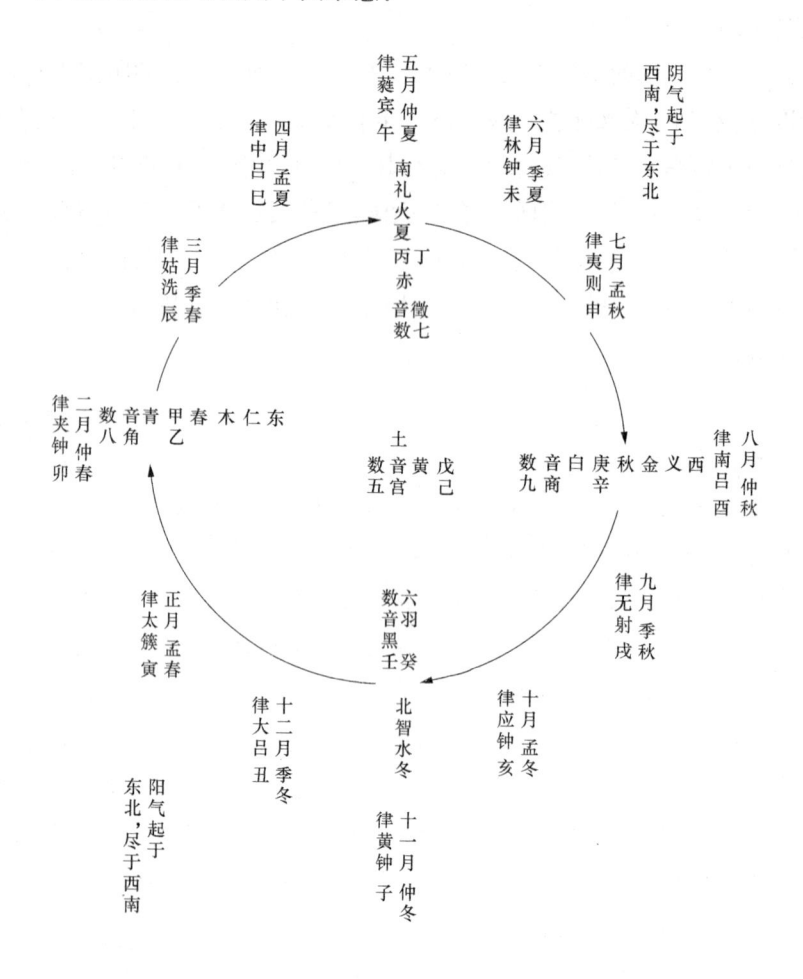

从上图可以看到,《吕氏春秋》的"十二纪",是以阴阳五行配置对应自然气候、物候与社会人事、政事之一切自然变化与社会活动之所有。

　　正因为这样,顾颉刚指出:"汉代人思想的骨干,是阴阳五行。无论在宗教上,在政治上,在学术上,没有不用这套方式的……有阴阳之说以统辖天地、昼夜、男女等自然现象,以及尊卑、动静、刚柔等抽象概念;有五行之说,以木、火、土、金、水五种物质与其作用统辖时令、方向、神灵、音律、服色、食物、臭味、道德等等,以至于帝王的系统和国家的制度。"(《秦汉的方士与儒生》,上海古籍出版社,1978年版)顾颉刚还由此谈起他们的思想方法:"推究这种思想的原始,由于古人对宇宙间的事物发生了分类的要求。他们看见林林总总的东西,很想把繁复的现象化作简单,而得到它们的主要原理与其主要成分,于是要分类。但他们用的分类法与今日不同,今日是用归纳法,把逐件个别的事物即异求同;他们用的演绎法,先定了一种公式而支配一切个别的事物。"(同上)用浅白的话来说:吕不韦他们将事物分类配置对应到预先设定的阴阳五行框架中。

　　在这里,《吕氏春秋》十二纪用阴阳五行配置对应天下事物之所有,除了有将繁复的现象化作简单的哲学要求外,似乎还有一层意思需要指出,即因为事物间有对应,所以当你在脑海中或实际生活中只要出现一个物体,如"木",就会在相关的链条秩序中引出一系列对应的事与物:时间——春、空间——东、音律——角,味——酸,谷——麦,色——青……只要你在这一相关的链条中指出任何一事物,都会引出相应的事与物。这种由此及彼的关连,便于联系事物、认识事物、观察事物、处置事物、掌控事物。因为是"春天地气上腾",所以必然是"东风解冻、蛰虫始振",这样任何"物"都可被有迹可寻,因为是每一臣民都归属于某一类、某一格、某一档,所以也必定能找出相应的职与业、事与物,能各司其职、各应所得、各行其是、各控其物,任何人都能有规矩可遵。同样,由于是"春天地气上腾""东风解冻,蛰虫始振,草木繁动,天地和同",这样也就必然决定君主统治者只能春行春令,春行春德:"王布农事,五谷所殖,禁止伐木,无覆巢,无杀孩虫、胎夭、飞鸟",所以只要是君主,也就有章可循。

　　《吕氏春秋》十二纪的这一套以阴阳五行对应天下事物的有序模式和框架的设定,其真实意图是使天下任何的事与物、物与人都能"循其理、行其数"(《吕氏春秋·序意》),做到有迹可寻、有章可循、有规可遵。设想当吕不韦将这种事物间的对应图、联系表呈献给秦王时,秦王能不为这有迹可寻、有章可循、有规可遵的法与政、理与律高兴吗?因为这能直接提升秦王的执政能力,便于他在这纷繁的世界中、繁杂的事务中极简单地联系事物、认知事物、观察事物的变化走向,以利于处置事物,掌控家天下。秦王能从诸多的君主中脱颖而出,成就事业,与此不无关系。同样,吕不韦能长期担任秦相也与此不无关系,因为担任秦相的吕不韦就靠此种框架模式使得秦王朝从秦王下至臣民百姓都放心、安心、高兴。

因为懂得只有归类、规范、对应事物,才能便于人们对事物的认识、联系、处置和掌控,所以后来的《淮南子》也还将人作归类,在芸芸众生顶上理出头绪,以便对人有个认识。其归类、规范、对应尽管充斥着附会、不科学,但它起码可以在对人作出准确认识之前有一个粗略的概念。

二、思维模式的衍化

因为这种以阴阳五行为框架对应天下事物,确能便于人们联系事物、认知事物、处置事物,所以人们也乐于接受这种模式设定,以至于《黄帝内经》还深入到人体内部作这种模式设定,在《素问·阴阳应象大论》及《金匮真言论》等篇中就有这样的叙述,现同样整理成图表示之:

人体与自然界的对应表

五行	人体							自然界						
	脏	腑	五官	形体	五志	五声	变动	五时	五位	五味	五色	五气	五化	五季
木	肝	胆	目	筋	怒	呼	握	平旦	东	酸	青	风	生	春
火	心	小肠	舌	脉	喜	笑	忧	日中	南	苦	赤	暑	长	夏
土	脾	胃	口	肉	思	歌	哕	日西	中	甘	黄	湿	化	季夏
金	肺	大肠	鼻	皮毛	悲	哭	咳	日入	西	辛	白	燥	收	秋
水	肾	膀胱	耳	骨	恐	呻	栗	夜半	北	咸	黑	寒	藏	冬

这便于观察人体脏器与自然的联系与变化,也同样便于人们对人本身的认识。

同样,成于西汉初的《周易·说卦》还直接将八卦纳入上述的框架,并对应天下一切事与物。现也整理图表列下:

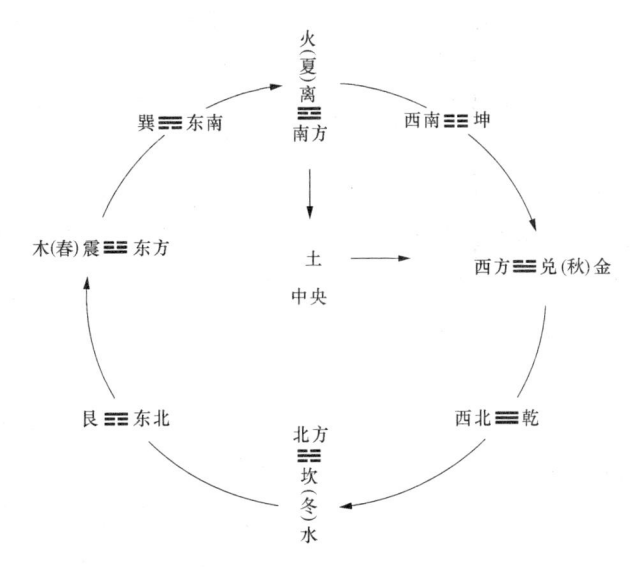

图中的箭头表示五行相生,然后对应天下林林总总的万物:

☰——乾为天、为圜、为君、为父、为玉、为金、为寒、为冰、为大赤、为良马、为老马、为瘠马、为驳马、为木果。

☷——坤为地、为母、为布、为釜、为吝啬、为均、为子母牛、为大舆、为文、为众、为柄;其于地也为黑。

☳——震为雷、为龙、为玄黄、为旉、为大涂、为长子、为决躁、为苍筤竹、为萑苇;其于马也为善鸣,为馵足、为作足、为的颡;其于稼也为反生;其究健,为蕃鲜。

☴——巽为木、为风、为长女、为绳直、为工、为白、为长、为高、为进退、为不果、为臭;其于人也为寡发、为广颡、为多白眼、为近利市三倍;其究为躁卦。

☵——坎为水、为沟渎、为隐伏、为矫輮、为弓轮;其于人也为加忧、为心病、为耳痛、为血卦、为赤;其于马也为美脊、为亟心、为下首、为薄蹄、为曳;

其于舆也为多眚、为通、为月、为盗；其于木也为坚多心。

☲——离为火、为日、为电、为中女、为甲胄、为戈兵；其于人也为大腹、为乾卦、为鳖为蟹为蠃为蚌为龟；其为木也为科上槁。

☶——艮为山、为径路、为小石、为门阙、为果蓏、为阍寺、为指、为狗、为鼠、为黔喙之属；其于木也为坚多节。

☱——兑为泽、为少女、为巫、为口舌、为毁折、为附决；其于地为刚卤、为妾、为羊。

这些内容都可以充实到吕不韦等设定的模式和框架内，以弥补其不足。

吕不韦等为使天下之所有"无所遁"而穷尽一切、规范所有，在他们看来诸如四时十二纪者是"上揆之天、下验之地、中审之人"（《吕氏春秋·序意》），是囊括一切、涵盖所有，他们要使后人在这种十二纪的有序模式和框架面前感到无法再添加些什么，这也就是吕不韦自信的地方："有能增损一个字者，予千金"（《史记·吕不韦传》）。这样导致后人只能遵循或继承这一框架模式，董仲舒就是这样，他那影响中国数千年的思想学说就是由此引出的。又因为后人在这种十二纪的模式框架面前只感到无法增损些什么，所以导致后来的士人们只能向内用功——自身努力和人性修养，以便"循其理，行其数"，宋明儒生几代人所做的事情大概就是这些。

第三节 《吕氏春秋》的思想基础及意义和影响

吕不韦等使得后人在这十二纪的有序模式和框架面前只能"循其理，行其数"，说明他们所整合的这种模式框架具有铁定的不可移性。之所以如此，是因为他们认定这种以阴阳五行对应事物的模式框架是建筑在"法天地"（《吕氏春秋·序意》）这样的原则基础之上的，即建筑在天文学、农学、地理学这样一些基础学科之上的。如吕不韦的十二纪，就直接取材于古代记述四时天象、气象、节候、物候与农事关系的《夏小正》。同样，直接为农业生产和人类活动服务的天文学也被吕不韦他们以"法天地"的原则取材过来，为其服务，如睡虎地秦简《日书》中记载的太阳运动："十一月，斗；十二月，须;正月,营;二月,奎;三月,胃;四月,毕;五月,东;六月,柳;七月,张;八月,角;九月,氐;十月,心"(《云梦睡虎地秦墓》简730,文物出版社,1981年),就一字不差地出现在十二纪中;吕不韦他们将作为记载日月五星运行的其他天文现象的坐标——二十八星宿纳入其中,因为他们知道这些是制定与农业有关的历法、节气的基础,这样才能天地人合一。

因为有天文学悬顶,下有农学、地理学筑底,所以在此基础上建构起来的十二纪的模式框架,只能使人"循其理,行其数",君主只能春行春令,如春行其他季节的令就会有大害。这样,作为君主就不能出于私心而为所欲为、逆道行事。所以吕不韦认定这十二纪的设定是为了"平其私"(《吕氏春秋·序意》)。

这"平其私"的另一层意思是,一经吕不韦等对此模式框架的设定,就是秦王,都只能按照这十二纪所设定的来行事做事。在这里,吕不韦的目标是要使自己设定的模式框架一劳永逸地起作用,能千秋万代留传下去。朝代可以更迭,一朝天子一朝臣,但这王朝规划整合出的框架模式则不因朝代的更迭而更迭。就是发展到现在,这十二纪的某些方面确实还仍然起着作用,如物候、农事、中医等。

按理说,对封建王朝的规划整合乃至运作管理作出贡献的吕不韦应该是有好结果的,但他偏偏不得好下场:自杀身亡。他的自杀,是宫廷内部斗争的结果,但也同两个因素有关:

其一,是这十二纪所具有的两面性。十二纪这一有序模式和框架,诚如余嘉锡《四库提要辩证》所说:"十二月纪言某时行某令则某事应之,正言天人相感之理。"然而,一个个人意志极强、专制品质极其明显的无所顾忌的君主,当然不能容忍自己的权力权威被如此设定、如此抑制。这样,就必然会迁怒于设定者。

其二,是这十二纪所具有的批判性。十二纪框架模式因为是穷尽一切规范所有,所以使得后人在它面前难能作为,只能向内用功——修养心性以便能"循其理,行其数"。这修养心性,归于仁义,便导致了对不循其理、不行其数现实的批判。吕不韦就这样非议当今:"今天下弥衰。圣王之道废绝,世主多盛其欢乐,大其钟鼓,侈其台榭苑囿,以夺人财,轻用民死,以行其忿,老弱冻馁夭膌,壮狡(佼)汔尽穷屈,加以死房,攻无辜之国以索地,诛不辜之民以求利"(《吕氏春秋·听言》);"当今之世,浊甚矣,黔首之苦,不可以加矣。天子既绝,贤者废伏,世主恣行,与民相离,黔首无所告愬"(《吕氏春秋·振乱》);"当今之世,巧谋并行,诈术递用,攻战不休,亡国辱主愈众,所事者末也"(《吕氏春秋·先已》)。这些议论自然不会使最高统治者高兴。

吕不韦构筑的学说体系、理论框架,在后世仍有着重大的作用和影响。表现在:

首先,这种以四时之序配以人事的天人之学在董仲舒身上得到了极大的发扬光大。

其次,这种以某时行某令则某事应之的天人感应说直接开启了两汉间的谶纬学说。而谶纬学说又导致王充《论衡》的批判哲学。

第三,魏晋玄学中王弼的"得意忘象"思想,也是在此基础上产生的。因为物物对应,物象对应,从而造成了人们头脑中的意象联系。如"春"会在头脑中反映为"地气上腾,草木萌动"的意象。但意象出格之事经常出现,如果将意象联系凝固化就会处处碰壁,徒增困惑。与其这样,不如将原本凝固的物象对应、意象联系疏解松绑,这就导致以后的王弼在《周易略例·明象》中指出:"义苟在健,何必马乎?类苟在顺,何必牛乎?爻苟合顺,何必坤乃为牛?义苟应健,何必乾乃为马?"只要合乎乾之刚健义的,不必拘泥于马这物象;乾之健(意)义不必一定与"马"之物象相对应,坤之顺义不必一定与"牛"之物象相对应。推而广之,八月的桂花可以提早到七月开,二月的桃花可以推迟到三月以后开,春天可以出现夏天的天象,冬天可以出现春天的情景。王弼的时代可以出现董仲舒时代无法想象的社会现象和生活景观,本来就不该将物物对应、意象对应凝固化。这样意象脱钩,也就能"得意而忘象",所以新思想也由此而开出。

思考题:

《吕氏春秋》构建了怎样的一种思维模式?其具体内容如何?

参考书目:

1. 陈其猷:《吕氏春秋校释》,学林出版社,1984年。
2. 周桂钿:《秦汉思想史》,河北人民出版社,2000年。

第二章 《淮南子》：包罗万象的宇宙图式

汉初时代，帝国政治、军事的统一催生了思想、学术的大融合。新兴帝国雄浑强悍、狂飙突进的气势表现在意识形态层面则是各派学说都试图对百家资源进行清理、吸收与改造，即便生拼杂凑、食而不化也在所不惜。继秦汉之际的《吕氏春秋》之后，有汉一代涌现出一批架构恢弘、内容驳杂、学理交错繁复的综合性学术著作，《淮南子》便是其中之一。

第一节 刘安与《淮南子》之书

《淮南子》是由汉初淮南王刘安组织门下宾客所编写的。据《史记·淮南衡山列传》记载，刘安是汉高祖刘邦之孙，约出生于汉文帝前元元年（前179）。高祖十一年（前196），"高祖少子"、刘安之父刘长被封为"淮南王"。但后来，刘长在淮南国"废先帝法，不听天子诏，居处无度"，"出入拟于天子，擅为法令，不用汉法"，竟试图谋逆，文帝时被发觉而遭流放，途中绝食而亡。

文帝前元八年（前172）刘安被封为阜陵侯，八年后又被封为淮南王。景帝前元三年（前154），吴、楚七国叛乱，二十五岁的刘安曾准备发兵响应。叛乱被削之后，刘安仍怀僭逆之心，坚信"天下有变，诸侯并争"，于是在封国中广结宾客，安抚百姓，收附逃亡，"治器械攻战具，积金钱赂遗郡国诸侯游士、奇材"，伺机起兵夺位。武帝元狩元年（前122），谋反事败，自刭而死。随后，"王后荼，太子迁，诸所与谋反者皆族"，"所连引与淮南王谋反列侯二千石豪杰数千人,皆以罪轻重受诛"。

刘安个人的志趣偏好、政治抱负与诸侯地位终使《淮南子》一书的编撰成为现实。"淮南王安,为人好读书、鼓琴,不喜弋猎狗马驰骋"(《史记·淮南衡山列传》),并且,"辩博,善为文辞",凭借好学声誉和利禄诱惑能够"招致宾客、方术之士数千人"(《汉书·淮南衡山济北王传》),于是"天下方术之士,多往归焉"(高诱《淮南鸿烈解序》)。被淮南王收附在身边的"宾客、方术之士数千人"中,主要代表人物包括苏飞、李尚、左吴、田由、雷被、毛被、伍被、晋昌、大山、小山等,他们除了充当政事的咨议智囊外,还有一项重大的任务就是著书立说,为帝国的未来建构主导意识形态。这些代表人物所持的政治立场与学术主张均有所区别,分布广泛,有道家、法家、儒家、墨家,还有阴阳五行家、方术家等等。所以,出于众人之手的《淮南子》始终被后人视为一部"杂家"著作。

《汉书·淮南衡山济北王传》称,《淮南子》一书"作为《内书》二十一篇,《外书》甚众,又有《中篇》八卷,言神仙、黄白之术,亦二十余万言"。著述结构与立文主旨颇有道法家黄老之学的风范。《汉书·艺文志》称"《淮南外篇》"有"三十三篇"之多,可惜与《中篇》八卷一样,目前均已散佚不存,现只传《内书》二十一篇。现行本《淮南子》应该是被刘向编辑整理过并予以命名的。高诱《淮南鸿烈解序》说:"光禄大夫刘向校定,撰具,名之淮南,又十九篇者,谓之淮南外篇。"刘向之前,只有内、外、中篇之称。刘向之后,方有"淮南"之名。《淮南子》原为《淮南鸿烈》,"鸿,大也;烈,明也。以为大明道之言也",表明了全书的创作理想。

至《隋书·经籍志》,始有"淮南子"之称。《汉书·淮南衡山济北王传》说,汉武帝时,"安入朝,献所作《内篇》,新出,上爱秘之",所以,《内篇》之成书当在武帝建元二年之前,整部著作的撰写应该发生在武帝之前的景帝年间。东汉时代《淮南子》已出现两种注本,即许慎注本与高诱注本。《唐书·经籍志》只载高诱注本,说明至少在唐代,许慎注本已不再流传。现仅存高诱注本,但其间掺杂着许慎的注文。近人刘文典《淮南鸿烈集解》博采众注之要,相互校勘订正,值得参考。

第二节　道论与宇宙论

《淮南子》一书体系庞大,内容丰富,融冶诸子百家之说,此点与《吕氏春秋》颇类,故《汉书·艺文志》把之列入"杂家"。尽管如此,但应该说《淮南子》仍有自己的立言主旨。高诱的《淮南鸿烈解序》说:"其旨近老子,淡泊无为,蹈虚守静,出入经道","然其大较,归之于道"。《原道训》列于全书的开篇,"道"是贯穿全书的核心概念,已经能够表明《淮南子》的思想立场。

一、道　　论

我们知道,"道"的规定性在《老子》、《庄子》中并不十分清晰,而《淮南子》则用汪洋恣肆的文学语言对"道"的基本内容与一般特征作了淋漓尽致的描述。

首先,"道"是天地万物之源,超越于时空之外:

> 夫道者,覆天载地,廓四方,柝八极。高不可际,深不可测。包裹天地,禀授无形。原流泉浡,冲而徐盈。混混滑滑,浊而徐清。故植之而塞于天地,横之而弥于四海,施之无穷而无所朝夕,舒之幎于六合,卷之不盈于一握。(《原道训》)

道是现象世界天地万物的总根源,或者,天地万物自身就是道。道并不是一个整体性的绝对实体。六合之中,四海之内,所有的物都体现着自己的道。道即一切,一切即道。"道,至高无上,至深无下。平乎准,直乎绳,员乎规,方乎矩。包裹宇宙而无表里,洞同覆载而无所碍"(《缪称训》),道是绝对无待的,超越于时间与空间。道是一切经验认识的刺激源,它比现象世界里的真理标准更为源始,更具有决定作用。

第二,道无形无象,存在于感觉经验之外:

> 所谓无形者,一之谓也。所谓一者,无匹合于天下者也。卓然独立,块然独处。上通九天,下贯九野。员不中规,方不中矩。大浑而为

>一叶,累而无根。怀囊天地,为道关门。
>
>是故视之不见其形,听之不闻其声,循之不得其身。
>
>夫无形者,物之大祖也。无音者,声之大宗也。(《原道训》)

道具有"一"的品格,甚至,本体之道就是"一",而现象事物则为"多"。无形之形决定了有形事物的形状,无音之音决定了有声事物的声响。道自身始终存在于感觉经验之外,难以认知与把握。"天道玄默,无容无则。大不可极,深不可测。尚与人化,知不能得。"(《主术训》)然而,道却始终是现象事物的终极决定者,"道者,物之所导也"(《缪称训》),事物的经验存在只被它自身的道所牵引与推动。

第三,道生化万物,有生于无。《原道训》说,"夫太上之道,生万物而不有,成化像而弗宰",万物因为道而成之为万物,但道在化生万物的过程中,并不停留于实体化、现成化的固定事物身上,而是终始不断地衍生着自己。"道者,一立而万物生矣",世界万物存在的根据只在于它自身的道。道自身为万物存在奠定了坚实的本体论基础。"无形而有形生焉,无声而五音鸣焉,无味而五味形焉,无色而无色成焉"(《原道训》),有形、五音、五味、五色都有其真实的本体根据,否则它们就无从产生。"稽古太初,人生于无,形于有"(《诠言训》),形体之人也应当是从道体本无中产生出来的。《说山训》中记载了"魂"与"魄"的对话,"魄"问于"魂"曰:"道何以为体?答曰:"以无有为体。"道本身没有形态,没有实体,也不可能被感觉经验所凝固。"有生于无,实出于虚"(《原道训》),是天地万物生成的一项基本法则。

第四,道近于"神明":

>天设日月,列星辰,调阴阳,张四时。日以暴之,夜以息之,风以干之,雨露以濡之。其生物也,莫见其所养而物长。其杀物也,莫见其所丧而物亡。此之谓神明。(《泰族训》)

道无声息,天地无言,却依然能够化生万物,个中缘由渊深莫测。"执道(要)之柄而游于无穷之地","物至而神应,知之动也"(《原道训》),道的本体之境以及得道的重要性已经被渲染到极致。在《淮南子》看来,一般人是无法体会道的存在及其效用的,只有"圣人"才能够感通于道。"故圣人者,怀天心,

声然能动化天下者也。故精诚感于内,形气动于天。"(《泰族训》)

二、宇宙生成观念

建构统一的宇宙图式,为世界万物寻找发生根源是战国末期至秦汉时代的精神主流。作为思想基础的道论确立了之后,《淮南子》便推展出自己的宇宙生成系统。但《淮南子》中的宇宙生成系统有四种不相一致的描述,颇有矛盾、抵牾之处,而缺乏一以统之的精雕细琢。

第一,"道始于一"说。《天文训》说:"道始于一,一而不生,故分而为阴阳,阴阳合和而万物生。故曰'一生二,二生三,三生万物'。"《淮南子》既继承了《老子》,又突破了《老子》。《老子·四十三章》有"道生一"之说,而《淮南子》却将"道"同于"一","一"与"道"一样,具有浑沌未分的源始性质,但"道"、"一"并不直接生出任何事物,而是首先分化出阴与阳,万物由阴阳和合而产生。

第二,"有始未始"说。《俶真训》详尽描绘了宇宙在天地万物形成之前、化生之时、形成之后的基本过程。其文曰:

> 有始者,有未始有有始者,有未始有夫未始有有始者。
> 有有者,有无者。有未始有有无者,有未始有夫未始有有无者。

所谓"有始者",指万物萌动生发但尚不成形,"将欲生兴,而未成物类"。所谓"有未始有有始者",指天地已经开辟,阴阳二气刚欲相接,"天气始下,地气始上,阴阳错合,相与优游,竞畅于宇宙之间","欲与物接而未成兆朕"。所谓"有未始有夫未始有有始者",指天地初剖,阴阳二气未接,宇宙"虚无寂寞"。

所谓"有有者",指万物已成为既定的实在体,可以被数量化,也可以被把握。所谓"有无者",指存在于现象万物背后的真实本体,不可感觉,不可企及。浩瀚深邃,"不可隐仪揆度而通光耀"。所谓"有未始有有无者",指"包裹天地、陶冶万物"的宇宙正处于孕育、分化过程之中,它浑冥幽远,无边无垠,"深闳广大,不可为外;析豪剖芒,不可为内",是产生有与无的根据与基础。所谓"有未始有夫未始有有无者",指"天地未剖,阴阳未判,四时未分,万物未生",宇宙一片"汪然平静,寂然清澄"。

第三,元气说。《天文训》说:

> 天地未形,冯冯翼翼,洞洞灟灟,故曰太昭。道始于虚廓,虚廓生宇宙,宇宙生[元]气,[元]气有涯垠。清阳者,薄靡而为天。重浊者,凝滞而为地。清妙之合抟易,重浊之凝竭难。故天先成而地后定。天地之袭精为阴阳,阴阳之抟精为四时,四时之散精为万物。

天地还没有形成之前的状态被称为"太昭",它无形无貌,浑沌渊黯,不可名状。道产生于"虚廓"之中,而"虚廓"之中又产生出"宇宙","宇宙"之中又产生出"元气"。尽管"虚廓"、"宇宙"无形无状,但"元气"却是有边际的。"元气"向清、重或阴、阳两个不同的方向分化,最终形成了天与地。而天地之间的阴、阳之气经历一定程度的结聚、含合,又形成了四时。四时的拆分、开散,最终孕育了万物。"元气说"被引进了宇宙论,对后世思想家的元气自然论产生了重要的影响。

第四,"精气为人"说。《精神训》说:"古未有天地之时,惟像无形。窈窈冥冥,芒芠漠闵,澒濛鸿洞,莫知其门。有二神混生,经天营地。孔乎莫知其所终极,滔乎莫知其所止息。于是乃别为阴阳,离为八极。刚柔相成,万物乃形。烦气为虫,精气为人。是故精神,天有之也。而骨骸者,地有之也。精神入其门,而骨骸反其根,我尚何存?"宇宙演化被分为"惟像无形"、"二神混生"、"别阴阳、离八极"、"万物乃形"和"人虫生成"五大阶段。其中,人死之后,精气升天,骨骸入地,我将不复存在的观念影响了后世的无神论者。

第三节 "至道无为"与"人必事焉"

一、"至道无为"

无为、不敢为天下先,是道家哲学的基本主张。《淮南子》一书中颇多关于无为、不争的论述。《原道训》说:"无为为之而合于道,无为言之而通乎德,恬愉无矜而得于和。""达于道者,反于清净。究其物者,终于无为。"无为、寡欲、清静是通达于道的根本路径。"大丈夫恬然无思,淡然无虑",无思无虑,虚静恬恬永远是道家的生活理想。《诠言训》将"无为"上升到道体层面予以阐述,"无为者,道之体也"。《俶真训》强调,"至道无为","虚无者,道之舍。平易者,道之素"。道始终是虚无、平易的,因而只有"静漠恬澹"、"和愉虚无",才能够体悟道之实质。《主术训》也称:"无为者,道之宗",道的根本特性是无为。

道无为的本体论一旦进入人伦生活世界则必然演绎出无事、不争的思想观念。《原道训》说,"天下之事,不可为也,因其自然而推之",遵循并依赖于事物之自然是最好、最理想的作为。"万物固以自然,圣人又何事焉?"世界万物都按照它的自然本性存在着,根本不需要任何人为因素的参与和介入。而且,为与不为的实际结果是不同的,"天下之神器不可为也,为者败之,执者失之"。《俶真训》说:"事其神者,神去之。休其神者,神居之。"人事作用的功效往往与事物自身的本性相违背。《主术训》则非常坚信"刑罚不足以移风,杀戮不足以禁奸。唯神化为贵,至精为神",所以,"人主之术,处无为之事,而行不言之教。清静而不动,一度而不摇。因循而任下,责成而不劳"。理想中的圣人之治,应该"事省而易治,求寡而易澹。不施而仁,不言而信,不求而得,不为而成"。

于是,《淮南子》更强调"不争"。《原道训》指出:"得在时,不在争。治在道,不在圣。土处下,不争高,故安而不危。水下流,不争先,故疾而不迟。"争,违背了道体自身的本性,是一切祸害之源。因为争,所以人心惟危、世风日衰。而要想做到不争,则应当绝圣弃智,不用"机心"。"故机械之心藏于胸中,则纯白不粹,神德不全","机心"有所思、有所虑而悖逆于道。"得道者,志弱而事强,心虚而应当",得道之人应该首先放弃一切处心积虑与志意考量。"至人之治"也应该"掩其聪明,灭其文章,依道废智,与民同出于公"。至于儒家的仁义礼乐与道并不直接相关,而只是拯救衰危末世的弥补措施,"夫仁者,所以救争也。义者,所以救失也。礼者,所以救淫也。乐者,所以救忧也","是故仁义礼乐者,可以救败,而非通治之至也"(《本经训》)。

二、"人必事焉"

然而,可能出自大山、小山诸儒之手的《修务训》却一反《淮南子》全书的基本倾向,对"无为"、"无事"、"不争"的思想观念颇"以为不然",并做出了针锋相对的批判。在《修务训》看来,神农、尧、舜、禹、汤"五圣""莫得无为"。为道的目的并不是颐养身性,无为自乐,"古之立帝王者,非以奉养其欲也。圣人践其位者,非以逸乐其身也",政治领袖存在的价值与意义就是要有所作为。

关于"无为",《修务训》给出了截然不同于传统道家清静恬愉、归隐逃逸态度的崭新诠释:"若吾所谓无为者,私志不得入公道,嗜欲不得枉正术,循理而举事,因资而立[功],[推]自然之势,而曲故不得容者,事成而身弗伐,功立而名弗有。非谓其感而不应,[迫]而不动者。"从私不害公、欲不枉正、循理举事、功成不伐四个方面来规定"无为",显然已大大超越了《淮南子》中《原道训》、《俶真训》、《精神训》等篇章的基本立场。从概念范畴、话语系统到所涉及的思想内容,都比老、庄更趋近于现实化、社会化和人伦化,而呈现出一种积极进取、健康向上的价值取向。但是,强调应该有所作为、有所事事,并不能等同于肆意发挥、为所欲为,《修务训》依然坚持"循理而举事,因资而立功","举事"、"立功"必须以尊重道的自然之理为前提条件。

无所事事的不作为态度既违反自然常理,也不符合历史发展要求。《修务训》说:

> 地势水东流,人必事焉,然后水潦得谷行。禾稼春生,人必加功焉,故五谷得遂长。听其自流,待其自生,则鲧、禹之功不立,而后稷之智不用。

没有事、功而只听任自然,最终必将一无所成。"自天子以下至于庶人,四肢不动,思虑不用,事治求澹者,未之闻也。"人世生活中,不动而有功,无事而收获永远是不可能的。《要略》说:"故言道而不言事,则无以与世浮沉。言事而不言道,则无以与化游息。"有道无事则不能与现实世界相往来,有事无道则难以获得本体境界。于是,正确的人生观念应该是兼顾道与事,无为加有为。

《修务训》指出:"圣人者,不耻身之贱,而愧道之不行。不忧命之短,而忧百姓之穷。"胸怀天下,心忧百姓是圣人之所以成为圣人的首要之事,是君王有所作为、人必事观念的具体落实。"圣人之忧百姓甚矣!""天下之盛主,劳形尽虑,为民兴利除害而不懈",帝者郡王的执政要务应该是一统社会,教育民众,而且还应该做到竭思殚虑、鞠躬尽瘁的程度。"立天子以齐一之","立诸侯以教诲之"。仁义礼乐并不是末世的象征,而毋宁是政治教化的应有内容。如果人君国主借口于清静寡欲、无为而治,在其位而不谋其政,实质是推卸自己应尽的责任与使命。

《修务训》甚至还从人性论的高度论证王者事事的必然性。性分三等,人性上者,身正性善,"不待学问而合于道",如尧、舜、文王。人性下者,"沉湎耽荒,不可教以道,不可喻以德",如丹朱、商均。人性中者,生性资质不及于上,也未落下,并且为数众多,那么,他们是可以"教训之所谕"的,他们的善德只能够"待教而成"。于是,训导民众、教化风俗便成为当政者所应该完成的一件分内事。这就好比牧人驯马,"马之为草驹之时,跳跃扬蹄,翘尾而走,人不能制","故其形之为马,马不可化。其可驾御,教之所为也",教与不教的结果充分体现了有为与无为,举事与无事的天壤之别。

思考题:

如何理解《淮南子》的道论及宇宙论?

参考书目:

1. 牟钟鉴:《〈吕氏春秋〉与〈淮南子〉思想研究》,齐鲁书社,1987年。
2. 金春峰:《汉代思想史》,中国社会科学出版社,1997年。

第三章　董仲舒：汉初儒学新形态

在中国思想史上，汉代的地位颇像一个漏斗，先秦的百家思想在这里汇聚、整合，后世的各派学术又从这里发源、流出。汉初大儒董仲舒的哲学非常明显地表现出这样的特征。

《史记·儒林列传》说："董仲舒，广川人也。以治《春秋》，孝景时为博士。下帷讲诵，弟子传以次相受业，或莫见其面。盖三年董仲舒不观于舍园，其精如此。"广川，今河北景县。虽然《汉书·匈奴传》称"仲舒亲见四世之事"，但其一生的主要活动应在景、武两朝，历任江都王、胶西王之相国。《汉书》评价说："凡相两国，辄事骄王，正身以率下，数上疏谏争，教令国中，所居而治。"此间，曾参与或主执过听讼事务，所以《汉书·艺文志》称"《公羊董仲舒治狱》十六篇"。董仲舒的事迹，在当时比较有影响、能够引起后世所重视的，当数他三答武帝的册问，即所谓"天人三策"。

《汉书·董仲舒传》说："仲舒所著，皆明经术之意，及上疏条教，凡百二十三篇"，但至今大部分已失传，一些思想资料散见于《史记·儒林列传》，《汉书》的《五行志》、《艺文志》、《食货志》、《匈奴传》等史籍中。《艺文类聚·卷三十》收有《董胶西集》。《全汉文》辑录董仲舒之文两卷。《后汉书·应劭传》记载："故胶西相董仲舒，老病致仕。朝廷每有政议，数遣廷尉张汤亲至陋巷，问其得失。于是作《春秋决狱》三百三十二事。"清代学者黄奭也曾编撰过《董仲舒公羊决狱》一书。但是，能够较为全面、系统地反映董仲舒思想风貌的文献，主要是为《汉书》所记载的"天人三策"，由后世学者（至少不晚于隋朝）辑录而成的《春秋繁露》。

第一节 天道至尊

天,在董仲舒的思想体系中有着极为重要的地位,甚至,整个《春秋繁露》就是一部关于天的哲学著作。在董仲舒看来,天底下的一切都从天那里源出,人世生活的所有现象都无一例外地与天保持着必然的联系。董仲舒之学是天学,天是贯穿董仲舒哲学体系的一根从未断绝的主线。在董仲舒那里,天的蕴义非常丰富。

首先,天是万物的始祖、世界的本源。"天者,群物之祖也,故遍覆包涵而无所殊,建日月风雨以和之,经阴阳寒暑以成之"(《汉书·董仲舒传》),"无天而生,未之有也。天者,万物之祖,万物非天不生"(《春秋繁露·顺命》),万物生于天、源于天。并且,人也来自于天,取法于天。"人生于天而体天之节"(《官制象天》),"人生于天,而取化于天","人资诸天"(《阳尊阴卑》)。

第二,天化生万物的过程是没有终结的,永不停息。"天覆盖万物,既化而生之,有养而成之,事功无已,终而复始。"(《王道》)化、生、养、成是天之道,甚至还被理解为天的一种本质功能和伟大品德,"天地者,万物之本,先祖之所出也,广大无极。其德昭明,历年众多,永永无疆"(《观德》)。天之道,终始往复,周行不殆,无根无底,"天有两和,以成二中。岁立其中,用之无穷"(《循天之道》),"天之道,终而复始"(《阴阳终始》),"复而不厌,道也"(《天地阴阳》)。

第三,天具有自己的运行法则与存在规律。"天之生有大经也,而所周行者,又有害功也。除而杀殖者,行急皆不待时也,天之志也。"(《如天之为》)而天道最根本的一条就是阴阳之道,"天道之大者,在阴阳"(《汉书·董仲舒传》),"天地之常,一阴一阳"(《阴阳义》)。"天之道,有序而时,有度而节,变而有常,反而有相奉。"(《天容》)

第四,天具有人性与伦理的志意倾向,可以与人相感通、应合。"天亦有喜怒之气、哀乐之心,与人相副。以类合之,天人一也"(《阴阳义》),天的喜、怒、哀、乐,表现在作为四时的春、秋、冬、夏。春——喜——生,秋——

怒——杀,冬——哀——藏,夏——乐——养,天通过岁月时令、基本情感和生、养、杀、藏的生存功能来与人相心沟通。"仁,天心"(《俞序》),天的仁心表现为对万物的生养滋长。

第五,天是人生存于世的信仰之源,是人不得不尊崇、敬畏的对象。"天者,百神之大君也。事天不备,虽百神犹无益也。"(《郊祭》)不相信天、不祭奉天乃至得罪于天,都不会受到来自于天的恩赐和福祉,人在天面前不应该肆无忌惮而又狂妄自大。人不敬畏天,天就会以或显或黯、或快或慢的祸害方式来予以警示、惩治。

既然,天是"王者之所最尊也"(《郊义》),那么,事天、祭天就应该是人君国主的一项不可推卸的神圣职责。在董仲舒,天子之礼莫重于"郊",郊祭应该是国家政治礼制的一个重要方面。"古者天子之礼,莫重于郊。郊常以正月上辛者,所以先百神而最居前。礼,三年丧,不祭其先而不敢废郊。郊重于宗庙,天尊于人也。"(《郊事对》)作为上天之子的"天子"不可以不祭祀天,"行子道"、"行子礼"是天子对天应有的态度,天子必须始终对天保持一种敬畏、仰慕、崇拜的心情。

第二节　阴阳五行的形上整合

《汉书·五行志》说:"汉兴,承秦灭学之后,景、武之世,董仲舒治《公羊春秋》,始推阴阳,为儒者宗","推阴阳"是董仲舒儒学思想的一大特色。正是通过对阴阳五行之学的创新发明,天,才会有性情,可以与人相感应交通,进而才会有人世伦常生活的依托和帝国政治执行的根据,最终实现对原始儒学的改造与重构。由于阴阳是天地之常,所以在董仲舒看来,人们可以通过阴阳来观察、领悟天之志。"天意难见也,其道难理。是故,明阳阴入出、实虚之处,所以观天之志;辨五行之本末、顺逆、小大、广狭,所以观天道也"(《如天之为》),因为不通阴阳消息、不晓五行转移,所以才会觉得天意难见、天道难明。

《春秋繁露》一书中,对阴阳运行基本轨迹的阐述与论证非常详尽周密。关于阴阳的位次,董仲舒说:"阳气始出东北而南行,就其位也;西转而北入,藏其休也。阴气始出东南而北行,亦就其位也;西转而南入,屏其伏也。是故,阳以南方为位,以北方为休;阴以北方为位,以南方为伏。"(《阴阳位》)阴阳运行的路径、始出和所入显然是不一样的,但是转移的周期、方式则是相同的,此谓"度同,意不同"。阴阳的"常处"各不相同,因此在通常状态下,阴与阳不可能同时在一个时空点上并出,这便是"阴阳不得俱出"。《天道无二》篇指出,天之道,是阴阳相反的物事不可能同时并举,注定要一出一入、一休一伏、一开一塞、一起一废、一左一右,频度、周期是固定一样的,但所涵摄的天象、指称却显然有别,这便是阴阳在"度"、"意"上的同与不同,即所谓"并行而不同路,交会而各代理"。

天道运行过程中,一方面,"阳出而前,阴出而后"(《天道无二》),从阴阳所常处的位置及阴阳运行的路径看,凡阳之始出,必在阴行之前,一定左右、主导着日月岁时的变更;而凡阴之始出,必在阳行之后,一般都会守候、执持着阳所经过的空虚之处。另一方面,阳在行程终结之时("休"),已完成了对世界存在的创造和生化,必居处于上位(北);阴行至南,便居处于藏匿之位("伏"),不可能接近正位(北),而必定远离其"常处"状态。阳自始出之后而盛积于夏季,"任德以岁事",此时万物生长繁茂;阴自始出之后而盛积于冬季,"错刑于空处",此时万物肃杀隐藏。

在《天辩在人》、《阴阳义》篇中,董仲舒指出,尽管"天之大道在阴阳",但阴阳的意义与作用却始终有所不同。阴是阳之助,阳是岁之主。为了促成阳对宇宙世界的创设,天只是稍微抽取了阴而已,并没有在阴阳合德中注入过多的、超额的阴的因素。天在构造四时的过程中,将"少阴"用于功,而将"太阴"用于空。所以一年四季中,有三季是有利于万物生存的,而仅有一季是主丧死刑杀的。天道之所亲所疏是显然有别的。"任阳不任阴,好德不好刑",就连生物界的昆虫、草木都会随阳的出入而生死、繁萎,可见天下尊卑之序一定是随阳而确定的,天道主要由阳所设立。阳之贵尊,阴之贱卑,亲阳而疏阴是天之制。

尽管阴阳的位次、尊卑有所不同,但仍可以相互兼合。董仲舒说:"独阴不生,独阳不生,阴阳与天地参,然后生"(《顺命》),"天使阳出布施于上而主岁功,使阴入伏于下而时出佐阳。阳不得阴之助,亦不能独成岁"(《汉书·

董仲舒传》)。无论阴还是阳都不可能离开对方而自行发生、自行转移，都必须相互辅助，形成合力，并与天、地一起发挥作用，才能生化、构造出无限的世界万物。阴阳相兼是彼此融合、相互吸纳的过程，不存在阴对阳的消解或阳对阴的歼灭。董仲舒强调阴阳不互灭，"无使阴灭阳。阴灭阳，不顺于天"（《止雨》），"阳兼于阴，阴兼于阳"，"阴阳无所独行"，在起源上，在功能发挥的过程中，在存在世界的既定状态上，阴与阳从来都不是单独、孤寂的实体。

　　天道之中不仅有阴阳、天、地、人，而且还有木、火、土、金、水五行。在董仲舒，五行的排列有着一定的、不允更变的位次秩序。"天有五行：一曰木，二曰火，三曰土，四曰金，五曰水。木，五行之始也；水，五行之终也；土，五行之中也。此其天次之序也"，"木居左，金居右，火居前，水居后，土居中央"（《五行之义》）。木被视为五行之始，水为五行之终结，土则一跃成为五行之中央、核心，并认定这是"天次之序"。主要根据在于，"木居东方而主春气，火居南方而主夏气，金居西方而主秋气，水居北方而主冬气。是故木主生而金主杀，火主暑而水主寒。使人必以其序，官人必以其能，天之数也"（《五行之义》）。

　　《五行相生》篇中，董仲舒提出"五行者，无官也，比相生而间相胜也"。一方面，五行之间按照木——火——土——金——水的序列，渐次而生，顺位而成，即木生火，火生土，土生金，金生水，水生木。另一方面，同样按木——火——土——金——水的排列，间隙相胜，隔位而尅，即木胜土，火胜金，土胜水，金胜木，水胜火。《春秋繁露》分别以五候、五方、五官、五常、五气、五音、五事等对应于五行，始终坚信，不仅四时节气的更变、存在事物的生灭必须以五行的运行规则为基础，而且政治的建制、伦理的规范、社会的管理方式也应该根据五行而创设。

　　五行之中，土为至尊，金、木、水、火之行，一方面以自身本性为核心、主导，始终有不同于五行其他因素的、属于自己的立场和位次；另一方面也接受、服从阴阳二端的遣动，五行与阴阳协调运作，共同发生实际效用，"相与一力而并功"。所以，董仲舒说："金、木、水、火，各奉其所主，以从阴阳，相与一力而并功。其实非独阴阳也，然而阴阳因之以起，助其所主。故少阳因木而起，助春之生也；太阳因火而起，助夏之养也；少阴因金而起，助秋之成也；

太阴因水而起,助冬之藏也。"(《天辨在人》)宇宙世界的产生和发展,并不仅仅依赖于阴阳二端,也不是只有阴阳二端在起作用,阴阳会因金、木、水、火之行而兴起并分别对五行予以推助和辅佐。阴阳在不同的时节与不同的五行因素结合,会产生出不同的实效作用。春之时,少阳因木而兴,正有利于万物生起;夏之际,太阳因火而发,对万物的养长很有帮助;秋之季,少阴因金而出,可以成就万物的现实形态;冬之令,太阴因水而生,对于万物品格、性质的敛收似乎更为有利。

第三节 以阴阳释性情

性情是儒学哲学的特有内容,但"以阴阳言性,始于董子"(苏舆:《春秋繁露义证·深察名号》)。儒学发展历程中,把性情问题放在阴阳之道的高度予以诠释并作出论证,是董仲舒的独到发明。董仲舒以为,天与人一样,不但有性,也有情。天之性在阴阳,天同时具有阴阳两个方面的性质、功能和特征。同时,天也有喜好和憎恶之情,即尊阳而卑阴,任德而不任刑。"阴阳之气,在上天,亦在人"(《如天之为》),"天地之常,一阴一阳。阳者,天之德也;阴者,天之刑也","天亦有喜怒之气、哀乐之心,与人相副。以类合之,天人一也。春,喜气也,故生;秋,怒气也,故杀;夏,乐气也,故养;冬,哀气也,故藏;四者,天人同有之,有其理而一用之。与天同者,大治;与天异者,大乱"(《阴阳义》)。天也有阴气与阳气,也有喜怒哀乐之心。从一年四时中天道以三时成生而只以一时丧死的现象可以体会出,天与人一样有情有欲。春,喜气,主生;秋,怒气,主杀;夏,乐气,主养;冬,哀气,主藏。通过这些与人同有的性情,可以观察、了解到"天之所亲而任"。能"亲"、能"任"的天,具有与人类相同的性情发生机制——阴阳之气、哀乐之心。

天由贵阳贱阴而表现出"好仁而近"、"恶戾而远"的性情品格。董仲舒说:"阳,天之德;阴,天之刑也。阳气暖而阴气寒,阳气予而阴气夺,阳气仁而阴气戾,阳气宽而阴气急,阳气爱而阴气恶,阳气生而阴气杀。是故阳常居实位而行于盛,阴常居空位而行于末。天之好仁而近,恶戾之变而远,大德而小刑之意也,先经而后权,贵阳而贱阴也。"(《阳尊阴卑》)在董仲舒,天的基本性情表现在,好仁而近,恶戾之变而远,大德而小刑,先经而后权,贵阳而贱阴。在自然世界里,是"贵阳而贱阴";在人世生活中,是"好仁"、"恶戾";而对于帝王君主理朝治政来说则应该是"大德而小刑"。人尤其是王者的性情止发必须"顺天地,体阴阳","志意随天地,缓急仿阴阳"(《如天之为》)。

对于人来说,性与情应该是人性构成中不可或缺的两个方面,有性有情才是活生生的人的本来面目。董仲舒说:"天地之所生,谓之性情。性情相与为一瞑,情亦性也。谓性已善,奈其情何?故圣人莫谓性善,累其名也。身之有性情也,若天之有阴阳也。言人之质而无其情,犹言天之阳而无其阴也。"(《深察名号》)性与情都为天地所生,是物之存在不可回避的"天气之然"。在本体论意义上,性与情甚至就没有任何的区别。"性情相与为一瞑,情亦性也",性就是情,情就是性,性与情一同始起,一同周行,也一样重要,一样产生作用。人有性情就好比天有阴阳,仅仅强调人之性而忽略人之情,就等于只看到天的阳的一面而无视天的阴的一面。

性情与善恶的关系是中国哲学的古老问题。在总结、批判战国各派人性论的基础上,董仲舒提出"性禾善米说"。《春秋繁露》把性喻为禾(粟)、布、卵、茧、璞、瞑,而把"善"譬为米、麻、雏、丝、玉、觉。"善如米,性如禾。禾虽出米,而禾未可谓米也。性虽出善,而性未可谓善也。米与善,人之继天而成于外也,非在天所为之内也。天所为,有所至而止。止之内谓之天,止之外谓之王教。王教在性外,而性不得不遂。故曰:性有善质,而未能为善也,岂敢美辞其实然也。天之所为,止于茧麻与禾。以麻为布,以茧为丝,以米为饭,以性为善,此皆圣人所继天而进也,非情性质朴之能至也,故不可谓性。"(《实性》)米出于禾,而禾当然不可能直接已经是米;善出于性,而性也不可能全都为善。善与米,是先天禀赋和后天人为共同作用的结果,而不是人生来就已经与俱的。先天禀赋涉及人身之内在,所以称为"天"或"性"。至于人身之外在,因为多由后天因素所决定而谓之"人事"、"王教"。先天成分的作用,给出的仅仅是前提性因素,大量的工作还得依靠后天的主观努力。性虽然具有善的潜能,虽然也可以生出善来,但性自身未必就一定能够实现善、成就善。

第四节　感应观念

　　感应,是中国哲学乃至整个中国文化的一个关键问题。先秦典籍中关于感应的记载比较零散,大多属火花式的迸发,感应的观念处于萌发初始状态,还没有在理论化、体系化和知识化背景下被论证。中国古代感应思想的集大成者,当属董仲舒。到了他这里,感应尤其是天人之间的感应,已被建构起一套复杂而完整的信念系统与知识结构。

　　作为感应学说的一个核心概念,"类"含有象似、类比、类推之意。《春秋繁露》中,物物相感、天人相应的根据就在于:同类相动,以类度类。董仲舒说:"天道各以其类动"(《三代改制质文》),"同者相益,异者相损"(《天地阴阳》)。相同类型、一致性质的天下万物可以互动与沟通,甚至只有相同事物之间才有可能相互助益,而相异事物之间却容易导致彼此损丧,这是自然世界及人类社会的一条普遍法则,也是感应发生的基本前提。"天道施,地道化,人道义。圣人见端而知本,精之至也。得一而应万,类之治也。"(《天道施》)"类"是世界存在之间的可通约性,因为"类"并通过"类",才能建立起物与物之间的交汇。《同类相动》篇中,董仲舒指出,天地万物都能够"以类相召",如平地注水、去燥就湿,均薪施火、去湿就燥,云从龙、风从虎,同类之事一定会相应合而生起。

　　而从感应的发生机制上看,因为气同则会,声比则应,所以,阳之气当益助阳性的物事,而阴之气也一定会益助阴性的物事。从阴阳之气的沿袭、继接关系上,可以明确地推断出同类与异类物事的益、损情况。少阳、春、东方、木之间有着性质和功能上的接近,同样,太阳、夏、南方、火之间,少阴、秋、西方、金之间,太阴、冬、北方、水之间也一定能够在构成、品格、本质、趋向等方面进行交汇与并合。

　　感应的中介或媒接在阴阳之气,在性情。情与气,作为沟通天人或连接物物的桥梁,其实是一致而不相悖逆的。人从天出,取法于天。人情之喜,为暖性,与少阳、春天相当;人情之怒,为清性,与少阴、秋天相当;人情之乐,与太阳、暑日相当;人情之哀,则与太阴、冬日相当。情与气,在人也在天;情与气,通人也可以通天。

　　感应不只是单向的、一维的,而毋宁是双向的、多维的。在董仲舒,天有阴阳,人亦有阴阳。属于人的喜、怒、哀、乐之情,天也有。而原本属于天的春、夏、秋、冬之气,人也有。一方面,人有春天少阳之气,于是才会去博爱、宽容;人有秋日少阴之气,才有可能立严、成功;人有夏时太阳之气,才可以盛养、乐生;人有冬令太阴之气,方能够哀死、恤丧。另一方面,天如果没有喜气,也不可能生出暖阳而化育万物;天如果没有怒气,则不可能澄清世界而实现事物的新陈代谢;天如果没有乐气,万物阳的属性就不可能得到疏展并获得养长;天如果没有哀气,万物阴的属性就不可能被激活并处于闭藏状态。于是,如果天地的阴气生起,那么人的阴气也必然随之应出。同样,人的阴气生起,天地的阴气也会随时作出反应。人应该用自己的心去思量、比拟、揣测、感通对象,即所谓"以身度天"(《郊祭》)。《楚庄王》要求人们不断进行"内视反听",凭借本己之心去领会、感应于天道。在心情类同的情况下,以心才能度心,以情才能度情。

　　"人副天数"是董仲舒天人感应学说的一个著名命题。在他看来,既然人生于天,取化于天,那么,人的形体结构、血气性情、品格德性乃至伦常政制也必然与天之间存在着许多相同或相似的地方。"人生于天,而体天之节"(《官制象天》),"唯人独能偶天地","所取天地多者"(《人副天数》)。"人之形体,化天数而成;人之血气,化天志而仁;人之德行,化天理而义;人之好恶,化天之暖清;人之喜怒,化天之寒暑;人之受命,化天之四时。人生有喜怒哀乐之答,春秋冬夏之类也。"(《为人者天》)人是天的副本。天之数可以育化出人之形体,天之志通由人之血气而能够成就出仁,天之理被融进人的教化德行后所表出的则是义,天的暖清寒暑化入人心则变为好恶喜怒的性情,人之命寿当然也得禀受天之四时才能完成。"求天数之微,莫若于人。人之身有四肢,每肢有三节;三四十二,十二节相持而形体立矣。天有四时,每一时有三月;三四十二,十二月相受而岁数终矣。官有四选,每一选有三人;三四十二,十二臣相参而事治行矣。以此见天之数,人之形,官之制,相参相得也。人之与天,多此类者,而皆微忽,不可不察也。"(《官制象天》)于此,董仲舒极为有效地把天数、人体、官制纳入了一个完整的系统结构之中。

第五节 政治哲学

董仲舒之学的根本归属是政治哲学。阴阳五行、性情感应形上论说的背后,隐藏着为帝国社会管理和君王治政统御提供理论支撑的真实目的。董仲舒的政治哲学架构恢弘通透,论议缜密繁复,能够将悠微玄奥的天道一一转换成直观具体的王事实践,演绎着为帝者师的儒家理想。

首先,"大一统"理念。由《汉书》记载的"天人三策"称:"《春秋》'大一统'者,天地之常经,古今之通谊也。今师异道,人异论,百家殊方,指意不同,是以上亡以持一统;法制数变,下不知所守。臣愚以为诸不在六艺之科、孔子之术者,皆绝其道,勿使并进。邪辟之说灭息,然后统纪可一,而法度可明,民知所从矣。"董仲舒坚信,"大一统"是作为宇宙总体之天的基本法则,也是历史演进的普遍规律。因此,社会生活也应该依据天道实施"大一统"。一切人事伦常应该一统于"天",即所谓"以人随君,以君随天","屈民而伸君,屈君而伸天"(《玉杯》)。然后,再一统于"王",即要求"唯天子受命于天,天下受命于天子,一国则受命于君。君命顺,则民有顺命;君民逆,则民有逆命"(《为人者天》),社会生活中的一切政制法度、纲常道德、教化习俗都应该出自天子君王。

董仲舒一方面指出了自己时代的社会大背景及所存在的问题:指导思想的多元化必然导致意识形态领域的混乱,君上无法用统一的精神武器行施教化统治;主导意识形态如果不尽早确立,一旦酿成"法制数变"的情势,那么,肯定使人民百姓无所适从,而在心理观念上失去归宿感。另一方面,董仲舒也提出了自己的主张与要求:"六艺之科"与"孔子之术"之外的学问一概视为"邪辟之说",必须予以"灭息",这样才能够真正实现"统纪可一,而法度可明,民知所从"的根本目的。

第二,"王者配天"、"王道通三"。董仲舒站在形上的高度非常严肃地论证出:"皇帝"即"天子"。"德侔天地者,称皇帝;天佑而子之,号称天子"(《三代改制质文》),董仲舒试图从"德"与"天"的双重层面来正"皇帝"之名。"皇帝"不是民众普遍推选而产生的,更不是通过暴力革命而自封的。真正的皇帝,其产生和存在的终极根据应该在先验的上天,在自身的德行。王者应该知天、敬天、效法于天,《如天之为》提出,天有四时(春夏秋冬),王有四政(庆赏罚刑)。"王者,天之所予也。其所伐皆天之所夺也"(《尧舜不擅移汤武不专杀》),王权的产生是天之所予的结果,同样,王权的崩溃也应该归因于天之所夺。董仲舒说:"古之造文者,三画而连其中,谓之王。三画者,天、地与人也。而连其中者,通其道也,取天、地与人之中以为贯而参通之,非王者孰能当是。"(《王道通三》)王者已经被置入到"天——地——人"的三重结构中予以考虑,王之为王的第一意义应该是沟通天、地、人。

第三,官制象天。既然王者是受命而王天下的,那么,王者不但要在王权存在的形式方面取法于天,如"改正朔,易服色,所以应天也"(《汉书·董仲舒传》),而且,在帝国政制结构的建立与完善及日常行政行为方面都应该与天保持一致,体现"备天数以参事"(《官制象天》)的原则。《官制象天》篇指出:"王者制官:三公、九卿、二十七大夫、八十一元士,凡百二十人,而列臣备矣",其根据就在于:天具有"三起而成,四转而终"的法则。《爵国》篇进一步主张,天子应该把左右群臣分成为三公、九卿、二十七大夫、八十一元士、二百四十三下士五个等次,合计为三百六十三人,以取法于天的一岁之数。他们又应该分别与春色青、夏色赤、秋色白、冬色黑、中央色黄相对应。三公九卿之外,还应设上卿与下卿,共二百二十人,标志着帝王的天庭星之象。诸侯的爵位分为五个等次,也应该等同于天地方位之北、东、南、西、中的数目。

第四,"任德不任刑"。董仲舒把德、刑分别与阳、阴相联结,论证出它们之间的必然联系。天之大道是以阳为尊贵、以阴为卑贱,通达于阳而不通达于阴。将天之大道运用于政事领域的结果则是王道对阴阳之道的无条件遵从。《王道通三》篇说:"阳为德,阴为刑。阳,天之德;阴,天之刑也。"凡善、德之性趋近于天之阳气;凡恶、刑之性则趋近于天之阴气。由于阳是天道之常,而阴则为天道之权,所以,王者为政应该首先保证实施德治,而尽量克制或力求少用刑罚。德是第一位的,是政治决策与政治执行在绝大多数情况下所应当遵从的通行定则;而刑才是退而求其次的、万不得已的办法,只当权宜之计与补充手段。

第五，经权、常变的政治智慧。董仲舒的学统源于以"多任于权变"（《后汉书·贾逵传》）著称的《春秋公羊传》。在董仲舒看来，"《春秋》之道，固有常有变。变用于变，常用于常。各止其科，非相妨也"（《竹林》）。《春秋》法则的优越性在于它始终没有一成不变的金科玉律，它允许有常态、有变状的形式存在。变的方法适用于物事之变易，而常的方法则适用于物事之常态。常、变各自适宜于自己的领域，并也只有在自己的领域里才能有效，相互之间并不妨碍对方发挥作用。经权、常变的原则推广于人伦世界，就是"经礼"与"变礼"。"明乎经、变之事，然后知轻、重之分，可与适权矣"（《玉英》）。只有在掌握了经权、常变的基本法则以后，才能够在实际的事务处理中分清楚轻重缓急与得失利害，而不至于被迎面遭遇到的复杂情势所困扰。然而，对"权"、"变"的过分强调，极容易导致对"经"、"常"的反动和抗拒。社会生活中，人们往往会打着"权"的旗号，以"权"的名义实施对"经"的否弃和超越，从而挣脱出礼乐教化的限制和束缚。所以董仲舒又强调："夫权虽反经，亦必在可以然之域。不在可以然之域，故虽死亡，终弗为也。"（《玉英》）"在可以然之域"是指为"经"所允许的范围；而"不在可以然之域"则是指在根本目的、主旨倾向、意志动机和实际效果等方面都背离作为"经"的最基本要求，在这一范围内，即使面临着死亡也不允许有所"权"。

思考题：

1. 董仲舒是如何解释"天"的？
2. 简述董仲舒的"阴阳五行"和"天人感应"思想。

参考书目：

1. 徐复观：《两汉思想史》卷二，华东师范大学出版社，2001年。
2. 金春峰：《汉代思想史》，中国社会科学出版社，1997年。
3. 余治平：《唯天为大——建基于信念本体的董仲舒哲学研究》，商务印书馆，2003年。

第四章 扬雄援道入儒的思想

扬雄字子云,蜀郡成都人。生于公元前53年,卒于公元18年。扬雄少而好学,博览群书,但不为章句。因有口吃缺憾,故沉静好思,"不汲汲于富贵,不戚戚于贫贱,不修廉隅以徼名当世"(《汉书·扬雄传》)。青壮年时期,扬雄志趣辞赋,自四十二岁到长安后,开始其著作生涯。初为大司马车骑将军王音的"门下史",后汉成帝召其待诏承明殿。曾作《甘泉赋》、《河东赋》、《校猎赋》等,对成帝颇有讽谏。此间,任黄门郎,与王莽、刘歆共事。王莽篡位后,因"耆老"而转任大夫。但清贫自守,好古而乐道,欲求文章成名于后世。于是,仿《周易》作《太玄》,仿《论语》作《法言》。

扬雄的著作,尚有记述西汉各地方言的《方言》和其他文、赋、箴等。明人辑有《扬子云集》,清严可均《全上古三代秦汉三国六朝文》收其赋、箴等四卷。注本有司马光的《太玄集注》和汪荣宝的《法言义疏》等。

第一节 《太玄》的基本结构和思想

扬雄在《解嘲》中说,司马相如、东方朔等先贤都用才于当世,但"仆诚不能与此数公者并,故默然独守吾《太玄》"(《扬雄传》)。他自觉到自己作为一个不能用世的儒者,只能以《太玄》作为自己追求"通天地人"的努力。《太玄》历来号称难读,扬雄本人亦尝作《解难》曰:"孔子作《春秋》,几君子之前睹也;老聃有遗言,贵知我者希。此非其操欤!"这说明他本人对此著作极为自信。

一、《太玄》的基本结构

《太玄》仿《周易》而作。《易》以卦为基本单位,《太玄》以"首"为基本单位。从构成看,《太玄》仿《易》之"爻"而作"赞",仿"卦"作"首",仿《象传》作《首辞》,仿《爻辞》作《赞辞》,《太玄》每"首"下从"初一、次二"到"次八、上九"的"九赞"与《周易》每卦中的六爻和爻辞相类。另一方面,类似于《易》之经、传的分野,《太玄》又仿《象辞》作《玄测》,仿《序卦》作《玄冲》,仿《杂卦》作《玄错》,仿《文言》作《玄文》,仿《说卦》作《玄数》,仿《系辞》作《玄莹》、《玄告》等,以进行补充阐释。

两汉之际易学以孟喜京房的"卦气"说为主,而卦气说又以卦与历法结合立论。受此影响,《太玄》中也参合了历法。与当时的太初历以八十一分作为一日之数相仿,《太玄》以八十一"首"应之。这样,与《易经》六十四卦不同,《太玄》是三方、九州、二十七部、八十一家、七百二十九赞,每"家"为一首,每首有四"重"。在方、州、部、家、赞之间,以"三"相生。扬雄的编排思想,可能与《礼记·王制》中的官制有关,这种官制,有三公、九卿、二十七大夫、八十一元士,其中也以"三"为相生之数。

二、《太玄》的基本思想

《太玄》的思想路向,以扬雄自己的话说,是"善言天地者以人事,善言人事者以天地"(《玄告》)。从《太玄》的主旨看,扬雄是想通过对《周易》的形式模仿,来表达自己对宇宙与人生的思考结果。

1.《太玄》的符号

从基本原理看,《周易》以阴阳二爻(一、--)为基石,而《太玄》则以"一、--、---"为基石。二爻本身象征阴阳,在每卦中都有其特定含义,而"一、--、---"则义无定指,在《太玄》中多是"三"之义的符号表征。扬雄说:

> 玄有二道,一以三起,一以三生。以三起者,方、州、部、家也。以三

生者,参分阳气,以为三重,极为九营,是谓同本离末,天地之经也。(《玄图》)

扬雄受老子"三生万物"的影响,而以"三"来论"玄道"。在扬雄看来,"三"是存在之间相生和谐的原理称谓,由三三之重而至"九"的无穷演化,是天地人的共通之理。

由此看来,与《易》的每卦由六爻组成,每爻都有所指不同,《太玄》的每首由"一、--、---"中的任一画或两画或三画组成的四画(四重)。扬雄并没有说明各画本身在"首"中的意蕴,而代之以"九赞"阐论"首"之义。

2. "九赞"

"九赞"之"赞",类似于卦之"爻"。按司马光解释,它是"明圣人顺天之序,修身治国,而示人吉凶者也"(《太玄·中首》注)。而从《太玄》本身来看,每首"赞"之所以为"九",与扬雄对"三"的理解息息相关。从"历"上说,因"三"生的关系,"玄"有七百二十九赞,赞有昼夜之分,一赞表半日,则二赞合为一日,得三百六十四日半之数。扬雄又以"踦"、"嬴"二赞补足一天,以足一年三百六十五日之数。但是,一年实际上为三百六十五又四分之一日,则扬雄这样的补足之举,仍免不了过或不及的矛盾。即便如此,也不能抹煞《太玄》在建构自己的理解模式时,其深层所涵蕴着的"天人"关系。

另一方面,按扬雄自己解释,一首之中九赞之序的意义是不同的。他说:

一至九者,阴阳消息之计邪!……故思心乎一,反复乎二,成意乎三,条畅乎四,着明乎五,极大乎六,败损乎七,剥落乎八,殄绝乎九。生神莫先乎一,中和莫盛乎五,倨剧莫困乎九。

自一至三者,贫贱而心劳。四至六者,富贵而尊高。七至九者,离咎而犯灾。(《玄图》)

一到九的序列演进,实际上是阴阳消息(盈亏消长)的征兆。因此,"九赞"说明的是事物进程中的序列和程度。就人而言,初一到上九的演进,预示的是贫而劳神、富而尊高、犯灾获咎的遭遇。

九赞这样的序列意义初看起来有些机械甚至庸俗,但是从《法言》的内在逻辑来看,并非如此。由于"赞"分昼夜,每首赞的奇数表征昼和阳,偶数表征夜和阴,则实际上"赞"还是以阴阳为出发点的。而以扬雄自己对"玄"的理解来看,《太玄》中所有"赞"背后潜在的依据是"玄"。

3. "玄"

在扬雄看来,玄是通天地人的终极奥妙所在。他说:

玄者,用之至也。……莹天功明万物之谓阳也,幽无形深不测之谓阴也。阳知阳而不知阴,阴知阴而不知阳,知阴知阳,知止知行,知晦知明者,其唯玄乎!(《玄摛》)

"玄"在"用"中,这是《太玄》的基石。扬雄认为,阴阳的作用虽然深妙,但它们往往局限于自身的作用而无法观照彼此和有利于彼此。"玄"不一样,它知阴阳而不停滞于某一方,当止则止,当行则行,所以是"用之至"。也正是在这个意义上,扬雄才在"玄"前加个"太",以示其极致之意。

扬雄进一步认为,"阳交于阴,阴交于阳,物登明堂,矞矞皇皇"(《交首》)。如果阴阳能够和谐交会,则人世就会呈现出盛美景象。如其他儒道人物一样,扬雄也认为必须由天及人,对阴阳的认知才具有更多意义。他说:"夫玄也者,天道也,地道也,人道也。兼三道而天名之,君臣父子夫妇之道。"(《玄图》)贯穿于天地人三道的"玄"之用,在人世的终极体现即为"君臣父子夫妇之道"。

实际上,扬雄有关"玄"的看法,是他"和同天人之际,使之无间"(《法言·问神》)思想的体现。但是,就扬雄对"玄"的理解看,却没有超越《周易》、《老子》中的相关思想。更多时候,扬雄是把儒道思想结合于《太玄》和《法言》中,这是他有别于当时经学家的地方。例如,扬雄把《老子》的"自然"之道与《周易》中的"因革"思想结合起来,认为有所作为的人"贵其有循而体自然"(《玄莹》)。又说,"争不争,道之素也"(《争首》),"毅于心腹,内坚刚也"(《毅首》)。这种清静而刚毅的儒道兼综的君子品格,扬雄在《法言》中有更充分的论说。

第二节 《法言》对儒家思想的弘扬

扬雄对先秦道法名诸家非毁儒家的情形非常不满，又由于当时主流形态的今文经学家也"各以其知"解读经典，以致"诡辞"、"小辩"遮蔽了圣人之道，迷惑了大众。对于那些来向他问学的人，扬雄常常辨析这样的道理，并据《论语》的样式，著成十三卷《法言》。

一、对先秦诸子的评价和吸收

宣成之后，今文学者往往皓首以穷一经，知识和视野变得越来越窄。扬雄则不同，他自小就博览群书，又经历了人世的冷暖，到了他作《法言》时，已经五六十岁了。这样的人生让他对先秦诸子思想有深度感悟。

对于道家和阴阳家，扬雄认为：

> 老子之言道德，吾有取焉耳。及捶提仁义，绝灭礼学，吾无取焉耳。
> 或曰："庄周有取乎？"曰："少欲。""邹衍有取乎？"曰："自持。至周罔君臣之义，衍无知于天地之间，虽邻不覩也。"（《法言·问道》，下引只注篇名）

在扬雄看来，"道也者，通也，无不通也"（《问道》）。老子的"道德"之理，庄子的"少欲"之途，以及邹衍的"自持"操守，他都是认可的，也是他可以通达的。史书说他清静自守，未尝不是对这类思想"受用"的结果。很显然，扬雄所认为的这些学理，实际上与儒家是相通的。加上他明确排斥老庄思想中与儒家主旨无法融合的"绝圣弃智"之类的思想，因此扬雄这类说法，实际上是他自觉地以"通"的方式来援道入儒。

对于法家，扬雄认为：

> 或问："韩非作说难之书，而卒死乎说难，敢问何反也？"曰："说难盖其所以死乎？"曰："何也？"曰："君子以礼动，以义止，合则进，否则退，确乎不忧其不合也。夫说人而忧其不合，则亦无所不至矣。"或

曰:"说之不合,非忧邪?"曰:"说不由道,忧也;由道而不合,非忧也。"(《问明》)

韩非子讲求法术势,最终却死于用其说的秦国之政。扬雄认为,韩非子的死与其书没有关系,而与其"道"有关系。由于韩非子的学说具有很强的功利性,他也孜孜以求得到秦王的任用,为此,韩非甚至会献媚谄谀无所不用。扬雄则认为只要恪守圣人之道,其说其人是否用于当世,都非自己所能决定,更没必要为此忧惧。以扬雄自己的人生路向看,他追寻儒家圣义,不求闻达,当自己觉着不能见用于当世了,便著书立说以求传道于后世。在此意义上可以说,扬雄发扬了孔子"人能弘道"的立世观念。

综合看来,扬雄认为"庄、杨荡而不法,墨、晏俭而废礼,申、韩险而无化,邹衍迂而不信"(《五百》)。这是说,道、法、墨、阴阳诸家总是有这样那样的致命缺憾。与对这些思想家的批判态度不同,在《法言》中,扬雄对孔孟和儒家极度褒扬。比如,他说"好书而不要诸仲尼,书肆也。好说而不要诸仲尼,说铃也","舍五经而济乎道者,末矣"(《吾子》)。最重要的是,扬雄与当时流行的今文经学家和谶纬学说以孔子为"素王"或"圣王"的看法不同,他认为孟子与孔子无异。扬雄说:

或问:"孟子知言之要,知德之奥。"曰:"非苟知之,亦允蹈之。"或曰:"子小诸子,孟子非诸子乎?"曰:"诸子者,以其知异于孔子也。孟子异乎? 不异。"(《君子》)

允,信之义;蹈,行之义。在扬雄看来,孟子不仅能立说传道,还能身体力行地弘道。与孟子相比,其他思想家只是以理性("知")析理与事,而孟子与孔子一样,智慧地生活,刚健地弘道。扬雄还以孟子自况。他说:"古者杨、墨塞路,孟子辞而辟之,廓如也。后之塞路者有矣,窃自比于孟子。"(同上)孟子以批判杨朱、墨子学说为己任,其刚勇前行的姿态,正合孔子以弘毅君子为儒者的定位。扬雄认为今文学者和谶纬学说遮蔽了圣人之道,他想以孟子为榜样,拨云见日,呈现圣人之道的真面目,也算是延续孔子的"志于道"和孟子的"立乎其大者"的弘道努力。

二、"尚智"、"尚勇"的人生取向

扬雄从历史经验出发,认为人应该有"智"的追求和运用。《问明》载:

> 或问:"人何尚?"曰:"尚智。"曰:"多以智杀身者,何其尚?"曰:"昔乎,皋陶以其智为帝《谟》,杀身者远矣;箕子以其智为武王陈《洪范》,杀身者远矣。"

皋陶对大禹建言"身修"、"知人"、"安民"、"九德"(均为《尚书·皋陶谟》条目)的平天下要旨,箕子向武王陈"五行"、"五事"、"八政"、"三德"(均为《尚书·洪范》条目)等为政之要,正是因为他们有着洞明幽微的"智",并充分运用。《问明》又载:

> 或曰:"奔垒之车,沉流之航,可乎?"曰:"否。"或曰:"焉用智?"曰:"用智于未奔沉。大寒而后索衣裘,不亦晚乎?"

如同天寒才添衣为时已晚的道理一样,若灾难已经发生,那智慧对灾难本身是无能为力的。在扬雄看来,智慧发挥最显著处,在于它能洞幽察微,防患于未然。

然而,扬雄认为"智"之所用也要有度,"智也者,知也。夫智用不用,益不益,则不赘亏矣"(《问道》)。法家所谓的"诈"、"术",儒家所谓的章句,虽然也是"知"的运用,但由于用非其道,反倒会招致越来越多的坏处,甚至性命不保。因此,智之所用的发挥,首先在于它是否能够判别何处不可用。

另一方面,仅仅是"尚智"还不够,人要成为人,还必须有"勇"。《渊骞》载:

> 或问"勇"。曰:"轲也。"曰:"何轲也?"曰:"轲也者,谓孟轲也。若荆轲,君子盗诸?"请问"孟轲之勇"。曰:"勇于义而果于德,不以贫富、贵贱、死生动其心,于勇也,其庶乎!"

在扬雄看来,荆轲之"勇",与君子之德比起来,只能算是"大盗"之勇,是不值得提倡的。孟子之勇是德义之勇,植根于心灵深处,无论贫富、贵贱、生死,都不能改变其刚健的人生取向。其实,扬雄所谓的"勇",还是孔子所说的"弘毅"和《易传》所主张的"刚健",二者其实都是儒家所倡导的君子的人生态度。

综合来看,这样的勇与智融合于人生的进程,即是哲人的人生。《问明》载:

> 或问"哲"。曰:"旁明厥思。"问"行"。曰:"旁通厥德。"

"哲"是触类旁通的通明之智,"行"是各止其义的德行。二者并举,也是强调知行合一的必要性。很显然,这是扬雄对《尚书·说命》"非知之艰,行之惟艰"的发展。

三、学以成人的人性理论

先秦有关人性善恶的争论颇为复杂,儒家一脉中,孟子主善,荀子主恶。到了董仲舒那里,通过天人比附,认为性仁情贪,其所秉持的还是人性善。扬雄迥异于其前儒家有关人性的主张,而以性为善恶混立论。扬雄说:

> 人之性也,善恶混。修其善则为善人,修其恶则为恶人。气也者,所以适善恶之马也与?(《修身》)

从扬雄的语气看,他不能肯定"气"是否就是人之所以为善为恶的载体。但是,他对人可以为善或为恶的途径——"修"(习),则抱有坚定的信念。也就是说,无论人之初的善恶相混是何种状态,人总是可以通过后天的努力来改变其质地和状态。这点与他关于人生的"弘毅"主张是相通的。扬雄说:

> 学者,所以修性也。视、听、言、貌、思,性所有也。学则正,否则邪。(《学行》)

孔子说"君子有九思"(《论语·季氏》),其中就有扬雄所说的"视、听、言、貌"。而扬雄在此把孔子之"思"本身(理性、反省)与其他四者(感性)一起转化成"性之所有",即"学"是通过对感性和理性的双重修正,达到除恶成善的"修性"目的。在扬雄看来,"修性"的目的即是"求为君子"。他说:"学者,所以求为君子也。求而不得者有矣,夫未有不求而得之者也。"(《学行》)虽然"学"了不见得一定会有立竿见影的效果,最终也不一定必然就成为君子;但如果不"学",就肯定不会成为君子。

既如此,又何以"学"呢?扬雄说:"学以治之,思以精之,朋友以磨之,名誉以崇之,不倦以终之,可谓好学也已矣。"(同上)这里,扬雄把"学"看成是"修性"的基础。但仅有单纯的"学"是不够的,还必须有自省的旁通("思")、朋友的砥砺("磨")、舆论和制度的褒扬("崇")以及一以贯之的坚持("终"),才能算是真正的"修性"过程。

扬雄以孔子和颜渊的关系为例,来说明"修性"不仅是成善成君子,而且也是人生的"至乐"。扬雄认为,金子虽然由锻铸而成,但这比起颜渊之学于孔子,孔子之铸就颜渊的过程来,简直不值一提。因此,与学成君子求道为圣人的乐趣相比,那些因高位家财而有的乐趣,也不足道。《学行》载:

  或曰:"使我纡朱怀金,其乐可量也。"曰:"纡朱怀金者之乐,不如颜氏子之乐。颜氏子之乐也,内;纡朱怀金者之乐也,外。"或曰:"请问屡空之内。"曰:"颜不孔,虽得天下不足以为乐。""然亦有苦乎?"曰:"颜苦孔之卓之至也。"或人瞿然曰:"兹苦也,只其所以为乐也与!"

这段话很重要。一方面,扬雄分别了内外之"乐",认为成善求道之乐是源自心底的内在成就之乐,而为官经商之乐是无根的外在之乐。另一方面,扬雄发掘出《论语》中孔颜关系的深层蕴含,认为为善成人的过程虽然艰苦,但这样的苦实质上蕴含了大乐。宋代的周敦颐强调儒者要寻"孔颜乐处",说的不仅是学知之乐,也是为善成人的内在之乐。这样的乐,其实即是人生的"境界"。

依据学以成人的思想,扬雄进一步认为,是否"学","学"所达到的境界如何,既是人禽之别,也是圣凡之别的根据。他说:"人而不学,虽无忧,如禽何?"又说:"天下有三门:由于情欲,入自禽门;由于礼义,入自人门;由于独智,入自圣门。"(《修身》)由于扬雄认为人性是善恶混的,则所谓放纵情欲与禽兽无别的说法里,隐含的依然是情欲为恶的意义。这点与先秦儒家有别,但却是后世儒家有关人之情性的主流看法。

四、"为政日新"的政治思想

扬雄是有极强现实关怀的人,文赋曾是他向当政者劝谏的一种方式。《吾子》载:

> 或问"吾子少而好赋"。曰:"然。童子雕虫篆刻。"俄而,曰:"壮夫不为也。"或曰:"赋可以讽乎?"曰:"讽乎!讽则已,不已,吾恐不免于劝也。"

这是说,扬雄认为赋是雕虫小技,是文学青年从事的事,而不是有抱负的成人所为。不过,如果要说赋有讽谏功能的话,那他已经使用了。进一步地,如果这样的形式起不了效用,则要另寻其他途径进行劝诫。于是,扬雄在《法言》中直接提出他的"为政"主张。

首先,扬雄认为治国的根本在于"立政",立政之本在于立身。《先知》载:

> 或问:"何以治国?"曰:"立政。"曰:"何以立政?"曰:"政之本,身也。身立则政立矣。"

季康子向孔子请教为政之道,孔子答以"政者,正也。子帅以正,孰敢不正?"(《论语·颜渊》)扬雄承续这样的理念,认为任何从事于政事的人,都要先修其身。从另一面看,这也是扬雄对《大学》中"修身—平天下"路向的沿用。

其次,扬雄认为为政的关键是要有"民本"意识。《先知》载:

> 或问:"为政有几?"曰:"思致。"……或问:"何思?何致?"曰:"老人老,孤人孤,病者养,死者葬,男子亩,妇人桑之谓思。若污人老,屈人孤,病者独,死者逋,田亩荒,杼轴空之谓致。"

几,要之义;致,厌之义。在扬雄看来,为政者应孜孜而虑的是能否让民众生有所养,壮有所事,死有所安;应努力避免的是老无所依,病无所养,死无所葬,田园荒芜,织机空置。扬雄的这种看法,是对孟子的"制民之产"和《礼记·礼运》的"小康"社会的综合论说。

再次,扬雄认为为政要不停地引导和教化国民,使之过德性的生活。《先知》载:

> 为政日新。或问:"敢问日新。"曰:"使之利其仁,乐其义。厉之以名,引之以美,使之陶陶然之谓日新。"

这是说,国家对民众负有引导教化之责。但与法家主张以利诱民使民争利的主张不同,扬雄主张应以仁义作为民众的价值坐标,并不断以名誉和美德强化他们的德性意识,使得民众都自觉地感受到自我提高的成就感。这样的过程,即是"日新"其德的过程,也是为政的价值基础。为此,扬雄强调人君可以不学"律令",但"君子为国,张其纲纪,谨其教化"(同上)。在扬雄看来,法律与教化之间的关系,如同春萌秋杀的道理一样,必须要先教后诛。

第四,扬雄认为"恶政"是不得人心的。《先知》载:

> 或问"民所勤。"曰:"民有三勤。"曰:"何哉所谓三勤?"曰:"政善而吏恶,一勤也;吏善而政恶,二勤也;政、吏骈恶,三勤也。禽兽食人之食,土木衣人之帛,谷人不足于昼,丝人不足于夜之谓恶政。"

按照《法言·修身》中"乐天则不勤"的说法,勤是苦、忧之义。参照扬雄在《法言·重黎》中对秦汉社会政治和人物的评论,则这段话是对秦汉历史经验的总结。"政善而吏恶"、"吏善而政恶"、"政、吏骈恶"不仅会导致行政溃败,也会夺民之产。所谓禽兽食人之食,大概是针对秦汉皇帝的频繁游猎而发,而土木夺人衣大概是对秦汉皇帝兴建宫殿而发。诸如此类政治举措,都会导致民众无休止劳作而一无所获。这样的政治,当然是民之所恶的"恶政"了。

第五,扬雄认为为政应该实事求是。他说:

> 或问"政核"。曰:"真伪。真伪则政核。如真不真,伪不伪,则政不核。"(《先知》)

所谓"政核",即为政之实。这有两层意思,一是君臣不仅要名副其实,还要各负其责。此由孔子的"正名"而来。二是行政的审查核实之义。按照西汉政体,在宰相总领国务的情形下,皇室以及中央政府都必须受主管监察的御史的监督,地方官则受刺史的监督。此由西汉的政治实践而来。扬雄此论,出于理想化考虑,认为二者如都能切实而行,则政治就能清明。

五、对谶纬学说的理性化对待

西汉哀平之际是谶纬思潮的泛滥期,扬雄身处其时,颇有感触。在《法言》中,扬雄基于儒家的理性主义立场,对其展开辨析。

首先,扬雄认为真正的儒者是明了天地人之间关系的。他说:"通天地人曰儒,通天地而不通人曰伎。"(《君子》)他指出,对人及人世没有深切的认知,而只知天地阴阳变化,那至多只能算是"伎"(通"技"),还不能成为"儒"。儒之为儒,最重要的是要"通"人。以此为参照,谶纬以符命论人事,即是不通"人"的表现。

其次,扬雄认为心之作用深通幽妙,比神明之用有过之而无不及。《问神》载:

> 或问"神"。曰:"心。""请问之。"曰:"潜天而天,潜地而地。天地,神明而不测者也。心之潜也,犹将测之,况于人乎?况于事伦乎?"
>
> 人心其神矣乎?操则存,舍则亡。能常操而存者,其惟圣人乎?

"潜"指的是深入认知。在扬雄看来,心所具有的认知功能,使得人若潜心于天地,即知天地阴阳之化。对于"神明"都没办法弄清楚的天地,心都能认知,更何况天地间的人世呢?这是扬雄针对谶纬动辄以符瑞来解释人世的情形而发,认为人自身具备了认知之心,谶纬的存在是没有必要的。而人之所以热衷于谶纬,是因为人自己忘却了心的神妙之用。

再次,扬雄秉持儒家理性主义的可贵处在于,他连自己钦服的孟子也连带着怀疑和批判。《五百》载:"或问:'五百岁而圣人出,有诸?'曰:'尧、舜、禹,君臣也,而并;文、武、周公,父子也,而处。汤、孔子数百岁而生。因往以推来,虽千一不可知也。'"孟子认为"五百年必有王者兴"(《孟子·公孙丑下》),而谶纬也常以所谓天象来论皇帝的出现。对此,扬雄认为,尧舜禹都是圣人,却是君臣关系,文武周公都是圣人,却是父子关系,他们之间并没有什么五百岁之期的限定。用这样的道理来看,说不定一千年才有个圣人出现,也说不定一年就会同时出现许多圣人,哪有什么"五百岁而圣人出"的必然之理。

思考题:
1. 简述《太玄》的基本结构和思想。
2. 扬雄是如何弘扬儒家思想的?

参考书目:
1. 黄开国:《一位玄静的儒学伦理大师——扬雄思想初探》,巴蜀书社,1989年。
2. 许倬云:《求古编》,台北联经出版事业公司,1984年。
3. 阎步克:《士大夫政治演生史稿》,北京大学出版社,1996年。

第五章 《白虎通》对汉代思想和制度的整合

汉武帝建元五年(前136)正式设置五经博士,到武帝元塑五年(前124)又设立了太学制度。这以后,以经学为表征的儒学在帝国政治和教育的运作中开始发挥作用,那也就是人们常说的"罢黜百家,独尊儒术"。但实际上,当时公孙弘、董仲舒等虽居高位,也只是"通于世务,明习文法,以经术润饰吏事"(《汉书·循吏传》)而已,在整个社会思想和学术方面儒学并未占全面统治地位。

不过,武帝的"尊儒",的确也为后世儒家的发展奠定了权威性的基调,为后世儒者参政议政、传播思想文化奠定了制度基础。经宣、元、成三朝的逐步利用和扶持,儒学开始呈现出繁荣景象。这表现在:一是具备儒学背景的士人积极参政,并占据宰相、御史大夫等要职;二是经学的传授方法得以确立,师法和家法成为当时儒者学习经典、阐论思想与传承学术的主要方式;三是对思想学术的评判有了权威标准("上亲称制临决"),皇权在儒学的发展变迁中开始充当扶持人和裁判的双重角色;四是儒学在获得全面发展的过程中,进一步以其异态——灾异和谶纬学说的形式继续在哀平时期的政治社会层面占据优势地位。

第一节 两汉之际儒学的发展概况

汉武帝之后,儒学以经学的形式展开,逐渐衍化为今古文经学之争和谶纬之学的泛滥。

一、今古文经学

从形式上说，用汉代通行的文字隶书写成的"五经"，后世称作"今文经"；而对这些今文经典所作的章句训诂与经义阐说等，则被称作"今文经学"，以与"古文经学"相对。

汉初，五经本子复见，各式各样的帛书本子甚多，但尚无完整的定本。湖南长沙马王堆汉墓出土的帛书《周易》、安徽阜阳双古堆出土的竹简《周易》和《诗经》等等，以考古实物资料证实了这一点。汉初，今文经学主要在地方上传授，其性质属于儒家私学。汉武帝置"五经博士"，标志着今文经学由民间私学转变为朝廷官学。此后，从某种意义上讲，今文经学就是博士经学，而五经的隶书本也随着博士经学的形成而定型了。以后，有西汉宣帝黄龙元年（前49）所立的"黄龙十二博士"，东汉初光武帝在建武年间（25—55）所立的"建武十四博士"，都属于今文经学系统。

就在两汉今文经学盛行的同时，社会上还流传着一些与之不同的经典文本。由于它们最初发现时是用战国时期的六国文字抄写的，而不是用当时通行的隶书所书，所以也被称作"古文经"。古文经与今文经颇多不同，或文字不同，或篇目不同，或今文经中的一些内容古文经中没有，反之亦然。至西汉后期，这些古文经也引起了一些学者的关注，既有研究又有传授，逐渐形成了"古文经学"。

西汉后期，以刘歆为代表的古文经学者，为了让古文经学也能取得官学的资格，曾与今文经学者展开了激烈的论战。到西汉末，王莽利用刘歆提倡的古文经《周礼》作为其"改制"的依据，提高了古文经学的地位。进入东汉后，立于学官的今文经学热衷于谶纬内学，许多经师拘守师法、家法。而古文经学属于私学，因此对现实政治的依附较少。其学者又大多能博通群经，融会贯通。于是，古文经学逐渐开始压倒今文经学。到东汉后期，开始出现兼通今古文经学的"通学"。

至于今古文经学的分歧，除了对文本的认同相异之外，还有许多理解和解释上的不同，如关于六经的排列顺序问题、关于孔子与六经的关系问题、关于孔子的地位问题、关于对古制的理解问题、关于对谶纬学说的态度问题等等。

二、谶纬之学

在两汉的经学思潮演变过程中，谶纬之学是一个很特殊的内容，它于两汉之际兴起，是融合了汉儒天人感应思想来阐释和附会经典的学说。

所谓"谶"，是一种"诡为隐语，预决凶吉"（《四库全书总目提要·易类》），带有神秘色彩的预言。这种预言被认为是符合"天意"的，因此也叫"符"或"符命"。又由于许多谶附有图，所以也称作"图谶"。谶至迟在春秋时期就已经出现，《史记》的《赵世家》、《秦始皇本纪》中就记有"赵谶"和"秦谶"，但当时并没有纬。

所谓"纬"，广义上是指盛行于两汉之际的术数占验之预言文字或口说，它与"谶"、"图"、"候"等配合而称作"谶纬"、"图纬"、"纬候"。狭义上，"纬"是指"经之支流，衍及旁义"（同上），即专指与《易》、《书》、《诗》、《礼》、《春秋》、《孝经》等儒家经典相配合的书籍。"纬"之得名在于"经"，即如织物之纬线与经线相配合。由于纬书往往夹杂一些谶语，所以就通称为"谶纬"。

西汉的今文经学中掺杂了战国以来盛行的阴阳五行学说，儒生与方士、阴阳家、神仙家等合流，与之同时，谶纬之学也兴起了。到西汉哀帝、平帝之际，社会和政治危机不断深化，使得谶纬之学开始泛滥。一些不满于现实政治的士大夫，曾利用谶纬对当权者发出警告或抗议。而一些有政治野心的人，则利用谶纬作为篡夺政权的舆论工具。如王莽就利用所谓的"铜符帛图"宣称自己承"天命"可为真皇帝（见《汉书·王莽传》）。刘秀在建立东汉的过程中也充分利用了谶纬，所以在取得政权后便"宣布图谶于天下"（《后汉书·光武帝纪》）。谶纬由此而具有强烈的政治意味和统治效力。政府发诏班命、施政用人，往往引用谶纬。谶纬成了"天宪"，而谶纬之学被称作"内学"，其地位还在时称"外学"的经学之上。

谶纬之学的基本内容和主要倾向，是把儒经神秘化和宗教化。它是有文献体系的政治神话,其中包括完整的"三皇五帝"系统、圣人"感生受命"的传说、任意比附的"灾异祥瑞"等。当然,其中也包含了一些古代的神话传说,以及天文、历法、地理等方面的知识。

到东汉章帝建初四年(79)会群儒于白虎观,议论五经异同,引谶纬解经,由班固整理会议记录编成《白虎通义》(又称《白虎通德论》,简称《白虎通》),进一步把今文经学与谶纬之学糅合,成为官方经学的最高标准。

第二节 《白虎通》对汉代思想和制度的整合

《白虎通》共四十四篇(今存四十三篇,另一篇有佚文),每篇一个主题,每一主题下又有若干子问题,共计三百一十四个问题,几乎涵盖了整个汉代的思想、社会、政治、礼俗等层面。所以,从知识的角度看,《白虎通》可谓汉代儒学的百科全书;从社会政治的层面看,则是东汉的"宪法"。清人陈立的《白虎通疏证》,是一个比较好的注本。

一、天人关系

《白虎通》整合汉初以来天人感应理论和五行学说,对天人关系做了综合性的解释,认为五行与人世有密切关联,天人关系在社会政治层面是以祥瑞和灾异的形式体现出来的。

1. 天—地—人

《白虎通》强化了董仲舒关于"天"是一种有序的、有规律性的外在权威之说。《天地篇》说:

> 天者,何也?天之为言镇也,居高理下,为人镇也。地者,元气之所生,万物之祖也。地者,易也,万物怀任,交易变化。

"镇"不仅有统理之义,也有"正"之义。"天"是无边无际的物象,相对于万物而言,它的"居高"性是自然而然的,因此也是必然的。这种自然而必然性的空间特征,经由人经验意识的过滤和反思,自然时空关系中的"高",变成了天人关系中的"镇"(正)之"理",而这样居高而"镇"的"理",即是天命之理,是人道的终极根据。人实实在在地生活在地上,地与人的关系,无论是空间上还是感觉上,都具有一种自然而然的亲切性。在没有找出万物所由出的源头之前,地予以人的那种生存的亲切性便被人赋予一种具有生机和力量的东西——"气"。这样,地成了物质性的终极载体("祖")。理有了,物质性的源头也找到了,随之而来的是"变化"。终而,"地"进一步被赋予"易"的本质特征,并成为化育万物的力量源泉。

基于此,《天地篇》还引证《易》纬《乾凿度》对天人关系的理解,来说明天地人之间的关系,把《周易》的"生生"之义进一步具象化为人、情性、神明、道德、文章,世界因此也变成了有明确的意义。在《五行篇》中,《白虎通》还构建了一个五行、阴阳、四季、四方、四色、五音、五帝、五神相配的宇宙体系。这样的宇宙不仅有意义,还有生命力和意志。

2. 五行与人世

《五行》是《白虎通》中的重要一篇,它对先秦五行学说的解释有一个意义上的转折。首先,它把五行之"行"解释为"为天行气"。同时,它又以人事的尊卑来反证五行尊天的逻辑。这看似"不可理喻",但却正是谶纬之学的思维方式。

《五行》篇论证了五行与四方的关系:水在北方,阴气在黄泉之下,水均养万物;木在东方,阳气始动而万物始生;火在南方,阳气用事而万物变化;金在西方,阴始起而万物禁止;土在中央吐含万物。这是一种自然的也是经验的认知。

《五行》篇对五行之性的解释是:火是热的,与阳有意义关联;水是凉的,与阴有意义相通;木可曲直,金可锻造,它们可以为人所用而为器;土者孕育万物而不辞清浊。这也是通过经验直观,赋予五行以阴、阳、中和、孕育万物的内在特性。

《五行》篇对五行相互关系的论证,承续先秦思想中的五行相生相克的逻辑,认为五行"以其转相生,故有终始",因此是木生火、火生土、土生金、金生水、水生木。另一方面,与众胜寡、精胜坚、刚胜柔、专胜散、实胜虚的"天地之性"相匹配的是,五行也有相害(相胜)的一面,即水胜火、火胜金、金胜木、木胜土、土胜水。

按照"天人"相应的逻辑,《白虎通》认为五行之性及其相互关系,与人世间的情境有相通之处。如火阳是君之象,水阴是臣之义,而臣如能胜其君是因为君是无道之君,商纣王的下场即是证明。至于子顺父、妻顺夫、臣顺君,则更是地顺天之理的人伦折射。

就这样,《白虎通》通过经验直观的方式,把五行及其相生相克之理与人世间的种种关系之理联系起来了。五行因此不仅是自然之道,更是人世之理。在此意义上,五行学说是《白虎通》天人关系思想的基础。

2. 祥瑞和灾异

祥瑞和灾异思想的真正兴起与运用,与董仲舒的春秋公羊学关系颇大。此后,祥瑞和灾异成为汉代政治的一个重要特征。两汉之际,它们与谶纬之学合流,成当时政治意识的主流。《白虎通》综合其意,认为政通人和的情形下,会有祥瑞现象出现,以表明天对天子和人世的肯定和嘉许。与之相对,灾异则是天对帝王施政有误乃至帝王德行的批评,这就是所谓的"天谴"。在《白虎通》看来,灾异主要包括日月食、霜、雹、水旱灾等自然现象,它们"随事而诛"、"先发感动",具有当下性和预见性。如果不改过修正,一意孤行,会有更大的灾难降临。

二、名号系统

从《白虎通》的内容看,参与白虎观会议的儒者们对名实问题进行了详细而深入的辩论,以致《白虎通》本身就是以各类"名号"为分类依据的。而在各类"名号"中,与之相关的内容有"爵、号、谥、封公侯、姓名"五个主题共四十一个子问题,加上其他主题中对各种"名"的辨析条目二十多个,名号辨析占去全书的五分之一。

1. 天子名号

《白虎通》首篇为《爵》,《爵》从"天子"名号开始,辨析帝王名号的意义所在。《爵》篇引用《孝经》纬,并以《尚书·洪范》为证,论证帝王与民众的关系,如天与人的关系一样。其次,在《号》篇中又指出,帝王必须具有天地化载万物一般的德性,即帝王必须有仁义之心。第三,帝王应该具有自谦意识。第四,《白虎通》还通过辨析"谥"号,以期对君主进行评判和约束。

2. 姓名系统

《白虎通》对"姓名"系统也进行了辨析,认为"姓"是天人关系的一种人世表征,表明人是有德性的物类,说明"姓"是人世的情感与伦理得以形成的重要符号系统。进一步地,《白虎通》认为由"氏"就能知道一个人乃至其宗族的德行和社会地位如何,因为氏的形成与功德和封邑息息相关,氏之名称往往是由父辈的字、封地名、谥号、官位等而来。《白虎通》还详细追溯了历史上许多圣人与士人之"名"形成的不同情境与意义,最后复归于孔子"名不正则言不顺"的主旨,认为任何人的"名"都应该"名顺其文质"。至于"字",《白虎通》认为它是表明一个人成人后的德行和功业。

3. 公侯爵位系统

《白虎通》承续先秦礼制思想,认为爵位制度也是由天人关系而来。它综合今古文家以及谶纬学说对爵位的看法,一方面以公、侯、伯三爵为日、月、星三光的人世化体现;另一方面,它又认为公、侯、伯、子、男五等爵位是五行的人世化体现。《白虎通》依据儒家的为政理念,认为公、卿、大夫这样的政府职位都有其德性(无私)、能力(章善明理)、心胸境界(延引贤达)的要求。另一方面,"爵"本身隐含的要求是,不仅政府要量才授职,参政者本身也要各尽所能。

综合来看,对名号或某一主题进行历史的、制度的、理论的追溯,正是《白虎通》对之进行论说的基本方式。《白虎通》这样的追溯,是试图呈现每个主题所具有的历史的、制度的、德性的多重意蕴,并以此说明现行制度的合理性,以及人们遵循它的必要性。

三、情性理论

《白虎通》对情性理论亦有论述,其直接的思想资源是来自春秋公羊学和谶纬学说,间接的思想资源则来自先秦儒家和阴阳五行思想。

首先，从自然人的意义上，《白虎通》认为情性是与阴阳六气匹配而生的：

> 性情者，何谓也？性者阳之施，情者阴之化也。人禀阴阳气而生，故内怀五性六情。情者静也，性者生也，此人所禀六气以生者也。故《钩命决》曰："情生于阴，欲以时念也；性生于阳，以就理也。阳气者仁，阴气者贪，故情有利欲，性有仁也。"（《性情》）

《白虎通》认为性阳情阴、性仁情贪，又认为性生情静。这里的"生"，是气之所生，其意是说性与"生"俱有，在人之"形兆"形成的过程中，性就自然而然地具备了具有主导意味的"阳"之"理"。《白虎通》以情静性生的意义在于，它把具有外在强制倾向的礼对"欲"的规制，转化成人内在的主动的自理，即人之去恶为善，应该遵循"阳"动"阴"随之理。在这个意义上，《白虎通》是倾向于"性善"论的。

其次，从社会人的意义上，《白虎通》明确地把"性"伦理化，把"情"情绪化：

> 五性者何？谓仁、义、礼、智、信也。仁者，不忍也，施生爱人也；义者，宜也，断决得中也；礼者，履也，履道成文也；智者，知也，独见前闻，不惑于事，见微知著也；信者，诚也，专一不移也。故人生而应八卦之体，得五气以为常，仁、义、礼、智、信也。
>
> 六情者，何谓也？喜、怒、哀、乐、爱、恶谓六情，所以扶成五性。
>
> 性所以五，情所以六何？人本含六律五行之气而生，故内有五藏六府，此情性之所由出入也。（《性情》）

这里，《白虎通》认为性情之数是自然而然的。由"五行六律"到"五藏六府"，是天人相应的结果。这样的结果，既是天人关系的逻辑延伸，也是社会人之所以为人的根据所在。因此，《白虎通》说五性是仁义礼智信，它们分别是人在处理自己与环境关系时所内蕴的原则。进一步地，这样的原则必须与人的日常生活结合起来，才有实际的效果。即，自然人的"生"之性所具有的主导意义必须由社会人落实到现实层面，它才具有明确的伦理意义。这样的过程，即是六情扶成五性的过程。于是，《白虎通》通过对五行与五脏六腑的繁复论证,来说明六情何以扶成五性。

由此可见,《白虎通》的性情理论与其前的性情理论差别颇大。先秦乃至春秋公羊学的性情说,注重性之呈现与情或欲之限制关系,其中的关键是礼乐的运用。而《白虎通》以自然人到社会人的进程立论,认为性情扶成关系的关键在于,人在这个进程中要遵循阴阳之理而调适自身的日常生活。

当然,《白虎通》并没有排斥古老的礼乐化情思想,在《礼乐》篇中说,"人无不含天地之气,有五常之性者。乐所以荡涤反其邪恶也,礼所以防淫佚节其侈靡也。"显然,这是它对先秦儒家思想的接纳,但其中已经融入了它自己的"五常之性"。

四、教化纲常

《白虎通》最为人所重视的是它的教化与"三纲六纪"思想。

汉儒主张教化,与他们对经典的理解是分不开的。《五经》篇说,"经"是"常"的意思。根据天的五行之理,人也有五常之道。而"经"是这些道的载体,故"《乐》仁、《书》义、《礼》礼、《易》智、《诗》信"。这样的"五经"认同是先秦就有的。但是,由于"学以治性,虑以变情"(《辟雍》),则学"经"的目的,不是为了功利,而是为了"教人成其德"。况且,六经本身就具有这样的效用,即所谓"温柔宽厚,《诗》教也;疏通知远,《书》教也;广博易良,《乐》教也;洁静精微,《易》教也;恭俭庄敬,《礼》教也;属词比事,《春秋》教也"(《五经》)。这是汉代广泛认可的经典之功用。在汉儒看来,这样的学习教化是成人的根本。另一方面,教化还有一层含义,即"教者,效也"(《三教》)。按照《白虎通》的意思,"上为之,下效之,民有质朴,不教而成"(同上),也就是说,只要为上者守圣王君子之道,则普通民众都会以他们为榜样成为好国民的。

与教化密不可分的是纲纪理论:

> 纲者,帮张也;纪者,理也。大者为纲,小者为纪,所以张理上下,整齐人道也。(《三纲六纪》)

纲纪是形象化的说法,说明人世的治理如同张网一样,纲举而目张。而这样的过程,即是"纲纪为化"的过程。如果说"五经"的教化是为了个体的成人有德,则"纲纪为化"是为了人与人之间的和谐与温情。《三纲六纪》又说:

> 三纲者何谓也? 谓君臣、父子、夫妇也。六纪者,谓诸父、兄弟、族人、诸舅、师长、朋友也。故《含文嘉》曰:"君为臣纲,父为子纲,夫为妻纲。"又曰:"敬诸父兄,六纪道行,诸舅有义,族人有序,昆弟有亲,师长有尊,朋友有旧。"

今人往往以"纲"为"标准"、"统治"之义,并据此以臣、子、妇对君、父、夫是绝对服从的关系。然而,《白虎通》的"三纲"之义并非如此。《三纲六纪》说,"三纲法天地人",即"君臣法天,取象日月屈信归功天也;父子法地,取象五行转相生也;夫妇法人,取象人合阴阳有施化端也"。依据《白虎通》中天地人关系的逻辑,其中的"法"是"法"天地人关系之"理",即"一阴一阳谓之道。阳得阴而成,阴得阳而序,刚柔相配,故六人为三纲"(同上)。这样,天地人之"理"实际上是一种相成之理,即三纲所蕴含的所有关系应该是相成关系。即便按照阳主阴随的逻辑来理解,其中也没有一种绝对的无条件的统治与被统治关系。由此,君父夫对臣子妇起码不是一种绝对的统治关系。如果联系上文"五行转相生"的理解,则无道之君也是可以被臣子废黜的。

至于六纪。《三纲六纪》说,"六纪法六合",六合是指四方上下。与三纲的天地人匹配,六合的区位意义当然要以天地人为基础。故《三纲六纪》说:"六纪者,为三纲之纪者也。师长君臣之纪也,以其皆成己也;诸父兄弟父子之纪也,以其有亲恩连也;诸舅朋友夫妇之纪也,以其皆有同志为己助也。"在这里,师长君臣之纪,为的是各自都能成为名实相符的人。从职能上看,师必须有传道之资,君必须有仁义之政,臣必须有任事之能。父子兄弟之纪,为的是父子兄弟之间有慈爱孝悌。夫妇之纪,为的是能相辅相成。

五、制 度 总 结

辨析《白虎通》中现存的四十三个主题,其中有三十个主题与古代社会、政治、风俗制度直接相关。因此,在制度层面上,从其"通义"的意义上说,

《白虎通》无疑是具有制度总结意义的"国宪"典籍。

从《白虎通》制度类主题的具体内容看,其中有颇具汉代特色的制度总结。除了上文已述及的内容外,还有谏争、考黜等,其中最有意味的是汉儒对"不臣"和"师"的阐释。

先看儒者们通过怎样的隐晦途径来对王权进行限制,并为自己争取尊严的。在儒者们看来,即便帝王是人世的至尊,也并非拥有绝对的统治力。帝王在敬畏天地先王之外,还必须对人世的很多人和事保持敬肃之心。《王者不臣》篇说:"王者有暂不臣者五,谓祭尸、授受之师、将帅用兵、三老、五更。"即在严格的君臣序列关系中,有五种情形王者不能以帝王身份与其相处,而必须给予足够的尊重:一是祭祀时的"尸",那是祖先之神的象征;二是授业的老师;三是在外用兵的将军们;最后是"三老、五更",即指从三公和九卿位置上退休且德高寿长的硕望之人。另外,君主还得对"先王老臣"、"春秋单伯"(代指德高望重的三公九卿)、"盛德之士"、"诸父诸兄"五类人保持必要的尊敬,不得直呼其名。

再看汉儒如何秉承先秦思想中的尊师重傅观念,来强调"师"的重要性。《辟雍》篇说:"虽有自然之性,必立师傅焉。《论语谶》曰:'五帝立师,三王制之。帝颛顼师绿图,帝喾师赤松子,帝尧师务成子,帝舜师尹寿,禹师国先生,汤师伊尹,文王师吕望,武王师尚父,周公师虢叔,孔子师老聃。'天子之太子,诸侯之世子皆就师于外者,尊师重先王之道也。"举了这么多圣王有师的例子,其实只是为了说明,天子诸侯再怎么秉承天命,也得向老师学习为君之道。

还有一个值得注意的问题是,无论是追溯某制度的历史渊源,还是隐晦辨析当代行政,《白虎通》中都贯穿了先秦儒家的民本意识和礼仪精神。如论帝王之有社稷,是为民求福功(见《社稷》);论帝王封贤设官都应"为民"(见《封公侯》)等等。而《礼乐》、《乡射》、《丧服》、《嫁娶》等篇,则更是对先秦和汉代风俗的综合。

可以说,贯穿于《白虎通》的是一种深重的历史感。这种历史感,一方面使得它以古老的"天人关系"思想作为立论的基础,融合了汉代的今古文经学、谶纬学说、黄老医学;另一方面,它又深入历史文化的源头,为汉代制度和文化寻求渊源和证据。

思考题：
1. 简述两汉之际儒学的发展概况。
2.《白虎通》是如何对汉代思想和制度整合的？

参考书目：
1. 许道勋、徐洪兴：《中华文化通志·经学志》，上海人民出版社，1998年。
2. 钟肇鹏：《谶纬论略》，辽宁教育出版社，1991年。
3. 张　涛：《经学与汉代社会》，河北人民出版社，2001年。
4. 季乃礼：《三纲六纪与社会整合》，中国人民大学出版社，2004年。

第六章 王充的哲学思想

王充,字仲任,会稽上虞人,东汉光武建武三年(27)生,和帝永元中(约100年左右)卒。王充出身于"细族寒门",青年时赴京师洛阳求学,受业于太学,曾师事名儒班彪,好博览而不守章句,"家贫无书,常游洛阳书肆,阅所卖书,一见辄能诵忆,遂博通众流百家之言"(《后汉书·王充传》)。官至刺史治中,但仕途并不得志,遂去官家居,潜心著述。晚年"贫无供养,志不娱快"(《论衡·自纪》),在潦倒中死去。

据《论衡·自纪》记载,王充的著作主要有《论衡》八十五篇(内《招致》有目无书,实存八十四篇)、《讥俗节文》十二篇、《养性书》十六篇及《政务书》等,后三书今已佚失。现在研究王充的资料主要为《论衡》八十四篇,通行本为黄晖《论衡校释》,中华书局1979年版。

所谓"论衡",意思是"论之平"(《自纪》),也就是"铨轻重之言,立真伪之平",其目的是使人"知虚实之分"(《对作》)。故王充又自称其所著《论衡》一书的宗旨,一言以蔽之曰"疾虚妄"(《佚文》)。在他看来,当时的诸多流行见解,即所谓的"世书俗说",大多是虚妄不实之言,因此在《论衡》一书中,特别是其中"九虚"、"三增"等系列文章中,王充把重点放在"订其真伪,辨其虚实"上,从而致力于肃清古今思想习俗中的虚言谬说,表现出了很强的批判精神。这种"疾虚妄"的精神,可以说是王充思想的最大特色所在。

第一节 天道自然

天人关系是汉代思想的主题之一。自西汉董仲舒以来,阴阳五行学说被广泛掺入儒家思想之中,天人感应、阴阳灾变之说相应地成为两汉思想的主要思潮。东汉立国之初,光武帝刘秀又宣布图谶于天下,以天人感应为思想核心的谶纬之学遂成为国家正统学说。对天人感应论及谶纬学说来说,天人之间有一种神秘的内在关系,但在王充看来,这种学说就是当时思想界最大的虚妄谬说。为此,王充通过从正面阐述其天道自然的观点,对天人感应说及谶纬思想提出了严厉的批评。

一、天道自然

在王充看来,天不是什么神秘莫测的东西,而是一种诸如地一样的自然界物体,如他说:

夫天,体也,与地无异。(《变虚》)
天,体,非气也。(《谈天》)

"夫天,体也"这一命题的提出,主要目的是为了反对"天者,气也"的说法。而后者则正是当时天人感应说的理论基础,当时一种流行的说法就是"同类通气,性相感动"(《偶会》)。故王充又指出:"儒者曰:天,气也,故其去人不远,人有是非,阴为德害,天辄知之,天辄应之,近人之效也。"(《谈天》)因此,王充以天为体,就试图从根本上否定天人相感的可能性。

进而王充又吸收了道家"自然无为"的学说,认为天道最根本的特征在于自然无为,即他所说的"自然无为,天之道也"(《初禀》)。而所谓"自然无为"也就是:"天动不欲以生物而物自生,此则自然也;施气不欲为物而物自为,此则无为也。"(《自然》)所谓"自然",指天不是有目的地生成万物,万物只是自然而然地出生;所谓"无为",指天不是有意识地干预万物,万物只是自然而然地成长。这种"自然"与"无为",正是天道的根本特征;与之相反,若有目的、有意识地主宰与干预万物的生成，则是"有为"，"有为"则属于人道，所以王充又说："天道无为，人道有为。"(《说日》)这正是天人的根本差别所在。

然而，何以知天道自然无为呢？王充对此做了详细的论证。他认为，之所以知道天道自然，是因为天没有口目之类的感官。在他看来，有口目之类感官的东西才可能有为，因为有感官就有欲望与要求，如目欲视而口欲食等，如果没有感官欲望，就对事物没有要求，"于物无所求索，夫何为乎？"(《自然》)而之所以可以知道天无口目，王充是从地无口目这一事实来推知的："何以知天之无口目也？以地知之：地以土为体，土本无耳目。天地，夫妇也，地体无口目，亦知天无口目也。"(《自然》)因此，天地间一切都是自然而无为，不论春生秋成，都不是天地有意"为之"：

> 天道无为，故春不为生，而夏不为长，秋不为成，冬不为藏。阳气自出，物自生长；阴气自起，物自成藏。(《自然》)

这就是物之自然，而不是天的有意作为。王充进而质问说："如谓天地为之，为之宜用手。天地安得万万千千手，并为万万千千物乎？"(《自然》)既然天不能以万万千千手来创造万物，那只能说万物是自然而自为的了。因此，即使是"河图"、"洛书"之类貌似神秘的东西，表面上看是天有意为之，而实际上仍然是自然而然，即所谓"外若有为，内实自然"，"故图书自成"(《自然》)。同样，世俗所以为的种种灾异奇怪的天象，实际上不过是很平常的自然现象而已，世人赋予这些现象以种种意义，在王充看来当然也就是虚妄不实之说了，所以王充又说："自然之道，或非为之。"(《自然》)

二、天人不相感

既然天道自然无为，万物不是上天有意识有目的地生出来的，那么人也同样不是上天有意所生。王充驳斥时儒天地生人之论说：

> 儒者论曰：天地故生人。此言妄也。夫天地合气，人偶自生也。犹夫妇合气，子则自生也。(《物势》)

按照以董仲舒为代表的时儒的说法,不但天地故生人,而且故生万物,即认为天有意识地生出人,同时又生出万物为人服务。王充则驳斥说:

> 天地合气,万物自生,犹夫妇合气,子自生矣。万物之生,含血之类,知饥知寒,见五谷可食,取而食之;见丝麻可衣,取而衣之。或说以为天生五谷以食人,生丝麻以衣人,此谓天为人作农夫桑女之徒也,不合自然,故其义疑,未可从也。(《自然》)

无论五谷还是丝麻,都是自然而生,而不是为了迎合人的衣食而生,这就进一步反驳了上天有意生人之说。天既然无意于生人,则天同样无意于主宰与干预人的世界,从而也就不会以灾变来谴告于人,一切天人感应、灾异谴告之类的说法也就不能成立:

> 夫天道,自然也,无为。如谴告人,是有为,非自然也。(《谴告》)
> 夫天之不故生五谷丝麻以衣食人,犹其有灾变不欲以谴告人也。物自生而人衣食之,气自变而人畏惧之。(《自然》)

就像天不是有意生五谷丝麻来衣食人一样,天的灾变也不是天有意对人的谴告。如认为天能谴告于人,则天也就不是自然,而是有为。

进而在王充看来,天既无意干预人间事务,天同时也不可能知晓人间事务并因此作出感应。他说,"天之去人,高数万里",人的声音也就不可能传达上去。他又指出,假如天是体,那么耳高不能听到人的言语;假如天是气,那么气如云烟,又怎么可能听人言辞呢?(《变虚》)所以王充指出,"人不晓天所为,天安能知人所行?"(《变虚》)这样,对王充来说,天既不能知晓人间事务,则人的行为也就不可能引起天的感应。

总之,对王充来说,天人悬绝,天人既不可能相知,也不可能相感。"人不能以行感天,天亦不能随行而应人。"(《明雩》)然而,既然天人感应之说为虚妄,为什么又能长期流传并为人所信奉呢?对此王充指出有两个原因:第一,从心理学的角度说,王充认为,这是以人况天,即人按照人的模式来类比天。比如王充说:"人有喜怒,故谓天有喜怒。推人以知天,知天本于人。"(《雷虚》)而灾异谴告说的兴起,也是以人道来类比天道:"且凡言谴告者,以人道验之也。人道,君谴告臣,上天谴告君也,谓灾异为谴告。"(《自然》)第二，从社会政治的角度来说，这是神道设教，即立神道以教化百姓。王充说："六经之文，圣人之语动言天者，欲化无道，惧愚者之言，非独吾意，亦天意也。及其言天，犹以人心。非谓上天苍苍之体也。变复之家见诬言天，灾异时至，则生谴告之言矣。"（《谴告》）从某种意义上说，神道设教是儒家一贯做法，王充这一说法事实上相当准确地把握住了董仲舒以来儒者提倡天人感应说的真义所在。

第二节　实知与知实

王充"疾虚妄"的目的，就在于试图建立一套"实"的知识，因此在《论衡》中又有"实知"与"知实"等说法。

所谓"实知"，是相对于虚妄之知的"先知"、"生知"、"前知"等而言。王充指出："儒者论圣人，以为前知千岁，后知万事，有独见之明，独听之聪，事来则名，不学自知，不问自晓。"（《实知》）这里所谓的"儒者"，主要指董仲舒以来的谶纬家。王充举例说，在当时的图谶中，有种种神化孔子的记载，如："孔子将死，遗谶书曰：'不知何一男子，自谓秦始皇，上我之堂，踞我之床，颠倒我衣裳，至沙丘而亡。'其后秦王兼吞天下，号始皇，巡狩至鲁，观孔子宅，乃至沙丘，道病而崩。"（《实知》）诸如此类圣人先知的记载，对于王充来说，都是虚妄之知。在他看来，世上并不存在生而知之的圣人，在《知实》篇中，王充又广引了十六条证据，论证了"圣人不能神而先知"。

既然如此，又如何可能"知实"以建立"实知"呢？也就是说，这套"实"的知识从何而来？又如何才能"知"实呢？王充指出：

　　论则考之以心，效之以事，浮虚之事，辄立证验。（《对作》）

这可以说是王充"考论虚实"的一条基本原则，也是他哲学批判的基本方法。

首先，王充主张持论必须从事实出发，特别是耳目亲闻亲见的经验事实，也就是他所说的"须任耳目以定情实"，"如无闻见，则无所状"（《实知》）。同时，任何结论也必须经得起事实的验证，即所谓"效之以事"。王充举例说，盛夏之时，常有雷电击人，世俗认为这是"天怒而击杀之"，王充则认为

"雷者火也"。(《雷虚》)在这两个正相反对的判断中,何者为真实,何者为虚妄呢?王充认为这完全可以从事实出发加以验证,他分析说:

> 以人中雷而死,即询其身,中头则须发烧燋,中身则皮肤灼颁;临其尸上闻火气,一验也。道术之家,以为雷烧石,色赤,投于井中,石燋井寒,激声大鸣,若雷之状,二验也。人伤于寒,寒气入腹,腹中素温,温寒分争,激气雷鸣,三验也。当雷之时,电光时见,大若火之耀,四验也。当雷之击时,或燔人室屋,及地草木,五验也。夫论雷之为火有五验,言雷为天怒无一效,然则雷为天怒,虚妄之言。(《雷虚》)

在这一例子中,王充就以事实证明了以"雷为天怒"是"虚妄之言"。因此,在王充看来,持论必须有事实的根据,经得起事实的验证,如他说:

> 事莫明于有效,论莫定于有证。(《薄葬》)
> 凡论事者,违实不引效验,则虽甘义繁说,众不见信。(《知实》)

这也就是说,论事如果不引事实加以证明,即使有"甘义繁说",也难以取信于人,如道家自然观最大的缺点在王充看来就在于"不知引物事以验其言行"(《自然》)。

然而,王充虽然主张持论应该以事实为证据,但有时个人的闻见经验,可能未必与事实相符,即使是亲闻亲见,本身却不见得就是真的事实。王充在批评墨子时就指出,墨子主张"明鬼",历举了许多人见到鬼的故事来证明鬼的存在,但这并不是真的事实,而只是耳目所产生的"虚象"。所以如此,是因为人们有时徒信耳目的感官知觉,而不知道"以心意议":

> 夫论不留精澄意,苟以外效立事是非,信闻见于外,不诠订于内,是用耳目论,不以心意议也。夫以耳目论,则以虚象为言,虚象效,则以实事为非。是故是非者,不徒耳目,必开心意。墨议不以心而原物,苟信闻见,则虽效验章明,犹为失实。失实之议难以教,虽得愚民之欲,不合知者之心。丧物索用,无益于世;此盖墨术所以不传也。(《薄葬》)

王充认为,墨家虽然主张"原察百姓耳目之实",但其蔽在于"苟信闻见",而不知"以心意议",故其有鬼之论,虽然言之凿凿,但离事实本身却越来越远。

因此，是非之论，仅仅依据耳目闻见之类的直接经验是不够的，还必须对之加以心知的判断，即"以心而原物"，只有"心意"认为与事实相符合的，才能断言说是真的事实。这也就是王充"考之以心"的意思所在。否则，一任耳目闻见，即使"效验章明，犹为失实"，从而遮蔽事实本身。

在王充看来，"考之以心"很重要的一种方法就是"推类"：

> 凡圣人之见祸福也，亦揆端推类，原始见终。（《实知》）
> 先知之见，方来之事，无达视洞听之聪明，皆案兆察迹，推原事类。（《实知》）

所谓"推类"，在王充那里有演绎与归纳的成分，但更多的是运用类比的方法，从类似的已知事实来推知未知的事实，比如，推人道可以知天道，从"夫妇合气，子则自生"可以推知"天地合气，人偶自生"；又比如，从地无口目，可以推知天无口目等等，都是王充推类法的具体运用。对于一个人来说，其亲闻亲见的事实毕竟有限，且许多问题本身也不可能直接耳闻目见，因此，就必须运用心知来以类相推。故王充每提到效验时，经常也同时提及"推类"，并把"不知类"、"不推类"视之为"蔽惑暗昧"的根源（《程材》）。但从另一方面而言，推类固然是心知的功能，但同时必须立足于已知的经验事实，才可能推知未知的事实。所以王充讲"推原事类"的同时，必先讲"案兆察迹"，即先考察我们所能感知得到的征兆与迹象，才能进行以类相推。就此而言，"开心意"并不能脱离"任耳目"，"考之以心"仍然必须以事实为基础，否则，不依事实而空想独思，"不睹兆象，不见类验"，只会在百世之后得出牛生马、马生驴之类的荒唐结论（《实知》）。

需要指出的是，王充所谓的"推类"，其实是汉代相当流行的一种思维方式。王充试图用这一方法获得"实知"，但在王充心目中作为"虚妄之学"的天人感应说，用的也正是这一同样的方法。然而，王充似乎并没有意识到这一点。

第三节　性　与　命

性与命是中国哲学史上一对根本性的概念。在王充的哲学体系中，性与命的问题具有极其重要的地位,《论衡》开篇就对这一问题展开讨论,其前三卷的十五篇文字,几乎全部涉及到性命问题,从而形成王充相当独特的人生观。

一、人性与教化

王充极其重视人性在社会政治生活中的作用,认为人性是"人治之本,礼乐所由生",是"礼所以制,乐所以作"(《本性》)的根据所在。然而,在王充看来,古今儒者对人性虽多有讨论,却不能做出正确的结论。因此,在正面提出其人性论之前,王充对先秦以来诸子的人性论做了评议。在他看来,无论是孟子道性善、告子论性无善无恶还是荀子论性恶,都"未得其实"。他说:"自孟子以下至刘子政,鸿儒博生,闻见多矣,然而论性情,竟无定是,唯世硕儒("儒"字疑衍文)、公孙尼子之徒,颇得其正。"(《本性》)也就是说,古今人性理论中,王充认为只有世硕、公孙尼子以人性为有善有恶的说法最为正确。王充正是在继承了世硕等人性有善有恶说的基础上,提出了自己的人性观。如他说:

> 实者,人性有善有恶,犹人才有高有下也。高不可下,下不可高。谓性无善恶,是谓人才无高下也。(《本性》)

而人性之所以有善有不善,王充则从气禀的角度出发来说明人性的善恶。王充认为,人性禀气而成,性的善恶由人生时所禀的气所决定:

> 用气为性,性成命定。(《无形》)
> 禀气有厚泊,故性有善恶也。(《率性》)
> 人之善恶,共一元气。气有少多,故性有贤愚。(《率性》)

在他看来,一个人禀得的元气厚与多,其人性就善;若禀得的元气薄与少,其人性就恶。因每个人所禀得的元气有多少厚薄之别,故人性与生俱来就有善与不善的区分。这种人性气禀论可以说是王充人性理论中最大的特色所在,在中国哲学史上产生了深远的影响,后来宋儒"气质之性"的提出,在王充这里可以找到其直接的思想渊源。

根据性的善恶之分,王充把人性分为上中下三类:

> 余固以孟轲言人性善者,中人以上者也;孙卿言人性恶者,中人以下者也;扬雄言人性善恶混者,中人也。(《本性》)

这种说法显然深受董仲舒的影响。同董仲舒一样,王充对人性三品的划分主要是为了凸显教化的意义。在王充看来,虽然天生性成,但人性同时也可以经过后天的教化与学习而获得改造。董仲舒将"中民之性"作为教化的主要目标,王充同样也主要将教化的对象放在"中人"身上,在他看来,"中人"之性最容易被改造:

> 无分于善恶,可推移者,谓中人也。不善不恶,须教成者也。(《本性》)
>
> 夫中人之性,在所习焉。习善而为善,习恶而为恶也。(《本性》)

王充认为,作为绝大多数人的"中人",具有很强的可塑性,既可能向善的方向发展,也可能向恶的方向转化,或为善或为恶,关键在于后天环境的习染与教化的改造,这也正是孔子"性相近也,习相远也"的意涵所在。

王充在论及习染与教化对人性的影响时,有时认为这只适合于中人之性,极善或极恶之性不可改变,如他说:"人情有不教而自善者,有教而终不善者矣,天性犹命矣。"(《命禄》)又如他说:"至恶之质,不受蓝、朱变矣。"(《本性》)但在更多的情况下,王充认为,习染与教化对人性的改造不仅适合于中人之性,即使是善性与恶性,也可能在后天发生变化。他比喻说:"蓬生麻间,不扶自直;白纱入缁,不练自黑。彼蓬之性不直,纱之质不黑;麻扶缁染,使之直黑。夫人之性,犹蓬纱也,在所渐染而善恶变矣。"(《率性》)也就是说,人性即使恶如蓬草,若生于笔直的麻中,不用扶持也会自然挺直,这意味着先天的恶性可以经教化习染而成为善性;反之,即使善如白纱,如果放在黑色的染缸里,不用染洗也会变黑,这也就是说,先天善性若不经后天的教化与学习,也有可能转为恶性。因此,他得出结论说:"人之性,善可变为恶,恶可变为善。"(《率性》)而这种善恶相互转化的关键在王充看来就在于教化:

> 论人之性,定有善有恶。其善者,固自善矣;其恶者,故可教告率勉,使之为善。凡人君父审观臣子之性,善则养育劝率,无令近恶;近恶则辅保禁防,令渐于善。善渐于恶,恶化于善,成为性行。(《率性》)

无论是对善性还是恶性,"凡人君父"都必须"教告率勉",即教育、劝告、引导与勉励,使善性不近于恶而保有其善,使恶性逐渐化恶为善。在此王充尤其重视对恶性的转化与改造,在他看来,任何恶性都可以教化:"学校勉其前,法禁防其后,使丹朱之志,亦将可勉。"(《率性》)这样,也就为至恶之性开出了一条可能为善的出路,从而突破了传统"上智下愚不移"的理论局限。

二、偶成与命定

在对人性展开讨论的同时,王充更多地表现出对命运的强烈关注。在王充那里,性与命是一对相互关联而又相互区别的概念,并对性与命作了严格的界定:

> 夫性与命异,或性善而命凶,或性恶而命吉。操行善恶者,性也;祸福吉凶者,命也。或行善而得祸,是性善而命凶;或行恶而得福,是性恶而命吉也。性自有善恶,命自有吉凶。使命吉之人,虽不行善,未必无福;凶命之人,虽勉操行,未必无祸。(《命义》)

在王充看来,涉及一个人操行清浊善恶的是性,而关乎一个人祸福吉凶的则是命。操行的善恶与命运的好坏并不成正比,命的吉凶与性的善恶毫无关系,如果命中无福,虽有善行,而未必得福,而命吉之人,则虽然多有恶行,照样有福。那么,所谓的命,其具体内涵又有哪些呢?王充界定说:

> 命,吉凶之主也,自然之道,适偶之数。(《偶会》)

首先,命是"吉凶之主"。也就是说,命主宰着人的吉凶,人的生死寿夭、富贵穷达都与命相关。所以王充又说:"凡人遇偶及累遭害,皆由命也。有生死禄夭之命,亦有贫贱富贵之命。"这可以说是命的基本内涵。

其次,命是一种"自然之道,适偶之数"。在王充的天道观中,天道自然,事物自生，既非有意，也无目标。因此，事物之生既可说是自然而然，也可说是偶然而成。就人而言，同样也是如此，"夫天地合气，人偶自生"（《物势》）。人既是天地偶然的产物，那么人的际遇也就必定充满了偶然性，这就是所谓的"适偶之数"。王充又用"遭"、"遇"与"幸"、"偶"来形容人生的这种偶然性，"人有命有禄，有遭遇，有幸偶"（《命义》）。

所谓的"遭"，指的是遭逢非正常的、突然的事变："遭者，遭逢非常之变，若成汤囚夏台，文王厄牖里矣。以圣明之德，而有囚厄之变，可谓遭矣。"所谓的"遇"，则指不期然而然、未经努力即可获得某种东西，在王充看来，诸如春种夏收、求物得物之类，就不能称为"遇"，真正的"遇"应该是"不求自至，不作自成"（《逢遇》）。因此，遇也充满偶然，所谓"处尊居显未必贤，遇也；位卑在下未必愚，不遇也"（《逢遇》）。

人生中除了充满"遭"、"遇"之外，王充进而认为，人的种种"遭"、"遇"，又有"幸"和"不幸"、"偶"和"不偶"的差别。"幸"即幸运、侥幸，"偶"即偶合、巧合。"遭"、"遇"之祸福，往往取决于"幸"与"不幸"、"偶"与"不偶"，如果"遭遇幸偶"，则可能功成名就，"遭遇不幸偶"，就只有失败的命运：

　　凡人操行，有贤有愚，及遭祸福，有幸有不幸；举事有是有非，及触赏罚，有偶有不偶！（《幸偶》）

　　故夫遭遇幸偶，或与命禄并，或与命离。遭遇幸偶，遂以成完；遭遇不幸偶，遂以败伤。（《命义》）

总之，对于王充来说，"幸"、"偶"这两个因素使得原本"遭"、"遇"不测的人生更加充满了变数。然而，既然人生充满了偶然，那么这是否意味着人的命运是完全任意的呢？王充并不这样认为。在王充看来，命既是"自然之道"，那么，就"自然"而言，一方面从整个世界的角度来说，天地之施气、人物之出生，都是自然而然，适偶而生，是偶然的；但另一方面从个别的物或人来说，它的生成发展既是"自然"，就不可人为，从而一开始就已经被决定，这是一种自然性的决定，而不由某种外力所加。这种决定，在人身上即谓之"命"。因此，对于王充来说，人在禀生之初，即已命定。

然则禀生之初的命是怎么形成的呢？在王充看来，"命"与"性"一样，都是禀气而成，即人的命运是由出生时所禀得的气而决定的：

> 人禀气而生，含气而长，得贵则贵，得贱则贱。(《命义》)
> 命谓初生禀得而后生也。(《初禀》)
> 命谓初禀得而后生也。人生受性，则受命矣。(《初禀》)

所谓"初禀"，指的是人一出生即已禀得的气，在王充那里，这主要指父母结合受胎之时所禀得的气。所以王充在《命义》中说："凡人受命，在父母施气之时，已得吉凶。"这也就是说，人命的好坏，取决于禀气受胎的瞬间，受胎之时也就是受命之时。受胎之时所禀得的气厚，则命吉；受胎之时所禀得的气薄，则命凶。王充甚至认为，既然命由气禀，而禀气受胎之时，所禀得的气就已经决定于所受的胎中，而胎乃人的形体，故进而命亦表现于人的形体之中，特别是人的骨相之中，如他说：

> 且命在初生，骨表著见……富贵贫贱，皆在初禀之时，不在长大之后随操行而至也。(《命义》)
> 人曰命难知，命甚易知，知之何用，用之骨体。(《骨相》)

于是，王充就把他的命定说最后完全归结到了骨相决定论上，一旦形体完成，命运就没有任何改变的余地，所谓"形不可变化，命不可减加"(《无形》)。

不仅个人受宿命支配，国家也是如此。王充将国家之命称为"国命"，并提出"国命胜人命"的说法。王充举例说："历阳之都，男女俱没；长平之坑，老少并陷。"(《命义》)这也就意味着，在"国命"面前，个体吉凶夭寿之命都失去了意义。在王充看来，人命取决于"初禀"，国命则取决于"时数"。

> 国当衰乱，贤圣不能盛；时当治，恶人不能乱。世之治乱，在时不在政，国之安危，在数不在教。贤不贤之君，明不明之政，无能损益。(《治期》)

即使是圣君贤相，也只能治理"当安之民"，而无法化解"当乱之世"。这样，一切人为政教的努力，在"时数"面前不仅毫无意义，也毫无必要，从而唯一合理的政治措施，就是"以不治治之"，这也就是所谓的"无为之道"(《自然》)。

但要注意的是,王充所谓"无为之道",表面上标榜同于道家,其实内涵上有很大差别。道家讲究"无为而无不为",只是不妄为而已,而王充则是彻底地不作为,从而彻底地取消了政治生活的意义。从根本上说,无论个人还是国家,命运都是不可改变的,"命则不可勉,时则不可力,知者归之于天"(《命禄》)。于是,一切命运都重新被归于天意所在,不论个人还是国家,在天命面前不仅无可奈何,而且无能为力。从某种意义上说,这与他在人性论中所表现出来的积极态度,恰恰是自相矛盾的。

思考题:

1. 试析王充对天人感应说的批评。
2. 试评析王充的哲学方法。
3. 试评析王充的命定论思想。

参考书目:

1. 周桂钿:《虚实之辨——王充哲学的宗旨》,人民出版社,1994年。
2. 陈拱:《王充思想评论》,台湾商务印书馆,1996年。
3. 李维武:《王充与中国文化》,贵州人民出版社,2000年。
4. 邓红:《王充新八论》,中国社会科学出版社,2003年。

第三编 魏晋玄学

绪　　论

一、丧乱之世

公元184年,黄巾起义爆发,全国陷入群雄割据状态,直至229年孙权最后称帝,魏、蜀、吴三国鼎立的局面形成。265年,司马炎篡魏成为晋武帝后,整个晋朝历时156年,其中西晋52年(265—317),历四主;东晋104年(317—420),历十一主。可这156年中,只有晋武帝的太康年间(280—289)没有战争。291年,惠帝的皇后贾南风弄权,以致发生了持续16年的"八王"之乱。与此同时,中原十六国开始混战。317年,东晋元帝司马睿定都建康(今南京),琅琊王氏执政,史书谓之"王与马(司马氏),共天下"(《晋书·王敦传》)。322年,王敦叛乱,元帝忧愤而死,权归颍川庾氏。345年,庾翼死,名士桓温掌权,内乱不止。373年,桓温病死,谢安、王坦之当国,主张以静制动。402年,桓温幼子桓玄叛乱,后被刘裕所败。420年,刘裕篡晋,是为宋武帝。自此,历史进入南北朝时期。

长期的战乱,对民生造成了极大伤害。黄巾起义后,"田无常主,民无常居"(《后汉书·仲长统传》),军阀间的相互攻杀,使得"强者四散,赢者相食,二三年间,关中无复人迹"(《三国志·魏志·董卓传》)。到三国鼎立的局面形成时,全国家庭户数由汉末桓帝时的一千多万,锐减到一百四十五万户(《通典·食货》卷七《历代盛衰户口》)。生命在战争中竟是如此脆弱不堪!正如曹操所描述的:"白骨露于野,千里无鸡鸣,生民百遗一,念之断人肠。"(《曹操集》)

与平民的遭遇相比,士人也好不到哪儿去。三国时,"天下英豪布在州郡,宾旅寄寓之士以安危去就为意,未有君臣之固"(《三国志·吴志·吴主传》)。例如,为曹氏立下汗马功劳的名士荀彧,最终被迫"饮药而卒"。魏晋之际,引领正始玄风的何晏,作为竹林领袖的嵇康,都被司马氏收杀。西晋后期的"八王"之乱中,努力匡政的名士张华、裴頠,也都死于非命。这样的现实和遭遇,引发了士人对生命与生活的深层反思。史家称之为"个人自我之觉醒"(钱穆:《国学概论》)。

二、门阀贵族制度

"贵族",意味着同时具有历史、文化、门第等多重蕴含,魏晋的大多贵族,即是后汉世家豪门的后裔。而在魏晋门阀贵族制度形成与变迁的背景里,玄学家的这种悲剧美显现出更为丰富的历史和文化内涵。

西汉宣成之际儒学开始占据统治地位后,许多经学世家也随之荣耀起来。及至东汉,"光武诸功臣大半多习儒术,与光武意气相乎合"(赵翼《廿二史劄记》卷四"东汉功臣多近儒"条)。孔、伏、桓、翟等经学世家,更是声名显赫。不仅如此,东汉还有累世传"法"作"史"的家族,如郭躬曾作廷尉,掌管司法,"自躬后数世,皆传法律"(《后汉书·郭躬传》)。班彪、班固、班昭父子兄妹,都以修史为业,终成《汉书》。这些文化上的大族,有时也是政治强者。如杨震一家"四世三公",袁安一族"四世五公"(《廿二史劄记》,卷五"累世经学"条),袁绍更是"树恩四世,门生故吏遍于天下"(《后汉书·袁绍传》)。

另一方面,世家大族与地方豪强一起,对当时的社会结构也产生了极为重要的影响。如豪强们在地方建立的"坞",不仅是军事防御设施,也是危难之际难民的庇护所,更是"一种以高尚道德统率者为中心的共同体集团"(谷川道雄:《中国中世社会与共同体》),它在西晋的永嘉之乱发生时依然发挥着强有力的综合作用。

公元220年,曹丕登位,施行由吏部尚书陈群创制的"九品官人法"(即"九品中正制")。最初,此法尚能延引乡论,招任寒门。可到了司马氏那里,

治世以名教等第为先,九品中正不再以乡论为据而决于中正之意,受益的当然是大族了。其结果是:

> 台阁选举,徒塞耳目,九品访人,唯问中正。故据上品者,非公侯之子孙,则当途之昆弟也。(《晋书·段灼传》)

历史资料表明,三国之时,魏、蜀、吴政府中五品以上官员由士族充任的至多也就一半,但到了晋朝,政府的实权职位如尚书令、吏部尚书、中书监令、中正等由士族担任的都接近甚至超过百分之七十。更不用说东晋的政权,几乎就是王、谢、庾、桓等大族相继把持的了。

在经济层面,曹魏时期依据战争情势施行"屯田制"。司马氏掌权后,施行"占田制",规定官员依照官阶占有田地,同时规定他们的佃户数量,又各以品阶高低,荫其亲属,多者及九族,少者三世。不可否认的是,这种制度实际上也以法律的形式巩固了世家大族的既得利益。

由此,"上品无寒门,下品无势族"(《晋书·刘毅传》),"公门有公,卿门有卿"(《晋书·王沉传》)的门阀贵族制度形成了。

三、玄学的思想资源

如贵族有血统一样,文化思想也是有血脉的。汉儒承续了先秦儒家的血统,玄学脉动中则多为道家基质。汉代经学家无论是专经还是通经,都不逾儒学经典。而玄学家的玄思清谈与注经为文,却是包罗万象,远非止于《老》、《庄》。另一方面,汉代经学与魏晋玄学在理论上的迥异,并不能说明二者断然两分。相反,如今已被我们作为通行本的《论语集解》、《老子注》、《庄子注》,能在魏晋产生,很大程度上是得益于"累世经学"所造就的家学素养。因此,玄学并不仅仅是"新道家",更是多元思想融合的结果。

1. 清议

东汉后期,社会政治文化领域中有清流浊流之分。尚名节的士人是"清","虽在闾里,慨然有董正天下之志"(《后汉书·党锢列传》);外戚宦官为"浊",他们在朝为官的贪婪暴虐,居乡而霸的恃势骄横。这样,士大夫和宦官之间几成水火。正如范晔所说：

> 逮桓、灵之间，主荒政缪，国命委于阉寺，士子羞与为伍，故匹夫抗愤，处士横议，遂乃激扬名声，互相题拂，品核公卿，裁量执政，婞直之风，于斯行矣。（同上）

这样的风气，即是"清议"。掌权的宦官们自然不能容忍士人如此"品核公卿，裁量执政"，于是大开杀戒，以致"海内涂炭，二十余年，诸所蔓衍，皆天下善士"（同上）。史称"党锢之祸"。

在清浊二流斗争过程中涌现出来的士林领袖，如陈蕃和李膺，时谚誉为"天下模楷李元礼，不畏强御陈仲举"（同上）。他们不仅仅是清谈领袖，也是思想和道义的象征。而郭泰更是"隐不为亲，贞不绝俗，天子不得臣，诸侯不得友"（《后汉书·郭泰传》），这种独立自由的形象，正是玄学家们孜孜以求的。

从士人与宦官的关系看，清议是一种时政形态，但从清议人物来看，他们已经显现出一些儒道交融的文化意蕴，如陈、李为儒，郭泰近道。这样的历史文化蕴含，连同清议本身所培育的批判精神和品评理路，被继承为一种哲学要素和思想资源，而在玄学家们的清谈玄思中得以呈现。

2. 名理

关于"名理"，汉末王符说："有号者必称典，名理者必效于实，则官无废职，位无废人。"（《潜夫论·考绩》）汉魏之际，曹操"好法术而天下贵刑名"（《晋书·傅玄传》）。魏晋人对名家素有深究，被史家归入"隐逸"行列的西晋人鲁胜曾为《墨辩》作注，说："名者所以别同异，明是非，道义之门，政化之准绳也。"（《晋书·隐逸传》）鲁胜的这种看法，无疑是对曹魏以刑名治国的恰当总结。而官至尚书令的乐广也深得名家要义，《世说新语·文学》记载：

> 客问乐令"指不至"者。乐亦不复剖析文句，直以麈尾柄确几曰："至不？"客曰："至。"乐又举麈尾曰："若至者，那得去？"于是客乃悟服。乐辞约而旨达，皆此类。

"指不至"是《庄子·天下》篇所载先秦名家的论点之一。乐广以麈尾不能至几为喻，直观地说明了"指不至"。

通观魏晋,玄学家们对名理之学志趣盎然。博学的锺会,"精练名理,以夜续昼"(《三国志·魏志·锺会传》);著《崇有论》的裴頠善谈名理,有雅致之风;到了东晋,名相谢安请阮裕讲《白马论》,因不能当下领会,以致阮裕慨叹:"非但能言人不可得,正索解人亦不易。"(《世说新语·文学》)

玄学家如此孜孜于"名理"而不倦,郭象对之给出了很好的解释。他说:

> 膏粱之子,均之戏豫,或倦于典言,而能辩名析理,以宣其气,以系其思,流于后世,使性不邪淫,不犹贤于博弈者乎!(《庄子·天下》注)

的确,那些身处乱世的玄学家们,出身名门,衣食无忧,他们吃喝玩乐得腻了,读经诵道也倦了,总得找点其他事做才行,可政局变化莫测,他们怀才不能用于世。于是,大家聚在一块,把酒挥麈,"辩名析理",既能释解身处乱世不能"立功"的郁抑,又能让心神有个寄托。这样,即使无助于"立德",却也有助于"防淫",说不定,因为玄思清谈,还能"立言"而扬名于后世,这些总比赌博下棋有意思得多吧!这番话是郭象对《庄子》最后之注,大概是他注《庄》的体悟心得,所以随之他说"存而不论,以贻好事者也"。

3. "三玄"

颜之推(531—590)在《颜氏家训·勉学》中述评玄学时说:"《庄》、《老》、《周易》,总谓三玄。"

在魏晋人眼里,对"三玄"本身及其注释的熟知,是玄学家的必备资质。正始时期的何、王,竹林时期的向、阮,中朝时的郭象等重要玄学家们,几乎都对"三玄"和《论语》等经典进行过注释。通过《世说新语》,我们还可发现,"三玄"也是清谈的重要内容,如在《文学篇》中,汉晋之间玄学家有明确内容的四十三条清谈中,明确提到"三玄"的就有十五条。

不过,"三玄"在玄学衍变过程中的影响和地位有所不同。汉魏之际,注《易》、谈《易》之风盛行,到了东晋的永和初年(345),在简文帝司马昱的主持下,还开展了一场关于《周易》的清谈盛会,大名士孙盛、殷浩分别担任辩论主将。

关于《老子》,东晋中后期的大名士殷仲堪说:"三日不读《道德经》,便觉舌本闲强。"(《世说新语·文学》)可见《老子》对于玄学家们的魅力和影响。

汉魏之际，《庄子》对玄学的影响还不显著。从曹魏后期直到东晋，《庄子》对玄学家们的影响逐渐增强。东晋以后，《庄子》更为清谈者所乐道。刘孝标在《世说新语·言语》中注引说，名士太尉庾亮问孙盛之子孙放为何以"齐庄"为字，孙放答以"意欲慕之"。庾亮又问他为何不企慕孔子，答："仲尼生而知之，非希企所及；至于庄周，是其次者，故慕耳。"八岁儿童如此熟知庄子并能分别儒道，除了家学渊源外，与当时"慕庄""作达"的玄风影响自然有很大关系。

另外，需要注意的是玄学背景中的儒释道（玄）关系问题。魏晋时期，玄学家不仅注"三玄"，也注《论语》、《左传》等其他经典，玄学的衍化中因此而有着丰富的儒道会通的内容。而在东晋以后，玄学渐呈式微之态，佛教越来越多地渗入玄学中，因此有着玄佛合流之说。

四、玄学的方法

玄学之所以成为玄学的一个重要原因是，玄学家们几乎都采取"得意忘言"的方法来注疏和解读经典，把汉儒的"我注"经典时的繁富考证转化成经典"注我"的清通表达。

言意关系最早出现在《周易·系辞上》中，即"书不尽言，言不尽意"，"圣人立象以尽意"，《庄子·外物篇》也以捕鱼和猎兔为喻，说："言者所以在意，得意而忘言。"王弼以老庄之意注《周易》，认为"象"和"言"都是人"得意"的工具。研究者简称其说为"得意忘言"。

从玄学衍变的整个过程看，郭象所说的"辩名析理"实际上多是清谈辩论的一种方法，而玄学理论的建立，则有赖于玄学家们对"得意忘言"的理解和感悟，"得意忘言"因此成为玄学之所以为玄学的方法。这主要体现在以下五个方面：

1. 解释经典的方法。汉代的章句之学，忠实原典，随文考释训诂，学问多而"出意"少。魏晋人追求"清通简要"，注疏解读经典时要言不繁，自出己意，如王弼的《周易略例》，阮籍的《达庄论》、《通老论》、《通易论》等，学问少而"出意"多。可以说，作为玄学主要典籍的《老子注》、《庄子注》等，都是玄学家"得意忘言"的结果。

2. 会通儒道的方法。魏晋人会通儒道的努力,不仅于注疏经典时儒道不偏废,而且在清谈中,有的人还认为儒道就是相通的。《世说新语·文学》载:

>阮宣子有令闻。太尉王夷甫见而问曰:"老庄与圣教同异?"对曰:"将无同?"太尉善其言,辟之为掾。世谓"三语掾"。

阮修因为以简练而富有韵味的语言("将无同")说出自己对儒道的见解(儒道是相同的),而得到太尉王衍的赏识,并因此让他做了自己的属官。

3. 玄佛合流的方法。佛教传入中国时,以"格义"(比附)为法阐明佛理。东晋以后,玄风大盛,"得意忘言"成为学问思想的主要方法。因而,两晋之际的有名僧人,如南方的支道林不拘文句以阐幽发微,竺道生更是寄言以出意,直指心性。佛学因此从东晋开始蓬勃兴起。

4. "得意忘言"契合了玄学主旨。"贵无"论的本体之"无",超言绝象,王弼关于有无的体用之论,通过作为"末"的"有",而达到作为"本"的"无",即是得"无"之意而忘末有。阮籍不拘文句以"通"三玄,嵇康剖析哀乐而论音声。郭象则致力注《庄》,阐发内圣外王之道,以求"适性"逍遥。

5. "得意忘言"的方法影响着玄学家的生活方式。无论阮籍如何忧游痛苦,嵇康如何慷慨率性,刘伶如何借酒放纵,竹林名士越名教而任自然的现实生活,贯穿的都是一种重神理而遗形骸的玄味。他们以形体为心神的寄居之所,试图循着自然之道身体力行,实现一种超脱现实的自由生活,"达"因此成为他们生命和生活的"意"。

五、玄学的主题

春秋战国时的诸子百家奠定了传统文化的基调,而魏晋南北朝时期的玄、佛、儒思想,则成就了唐以后中国传统文化的格局。那么,玄学到底是什么呢?

"玄"即变化莫测,其意源自《老子》首章的"同谓之玄,玄之又玄,众妙之

门"。魏晋人自己关于"玄"的看法,不外乎"玄远"之道的深妙和韵味。玄学的"百科全书"——《世说新语》中颇有记载:

> 晋文王称阮嗣宗至慎,每与之言,言皆玄远,未尝臧否人物。(《德行》)
>
> 初,注《庄子》者数十家,莫能究其旨要。向秀于旧注外为解义,妙析奇致,大畅玄风。(《文学》)
>
> 王夷甫容貌整丽,妙于谈玄,恒捉玉柄麈尾,与手都无分别。(《容止》)
>
> 孙长乐作王长史诔云:"余与夫子,交非势利,心犹澄水,同此玄味。"(《轻诋》)

由此可见,玄学家们的"玄"意,并非玄不可解,虚不可至,而是通过"辩名析理"的磨砺相难,显幽察微,得意忘言,洞明宇宙人生的奥妙,以体悟生活之味与生命之美。

玄学与汉代儒学不同。以经学为主流形态的汉代儒学,其思想资源多在先秦儒家的"六经",注重以师法和家法相传而授。虽然整个汉代不乏通经大儒,但在现实生活中,却多"以一经弘道"(《颜氏家训·勉学》),融合儒家之外的其他思想资源不多。玄学在其产生之初,以名理之学为依托,试图融合儒、道,阐幽发微,究竟天人。至东晋,又多与佛教思想相融而合。可以说,玄学在"源"上是多元的,而其"流"也是开放的。

然而,并未因为多元和开放,玄学就真的芜杂玄妙而不可知。相反,玄学之为玄学,也在于它具有一些玄学家们所共同关注乃至践履的主题。大致说来,玄学的主题主要有:

1. 才性关系。它讨论的是人的才与性之间到底是"离、合、异、同"中的哪种关系,史称"四本论"。同时,这也是判断当时人的政治倾向或行为的尺度之一。

2. 有无关系。这是魏晋玄学最重要的主题,贯穿玄学的始终,可视为玄学的本体论。从对有无关系玄思的分判上,玄学可被分别为崇无和崇有两大派。

3. 言意关系。它既是玄学的主题，也是玄学的方法，可视为玄学的认识论。尤为重要的是，"得意忘言"是整个魏晋时期哲学思想以及玄学家的才情得以勃发的表达方式。

4. 圣人有情无情。它关涉的是玄学家政治人格与理想的归趋，与才性之辨一起，圣人有情无情可视为玄学政治人生论的主要内容。

5. 声之哀乐。声音是否能表现情感，实际上是一个艺术命题，玄学家的此类争论，可视为玄学的艺术论。

6. 养生。它体现的是玄学家对生命和生活的态度，其突出表现是玄学家们对药和酒的痴迷。有关它的争论虽然可被视为人生论的重要内容，但药与酒实际上成为玄学家群体现实生活的实物符号，养生不再仅仅停留在理论层面，更多的是生活实践。

7. 名教与自然。前1—5的主题是玄学家玄思清谈的对象，与现实中"名教"的直接联系不多。但是，玄学家是现实中人，他们是否和光同尘，是否对药和酒痴迷，对"情"执着，对"美"玩赏，等等，则与其在现实生活中能否真正"放达"息息相关。"达"的实践，与其说是他们对"名教"进行超越的努力，毋宁说是践履各自"自然"之道的丰富形态。实际上，它是如何把哲学生活化的问题。这可视为玄学中隐而未发的知行关系问题。

综而言之，玄学不仅是一种哲理形态，也是一种生活形态，其特质在于：玄学家们力图以现实生活作为践履他们玄思的实验场，努力以生活进程本身证知内在超越的可能性，希求呈现出人性和生命本身的双重韵致。在此意义上，玄学虽有浓郁的思辨色彩，但由玄学家的玄思和生活共同构成的玄学，实质上是一种实践哲学。这样的哲学，即是后人称慕不已的魏晋风度的底蕴。

六、玄学与魏晋风度

"魏晋风度"是鲁迅对魏晋文人思想与生活特质的简要概括，今人常以其代称玄学特质，乃至指称整个魏晋士人、思想及其风貌。实际上，就魏晋士人和思想的历史情态看，今人这样的模糊指称是不大妥当的。

一般说来,玄学的初始形态是"正始玄学",代表人物为何晏、王弼,前者姿容冠绝当代,清谈郁若山林,后者年少狂放,神思高邈;他们"究天人之际"的玄思虽悠远无涯,其归旨却有会通儒道的圆融之质。继起的"竹林玄学",代表人物是阮籍、嵇康,前者酣饮长啸,优游人世,后者直面人生,抚琴就戮;他们的"越名教而任自然",既有"大人"式的达观,更有体"道"者的坚毅。而后,"中朝名士"裴頠以"崇有"之说,批判"贵无"之论,其匡正世风和朝政的努力,虽与何、王、阮、嵇的高妙旷达不同,却无疑是乱世中另一种难能可贵的弘毅之举。同期的郭象,口若悬河,其《庄子注》不可不谓第一等的天才之作,而现实生活中"身在庙堂之上"、"心无异于山林之中"的"内圣外王"取向,即便是他对"逍遥"之境的追求,却也为后世士人的种种劣行提供了理论与形象的双重样板。这样,玄学到了郭象那里,思想理论臻于极致的同时,士人生活也更趋浮奢芜杂了。而东晋以降,"三玄"式微,佛理渐盛,正始、竹林、中朝名士在儒道交融中标举的老庄之道,逐步被名僧们所精解的般若之学取代。

在这样的历史进程中,虽然名士们的思想和生活形态各有不同,但或多或少地都贯穿了"神思、妙赏、深情、旷达、忧患、弘毅"的精神。它们既可被视为魏晋风度的基质,也可被视作思想家的"风度"。遗憾的是,东晋以后,"妙赏"与"深情"依旧,可"神思"渐枯,"忧患"益淡,"旷达"演为虚诞,"弘毅"蜕为优游,以嵇、阮为代表的蕴藉着悲天悯人胸怀的思想家风度,变而为以谢灵运、陶渊明为代表的郁积着闲适优游风格的文学家风度。如果深入到整个魏晋南北朝的社会与生活进程中,如此重大的转变将会更为清晰地呈现出来。这是我们了解作为哲学的玄学之外,所不应忽略的地方。

参考书目:

汤用彤:《魏晋玄学论稿》,载《汤用彤全集》第四卷,河北人民出版社,2000年。
贺昌群:《魏晋清谈思想初论》,载《贺昌群文集》第二卷,商务印书馆,2003年。
罗宗强:《玄学与魏晋士人心态》,浙江人民出版社,1991年。
唐长孺:《魏晋南北朝隋唐史三论》,武汉大学出版社,1993年。

章太炎：《五朝学》，载《章太炎全集》（四），上海人民出版社，1985年。

周一良：《曹氏司马氏之斗争》，载《魏晋南北朝史札记》，中华书局，1985年。

毛汉光：《中国中古社会史论》，上海书店出版社，2002年。

［日］谷川道雄：《中国中世社会与共同体》，马彪译，中华书局，2002年。

第一章 正始玄学——"贵无"派（上）

公元239年，魏明帝死后，齐王芳继位，年号"正始"（240—249）。明帝时，夏侯玄、诸葛诞等人上承汉末清议风气，以才能相互标榜，结为议论群体，并以"四窗"、"八达"等自号，"不复以学问为本，专更以交游为业"（《三国志·魏志·董昭传》）。明帝以其"修浮华，合虚誉"（《三国志·魏志·诸葛诞传》），禁止他们在朝为官。明帝死，曹爽、司马懿受遗诏辅政，司马懿假意退隐后，这帮人都得到曹爽的重用。在此期间，以何晏、王弼为代表，益发变汉末清议为清谈，"祖述老庄，立论以为天地万物皆以无为本"（《晋书·王衍传》），注释经典，品评人物，辩名析理，得意忘言。史称"正始之音"。

第一节 才性问题

一、《人物志》与才性问题

汉魏战乱，各割据势力对人才的需求引发了士人对才性问题的思考，汉代的乡论品鉴因此逐步向才性问题侧重。正始时期还在"执经讲学"的刘劭著《人物志》，对此作了理论总结。

刘劭的理论基点是"人物之本，出自性情"（《人物志·九征》，下引同此书），这是说，一个人在现实中将成为怎样的人，都与其"性情"有关。而由于人的"情"和"性"有种种不同，会造成人的现实表现也有很大差异。刘劭认为，人才总体上可分成三大类：兼德、兼材、偏材，与之相应的人物是圣人、德行之人、偏材之人。其中,偏材之人只具备"人臣"的能力。

身处乱世的刘劭,特别注重英雄。所谓"聪明秀出谓之英,胆力过人谓之雄"(《英雄》),是说英雄必须既有出众的智慧,又要有超人的胆气。出众的智慧是为了谋事决断,超人的胆气可以"力"、"勇"服人。只有具备了英和雄两种材质的人,才能统率英才和雄才,建立宏伟的功业。

《人物志》对才性问题影响最大的一点是考察人的方法。刘劭认为,人情和人性都有其显现的端绪,即人在现实中显现出来的"机"。"机"是判断一个人的基础,其中,最为重要的是,"观人察质,必先察其平淡,而后求其聪明"(《九徵》)。按照刘劭的理论,"聪明"之"机"显现的是"才","平淡"之"机"呈现的是"性"是质地是境界。刘劭进一步认为,只有一流的眼光,才能发现一流的人才,即所谓"一流之人,能识一流之善;二流之人,能识二流之美"(《接识》)。很显然,这是伯乐与千里马的关系,也是一种相契而赏的关系。而后一种关系,正是后来玄学家交往的潜在原则。

要注意的一个问题是,刘劭的这种理论,具有很强的现实背景。曹操还没崭露头角时,拜望当时的名士许劭,期望通过许劭对自己的品鉴而扬名,看不起曹操的许劭对他的评价是"清平之奸贼,乱世之英雄",曹操大笑而去。(事见《后汉书·许劭传》)。曹操掌权后,刘备没有按照献帝旨意发布诛杀曹操的密诏,尔后,知情的曹操从容地对刘备说:"今天下英雄,唯使君与操耳。"(事见《三国志·蜀志·先主传》)这两件事情,显示出许劭和曹操过人的眼光,也显现了曹操"平淡"的"英雄"气质。

我们知道,汉末的乡论清议,关涉的问题多为道德与政治,其落脚点是社会性的。而这里的才性品评,直指人的"才"与"性",其立足处是个人的。从社会向个人的转变,是汉魏之际哲学思想的一个特质。

二、才性四本论与政治的关系

正始年间,才性问题是热点问题。从著作上看,收集各类论点为文是从锺会开始的。《三国志·魏志·傅嘏传》说,"嘏常论才性同异,锺会集而论之"。对此,《世说新语·文学》中"锺会撰四本论"条注引《魏志》说:

（锺）会论才性同异，传于世。四本者：言才性同，才性异，才性合，才性离也。尚书傅嘏论同，中书令李丰论异，侍郎锺会论合，屯骑校尉王广论离。文多不载。

按照当时人的理解，"才"是能力，"性"是德性。二者的同合关系是才能本于或合于德性的问题，在价值判断上是德性优先；异离关系是说才能与德性无关，在价值判断上是重才轻德。如何在乱世安身立命，是当时的士人面临的最大问题。如果只图发挥自己的才能，而不论操守，势必引发非议；如果坚守操行，隐没自己的才能，又可能难以安身。这样，才性问题实质上是人生问题。进一步地，士人才能的发挥，直接的表现形式是入世和出世的问题，入世意味着与现政权合作，出世意味着与现政权疏离。因此，士人的人生问题就转化为政治问题了。

正始之时，司马氏与曹氏一直明争暗斗。李丰、王广等主异离者与曹氏关系密切，这与"唯才是举"的曹魏政策暗合。锺会、傅嘏等主同合者与司马氏关系密切，这也与主张以名教治天下的司马氏政策相关。从结果上看，李丰等因反对司马氏被杀，锺会后来也因谋反被杀。

这样，无论哪种主张，都免不了被权力所奴役，才性四本论实际上失去了它的现实意义。

三、才性与玄理

当才性问题不与政治相关联，而仅与《人物志》所构建的人物品评意义上的辨析有关时，如同刘劭所说，"人物之理，妙不可得而穷也"（《七缪》）。这种妙不可得的意蕴在后来的清谈中得到充分展现。

才性问题作为人伦识鉴的重要问题，本来就是正始品鉴的重要内容。《三国志·魏志·傅嘏传》注引《傅子》说，当时名气很大的夏侯玄想与傅嘏结交，傅嘏拒绝了。好友荀粲从国家利益出发责怪他不该如此，傅嘏回答说，夏侯玄"志大其量，能合虚声而无实才"，何晏"言远而情近，好辩而无诚，所谓利口覆邦国之人"，邓飏"有为而无终，外要名利，内无关钥"。结论是

"观此三人者,皆败德也"。"合虚声而无实才"是说夏侯玄名气虽大,却名不副实,这实质上是才性异离。

但是,从玄理追索的角度看,如果才性同的逻辑是,人若违背自己的本性而为,其结果必然是坏的,反之亦然。那么,夏侯玄的才性离与其被杀的结果是合主同派逻辑的。傅嘏病死后被"追赠太常,谥曰元侯"的结果(《三国志·魏志·傅嘏传》),与其才性同主张在逻辑上也是吻合的。可问题是,锺会主合,与主同差不多,按照主同派的逻辑,锺会应该有好结果,却是被杀了。如果主异派的逻辑是人生结果与"性"无关的话,那么锺会这个主同派的结果,正好证明了主异派的逻辑是正确的。这样,两派都陷入了悖论。很显然,这样的论难不再具有任何现实政治色彩,而是一种纯粹思辨。后来的玄学家大概就是有着诸如此类的辩论。《世说新语·文学》载:

> 殷中军(浩)虽思虑通长,然于才性偏精。忽言及四本,便若汤池铁城,无可攻之势。
>
> 殷仲堪精核玄论,人谓莫不研究。殷乃叹曰:"使我解四本,谈不翅尔。"

殷浩和殷仲堪是东晋中后期人,他们如此精通"四本",可见才性问题在清谈中的地位。直到南朝,会稽的孔珪还到处找名士顾欢谈"四本"(事见《南史·顾欢传》)。

由此,当玄学家们不再从具体现实人物来谈论才性,转而关注才性问题背后的逻辑和依据时,才性四本论实际上已经从形而下的现实问题探讨向形而上的神理玄思转变,这也可视为汉魏之际哲学思想的另一特质。

第二节 何晏的"贵无"思想

一、生 平 交 游

前文已经略述玄学产生和衍变的特质,这里单立小节介绍玄学家的生平交游,以便更好地理解玄学。

何晏与王弼是玄学理论的奠基人,也是正始玄学的主要代表。

1. 生平

何晏,字平叔,南阳宛县(今河南南阳县)人,生年不详,为汉末大将军何进之孙。父早亡,曹操"为司空时,纳晏母,并收养晏"(《三国志·曹爽传》注引《魏略》)。成年后,曹操把女儿嫁给了他。公元249年,因与曹爽交好,为司马氏所杀。

史书载,何晏美姿容,善才辩,好修饰,耽情色,服五石散,聚浮华客,任吏部尚书时党同伐异。

由于寄身曹府,环境让何晏很小就有强烈的独立意识。七岁时,何晏在曹府画了块地,对好奇地问他的人说,那是"何氏之庐"(事见《世说新语·夙惠》)。而当曹操带着孩子们游玩时,曹操要他们注重长幼之序,何晏却"坐则专席,止则独立",根本不与曹氏子弟同席并列(事见《太平御览》卷三九三引《何晏别传》)。另一方面,幼小的何晏"无所忌惮,服饰拟于太子",以致曹丕愤愤,称他为"假子"(事见《曹爽传》注引《魏略》)。

成年后,曹丕当政,何晏郁郁不得志,无所任事。明帝曹叡当政时,他只能做闲官,但因有文思才辨,与刘劭一起被曹叡召集在"崇文观"做歌功颂德的文章。正始年间,何晏为曹爽所重,任吏部尚书。

何晏著述不少,但完整存于世者不多,较为完整者有《论语集解》,其余残篇见于严可均辑《全三国文》。

2. "忘年交"

何晏比王弼大三十多岁,在何晏的交游中,广为传诵的便是他与王弼交往的三桩事。

他们交往的第一桩事,本乎"相契而赏"的识鉴原则。王弼十来岁时,有"圣人体无"的清谈广为人知,何晏听说具体内容后,惊叹说:"仲尼称后生可畏,若斯人者,可与言天人之际乎?"(《三国志·锺会传》注引)何、王的"忘年交"就是以这种"神交"开始的。

第二桩是清谈,事关玄学氛围。《世说新语·文学》载:

> 何晏为吏部尚书,有位望,时谈客盈坐。王弼未弱冠,往见之。晏闻弼名,因条向者胜理,语弼曰:"此理仆以为极可,得复难不?"弼便作一难,一坐人便以为屈。于是弼自为客主数番,皆一坐所不及。

何晏要王弼对他们当时谈论中最深的玄理("胜理")作"难",王弼才华毕现,仅"一难"就难倒了在座的人。这还不够,王弼年轻气盛,还自问自答几轮("自为客主数番"),众人都觉得王弼更有玄思深度。这一方面可见出何晏等玄学家的涵养度量,另外也表明了,玄学的产生、发展与其相对"民主"的论辩及学术氛围是分不开的。

第三桩是注疏《老子》,更见玄学家的心胸。《世说新语·文学》载:

> 何晏注《老子》未毕,见王弼自说注《老子》旨,何意多所短,不复得作声,但应诺诺,遂不复注,因作《道德论》。
>
> 何平叔注《老子》,始成,诣王辅嗣,见王注精奇,乃神伏,曰:"若斯人,可与论天人之际矣!"因以所注为《道》、《德》二论。

当时位高权重的何晏,听着少年王弼阐发玄理,不仅"但应诺诺",还停止了自己的注《老》工作。这样的情形,不仅反映何晏心胸宽广更说明了玄学家对"玄理"的发现与阐发本身的重视程度。换个角度看,位高权重与内在的玄思和神妙的玄理相比,也只是可弃的"外物"。所以,当何晏亲眼看到王弼的《老子注》时,不是有些抹不开脸面的"不复得作声",也不是心服口服,而是"神伏"了。由此可见,后来的玄学家们越来越重神理而遗形骸,是有很深厚的现实渊源的。

3. 引领玄风

何晏的玄思清谈,遍及"三玄"和《论语》。《三国志·魏志·管辂传》注引《辂别传》说,刘邠说自己与何晏论《易》及《老》、《庄》之道,感觉是"精神遐流,与化周旋,清若金水,郁若山林"。裴徽说何晏与自己"说《老》、《庄》及《易》,常觉其辞妙于理,不能折之。又时人吸习,皆归服之焉"。管辂自己也说,"与此五君(指裴徽、何晏、邓飏等)共语使人精神清发,昏不暇寐。自此以下,殆白日欲寝矣"。加上《论语集解》,何晏对儒道经典的精通程度,可谓入乎其内出乎其外。

何晏超乎寻常的自然美,也为他赢得了不少声誉。《世说新语·容止》载:

> 何平叔美姿仪,面至白。魏明帝疑其傅粉,正夏月,与热汤饼。既啖,大汗出,以朱衣自拭,色转皎然。

何晏的自然美让皇帝也觉得不可思议,于是用让他就着热汤吃饼的法子,来验证其面白真伪。

此外,何晏还从生活实践中,发现了服食"五石散"的妙用。他说:"服五石散,非唯治病,亦觉神明开朗。"(《世说新语·言语》)

由此可见,何晏成为正始玄音的代表人物,除了学术上的成就之外,其生活中的情态和审美取向极切合当时所流行的玄味,也是非常重要的原因。

二、"贵无"的哲学思想

何晏之所以被视为玄学的奠基者,很大程度上是由于他对一些重要的玄学主题有着精练的论说。

1. "复用无所有"

玄学理论的核心问题是有无关系。何晏认为:

> 有之为有,恃"无"以生,事而为事,由"无"以成。夫道之而无语,名之而无名,视之而无形,听之而无声,则道之全焉。故能昭音响而出气物,包形神而章光影。玄以之黑,素以之白,矩以之方,规以之圆。圆方得形,而此无形,白黑得名,而此无名也。(《列子·天瑞篇》注引《道论》)

这段话中,何晏从三层意思上来论说"无"。第一层意思是从结果看,"有"和"事"是对一切实存的分类的统称,"有"是就自然说,"事"是就人世说,无论自然还是人世,都是以"无"为根据才出现的。在此意义上,"无"可视为本体。第二层意思从过程上说,这个"有"从"无"生、"事"因"无"成的过程,是没有语、名、视、听的,也就是说,它是自然的。因此,本体之"无"对类别之"有"("有"和"事")发生作用是自然的过程,这个过程就是"道"。又因为它是无语无名无形无声的,这个道便可视为另一种意义上的"无"。第三层意思是,任何具体事物(具体的"有")据自然之"道"(无)而具有各自属性(如黑白方圆等)的过程,也是无形无名的。

由此,上面三层意思用一句话来讲,就是"道"是无名之"无"。对此,何晏在《无名论》中有更明确的论述:

> 夫道者,惟无所有者也。自天地以来,皆有所有矣。然犹谓之道者,以其能复用无所有也。故虽处有名之域,而没其无名之象,由以在阳之远体,而忘其自有阴之远类也。夏侯玄曰:"天地以自然运,圣人以自然用。"自然者,道也。道本无名,故老氏曰:"强为之名。"仲尼称尧"荡荡无能名焉",下云:"巍巍成功",则强为之名,取世所知而称耳,岂有名而更当云无能名焉者耶? 夫惟无名,故可得遍以"天下"之名名之,然岂其名也哉?(《列子·仲尼篇》注引《无名论》)

从道本身来说,它虽然没有任何属性或规定性("无所有者"),但这个什么也不是"无所有者",之所以被称为"道",乃是因为它对任何具体事物("有所有")不进行任何规定("无所有")的同时,却运用这个不规定性来与一切发生联系。这个过程实际上是自然而然的过程("自然运"、"自然用"),其逻辑形态即是"能复用无所有"。因此,身处万有当中,人无法直接通过某个"有"而看到本体之"无"的全部,即如我们不能通过某个"名"来完全说明尧对人世所具有的莫大功用一样。如果我们要说明它,就必须借助于人世间的常识("世所知")。但是,即便强以"天下"之名来描述,也依然无法彻底充分地说明尧对人世的贡献及其过程。因此,对于"无名"的自然之道,人是无法通过常识之"名"达到彻底的认知。这正是何晏强调"意会"和"神"的逻辑前提。

2. "知意之知"

依据上文那些源自道家的"贵无"的逻辑,何晏对儒家经典给出了新颖的解读。何晏注《论语》"性与天道"的问题时说:"天道者,元亨日新之道也,深微,故不可得而闻也。"(《论语集解·公冶长》注,下引篇名)这里,"元亨"是乾卦卦辞,"日新"是用大畜《象传》中"日新其德"和《系辞上》中

"日新之谓盛德"的说法。很明显,何晏以《周易》的义理来阐说天道的动态变化。

然而,道在大化流行中深远微妙的作用,也是一种"无",它是常识无法达到的认知对象。那么,人又如何尽可能多地认知它呢。何晏说:

> 知者,知意之知也。言知者,言未必尽也,今我诚尽也。(《子罕》注)

这是说,言语是无法穷尽所有认知对象的,人只有努力去接近穷尽。所以,人对深微之"道"的认知,是不可能通过言语实现的。真正的智慧是一种"意会"("知意之知"),即对自然之道进行一种超越常识的领悟。这种领悟便是"得意",是究竟"天人之际"的神通。

3. "神"

有了以上分析,现在可以来看何晏与王弼是如何殊途同归的。《三国志·锺会传》注引何劭《王弼传》说:

> 弼幼而察慧,年十余,好老氏,通辩能言。父业为尚书郎。时裴徽为吏部郎,弼未弱冠,往造焉。徽一见而异之,问弼曰:"夫无者,诚万物之所资也。然圣人莫肯致言,而老子申之无已者何?"弼曰:"圣人体无,无又不可以训,故不说也。老子是有者也,故恒言无所不足。"寻亦为傅嘏所知。于时何晏为尚书,甚奇弼,叹之曰:"仲尼称后生可畏,若斯人者,可与言天人之际乎?"

王弼以"无又不可以训,故不说也"来解释"无者,诚万物之所资也。然圣人莫肯致言"的原因,正好契合了上文何晏关于言知的意蕴,即"无"是不可言说的。用"老子是有者也,故恒言无所不足"解释"老子申之无已者何",又契合了何晏《道论》、《无名论》主旨,即如果要说"无",就必须借助"有"。所以,何晏对王弼的认同,已经超越了辩名析理的论证,而达到"得意忘言"的"神"通了。

何晏对这种"神"有很好的体悟。《三国志·曹爽传》注引《魏氏春秋》说:

初，夏侯玄、何晏等名盛于时，司马景王(师)亦预焉。晏尝曰："惟深也，故能通天下之志，夏侯太初是也；惟几也，故能成天下之务，司马子元是也；惟神也，不疾而速，不行而至，吾闻其语，未见其人。"盖欲以神况诸己也。

在何晏看来，夏侯玄精通哲理，玄思深渺；司马师见微知著，能立事功。但他们都比不上自己不行而至、不谋而成的神妙境界。这种境界，与"无"之成"有"的意蕴何其相似！

何晏的这种傲然自况，是个体自我意识的强烈反映。对自我生命和人生终极意义的追求，逐渐成为玄学的主旨。

第三节　王弼对玄学理论的建构

一、生平交游

王弼，字辅嗣，山阳高平(今山东微山县)人。祖父王凯，是著名文学家王粲的族兄，刘表的女婿。王粲藏书很多，粲亡后，书都给了王弼的父亲王业。因此，王弼少时乃得博览群书。王弼生于226年，病死于249年。史书称王弼性和理，乐游宴，解音律，善投壶。

由于天陨其才，寿止二十四岁，王弼在政治上没什么高位，由何晏推荐，曾做过尚书台的郎官。

十五岁时，王弼被父亲王业带去拜望大名士裴徽，于是有了上文关于"圣人体无"那个让他出名的问对。他也曾与当时的纵横家刘陶论难，互有输赢。又与锺会交好，锺会对他的玄思很是佩服。与王弼交往多且深的，应算是何晏了(参见上节)。

史书说，在文辞上王不如何，玄思上何则逊于王。而从玄学倡建而言，何晏功不可没；以玄学理论的建构看，王弼则后来居上。

现存王弼著作主要有：《老子注》、《老子指略》、《周易注》、《周易略例》、《论语释疑》等。楼宇烈的《王弼集校释》，收集完备，校注精审，是当今研究王弼的权威版本。

二、对经学的改造

一般说来，中国古代的学问方式，有汉学与宋学的分途。汉学是考据之学，大致是指以训诂辞章考证的方式来注疏经典，汉代儒家经学即是；宋学是义理之学，大致是指不拘经典文句，或阐发义理，或述说己意。宋学之名虽因宋明道学而有，但其学问方式应该是从玄学开始标举的，由王弼肇其始。

王弼对玄学理论的建构，首先体现在他对经典的解释上。从形式上看，何晏的《论语集解》虽然常"下己意"，但尚有汉学遗风，他注重当时新近各家述说，择善而从。王弼注疏《周易》则有一个重要变化：不拘泥于以前关于"经"和"传"的严格分野，常常以传解经，经传合说。在此之外，更有王弼玄思妙理渗透其中。故唐孔颖达说：

> 汉理珠囊，重兴儒雅。其传《易》者，西都则有丁孟京田，东都则有荀刘马郑，大体更相祖述，非有绝伦；唯魏世王辅嗣之注，独冠古今。所以江左诸儒，并传其学，河北学者，罕能及之。(《周易正义》序)

从表述方式上看，王弼有《老子指略》、《周易略例》，采取概说经典的方式，表达自己对经典的理解。如王弼说："《老子》之书，其几乎可一言以蔽之。噫！崇本息末而已矣。"(《老子指略》)很显然，这种方式是对汉代章句之学繁琐形式的摒弃。

从内容上看，王弼以老庄之学解《周易》、《论语》，注重儒道会通，如他的言意之说(见后文)，如以"寂然无体，不可为象"的道家之"道"解《论语》的"志于道"之道；以"体无"来判别圣人境界，等等。

三、"以无为本"的本体思想

与老子特重"道"而有无问题不同，王弼孜孜于"无"的玄思，精妙地论证

"无"何以为"本"。王弼对玄学理论构建的最重要贡献在于：他从各个方面论证了"天地万物皆以无为本"(《晋书·王衍传》)，为玄学理论确立了核心问题。

1. "以无为本"

"无"作为本体，首先即在于它是无属性的。王弼说，"有形则有分"(《老子》40章注，以下只注章序)，"无形无名，万物之宗也"(《老子指略》)。这是说，有形的一切总是有界限可表述的，而"无"之为"无"为宗主，即在于它是不能被表述呈现的。

从万物各自的属性看，"无"也是本体。王弼认为：

> 天下之物，皆以有为生；有之所始，以无为本；将欲全有，必反于无也。(40章注)

按照王弼的意思，引文可以简化为：物→有→无←有←物。这个双向过程可这样理解："无"是本体，"有"是某类存在的共性，"物"是具体的个性存在。由此，"物→有→无"指的是，任何具体存在的具有各自特性的前提使它具有了自己所属之类的属性。但是，每个类属性都不能成为其他类的属性，如方不能为圆，圆不能为方一样，圆、方这两个"有"，因为不能互为规定，所以各自为方为圆。这个"不能互为规定性"就是"无"，而这个"无"又为方、圆所共有，没有它，方、圆各自的"有"就不可能。因此，这个"无"即是方、圆之"有"的本体。这样，"物→有→无"是以"有"来论证本体之"无"的不可或缺。没有"有"，"无"就无从显现；没有"无"，"有"就失去了依据。在这个意义上，"无←有←物"才可视为物之"全有返无"的必然。

如果参照庄子于妻死时鼓盆而歌所说的意思，人之生"有"，死后归入死"有"，生死不能互为规定，但都终而归于大化洪流，并且我们把无形无象的大化洪流视为"无"的话，则王弼"将欲全有，必反于无"的人生意蕴就更明晰直观了。

从万物自身的状态看，王弼以动静关系来论证"以无为本"。他认为，形形色色的世界中，各种"物"是变动不居的，这种"动"，总是具有各自的形态。而静则不同，"凡动息则静，静非对动者"(《周易·复卦》注)，动总是复归于静的，静却不会归于动，静因此是恒一的。因此，无论天地间万物如何"运化万变"、"寂然至无,是其本矣"(同上)。

2. "由无乃一"

王弼的玄思之所以精妙,在于他既能深知"无"何以为"本"的逻辑,又能从"有"、"无"中跳出来,而以一多、本末、母子、体用等范畴来说明"无"之为本体的深层意蕴。王弼说:

> 万物万形,其归一也。何由致一,由于无也。由无乃一,一可谓无已。(42章注)

由于任何两个"有"之间的"不能相互规定"是"无",且相互区别着的"有"之间都有着这个"无",但无论这些"不能相互规定"有多少,它们都是"无","无"因其没有任何属性,而决定了诸多"不能相互规定"都是一样的。因此,"一"就是"无"。

既然"无"是"一",各个"有"总是依赖于那个"不能相互规定"的"无"才获取了属性,那么对于变动不居的不能相互规定的万物而言,"一"就是它们("多"、"众")的统领。这就是"夫众不能治众,治众者至寡者也;夫动不能制动,制天下之动者,贞夫一者也"(《周易略例·明象》)的意蕴。

3. "崇本息末"

王弼还从体用、本末关系上来论证"以无为本"。王弼认为:"有之所以为利,皆赖无以为用也。"(11章注)这是说,"无"不仅是本体,它对"有"而言,还有莫大的功用。万物之所以能够展现自己的属性,相生而无害,并且相互为用,实际上是因为"无"这个本体之用。王弼说:

> 食母,生之本也。人者皆弃生民之本,贵末饰之华,故曰:"我独异于人!"(20章注)

> 本在无为,母在无名。弃本舍母,而适其子,功虽大焉,必有不济;名虽美焉,伪亦必生。(38章注)

王弼认为《老子》之书的主旨是"崇本息末",其关键处就在这两段意思中。从王弼这些论说看,他强调"生民之本"和"无为",批评"弃"、"舍"之举,都是针对社会人生的事功而论的。而从结果上说"弃舍"导致"不济"和"伪",正是对"将欲全有,必反于无"的逆向证明。这个返"无"的过程,实际是"以无为用"的过程。因此,王弼说"以无为用,得其母"(38章注),即是说人可以体证"无"这个本体。

4. "无为"之政

王弼认为,最好的治世之道是"无为"。他说,为政者应"以无为居,以不言为教,以恬淡为味",这样才能达到"治之极"(63章注)。但是,王弼的这种"无为"之政,实际上是一种"自然"之政。王弼说:"天地任自然,无为无造,万物自相治理,故不仁也。"(5章注)因为天地之"有"的这种自然性,决定了万物实际上是"自相治理",彼此之间并无什么价值判断,这也是为政者能"无为"的依据。所以,无为于万物,"万物各适于所用"(同上)。

所要注意的一个问题是,王弼说:"朴散,始为官长之时也,始制官长,不可不立名分以定尊卑。"(32章注)从语言表述上看,名分尊卑似乎与"自然"、"无为"相矛盾。但是,如果我们理解了"有之所始,以无为本"的逻辑,则名分尊卑也是"有"。这个"有"的出现,并非是"有为"而致,它们还是因为人之"有"的各个个体之间的"不能相互规定"性,即这些"有"依然是本于"无"的。因此,当名分尊卑之"有"出现后,只要这些"有"能"各适于所用",即"用"止于各自的分内事,那么,这种"用",依然是"无"之用,即"无为"。以现在的常识来说,这种"无为"之政,即是"不干涉"之政。这样,王弼对有、无关系的玄思,在不经意间就会通了儒道。

我们说有无关系是玄学的核心问题,有无范畴是玄学的核心概念,不仅是它们具有高度的思辨性,也是因为对它们进行思辨的同时,很多"概念游戏"之外的意蕴就自然而然地伴随着出现了。王弼把这种意蕴的获得称为"得意"。这是我们理解玄学时,尤其值得深味的地方。

四、"得意忘言"的玄思方式

王弼对构建玄学理论最突出的贡献,是他明晰地论说了作为玄学方法的"得意忘言"理论。

1. 因有明无

何晏和王弼都特重"无",却无法直接论证这个无形无象的本体是什么

样子。退而求其次,他们都以论说"有"的方式来表达对"无"的玄思。"无"因此成为他们言"有"的终极之"意"。王弼说:

> 夫无不可以无明,必因于有,故常于有物之极,而必明其所由之宗也。(韩康伯《系辞》注引王弼《大衍义》)

在王弼看来,"无"之所以为体,是因为它"不可规定","有"之所以能被"言",是因为它有名有象。因此,要弄清本体的"无"如何,就必须找到阐释"有"的途径和方法。王弼找到的是"言"和"象"。

从理论建构的角度看,王弼这种因有明无的本体呈现,事实上转化成了"言意"之辨的方法寻求。

2. 得意忘言

王弼从辨析言、象、意的关系开始他"言意"关系的玄思。他认为:

> 夫象者,出意者也;言者,明象者也。尽意莫若象;尽象莫若言。言生于象,故可寻言以观象;象生于意,故可寻象以观意。(《周易略例·明象》)

就王弼注《易》本身来说,这里的言、象、意分别指的是卦辞、卦象和卦意。就其玄学理论来看,三者则分别指语言文字、存在及其显现状态、存在涵蕴的义理,简言之,即语言、物象、义理。就三者的关系而言,象之为"有",言语又具有描述呈现"象"的功能,而要对无形无象的种种"意"进行表达的话,就必须通过各种"象"来显现。所以,通过语言可以达到对"象"的认知("寻言观象"),通过对"象"的认知,又可以发现"意"的蕴涵("寻象观意")。在此意义上,言和象是呈现"意"的工具。这是"得意"的可能性。

王弼进一步论述了"得意"的必要性。他认为,"得意"是终极追求,为本为目的;言、象是工具,为末为途径。而由于"意以象尽;象以言著"(同上),言语是让"象"清晰呈现的工具,物象是使"意"充分表达的载体。如同为了逮住兔子,"蹄"可舍,为了捕到鱼,"筌"可弃一样,为了"得意",言、象可忘。即所谓"得象而忘言","得意而忘象"(同上)。

王弼还论述了"得意"的充分性。他认为,言、象虽然是"得意"的必要工具,但如果陷入言、象而不能超脱其束缚的话,就不可能"得意"。王弼说:

> 象生于意,而存象焉,则所存者乃非其象也;言生于象,而存言焉,则所存者乃非其言也。(同上)

在王弼看来,使用工具而不为工具所束缚,才可能真正"得意"。即所谓"得意在忘象;得象在忘言"(同上)。在这层意义里,"得意"的过程,其实就是"忘言"、"忘象",超越"有"的束缚而体证"无"之玄妙的过程。

3. "圣人体无"

王弼深味"得意"的妙处。他对儒道经典的注疏解读中,"得意"最为明显的一处是他关于"圣人体无"的说法。王弼认为:

> 圣人体无,无又不可以训,故不说也。老子是有者也,故恒言无所不足。(见"何晏"节所引)

王弼说孔子比老子更有智慧,不是拘泥于《老子》、《论语》本身,而在于通过对经典的解读,发现孔子真正认知了"无",故能"忘言"于"无"而得"无"意,老子则滞于"有"以论"无",因而有所欠缺。

五、"应物而无累"的人生哲学

王弼对玄学最有意味的贡献是他别开生面地阐发了人生情性理论。

我们知道,1994年出土的《郭店楚简》中的"性自命出"是简明的儒家人性论命题,《庄子》中的"性命之情"是精要的道家人性论提法。直至汉魏,几乎没有哪位思想家能联系二者进行理论阐发。王弼天才卓出,在《周易注》、《老子注》、《论语释疑》中,对二者进行了相连的精辟论说。

1. "自然为性"

王弼承续道家主旨,以"自然"为性。他说:"万物以自然为性,故可因而不可为也,可通而不可执也。"(29章注)这是说,对于"自然"的"性",人只有顺应其发动,疏通其路向,而不能用偏执的"人为"去限制。

那么,什么是王弼所谓的"自然"呢? 王弼说:"夫喜、惧、哀、乐,民之自然,应感而动,则发乎歌声。"(《论语释疑》)由此看来,"喜、惧、哀、乐"这些情感本身就是性的内容,即性和情从源头上讲,是合一的。

既如此,那性、情的差别又在哪里?王弼认为:"静专动直,不失太和,岂非正性命之情者邪?"(《周易·乾卦》注)这是说,性和情是有差别的,其关键在于,如果"喜、惧、哀、乐"等是"未发"的纯粹状态("静专"),就是性;如果它们应感而动时能保持其纯粹的质地("动直"),且能和融呈现出来的话,就是情。只不过,这种情并非情欲之"情",而是合乎天地的"正大"之情。这就是所谓的"天地之性人为贵"(25章注),"天地之情,正大而已"(《周易·大壮卦》注)。

2. "性其情"

人的耳目口心总是有欲望的,如何才能使它们避免"不以顺性命,反以伤自然"(12章注)的结局呢?王弼别具一格地提出了"性其情"理论。他说:

> 不性其情,焉能久行其正,此是情之正也。若心好流荡失真,此是情之邪也。若以情近性,故性其情。情近性者,何妨是有欲。若逐欲迁,故云远也;若欲而不迁,故曰近。(《论语释疑》)

在《周易·乾卦》注中,王弼也提出了"不性其情,何以久行其正","利而正者,必性情也"。按照王弼的意思,现实人的种种"情",必须按照自然之性不断地校正,才能长久地保持其充分和谐。这就是"性其情"。人如果随心所欲,"情"就流入偏邪。但是,也没必要杜绝欲望,如果是人合理需要的那些欲望,并且不迷惑其中的话,实现它们反倒是"顺性"的体现。

3. 圣人有情

王弼认为,圣人与凡人不一样,凡人即使能做到"性其情",节制自己不纵欲,却往往为情所累。其原因在于:

> 圣人达自然之至,畅万物之情,故因而不为,顺而不施。除其所以迷,去其所以惑,故心不乱而物性自得之也。(29章注)

由于圣人具有洞察"自然"奥妙的能力("神明"),知道什么是迷惑人且必须摒弃的欲望,什么是人应该且可以实现的欲望,故圣人的心境安宁,在其应对外界的过程中,能够"因而不为,顺而不施"。基于此,王弼又认为:

> 圣人茂于人者神明也，同于人者五情也。神明茂，故能体冲和以通无；五情同，故不能无哀乐以应物。然则圣人之情，应物而无累于物者也。今以其无累，便谓不复应物，失之多矣。(《三国志·锺会传》注引何劭《王弼传》)

这是王弼与何晏等人论难的观点。何晏认为圣人没有喜怒哀乐，王弼不同意。在王弼看来，仅仅因为看到圣人不为情所累，便以为圣人没有哀乐之情，那是错的。圣人照样有喜怒哀乐，他之所以超拔于众人是因为更有智慧的缘故。日常生活中，如同孔子对颜渊的死去感到很悲伤一样，遇到重大悲喜事的时候，圣人自然也会有相应的情感反映。只不过，孔子即使悲伤，他也能够"以情从理"(同上)，不过分为悲伤所羁绊罢了。

综合来看，在思想形态上，何、王的思想是会通儒道的玄学。与汉儒相较，正始玄学的哲学史意义在于：对本体之"无"的终极追寻，消解了汉代宇宙论推演的繁复和谶纬神话的荒诞，进而以对天人之间内在理路的玄思取代了汉儒关于天人关系的牵强比附；"得意忘言"的认知取向，不仅是对汉代经学繁琐考证的摒弃，更是注重人自身认知能力的内在探求；相互砥砺的清谈品鉴，拓展了汉末清议的关注主题，提升了公共舆论的理论尺度，进而深化了对人自身的认知。诸如此类的思想演化，使得正始玄学家的思想与生活，成为一种玄妙雅致的文明音响，扣人心弦。后人以"正始之音"称誉何、王，意即在此。

思考题：

1. 才性问题何以从现实政治问题转变为哲学问题？
2. "玄理"在何晏与王弼的交往中起着怎样的作用？
3. 王弼对有无问题的阐发与老子的相关思想有何异同？
4. "得意忘言"是如何成为玄学的方法和主题的？

参考书目：

王保玹：《正始玄学》，齐鲁书社，1987年。

牟宗三：《才性与玄理》，台湾学生书局，1980年。

李泽厚：《中国古代思想史论》，人民出版社，1985年。

冯友兰：《中国哲学史新编》（第四卷），人民出版社，1986年。

许抗生主编：《魏晋玄学史》，陕西师范大学出版社，1980年。

余敦康：《魏晋玄学史》，北京大学出版社，2004年。

第二章 竹林玄学——"贵无"派(下)

在汉末清议风潮中,舆论根据当时一些士人的才质秉性,而有"三君"、"八及"、"八厨"等对士人群体的称谓。汉魏之际,最为后人所知的士人群体莫过于"建安七子"。但是,这些士人群体,从性质上看多属政治或文学群体,并且他们几乎都不是自发形成的。"竹林七贤"则不同,他们交往期间,相契而赏,神交物外,优游竹林,肆意酣畅。《世说新语·任诞》载:

> 陈留阮籍、谯国嵇康、河内山涛,三人年皆相比,康年少亚之。预此契者,沛国刘伶、陈留阮咸、河内向秀、琅琊王戎。七人常集于竹林之下,肆意酣畅,故世谓"竹林七贤"。

从"七贤"人生进程看,阮籍、嵇康因其玄思妙理,高迈人生,被视为当然的领袖人物;山涛媚附权贵,王戎敛财成性,二者常遭诟病;刘伶嗜酒,毁誉不一;向秀注《庄》,妙畅玄风;阮咸精研乐理,时谓"神解"。

虽然"七贤"如此不同,在当时他们却"风誉扇于海内",即便到了东晋,士人对他们的"林下之风"还是称誉不已。究其原因,不外乎以下几点:从交往的世态看,"七贤"的交游活动(约在249—255年间)期间,各人都有当世高名,而司马氏又忙于巩固政权,无暇也不敢严厉打击对政权没有直接威胁的名士。从交往的内在缘由看,"七贤"的交往之初是"神交",彼此有着相互认同和欣赏的感应心灵。从交往的形态看,"七贤"的交往并非文字唱和或政治结盟,而是率性放达的实实在在的生活形态。从交往的意义看,他们以自发聚集的形式组成一个玄士群体,形成了一种崇尚"自然",蔑视"名教"

的价值取向，为后来的玄士们指示出生活和思想的双重路向。

第一节　阮籍由儒入道的思想

一、生平交游

阮籍少山涛六岁，长嵇康十四岁，实际上是"七贤"中的长者。其生平与思想可视为竹林名士的样板：生活上有着入世与出世的依违之苦，思想上陷入追慕儒家圣贤却又向往道家自然的两难之境。

1. 生平

阮籍，字嗣宗，陈留尉氏（今属河南省）人。生于210年，父瑀为"建安七子"之一，是曹操的"文胆"。

阮籍3岁丧父。曹丕作《寡妇赋》，说阮瑀"与余有旧，薄命早亡。……故作斯赋，以叙其妻子悲苦之情"（《全三国文》卷七）。阮籍肯定看到过这篇赋，更知道自己家世与曹氏的密切关系。这也埋下他与司马氏政权若即若离的关系的种子。

阮籍幼有奇才异质，8岁能文，性情恬静。十四五岁时，"志尚好《诗》《书》"。稍长，博览群书，"尤好老庄"。

33岁以前，阮籍虽然有用世的愿望，但因为性好弦歌、喜交游，一直游离在政治圈外，过着淡泊的名士生活。

33岁以后，阮籍陷入仕与不仕的痛苦纠缠中。242年，在乡亲们的劝导下，勉强就职太尉蒋济的属官，但不久就称病返家。后来，又不得已做了几天的尚书郎。曹爽执政时，召为参军，他以生病为由，不就。司马懿执政时，阮籍被迫做过从事中郎。司马师曾封他为关内侯。司马昭主政期间，阮籍为了避免直接与其冲突，求作东平相，干了十天左右，又找借口跑回家。再后来的256年，他得知步兵校尉营有美酒，主动要做步兵校尉，目的是喝酒，不是为了政事。在与政权无休止的周旋中，阮籍于263年被迫为司马昭作了"劝进表"，没过两个月就悒郁而死。

阮籍的主要著作有《乐论》、《通易论》、《通老论》、《达庄论》、《大人先生传》等，另有为后人称誉的《咏怀诗》82首。今人陈伯君的《阮籍集校注》，校引详密。

2. 交游与酒

我们已经知道，何晏与王弼是典型的忘年"神交"。竹林玄士的交往也是如此。《晋书·刘伶传》载：

> （刘伶）不妄交游，与阮籍、嵇康相遇，欣然神解，携手入林。

当时很多名士谁也不把谁当回事，但如果彼此性情相投、玄思相映的话，就有"欣然神解"的欢欣。这样，年龄自然就不成为交往的障碍了。《世说新语·简傲》注引《晋阳秋》说："王戎年十五，随父在郎舍，阮籍见而悦焉。"阮籍长王戎二十多岁，但王戎7岁时就能迥异于他人，不吃路边李树上的果子，并说出一番道理。长到十来岁，当时人都说王戎"清通"，阮籍见着他，自然喜欢得很。这种喜欢，已经不是长对幼的爱护、怜惜，而是阮籍对"清通"资质的欣赏。如果是后来那个敛财成性、媚权争利的高官王戎，阮籍肯定要翻白眼相对了。

然而，阮籍与名士间交往的兴致，远远比不上他对酒的痴迷。《世说新语·任诞》载：

> 阮公邻家妇，有美色，当垆酤酒。阮与王安丰常从妇饮酒。阮醉，便眠其妇侧。夫始殊疑之，伺察，终无他意。

常识评判人物总是酒色并称，阮籍好酒而无视美色，应该说他对酒的痴迷已经超越了常识价值的判断。

阮籍对酒情有独钟最重要的原因有两个，一是纵酒为"放达"的方式，二是醉酒为避祸的途径。《世说新语·任诞》说，阮籍遭母丧，还与司马昭一起吃肉喝酒，当时的权臣何曾以违背礼法为由，要求司马昭把阮籍"流之海外，以正风教"。幸好司马昭知道阮籍已经为母丧"号血数升"、"毁顿"已久，不予追究。阮籍服丧期间在以"孝"治天下的皇帝面前饮酒食肉，除了蔑视礼法之外，主要是注重真性情的流露。在他看来只要心中有真孝，斋戒的形式反倒束缚性灵了。

在司马氏巩固自己政权的进程中，"名士少有全者"（《晋书·阮籍传》）。

因此,在酣饮放达之外,阮籍常常借助醉酒来摆脱政治困境,保全生命。最著名的例子有两个,一是醉酒六十天,成功地拒绝了司马氏的联姻。另一个是狡猾的锺会"数以时事问之,欲因其可否而致之罪,皆以酣醉获免"(同上)。

由此看来,阮籍纵酒,实质是与权力进行周旋的策略,同时也是借酒浇愁,即所谓"阮籍胸中垒块,故须酒浇之"(《任诞》)。竹林优游时,阮籍是酣畅的;与司马氏周旋时,阮籍是苦涩的。

在此意义上,酒不再是酒,而是玄学家生命的实物表征,其意义是:生命经历苦难的发酵,变得醇厚畅美而又带着些苦涩。

二、由儒入道的现实批判

阮籍的诗文以隐晦著称,他对魏晋统治者未发一句指名道姓的褒贬,却对现实始终保持着锐利的批判姿态。

从著作上看,阮籍的思想有一个明显的分野。在其36岁前,所作《乐论》和《通易论》,有明显的儒家治世痕迹。尔后的《通老论》、《达庄论》、《大人先生传》等,则有浓郁的道家超越色彩。

1. "礼乐正而天下平"

在《乐论》中,阮籍承续儒家"礼别异,乐和同"的治世传统,认为刑教一体、礼乐辅成。他说:

> 刑教一体,礼乐外内也。刑弛则教不独行,礼废则乐无所立。尊卑有分,上下有等,谓之礼;人安其生,情意无哀,谓之乐。……礼逾其制则尊卑乖,乐失其序则亲疏乱。礼定其象,乐平其心;礼治其外,乐化其内。礼乐正而天下平。

这种对礼乐的看法,几乎没有超出《礼记》的思想蕴含。阮籍认为,礼乐对人具有规制和陶化效用,而刑法教化与礼乐一道,从内外两个方面来对人发挥作用。

阮籍特别注重乐所具有的"和"的作用。他说:

> 孔子在齐闻《韶》，三月不知肉味，言至乐使人无欲，心平气定，不以肉为滋味也。以此观之，知圣人之乐和而已矣。（《乐论》）

阮籍以为，"乐者，天地之体，万物之性"（同上），"乐"作为一个和谐的整体，它映现的是宇宙整体的和谐性，如《韶》音这类雅乐，可以让人摒弃不合理的欲望，而使心境安宁。因此，阮籍说："圣人立调适之音，建平和之声，制便事之节，定顺从之容，使天下之为乐者莫不仪焉。"（同上）如果以和乐化于天下，就能淳化人心、整齐风俗。

要注意的是，这些都是阮籍对儒家礼乐思想所作的理想化理解，当阮籍发现根本无从实现这个理想时，它就转而化为阮籍对现实名教进行批判的参照系了。

2. "无君而庶物定"

由于阮籍享有当世高名，司马氏需要他来点缀其政权，阮籍不得不与其周旋。这种痛苦的现实生活，让他愈发深切地感悟政治与名教的本质。

在阮籍看来，国家与政治本应是"上下和洽，裁成天地之道，辅相天地之宜，以左右民，顺其理也"（《通易论》），但现实情况是：

> 今汝尊贤以相高，竞能以相尚，（争）势以相君，宠贵以相加，驱天下以趣之。此所以上下相残也。竭天地万物之至，以奉声色无穷之欲，此非所以养百姓也。于是惧民之知其然，故重赏以喜之，严刑以威之。财匮而赏不供，刑尽而罚不行，乃始有亡国、戮君、溃败之祸。此非汝君子之为乎？汝君子之礼法，诚天下残贼、乱亡之术耳。（《大人先生传》）

《大人先生传》是阮籍宗主道家的标志性著作，是他在拜见当时著名隐士孙登后而作的。参照当时的社会现实，阮籍的批判中，"尊贤"是针对尚"名节"的汉代遗风，"竞能"是针对"唯才是举"的曹魏政策，"宠贵相加"是针对门阀制度。所有这些，结果都是鱼肉百姓。如此还不够，阮籍进一步批判以"孝"治天下的司马氏的"礼法"，其实只不过是残贼、乱亡之术。如此批判，几乎每个矛头都指向社会现实，却不留一点针对现实政权的痕迹。由此看来，后人说阮籍诗文之意百世难解是有道理的。

当然，阮籍的这种批判有着其自身深刻的思想背景。在《通老论》中，他承续道家旨意,认为最好的统治者应"明于天人之理,达于自然之分,通于治化之体,审于大慎之训",其目的是让百姓和美安乐。但是,这样的政治何其困难!阮籍从历史审视到现实,认为"先王既没,德法乖易,上陵下替,君臣不制"(《通易论》),其结果是"犯上则君臣逆"(《乐论》)。很显然,这是指曹氏、司马氏政权建立的情形。

更进一步,阮籍认为,天地开辟之时,万物并生,每个存在都能自得其所,"各从其命,以度相守"(《大人先生传》)。所以,与其用政治和权力来规制万物,还不如让人"法自然而为化"(《通老论》)。那样的话,则"无君而庶物定,无臣而万事理"(《大人先生传》)。

从社会人生的角度看,人不可能彻底独立于社会政治之外。阮籍之所以向往无君无臣的素朴状态,是因为他在现实中深味了君臣交往的疲累。

三、自然而放达的玄思与生活

阮籍对现实中名教的蔑视和批判,是由于他对自己心目中理想化的名教(如"乐")怀着深切的期望,但由于在现实中无从展现它的功用,心灵和精神终究得不到安顿。于是,到了晚年,阮籍转而沉浸于道家思想,寻求精神的处所,希望超越现实名教的羁绊。

1. "自然一体"

阮籍认为:"六经之言,分处之教也;庄周之云,致意之辞也。"(《达庄论》)儒道的分别就是行"教化"于人世和"得意"于万物的分别,前者诉诸外求,后者着意内得。《达庄论》非常清晰地展现了他对《庄子》的诸多"得意"。

首先,阮籍从庄子"齐物"的角度来看待自然万物的。他说:

> 天地生于自然,万物生于天地。自然者无外,故天地名焉;天地者有内,故万物生焉。当其无外,谁谓异乎?当其有内,谁谓殊乎?

这段话的实质问题是"有无"关系。从"自然"的角度看,"无外"除了"无边际"的基本意思外,更多的是意味着一切都没有外在的规定性,存在的属性都是自身的。在此意义上,一切都是自生的,因此是自然的。而某物的"自然"相对于他物,都没有外在的规定性。这个"没有外在的规定性"即是"无",它注定万物都是自为的,是自然而然的。由此,"无"即"自然"。在这种意蕴中,万物其实都是自作主宰的。从万物本身看,"有内"意味着具体存在的所有属性都在自身之内,即一切都有自己的规定性,这个规定性即是"有",但这个"有"是自然而然生成的。由此,"有"即"自然"。把这两层意思合起来,天地万物都是自然而平等的。很显然,这是庄子"齐物"的要义。

其次,阮籍承续儒道关于"气"的思想来论证"万物一体"。他说:

> 天地合其德,日月顺其光,自然一体,则万物经其常,入谓之幽,出谓之章,一气盛衰,变化而不伤。是以重阴雷电,非异出也;天地日月,非殊物也。故曰:"自其异者视之,则肝胆楚越也;自其同者视之,则万物一体也。"

无论自然如何变化,其实只是气化流行的态势显现而已。风雨雷电、天地日月,看起来形态各异,其实都是大化流行的实体形态。在这种大化流行中,如果注重其中具体事物自身,则万物彼此是差异的;如果注重"一气盛衰,变化而不伤"的自然状态,则万物不是各自独立,而是相互融合的一体。

再者,人也是依据"自然"而生的。阮籍说:

> 人生天地之中,体自然之形。身者,阴阳之精气也。性者,五行之正性也。情者,游魂之变欲也。神者,天地之所以驭者也。以生言之,则物无不寿;推之以死,则物无不夭。……故"以死生为一贯,以是非为一条"。

在阮籍看来,人是万物之一,依据自然而生,精气聚而为人。生死情性,表现的只是气的形态不同,精气本身是没有变化的。与这个道理一样,富贵寿夭,只是人生形态的变化;是非价值,只是人认知的结果,它们与"自然"相比,其实是没有差别的。所以,人重要的是要寻求对这些是非价值进行消解和超脱的依据,这就是"自然"。

由此看来,阮籍对《庄子》"得意忘言"的结果是得了庄子的"齐物"要义。而以"齐物"的方法来观照宇宙人生时,阮籍又发现了"神"驭"天地"的意蕴,即所谓"神者,自然之根也"(《大人先生传》)。对精神超越的追求和对万物一体的证悟,因此成为阮籍后期人生的主题。

2."无为之心"

阮籍与当时汲汲于功名的伏义有一场书信辩论。他认为伏义是"其陋可愧,其事可悲"(《答伏义书》)。在阮籍看来:"壮士何慷慨,志欲威八荒。……临难不顾生,身死魂飞扬。……垂声谢后世,气节故有常。"(《咏怀诗》第39首)人之所以要立名节,最终是要对国家社会有着积极功用,即使舍弃生命,那也是值得的。

阮籍进一步认为,如果现实无法让人实现"开模以范俗"的入世价值,就应该充分发挥生命的潜力,追求精神的超越。这样,"从容与道化同由,逍遥与日月并流",体味人与万物一体的玄妙,"上乎无上,下乎无下",消除现实中名教的价值分判,"飘埃不能扬其波,飞尘不能垢其洁",保持心灵的宁静和精神的高洁。最终,"虽业无不闻,略无不称,而明有所逮,未可怪也"(《答伏义书》)。

阮籍这种与"士君子"价值的分野,在《大人先生传》中得到更为充分的展现。在《大人先生传》中,阮籍以"大人"的视野,对"士君子"进行猛烈的批判,认为他们如裤裆里的虱子,在名教的污垢中津津营生。在"大人"看来,人最重要的是要明白庄子"方生方死"的要义。人如果"以无为为用,不以人物为事",对人世间一切,"失不自以为辱,得不自以为荣",那么,"无穷之死,犹一朝之生,身之多少,又何足营"!

超脱了现实中的生死藩篱还不够,阮籍最终追求的是一种天人合一的高妙境界。他说:

> 必超世而绝群,遗俗而独往,登乎太始之前,览乎忽漠之初,虑周流于无外,志浩荡而自舒。……廓无外以为宅,周宇宙以为庐,强八维而处安,据制物以永居。

这样,超世绝群,遗俗独往,是疏离于现实;登览太始之前、忽漠之初,是追溯宇宙人生的本源;虑于无外,志而自舒,是思想的快慰。最终,以无外为宅,宇宙为庐,处安而永居,精神因此有了超越和安顿的归趣。

由此可见,阮籍对于道家精神的"得意"之处,最后归于一种超越的精神,其实质是心神的自由。这就是《达庄论》所说的,所有关于人世宇宙的思想,终究都是"聊以娱无为之心而逍遥于一世"。

3."礼岂为我辈设"

阮籍认为,虽然与物一体的境界是人应该追求的,但在现实生活中,完全的超越是不可能的,有时必须虚与委蛇,与世周旋。《晋书·阮籍传》说他"虽去佐职,恒游府内,朝宴必与焉",即是此意。

然而,阮籍自有自己的操守。《世说新语·简傲》说:

> 晋文王功德盛大,坐席严敬,拟于王者。唯阮籍在坐,箕踞啸歌,酣放自若。

史书说阮籍从小就"性恬静,兀然弹琴长啸,以此终日"(《太平御览》卷602引)。无论权力如何强势,阮籍终究还能保持其相对独立的姿态,一以贯之,"箕踞啸歌,酣放自若"。不仅对高位权力如此,对当初"见面而悦"的王戎,因其逐渐媚俗,也颇不客气。《世说新语·排调》说,有一次,嵇、阮、山、刘在竹林酣饮,王戎后来也参与进来。阮籍毫不客气地说,"俗物已复来败人意"!

在生活中保持独立的人格,与世俗名教保持一定的距离,是生存的需要,也是心灵的原则。但如果出于真情的表达,即使名教森严,阮籍也无所畏惧。《世说新语·任诞》载:

> 阮籍嫂尝回家,籍见与别。或讥之,籍曰:"礼岂为我辈设也!"

阮籍丧父后,叔兄对其多有照顾,在多年的生活中,与兄嫂建立了深厚的亲情。嫂子回家,阮籍无视名教男女之别的规制,忍不住要去叮咛嘱咐一番,与其道别。可是,即便是这样的真情流露,也要遭致世俗谴责。阮籍以"礼岂为我辈设"反诘,并非是要在现实中彻底抛弃真正的礼制,而是他痛恨虚伪名教而无可奈何的心境反应。否则,阮籍为何在母亲下葬后,大叫"穷矣",哀恸母亲从此一去不返,甚至毁废得吐血呢?

理解阮籍的玄思与生活,从这些细节处深深体味,再联系他那些情志幽深的《咏怀诗》,我们才可以这么认为,竹林名士的"放达",与其说是一种风度,毋宁说是一种苦闷心境的另类反应。

第二节 嵇康非儒弘道的思想

一、生平交游

从史书记载看,嵇康作为竹林玄学的领袖人物,他在当世的影响比阮籍要大一些。其原因在于,相较于阮籍,嵇康不仅具备了玄学家的主要资质,还因为他具有更为纯粹和坚毅的品质。嵇康的一生,几乎就是实践道家学说的一生,只不过嵇康在实践的过程中,把道家思想所蕴含的批判精神,转化为一种极具批判性的人生姿态,以致不能善终天年。

1. 生平

嵇康,字叔夜,谯国铚人(今安徽宿县)人,家世儒学。生于公元223年,父昭早逝,母兄太过溺爱,以致少年时的嵇康性情疏懒,不读经书。但是,嵇康又"学不师受,博览无不该通,长好《老》《庄》"(《晋书·嵇康传》)。成年后,娶曹操曾孙女为妻,曾拜为中散大夫,故世人谓之嵇中散。司马氏掌权后,嵇康隐居不仕,并与阮籍、山涛等结成竹林之游。258年,司马昭想征其为"博士",嵇康不得已逃出洛阳,避居河东苏门山,从游于大隐士孙登。262年,因好友吕安事受牵连,被司马氏以"非毁典谟"的罪名收杀。史书说,嵇康天质自然,龙章凤姿,有奇才,善谈理,恬静寡欲,率然玄远。

今存主要著作有《声无哀乐论》、《释私论》、《养生论》、《明胆论》、《难自然好学论》、《管蔡论》、《太师箴》、《卜疑》、《与山巨源绝交书》、《家诫》等。嵇康著作的通行校本有鲁迅辑校的《嵇康集》和戴明扬的《嵇康集校注》,二者皆精审,后者更为全面。

2. 交游与相知

嵇康很明白自己的性情。他认为阮籍的高明之处是"口不论人过",而自己却"不识物情",有"慢弛之阙"(《与山巨源绝交书》),又"好尽"至理。所以,他无法与世周旋,只能退而与那些彼此识"天性"的真相知们交游。

与嵇康交游最善的是吕安。《世说新语·任诞》载:"嵇康与吕安善,每一相思,千里命驾。"这种不计里程会老朋友的做法,与其说"相思"相知,倒不如说是率性而为。后来,吕安的哥哥吕巽诬告弟弟不孝,平日里经常调节两人关系的嵇康认为吕巽辜负了弟弟对他的一片诚心,于是作书与其绝交。嵇康后来因吕安案受牵连,坦然就戮,未尝不是他对有负吕安的苦闷心境的解脱。

与嵇康交游最恶的是锺会。按史书记载,锺会是个两面三刀的人,嵇康根本看不起他。《世说新语·文学》载,锺会作成《四本论》,慕嵇康高名,想把稿子拿给嵇康看,但又怕嵇康瞧不起他,于是从窗户把《四本论》扔进嵇康家里,而后仓皇逃走。不幸的是,嵇康的率性偏偏得罪了这样的人。《世说新语·简傲》载,锺会带着一大帮人壮胆,去拜望嵇康。当时,嵇康正在打铁,向秀为他拉着风箱。锺会等了很久,嵇康却"扬槌不辍,傍若无人"。孰料,锺会临走时,嵇康却冷然而问:"何所闻而来,何所见而去?"很显然,这样的冷遇让同为当世名士的锺会下不了台。后来,身为司隶校尉的锺会对司马昭说,嵇康这样的人对政权太危险,不能让他活太久,并与吕巽一道,诬定了嵇康的死罪。

嵇康交游中最有意思的是与山涛的交往。《世说新语·贤媛》载:

> 山公与嵇、阮一面,契若金兰。山妻韩氏,觉公与二人异于常交,问公。公曰:"我当年可以为友者,唯此二生耳!"妻曰:"负羁之妻亦亲观狐、赵,意欲窥之,可乎?"他日,二人来,妻劝公止之宿,具酒肉。夜穿墉以视之,达旦忘反。公入曰:"二人何如?"妻曰:"君才致殊不如,正当以识度相友耳。"公曰:"伊辈亦常以我度为胜。"

嵇、阮的声名在外,连山涛的夫人也想知道个究竟,在痴迷地观察他们一个通宵后,她对竹林交游做出了精确的评价——"以识度相友"。可见,"相知"在玄学家交往中的重要性。这与何、王的"神交",何其相似!当然,山涛夫妇如此举动,也反映出竹林玄学家生活中的放达,已经超越了名教的藩篱,而趋向于对人本身的尊崇,对才情本身的兴味,以及对精神识度的推崇。

有个问题值得注意,后来山涛推举嵇康代自己任吏部侍郎,嵇康与其绝交,正是嵇康无法容忍当初相交默契的山涛不能明晓自己心愿的极端反应。

同时,这种反应也是嵇康对现实政治的态度。

二、回归道家的思想路向

魏晋玄学在许多研究者那里被视为"新道家",《老子》、《庄子》作为"三玄"之二,它们对玄学家的影响无处不在。嵇康也不例外。

1. "老子、庄周,吾之师也"

嵇康的"回归",首先源自他对经典的汲取方式。《世说新语·文学》注引《向秀别传》说:

> 秀与嵇康、吕安为友,趣舍不同。嵇康傲世不羁,安放逸迈俗,而秀雅好读书。二子颇以此嗤之。后秀将注《庄子》,先以告康、安,康、安咸曰:"此书讵复须注?徒弃人作乐事耳!"及成,以示二子。康曰:"尔故复胜不?"安乃惊曰:"庄周不死矣!"

向秀不仅读了《庄子》,还作了注。嵇康认为,为《庄子》作注如同淡漠对人本身的注重而要求以乐教化人一样,是舍本逐末的举措。即使后来吕安认为向秀的注是庄子再生,但在嵇康眼里,那注还是超越不了庄子的玄远之思。对于《庄子》,只要阅读"受用",而无须注释。所以,他反问向秀:"你觉着自己的注能超过庄子吗?"("尔故复胜不?")

进一步地,嵇康认为阅读经典不在其文字本身,而在于是否能体味经典所蕴含的精神。他说,"老子、庄周,吾之师也,亲居贱职"(《与山巨源绝交书》)。老庄之所以能安于贫贱的生活,是因为他们有着自然达观的精神气质。嵇康自述说:

> 加少孤露,母兄骄恣,不涉经学……又读《老》《庄》,重增其放,故使荣进之心日颓,任逸之情转笃。(同上)

老庄作为一种思想资源,嵇康对其"得意忘言"的结果是"重增其放",日渐远离世俗纷纭,而逐步走向率性而为。所以,在日常生活中,嵇康"含垢藏瑕,爱恶不争于怀,喜怒不寄于颜",以致王戎称,"与嵇康居二十年,未尝见其喜愠之色"(《德行》)。

2. "因自然以托身"

嵇康发挥庄子"有待"、"无待"的思想,来论述人与外物的关系。嵇康说:

> 世之难得者,非财也,非荣也,患意之不足耳!意足者,虽耦耕圳亩,被褐啜菽,岂不自得?不足者虽养从天下,委以万物,犹未惬然。则足者不须外,不足者无外之不须也。无不须,故无往而不乏。无所须,故无适而不足。不以荣华肆志,不以隐约趋俗。混乎与万物并行,不可宠辱,此真有富贵也。(《答〈难养生论〉》)

由于生命本身与天地是一体的,生命只是大化洪流中的一分子。如果人生只是追求和满足物欲,又由于万物之多之广,是人欲不可穷尽的,人因此也不可能得到真正的满足("犹未惬然")。所以,生命的目的在于精神的恬静知足,而无需物质的荣华来彰显。知道了这个"意",才是真正的富贵。当然,这种富贵,是精神上的富有。

与庄子一样,嵇康也认为名利富贵只是生命的病患累赘。"以名位为赘瘤,资财为尘垢",就能体味生命的真正意义。嵇康说:

> 若以大和为至乐,则荣华不足顾也,以恬澹为至味,则酒色不足钦也。苟得意有地,俗之所乐,皆粪土耳,何足恋哉!……故以荣华为生具,谓济万世不足以喜耳。此皆无主于内,借外物以乐之,外物虽丰,哀亦备矣。有主于中,以内乐外,虽无钟鼓,乐已具矣。……故顺天和以自然,以道德为师友,玩阴阳之变化,乐长生之永久,因自然以托身,并天地而不朽者,孰享之哉!(同上)

在嵇康看来,生活的关键在于明晓自然之道的意蕴("得意"),那些世俗中的荣华富贵、足欲而欢,与这种"得意"的精神快乐相比,犹如粪土而已。如果执着于外物的欲求,人必然会患得患失,即使历尽万世,人生也得不到终极的快乐。况且,即使从物欲本身而言,"外物虽丰,哀亦备矣",物欲本身就已经隐含了不能足欲的悲哀。人"借外物以乐之",实际上是把自己交给外物役使,而失去了内在的主宰精神。因此,对自然之道的精神追求,与物一体,才是最重要的,也是最长久的。

三、"导养得理，以尽性命"的养生理论

刘勰认为，阮籍"使气以命诗"，嵇康"师心以遣论"（《文心雕龙·才略篇》）。这是说，阮籍心中的郁闷之气，由其《咏怀诗》来抒发，嵇康心灵的隐忍追求，通过各种"论"得以呈现。而嵇康"论"中的许多主题，在东晋以后，更为玄士们所乐道，以致东晋前期名士和政治领袖王导对嵇康的"养生"、"声无哀乐"等主题颇为痴迷。

1."形神相亲"

形神问题是汉唐思想的一个重要问题，儒、道、释三家都有不同层面的论说。东汉的王充和南朝的范缜都认为形死神灭。

与他们不同，嵇康不注重形神的主客关系，而从养生的角度认为二者是一种相互依存关系，"形恃神以立，神需形以存"（《养生论》）。但是，由于"得意"是人生的终极追求，在养形与养神之间，养神更为重要。这是因为：

> 精神之于形骸，犹国之有君也。神躁于中，而形丧于外，犹君之昏于上，国乱于下也。（同上）

精神是现实人生的主导，如果精神不清明自足，形体就不可能自在完满。精神对于现实人生的作用就如同君主对于国家治理的效用一样，君主昏庸，则国家混乱。同理，没有清明的精神引导，形体必然会陷入逐欲的泥潭。因此，精神与形体的共通和谐，才是最重要的。嵇康说：

> 修性以保神，安心以全身。爱憎不栖于情，忧喜不留于意，泊然无感，而体气平和。又呼吸吐纳，服食养身，使形神相亲，表里俱济也。（同上）

在嵇康看来，既要内在地"保神"，又要外在地"全身"，人生才能完满。他认为，"修性"、"安心"可以让心神不汲汲于外物，以达到"体气平和"的"泊然"状态，而对各种外物（如"五食散"）的适当汲取，则能保持形体的安康。这样，心不忧惧，身不疾病，"表里俱济"，形神自然就能亲亲相融了。

2."得理尽性"

嵇康在《养生论》中提出,"导养得理,以尽性命,上获千余岁,下获数百年,可有之耳"。向秀与其论难认为,"顺欲"而动,"节之以礼",求富贵以道义,"称情则自然"(《难养生论》)。嵇康认为,以"顺欲得生",并未明白"相生而无害"的"生生之理"。他举例说,树木生了蝎虫,虫在树中,久而久之,虫子多了,树木必因虫而朽。如同这种"蝎盛则木朽"的道理一样,欲望虽由人内出,但如果不是循道顺理而出,结果必然是"欲盛则身枯"(《答〈难养生论〉》)。所以,人必须要明晓欲、性、理之间的关系。

嵇康说:

> 夫不虑而欲,性之动也;识而后感,智之用也。性动者,遇物而当,足则无余;智用者,从感而求,勖而不已。(同上)

从道理上讲,欲望本身是中性而无价值判断的,如饥欲饱,寒欲温。但它们在生发之时之后,则是有差别的。如果顺着自然的"生生之理","遇物而当",不用智巧而足,欲就是自然的人性的。否则,本来以米饭即可饱食的,却运用智巧,非得劳民伤财去寻山珍海味,一味地满足感官的欲求,则欲求无穷,智用不足,人必然会遭受无尽的倦累。这就是"嗜好常在耳目之前,所希在数十年之后,又恐两失,内怀犹豫,心战于内,物诱于外,交赊相倾,如此复败者"(《养生论》)。

那么,如何才能避免这种"复败"的恶性循环呢?嵇康认为:

> 养生有五难:名利不灭,此一难也;喜怒不除,此二难也;声色不去,此三难也;滋味不绝,此四难也;神虑转发,此五难也。……五者无于胸中,则信顺日济,玄德日全,不祈喜而有福,不求寿而自延。此养生大理之所效也。(《答〈难养生论〉》)

从现实人生看,外在层面上,人或汲汲于功利,或沉溺于酒色;内在层面上,人或情志荡漾,或劳精费神。很显然,这些都是养生的大患。因此,必须努力除去名利、喜怒、声色、滋味、神虑的困扰,以使心安神宁。只有这样,人才能与万物相生而无害,相利而共存,结果是"性气自和,则无所困于防闲;情志自平,则无郁而不通"(同上)。

嵇康进一步认为,"世之所累,由见之不明耳"(《答〈难养生论〉》)。人之所以难以摆脱"交赊相倾"的缠绕,乃是因为自身识见短浅、沉溺世俗的缘故。如同人只知道吃稻谷比吃蓬蒿更有利于身体,但不知道在稻谷之外,更有"上药"有利于身体的道理一样,由于人不能对各种有利于养生的物事之理有深切的认知,因此只知享受于足欲的快乐。如果人能认知各种物事的"性理"对于人生的各种利弊,养生的目的就可望达到。这就是"准性理之所宜,资妙物以养身"(同上)。

因此,嵇康说"导养得理,以尽性命",其"得理"不仅是得养生的道理,也是要得万物何以能养生之理。这样,才能按照万物的"性理",与物相生而无害,进而养生以尽性命,即所谓"和理相济,同乎大顺"(《养生论》)。

最终,嵇康希望达到的养生境界是,"无为自得,体妙心玄,忘欢而后乐足,遗生而后身存"(同上)。很明显,这又是对老子思想承袭的结果。

值得注意的是,嵇康的养生思想是以单纯的个体生命的完美作为出发点的,这与他以社会作为出发点所建构的批判和超越理论是迥然不同的。

四、"越名教而任自然"的超越精神

研究者常说的"名教"与"自然"关系,是由嵇康明确提出来的。在嵇康看来,名教是污垢泥潭,自然是洁净域所。要摆脱名教的束缚,首先就要分析名教的价值建构,而超越是非的现实限制,则是实现内在超越的前提。

1. "似非而非非,类是而非是"

由于身处乱世,嵇康对士人的处境有着深重的感悟。在嵇康看来,当时的社会伦常和人生价值系统都处于失衡状态,以致是非淆乱。他说:

> 事亦有似非而非非,类是而非是者,不可不察也。故变通之机,或有矜以至让,贪以致廉,愚以成智,忍以济仁。然矜吝之时,不可谓无廉,情忍之形,不可谓无仁。此似非而非非者也。或谄言似信,不可谓有诚,激盗似忠,不可谓无私。此类是而非是也。(《释私论》)

庄子在《齐物论》中要"齐"是非,以消除一切价值判断的根源。与庄子这种终极意义上的认知不同,嵇康着眼于现实社会,认为对于现实人和社会的评判,必须要弄清是非真相。否则,是非混淆,公私紊乱,人的言行将无所安顿。在嵇康看来,那些无意乃至出于智巧的"让、廉、仁",看起来应当遭致谴责,但由于它们实际上多少还有着些"让、廉、仁"的内涵,并非一无所是。这是"似非而非非"。而那些源自别有用心的"信、忠",看起来应当受到褒扬,但由于它们实际上是为了私利,因此应受到严厉批判。这是"类是而非是"。

讲究名实相符的名理之学,是魏晋玄学的重要思想资源。嵇康的这种是非观,其实是运用名理之学来论证名实相符的必要性。他进一步说:

> 故乃论其用心,定其所趣,执其辞以准其理,察其情以寻其变,肆乎所始,名其所终:则夫行私之情,不得因乎似非而容其非;淑亮之心,不得蹈乎似是而负其是。故实是以暂非而后显,实非以暂是而后明。公私交显,则行私者无所冀,而淑亮者无所负矣。行私者无所冀,则思改其非,立公者无所忌,则行之无疑:此大治之道也。(同上)

这段话有四层意思:一是静态的检验名实相符的原则问题。"名"只是某物某事生成后的符号,并不一定能反应其真实的过程,更不一定会体现其质地。要做到名实相符,就必须先看动机如何,再看其理路如何,再看其变化过程如何,只有这三者与结果相符,才是名实相符。二是动态的从动机和过程上检验名实。一方面,对那些出于私利而有的名与实,都要不断地进行揭露和批判;另一方面,对那些出于公的名与实,不能因其模糊的表象而判断其为非。三是历史性的名实不符的事物需要时间来验证其真伪。真理是不可遮蔽的,无论"是"被多少"非"所掩盖,无论"非"被多少"是"所掩饰,它们终究会在时光的流转中,显现出真相。四是现实中的坚持名实相符原则所具有的效用:私利者思改其非,立公者坚毅其行。联系嵇康所处的现实社会,我们知道,这是嵇康对司马氏篡取政权的现实批判。

嵇康的理路不仅仅止于此。在他看来,"是非"的名实相符是社会治理所必要的价值系统,也是"大治之道"的当然之义。但对完美的个体来说,则无所谓是非善恶,其言行举止,没有功利目的,都是自然而然的。他说:

>　　至人之用心,固不存有措矣。……故管子曰"君子行道,忘其为身",斯言是矣。君子之行贤也,不察于有度而后行也;任心无邪,不议于善而后正也;显情无措,不论于是而后为也。是故傲然忘贤,而贤与度会;忽然任心,而心与善遇;傥然无措,而事与是俱也。(同上)

这就是说,一个完美的人,由于其没有任何私利作为出发点,其所有言行动作都能合乎"道"的准则,结果则是任何物事都能"不求而至"。其实,这里的"不察于有度"、"不议于善"、"不论于是",都是没有先在价值约束的"无心",即君子"心不措乎是非"(同上)。以老子的思想来看,其中的"行贤"、"任心"、"显情"都是"无为",而合乎"度"的行动、融合善的心愿、蕴含"是"的人事,则是"无不为"。很显然,这是嵇康对老子"无为而无不为"思想的化用。

2."理足于内,乘一以御外"

从养生方面看,嵇康讲求"得理尽性",其"得理"也包括认识万物之理。但是,对万物之理的认知,并非一蹴而就的。

首先,嵇康认为宇宙是广袤的,人的认知能力则是有限的。他说:

>　　天地广远,品物多方,智之所加,未若不知者众也。(《养生论》)

庄子认为"以有涯随无涯,殆矣"(《庄子·养生主》),说的是有限的人生不足以认知宇宙的无限。嵇康深得其意,从认知对象的无限性来说明理性认知的局限性。

那么,人何以对世界进行有效的认知呢?嵇康认为:

>　　夫推类辨物,当先求之自然之理,理已定,然后借古义以明之耳。今未得之于心,而多恃前言以为谈证。自此以往,恐巧历不能纪耳。(《声无哀乐论》)

这是说,人对世界的认知,首要的是对"自然之理"进行探求,确定自然之理是什么后,通过已然明了的道理("古义")来进一步说明它为何如此。如果只在前人的道理上转圈子,而不知"自然之理"是人立身的根本,就会陷入混乱而不会有纲举目张、触类旁通的认知效用。

由此看来,"得之于心"是对"自然之理"进行探求的关键,也就是说,人必须先从自身内求以获得对它的认知。嵇康说：

> 夫至理诚微，善溺于世，然或可求诸身而后悟，校外物以知之。（《答〈难养生论〉》）

作为"至理"的"自然之理"，因其微妙深远，大多时候是隐匿于世的。但是，这并不意味着它是不可知的。实际上，人可以通过对自身的观照反省来确认彼之为何，再通过外物进行校验，以确认它是否真的如此。嵇康进一步认为，"善求者观物于微，触类而长，不以己为度也"（《答〈释难宅无吉凶摄生论〉》）。也就是说，对"理"的认知，要善于比较，显幽察微，而不能以自我为中心，局限于一己的经验和背景。

最终，嵇康认为，得"自然之理"于心，即可"理足于内"。这样，"至明能无所惑，至胆能无所亏"（《明胆论》）。而按照这个"自然之理"，刚健地应对万物，则万物都能为我所用。这就是"苟云理足于内，乘一以御外，何物之能默哉"（《答〈难养生论〉》）。很显然，嵇康由此又复归于庄子式的个体逍遥境界的寻求。

至此，把"足理"与养生联系起来看，我们可以发现，嵇康要人认知万物，其实是要人善用万物，但人之用物并非是以自我为主宰的滥用，而是遵循"生生之理"，尊重各种物事之理的内在特征，充分汲取万物之长，以弥补人自身的不足，直至帮助人达到自身的完美。

3."越名任心"

嵇康的著作中，最为后人称道的是《与山巨源绝交书》。这封绝交信，事实上是嵇康的自传，是其生命形象本身的写照，也是其"性灵"独白。

嵇康对自己的秉性和社会现实有着清醒的认识。以当时的社会情境为参照系，嵇康认为自己性情中与社会规范有七个不兼容的方面，即他所说的"心不堪者七"。更为重要的是，还有"甚不可者二"。嵇康说：

> 又每非汤武而薄周孔，在人间不止，此事会显，世教所不容，此甚不可一也；刚肠疾恶，轻肆直言，遇事便发，此甚不可二也。以促中小心之性，统此九患，不有外难，当有内病。宁可久处人间邪？（《与山巨源绝交书》）

"七不堪"加上"二不可",嵇康视之为人生"九患"。好像对自己的命数有深切预知一样,嵇康认为自己没有"内病",可由于险恶的社会现实,因为无"内病"而遭受"外难"的情形就不可避免了。所以,他说"宁可久处人间邪"?结果,嵇康果然不被"世教"所容,"绝交书"作成未满一年,就被司马氏诬杀。

那么,嵇康何以说自己"刚肠疾恶,轻肆直言,遇事便发","非汤武而薄周孔"呢?

从政治态度上看,嵇康以强烈的叛逆姿态对现实政治进行批判的。嵇康针对汉魏以来的政治现实说:"君位益侈,臣路生心,竭智谋国,不吝灰沉。赏罚虽存,莫劝莫禁。……刑本惩暴,今以胁贤。昔为天下,今为一身。"(《太师箴》)公元249年,司马氏夺权,后又滥杀士人三千,以致"天下名士,少有全者"(《晋书·阮籍传》)。公元255年,镇东将军毋丘俭因司马氏废齐王芳事兵反,遭致镇压。嵇康著《管蔡论》为毋丘俭等人辩诬,认为他们的兵反与管、蔡反对周公一样,是"服教殉义,忠诚自然","抗言率众,欲除国患"(《管蔡论》)。我们知道,曹魏代汉,司马氏代魏,都是以禅让名义篡取政权的。嵇康这里为反对"摄政"的管蔡二人翻案,在司马氏眼里,不仅是"轻肆直言",更是"非毁典谟"的逆我而动了。

从教化结果上看,嵇康认为,当时僵化的儒家教义已经严重地误导众生。嵇康说,六经之类的经典,以仁义束缚人心,以名分规范言行,以教化神化自身。其结果是,"六经纷错,百家繁炽,开荣利之涂,故奔骛而不觉"(《难自然好学论》)。这样,人们汲汲于功利之途,而忘却了道之为何、生为何义。

从教化本质上看,嵇康认为,现实中的儒家教化都是以功利为目的的,违背了人性的本然。嵇康说:"推其原也,六经以抑引为主,人性以纵欲为欢。抑引则违其愿,纵欲则得自然。"(同上)按照嵇康的意思,"纵欲"并非放纵欲望,而是不对"性动"之欲进行限制。而六经对于人们的教化,都是以后天的伦常为内容来扭曲先天的"性动"。荒谬的是,"今之学者,岂不先计而后学?"(同上)如果学习都是由功利计算为起因,那还不如不学的好。所以嵇康说:"向之不学,未必为长夜,六经未必为太阳也。"(同上)不学习儒家经典,也没什么大不了。即使学习了,由于不是"自然之应",这"学"也是有缺憾的。

然而,从儒家的内在精神看,孔子要人"志于道",孟子要人"先立乎其大者",以嵇康在《释私论》中的看法,这些也都是以"公"为出发点的,而嵇康这里批判的是以"私"为出发点的功利化的六经之"学"。即使嵇康以"自然"作为论说的依据,但并不能因此就可以说嵇康是反对儒家思想的。其实,嵇康所反对和批判的只是现实中僵化的儒家名教,而非儒家本身。这点在他的《家诫》中有明确反映,尤其值得注意。

与阮籍一样,嵇康对现实政治和社会的无奈,使得他不得不试图超越现实的限制,而求得自我的实现。现实既然以名教为依归,则嵇康超越现实的努力,其实就转化成他超越名教的努力。又因为嵇康已经明了现实名教的实质是以是非为名,行一己之私,则超越是非的价值判断成为他的努力方向。嵇康说:

> 夫气静神虚者,心不存于矜尚;体亮心达者,情不系于所欲。矜尚不存乎心,故能越名教而任自然;情不系于所欲,故能审贵贱而通物情。物情顺通,故大道无违;越名任心,故是非无措也。(《释私论》)

在嵇康看来,人要"行不违乎道",重要的是要保持精神的清明与心胸的宽广。心中没有是非的价值判断,就能撇开名教的束缚,任由"性动",自然地抒发性灵;不汲汲于外物的诱惑,就不会有此物有利于我、彼事不利于我的诸多功用判别,进而可以消除贵贱的等级分野,达到对物和事之理的深切认知,终而知道万物万事的"性理"之间是通达无碍的。这样,人的言行动作,在其蕴发之时,就没有功利的动机,自然而然。这就是"越名任心"的境界。

值得辨析的是,以"越名任心"这样的境界背景看,嵇康说自己"轻肆直言,遇事便发",实际上并非一种有意而为的现实政治批判,而是以他自己的睿智应对事物时的自然反应。只不过,当我们以世俗的标准来看待时,嵇康的言论是有立场的政治批判,而在嵇康自己那里,在"师心以遣论"的意义上,却是无立场的对"至理"追求的呈现而已。这是我们理解嵇康思想时,尤其值得体味的地方。

五、"方中之美范,人伦之胜业"的玄学风度

嵇康在当世人眼中,不仅仅是名士,更是名士中的"名士"。故《世说新语·德行》注引《嵇康别传》说嵇康是"方中之美范,人伦之胜业"。"方中"意指名士群体,"人伦"是指为人之道。

1. "方中之美范"

嵇康之被当世人标举,首先在于他"风姿特秀"。《世说新语·容止》载:

> 嵇康身长七尺八寸,风姿特秀。见者叹曰:"萧萧肃肃,爽朗清举。"或云:"肃肃如松下风,高而徐引。"山公曰:"嵇叔夜之为人也,岩岩若孤松之独立,其醉也,傀俄若玉山之将崩。"

嵇康在《答〈难养生论〉》中,认为松柏之比杨柳高洁挺拔,正是因为它能在"重崖"上"荣茂日新"。不意当世人也多以松柏为喻,来赞扬他的风姿高洁,秀出士林。宋明人讲究人之"气象",这里的诸多赞辞,说的便是嵇康的"气象"。按宋明人的理路,"气象"是由"变化气质"而来,而嵇康的"长好老庄",未尝不是他变化气质的内在原因。

嵇康被标举的另一个重要原因是他的高才。嵇康隐然一代思想宗主,锺会和向秀都拿自己的著作给他看,而山涛的妻子韩氏也说山涛的才致与嵇康比起来差远了。尤为特出的是,嵇康就"养生"、"宅无吉凶"、"自然好学"、"声无哀乐"等主题与当世人往复论难,其思想遍及当时的现实和学术主题,以致后来王导过江,"止道声无哀乐、养生、言尽意三理而已"(《文学》)。

最为后人赞赏的是嵇康的气度。《世说新语·雅量》载:

> 嵇中散临刑东市,神气不变,索琴弹之,奏《广陵散》。曲终,曰:"袁孝尼尝请学此散,吾靳固不与,《广陵散》于今绝矣!"

庄子《齐物论》中一个重要观点是"齐生死"。嵇康临刑前坦然演奏《广陵散》,应该说,他已经深得"齐生死"之意了。更具意义的是,嵇康在对自己生命的终结无所畏惧的同时,却对《广陵散》的失传深怀忧伤。这样的情境,除

了昭示出高迈超绝的玄学气度外,更让后人体味出,乱世中的生命有时就是一种悲剧艺术。

2. "人伦之胜业"

不仅嵇康的风仪为士林"美范",其德行人格也为当世人所推崇。王戎说:"与嵇康居二十年,未尝见其喜愠之色。"(《德行》)嵇康虽然说自己"遇事便发",但那并非是其器量狭隘,而是因为他性格刚烈,率性议论。日常生活中,嵇康"爱恶不争于怀,喜怒不寄于颜"(《德行》注引《嵇康别传》),人们不见其"喜愠之色",是因为嵇康力图超越"是非","心无所矜,而情无所系"的缘故(《释私论》)。

嵇康的德行品格为世所崇最为典型的事件是嵇康之死。吕安案发后,嵇康不顾已经得罪了司马氏的巨大危险,毅然为吕安作证辩护。被诬下狱后,"太学生三千人上书,请以为师"(《雅量》注引《文士传》),而且"于时豪俊皆随康入狱"(同上注引王隐《晋书》)。如果仅仅是因冤屈下狱,恐怕不会有这么多当时的精英人物为嵇康出头露面。锺会在"庭论"嵇康时,说他"上不臣天子,下不事王侯,轻时傲世,不为物用"(《文士传》),这种独立高洁的品格才是众人营救嵇康的真正原因。

嵇康死后,向秀作《思旧赋》怀念,说他"意远而疏",而无嵇康伴游的王戎在经过曾经同游的竹林时,也发出"今日视此虽近,邈若山河"的慨叹(《伤逝》)。

由此可见,嵇康之享有盛誉,不仅因为其"美范"与"胜业",也在于他的生死标识出古老的"知行合一"精神。如其在《家诫》中所说,"志之所之,则口与心誓,守死无贰"。嵇康留给后人的,除玄思妙理之外,更有这种"一以贯之"的殉道精神。这种精神,才是玄学风度的底蕴所在。

综而观之,与王弼不一样,玄学中的"贵无"思想,在竹林名士那里并非仅以理论建构为长,而是以生活实践为内容,他们把对"有无"、"言意"、"才性"、"名教自然"等玄学主题的玄思转化为一种放达的生活情态。因此,正始玄学理论上的"贵无",在竹林玄学这里转化成生命与生活中的尚"自然"。另一方面,从现存的材料看,竹林名士很少能对一些关键的思想范畴及其内涵作出新颖的发展性的阐释(《声无哀乐论》除外),玄学理论本身的发展成熟,是由裴頠和郭象完成的。

但是,阮籍、嵇康引领的竹林玄学,"文明在中,见素抱朴"(《太师箴》),其中虽然有王戎的阿附权贵,山涛的随俗同尘,但由阮籍的忧患与深情,嵇康的才致与风姿,刘伶的痴迷与放达,与他们各自的玄思妙理一起,完成了一种涵蕴"神思、妙赏、深情、旷达、忧患、弘毅"的哲学精神。这种精神,即所谓"魏晋风度"。

思考题:
1. 《庄子》在竹林玄学中的影响如何?
2. 如何理解竹林玄士的"放达"取向?
3. 嵇康的养生理论与其"越名任心"的追求是否有必然联系?

参考书目:
容肇祖:《魏晋的自然主义》,东方出版社,1996年。
孔　繁:《魏晋玄谈》,辽宁教育出版社,1991年。
刘康德:《魏晋风度与东方人格》,辽宁教育出版社,1991年。
宁稼雨:《魏晋风度》,东方出版社,1992年。
范子烨:《中古文人生活研究》,山东教育出版社,2001年。
侯外庐:《中国思想通史》第三卷,人民出版社,1957年。
罗宏曾:《魏晋南北朝文化史》,四川人民出版社,1989年。

第三章　裴頠的"崇有"思想——
　　　　　"崇有"派(上)

公元 290 年司马炎死后,西晋王朝陷入全面的混乱状态。政治上司马子弟为权力自相残杀,以致有长达 16 年的"八王之乱";经济上土地兼并之风愈演愈烈,曾为竹林七贤之一的王戎也"广收八方田园";世风上名士们纵酒荒放、无所事事,用晋人自己的话说,"名士不必须奇才。但使常得无事,痛饮酒,熟读《离骚》,便可称名士"(《世说新语·任诞》)。裴頠即生活在这样的社会中,"患时俗放荡,不尊儒术","乃著《崇有》之论,以释其弊"(《晋书·裴頠传》)。

第一节　裴頠的政治人生

一、生平交游

裴頠出生官宦世家,用世匡政为其家风。又因为身处乱世,对"进仕者以苟得为贵"、"当官者以望空为高"的虚诞世风深怀忧虑(干宝《晋纪总论》)。他秉持为政救世的人生取向,认为晋室衰微,"贵无"玄学难辞其咎。

1. 生平与著作

裴頠,字逸民,河东闻喜(今山西绛县)人。祖父裴潜曾任曹魏尚书令,叔祖裴徽为汉魏间大名士。父秀为晋名臣,官至司空,封巨鹿郡公,叔父裴楷被时人誉为"玉人"。裴頠生于公元 267 年,与惠帝皇后贾南风为表亲,少知名,成人后娶王戎女。裴頠为晋重臣,主张复兴儒学,规范朝制,曾任国子祭酒、侍中、尚书左仆射等高位要职。因不屈于弄权的贾后和赵王司马伦,于公元300年被杀。史书称,裴頠弘雅有远识,博学稽古,兼明医术。

著作有《崇有论》、《贵无论》、《辨才论》等,现仅存《崇有论》,载《晋书·裴頠传》。

2. 交游与政治

史书对裴頠与妻族的交游记载较多。《世说新语·言语》载,有一次,王戎、王衍(戎之堂弟)、裴頠、张华等许多名士到洛水游玩。事后,尚书令乐广问王衍玩得怎样,王回答说:"裴仆射(頠)善谈名理,混混有雅致;张茂先(华)论《史》、《汉》,靡靡可听;我与王安丰(戎)说延陵、子房,亦超超玄箸。"(《言语》)也就是说,在当时清谈领袖王衍看来,裴頠善于名理,张华长于历史,他们王氏兄弟擅长谋略。

裴頠作成《崇有论》后,"时人攻难之,莫能折,唯王夷甫来,如小屈。时人即以王理难裴,理还复申"(《文学》)。作为当时"言谈之林薮"(《裴頠传》),裴頠的神思玄理有点所向无敌的味道("莫能折")。即便是作为清谈领袖的妻叔王衍,其清谈理路也拿裴頠的玄思没办法,许多人用"王理难裴",但裴頠之理还是有进一步阐发的余地。

裴、王不仅在玄思清谈中有密切交往,于政治上也有合作。《晋书·贾皇后传》载:

> 后暴戾日甚。侍中贾模,后之族兄……模知后凶暴,恐祸及己,乃与裴頠、王衍谋废之,衍悔而谋寝。

二王当中,青少年时清通旷达的王戎后来成了守财奴,作为裴頠的岳父,女儿曾向他借了点钱,每次女儿回娘家都要遭受父亲的冷脸,直到他们还完钱,王戎才又现出笑脸来(事见《晋书·王戎传》)。而王衍也非真名士,信口雌黄、出尔反尔的事,对他来说是家常便饭。与这样的人结为政治盟友,裴頠等人的废后计划自然也就泡了汤。

按照史书的记载,与裴頠同"道"的是"博物洽闻,世无与比"的文学家张华。《晋书·张华传》说,贾南风等当权者在犹豫是否对张华"倚以朝纲,访

以政事"时,裴頠"深赞其事"。《裴頠传》又载:

> 頠深虑贾后乱政,与司空张华、侍中贾模议废之而立谢淑妃。愍怀太子之废也,頠与张华苦争不从。

裴頠从治世道义出发,不顾与皇后贾南风的表亲关系,而谋求废立之事,自然更为贾氏所不容。后来裴、张见杀,与此不无关系。

从裴頠 34 岁的短暂人生看,他孜孜以求的是治国平天下,而王氏一门却"宅心事外"(《乐广传》),"雅咏玄虚"(《王衍传》)。

二、"选贤举善"的政治思想

作为豪门之后、晋室重臣,裴頠的政论大多源自救世匡政的家风和儒家教义。

1. "尽忠忧国"

要了解裴頠的政治取向,不能不论及他的父亲裴秀。裴秀是个儒道兼修的人物,时人称誉说,"后进领袖有裴秀","兼包颜、冉、游、夏之美"。裴秀初入仕是由曹爽延聘,但在曹爽事中却能全身。司马昭执政时期,"荀顗定礼仪,贾充正法律,而秀改官制焉",并且,司马昭对裴秀是"君国之政,多见信纳"。关键的问题是,当初司马昭"未定嗣,而属意舞阳侯攸",裴秀对司马昭进言说,司马炎"人望既茂,天表如此,固非人臣之相也"。司马炎因此被立为太子,后来成为晋武帝。史书因此说,"秀儒学洽闻,且留心政事,当禅代之际,总纳言之要,其所裁当,礼无违者"。魏晋南北朝时期只有司马炎的太康年间无战乱,民生稍安,应该说也有裴秀的识人之功。更为重要的是,"秀创制朝仪,广陈刑政,朝廷多遵用之,以为故事"(上引皆见《晋书·裴秀传》)。由此看来,西晋统治秩序的建立和规范,裴秀功不可没。到了临死前,裴秀还不忘吴主孙晧的暴虐会给人民带来伤害,并提出整顿朝政、谋划平吴之事。司马炎得知后,诏告大臣们说裴秀"不忘王室,尽忠忧国"。有这样的父亲,裴頠不务虚名而致力于政事也就不足为怪了。

魏晋政治虽为门阀政治,但世家大族的子弟入仕企图却千差万别。西晋时，王氏"一世龙门"，其入仕却是为政事者少，为名位者多，以致后来王衍被石勒杀头时才醒悟说："向若不祖尚虚浮，戮力以匡天下，犹可不至今日。"（《王衍传》）裴氏一门一公二卿，从祖父裴潜到裴頠，莫不以匡正天下为己任。重要的是，裴頠是个有强烈社会责任感的士人，他没有枕在家族的功勋和荣耀上虚浮放诞，相反，他把父亲裴秀留心政事、不违礼、重制度的治世取向，很好地贯彻到了自己的政治生活中。

2．"选贤举善"

裴秀在《禹贡地城十八篇》序中说："准望之法既正，则曲直远近无所隐其形也。"（《裴秀传》）这种地理学意义上的规范意识，是裴氏为政理念的反映。所以，裴秀不遗余力地为司马炎"创制朝仪，广陈刑政"。裴頠继承其父的制度理念，认为"经理群务，非一才之任；照练万机，非一智所达"（《群书治要》卷29）。这是说，治国安民，并非君主一人所能成就，而必须有赖于良好的制度和人才。裴頠说，"设官建职，制其分局"，"选贤举善，以守其位"（同上）。没有良好的制度结构，对社会的治理是无法纲举目张的，而没有才性俱佳的人分任职位，制度系统也无法高效发挥作用。

裴頠阐论现实政治，尤其注重"选贤举善"，反对任人唯亲。在侍中、尚书左仆射任上，朝廷想让他进一步执掌权柄，全面负责行政事务（"专任门下事"），裴頠上表坚辞不受。他说：

> 贾模适亡，复以臣代，崇外戚之望，彰偏私之举。……历观近世，不能慕远，溺于近情，多任后亲，以致不静。……况朝廷何取于外戚，正复才均，尚当先其疏者，以明至公。（《裴頠传》）

在这份让官表中，裴頠依据历史事实，说明广选贤才的重要性。他还进一步地批判重用皇亲外戚的危害性，认为皇亲外戚专权是天下大乱的根源。因此，选官首先要公平公正，"先其疏者，以明至公"。在现实政治中，赵王司马伦讨好贾后，想做尚书令，但裴頠基于这样的政治理念，与张华一道，竭力阻止贾后与司马伦的弄权（事见《张华传》）。

3．"刑赏相称"

裴頠的承续家风和儒家治世理念还体现在他对现实法度的关注上。事实上，裴頠对法度的关注源自他对民众的深切关怀，《晋书·律历志》说，元康年间，"裴頠以为医方人命之急，而称两不与古同，为害特重，宜因此改治权衡"。《晋书·刑法志》载，裴頠列举亲身经历的两件狱讼，认为变化无常的法度对民生造成了巨大损害。因此，他上表针对"刑法不定，狱讼繁滋"的情形展开批判。裴頠说：

> 夫天下之事多涂，非一司之所管；中才之情易扰，赖恒制而后定。先王知其所以然也，是以辨方分职，为之准局。准局既立，各掌其务，刑赏相称，轻重无二，故下听有常，群吏安业也。……刑罚所加，各有常刑。

在裴頠看来，良好的制度是安定人的根本规范，而世事繁杂，非一官一职所能治理。因此，必须在制度框架内分官设职，依据法律"各掌其务"，既避免"事轻责重，有违于常"的失度，也能为"按行奏劾，应有定准"提供依据。更重要的是，"刑赏相称，轻重无二"是整个政务运作的前提，"常刑"惩恶，法度赏善，二者相辅并行，则"群吏安业"，百姓祥宁。

第二节 裴頠的"崇有"思想

一、裴頠与玄学的转向

从历史的角度看，玄学理论在裴頠那里之所以有了转向，很大程度上是因为刚刚步入正轨的国家社会生活，因为皇室对权力的无序争夺和外族的入侵，再次陷入混乱当中。如裴頠一样具有儒家治世情怀的士人，一方面从思想层面反思"贵无"思想对社会政治造成的影响，另一方面从人生角度反思个体的政治参与和遁世放达对社会政治的可能意义。因此，连王衍那样的人都开始了对"贵无"思想流弊的反思，更何况裴頠、乐广、张华这样企图力挽狂澜的朝中重臣。与阮籍、王戎等人的在朝而不问世务不同，裴頠等人则主动参与政局维系，并极力主张制度建设和政治参与。在此意义上，裴頠的"崇有"论不可避免地带有浓郁的治世色彩。

从文化思想演进的角度看,文化思想之所以新旧相承、绵延不绝的一个内在因素是:不同思想间的相互激荡,使得各种思想本身不得不寻求各自的新发展和相互间的融合。裴頠之著《崇有论》,其实也是玄思清谈的衍化结果。《世说新语·文学》注引《晋诸公赞》说:

> 自魏太常夏侯玄、步兵校尉阮籍等,皆著《道德论》。于时侍中乐广、吏部郎刘汉亦体道而言约,尚书令王夷甫讲理而才虚,散骑常侍戴奥以学道为业,后进庾敳之徒皆希慕简旷。頠疾世俗尚虚无之理,故著《崇有》二论以折之。才博喻广,学者不能究。

玄学的形态,在魏晋之际是以理论构建为主,清谈为辅,后来由于司马氏苛责士人,又因为竹林名士放达之风的影响,到了西晋中后期,虚诞清谈成为玄学主流。裴頠身临其境,深知虚诞之弊,痛恨"世俗尚虚无之理",于是著《崇有》、《贵无》二论剖析辩驳"清谈"、"虚无"的弊端,时人称誉二论"文词精富,为世名论"(《文学》注引陆机《〈惠帝起居〉注》)。

从现实人生的体悟角度看,当玄学家面对残酷现实,不以修性保命为终极追求,而以建设社会为己任时,他们的生活取向就不会以个体的自由与旷达为重,而会忍辱负重地以现实改造为本。以裴頠的言行为例,他注重民生疾苦,企图改革医疗度量;苦劝姨母(贾后之母)诚喻贾后善待谢淑妃所生的太子,希望维系政局稳定;不惧皇室势力,阻止司马伦干预政务等(诸事皆见《裴頠传》)。其出发点就是在认知现实的前提下,希冀平稳地改造现实。

因此,与逃避或试图超越现实的竹林玄学相较,《崇有论》的产生,并非仅仅是玄学理论本身的逻辑发展,更是裴頠关注现实而有的思想升华,"崇有"之"有"在此意义上获得了它的现实根据。

二、《崇有论》的基本思想

王戎与晋武帝司马炎品鉴王衍说,如果比类王衍的话,只能从古人中找,当世是没有人能与他相比了(事见《王衍传》)。《晋诸公赞》说:"裴頠谈理,与王夷甫不相推下。"这意味着,裴頠对"理"的认知和表达能力,已经达到当时的最高水平了。

1. "一家之辞"的经典体味

与许多著名玄学家一样,裴頠对经典本身也有着深切的认知,这突出表现在他对《老子》的看法上。裴頠说:

> 老子既著五千之文,表摭秽杂之弊,甄举静一之义,有以令人释然自夷,合于《易》之《损》《谦》《艮》《节》之旨。而静一守本,无虚无之谓也;《损》《艮》之属,盖君子之一道,非《易》之所以为体守本无也。观老子之书,虽博有所经,而云"有生于无",以虚为主,偏立一家之辞,岂有以而然哉!(《崇有论》,下引未注者皆出于此)

这段话中,裴頠通过对《老子》、《周易》的贯通理解,从原始经义本身的内涵来论证作为"贵无"理论的渊源——《老子》是有偏颇的。主要有三层意思:一是《老子》的要义是"静一守本",它与《周易》的诸多卦义是相通的,遵循其道,会有让人心气平和的效用。二是由于"静一守本"本身即已涵蕴了"一"、"本",因而它不可能是"虚无"的。更何况,《损》、《艮》卦义是说君子之道一以贯之,而这只是《周易》涵蕴的道理,并非《周易》之为《周易》的根据,更不能因此就说《周易》是以"无"为本的。三是从《老子》本身来看,它虽然广博有据,但由于在《老子》本身中无法找到这"生"的根据,要说"有生于无",以"虚无"为主,那至多也就是《老子》的"一家之辞"。

裴頠还从"寄言以出意"的方法论层面来说明《老子》是"一方之言"。裴頠说:

> 人之既生,以保生为全;全之所阶,以顺感为务。若味近以亏业,则沉溺之衅兴;怀末以忘本,则天理之真灭。故动之所交,存亡之会也。……是以申纵播之累,而著贵无之文。将以绝所非之盈谬,存大善之中节,收流遁于既过,反澄正于胸怀。宜其以无为辞,而旨在全有,故其辞曰"以为文不足"。若斯,则是所寄之涂,一方之言也。

在裴頠看来,只要是人,他(她)最根本的目标就是活着,即要以存身的方式来存"生"之"有"。"贵无之文"的《老子》,它对各类正反事理的论证,其实是纠偏返正的过程,其目的是希望人能充分地认知万有,保全自身。从方法上说,老子这个"全有"的"意",即是寓于"贵无之文"中。在此意义上,以"贵无"的方式阐释"全有"的道理,也只是"一方之言"而已。

裴頠对经典体味后的可贵之处在于:他如此看待《老子》是一家之言,却并不把自己的"崇有"论当作理解宇宙、社会、人生的唯一正确的方式,而只把自己的《崇有论》当作他关切现实而不得不言的一种认知方式,因此也是一家之言。裴頠说:

> 頠退而思之,虽君子宅情,无求于显,及其立言,在乎达旨而已。然去圣久远,异同纷纠,苟少有仿佛,可以崇济先典,扶明大业,有益于时,则惟患言之不能,焉得静默?及未举一隅,略示所存而已哉!

裴頠的意思是,虽然自己不能确定语言是否能充分"达旨",可他并不想因此而"静默"。相反,即便自己连一个层面的意思也未能表达清楚,但自己的阐释语言也把自己"达旨"的结果保存下来了。这点与王弼的言意思想有相通处,即言是意的载体。

因此,裴頠之作《崇有论》,事实上只是他"退而思之"的"得意"结果,即"及其立言,在乎达旨而已"。要注意的问题是,裴頠的"达旨",不是为了超越现实,而是为了"有益于时"。同时,它与王弼的"得意忘言"也有所不同,裴頠更注重言对意的传承功能,所以他说"略示所存而已哉"。

2. "因有明有"的玄思逻辑

裴頠的《崇有论》之所以能成为玄学理论,一个重要原因是他提出了并重新界定了一些关键的概念,并由此证明"有"是本体。在《崇有论》中,裴頠首先对"道"、"理"、"有"、"情"等概念做了界定。他说:

> 夫总混群本,宗极之道也。方以族异,庶类之品也。形象著分,有生之体也。化感错综,理迹之原也。夫品而为族,则所禀者偏,偏无自足,故凭乎外资。是以生而可寻,所谓理也。理之所体,所谓有也。有之所须,所谓资也。资有攸合,所谓宜也。择乎厥宜,所谓情也。

裴頠在此从属性和关系上逆向地说明了自然和社会的系统存在。首先,世界是由各类族群("有")组成的,"道"即是各类"有"("群本")的共同属性。对各类"有"进行界定的原则是"方","方"之所以成为原则,是由于各个具体之"有"形成的族群具有共同属性。其次,千姿百态的万物是具体之"有"的实存状态,它们虽然纷繁交错,却是有"理"可寻的。"理"之能被认知,是因为"有"之间的相互依存关系,而构成每个"有"及其属性的全部关系即是"有"之"理"。再次,"理"是关系之间的关系,关系的存在必须依赖于"有",即关系总是"有"之间的关系。因此,关系也是一种"有"。在此意义上,"有"是"理"的本体("理之所体")。最后,每个"有"的实存都必须依赖与其他的"有"发生关系("资"),但并非全部关系都有利于这个"有"。因此,每个"有"的完满都必须寻求对有利于自己的关系的充分利用,这就是"有"的现实情形。

按"贵无"哲学的逻辑,"道"是本体,是"无",有是生于无的。而按照裴頠的上述逻辑,则"有"是"道"的根据。从理论衍化的角度看,裴頠深深领会了"贵无"派中"因有明无"的潜在逻辑,转而化之为"因有明有"了。

3. "昏明所阶,不可不审"的现实批判

裴頠"因有明有"的玄思从逻辑上证明了"有"是根据和本体,但《崇有论》的目的不在于此,其更为深切的原因还是人与社会的现实自身。在裴頠看来,实存的"有"是"为政之由"。他说:

> 识智既授,虽出处异业,默语殊涂,所以宝生存宜,其情一也。众理并而无害,故贵贱形焉。失得由乎所接,故吉凶兆焉。是以贤人君子,知欲不可绝,而交物有会。观乎往复,稽中定务。惟夫用天之道,分地之利,躬其力任,劳而后飨。居以仁顺,守以恭俭,率以忠信,行以敬让,志无盈求,事无过用,乃可济乎!故大建厥极,绥理群生,训物垂范。于是乎在,斯则圣人为政之由也。

老子讲"寡欲"、"存身",寡欲的过程是趋向"无欲"的过程,但这个向"无"的目的不是以无为本,而是要存身之有。裴頠深得其意,认为无论人的智慧以何种不同的方式在不同的领域发挥作用,其目的都是为了选择最适合自己的方式生存("宝生存宜")。然而,在现实生活中,人不可避免地带着欲望在各种关系交接中进行选择,因此,"观乎往复,稽中定务",如何使欲望恰到好处地实现,如何使选择的各方趋利避害,才是最重要的事。在裴頠看来,遵循天地之道，每个人都能理性地德性地生活，以"中庸"的方式做到"志无盈求，事无过用"，则每个"有"之间就能相利而无害（"可济"）。在这个意义上，对万有之"理"的认知和运用，才是治理人世的终极根据（"为政之由"）。

依据这种"为政之由"的逻辑，裴頠进一步认为"礼制"是治世的现实根据。在裴頠看来，任由欲望衍流而不加节制的话，必然会引发以交相攻利的方式来满足各自对欲望的追求，这实质是"以厚生而失生"。裴頠认为，"兆庶之情，信于所习"，对人世的治理，最重要的是如何运用"礼制"教化百姓，使得其自觉地遵从法度礼仪。即所谓"君人必慎所教，……能令禀命之者不肃而安，忽然忘异，莫有迁志"。

裴頠把自己的"崇有"与"贵无"的差异视为"昏"与"明"的分别，尤其是在现实社会中，"昏明所阶，不可不审"。由此，裴頠对"贵无"理论及其风气展开批判。首先，裴頠认为"贵无"理论产生的直接根源是他们过于注重现实的弊端，而忽略了礼制教化的功用。裴頠说，"贵无"派因为对纵欲的结果心怀恐惧，而走向"贱有"的极端，以致他们"察夫偏质有弊，而睹简损之善，遂阐贵无之议，而建贱有之论"。其次，从现实根据看，"形器之故有征，空无之义难检"，"崇有"的根据在于现实可见的"形器"，而"空无"的意义却无法得以验证。第三，贵无理论具有迷惑性。裴頠说："辩巧之文可悦，似象之言足惑，众听眩焉，溺其成说。"这样，即便对"贵无"有异议，因为贵无论的辞丰理巧，也难以对其进行有效的辩驳。第四，贵无理论引发了士人对传统价值观的偏离。"人情所殉，笃夫名利"，过多地浸染于贵无论，引发了人们对名利的过度追求，以致士人"薄综世之务，贱功烈之用，高浮游之业，埤经实之贤"。最为可怕的是，贵无论树立了一种新的价值观，并为当世士人所推崇。裴頠说：

> 是以立言藉于虚无，谓之玄妙；处官不亲所司，谓之雅远；奉身散其廉操，谓之旷达。

这是说，士人在思想、政事、操行上都以"虚无"为宗，摒弃了经世致用的治世理想。最终，"砥砺之风，弥以陵迟"，本该在乱世有所作为的士人们，不但没有相互"砥砺"以救时弊，反倒"言笑忘宜"，以抗拒现有的秩序规范为弘达，终而失去了"士行"。

综而言之,裴頠认为贵无论的危害是全面而深重的。他说:"贱有则必外形,外形则必遗制,遗制则必忽防,忽防则必忘礼。"贵无论最终会导致"礼制"的崩溃,而"礼制弗存,则无以为政矣"。在此意义上,裴頠之所以批判"贵无"以"崇有",其目的依然是"为政"。

4. "济有者皆有"的玄思发展

按照裴頠的自述,当时他的"崇有"思想颇有些离经叛道、曲高和寡的味道。裴頠说,对于《老子》的"一家之辞",班固、扬雄等先贤都有所批驳,可不是"未足折其情",就是"犹偏有所许"。直到魏晋之世,"上及造化,下被万事,莫不贵无"。这样,由于对贵无论的"所存佥同,情以众固",他所面临的情势是,"乃号凡有之理皆义之埤者,薄而鄙焉"。以现在的话说,"贵无"是当时的思想主流,掌握着话语权,而"崇有"则是边缘思想,处于弱势地位。在此情形下,裴頠自述作《崇有论》遭遇的情形:

> 頠用矍然,申其所怀,而攻者盈集。或以为一时口言。有客幸过,咸见命著文,擿列虚无不允之征。若未能每事释正,则无家之义弗可夺也。

由此看来,贵无者可谓气势汹汹,不仅"攻者盈集",还有人竟然列出贵无的种种条理,要裴頠一一批驳。如果裴頠有一条不能批驳的话,"则无家之义弗可夺也"。所幸裴頠"才博喻广,学者不能究",那些与他辩论的人,最终"莫能折"。

既如此,是什么样的玄思妙理让裴頠立于不败之地呢?《崇有论》说:

> 夫至无者无以能生,故始生者自生也。自生而必体有,则有遗而生亏矣。生以有为己分,则虚无是有之所谓遗者也。故养既化之有,非无用之所能全也;理既有之众,非无为之所能循也。……由此而观,济有者皆有也,虚无奚益于已有之群生哉!

这是一段足与王弼的《周易略例·明象》中关于言、象、意关系那段话相媲美的玄思妙语。

首先,裴頠从存在生成的终极原因上提出"自生"的概念,消解了"有生于无"的悖论。在贵无论的思想中,虽然以"以无为本"的本体论替代了"有生于无"的宇宙生成论,但王弼"全有返无"的命题终究没能妥帖地解决作为本体的无形无象的"无",是如何作为千姿百态的"有"的初始之"母"的。即便从形态上看,"无"之无形无象的"空无"性,也无法与"有"的有形有象的丰富性发生体用意义上的关联。而裴𬱟的睿智之处正在于:只要承认"有"总是有属性的,那么,"无"因其是彻底的"空无",就不能与任何"有"发生关系,更不用说有生于无或返于无了。所以,任何存在的初始不在别处,正在于自身,即"始生者自生也"。

其次,裴𬱟从存在"自生"的形态上证明"有"是本体。按照裴𬱟的意思,"自生"总是相对于某"有"而言的,如果什么也没有,那"生"的又是什么呢?因此,只要是"生",就必然有某"有"的形态,"有"赋予"生"以内涵。这就是"自生而必体有"。

再次,裴𬱟从存在自我完善过程中的关系上论证了"有"为本体。按照"因有明有"的关系逻辑,在"有"之为"有"的过程当中,"有"总是选择有利于自己的"有",而不断遗弃不利于自己的"有"。那些利己的他"有"在此过程中,与"有"自身一起不断地实现着此"有"的本质("养既化之有")。而因为无助于此"有"的自我实现,那些被遗弃的"有",相对于此"有"而言,就成为"无"了。在此意义上,"无"只是"有"的衍生态,而非"有"的本体。"有"之为"有",全是"有"之间的相济之功,而非"无"之用。所以裴𬱟最后说,"济有者皆有也,虚无奚益于已有之群生哉!"

综合来看,裴𬱟虽然没能扭转虚无放诞的玄风,却在与贵无论者交锋的过程中发展了玄学理论,其中最突出的是裴𬱟对玄学最重要的主题——有无关系作了前所未有的阐发。所应注意的问题是:一是裴𬱟的"崇有"论理路虽是玄学化的,但他在对贵无者进行批判时,秉持的立场却是儒家的。二是裴𬱟所谓的"有",不能简单地把它等同于"存在"。在裴𬱟的思想中,"有"随语境的不同,其内涵也不断变化着。作为本体,它是一个高度抽象的概念;作为实存之名的代称,它是具体而微的存在;作为关系之"理"的依据,它亦虚亦实。三是与贵无论者尤其是竹林玄学家以逃避或抗争的方式来超越现实不同,裴𬱟是以积极参与政治的方式去改良并试图融入现实。这些都是学习"崇有"思想时,需要用心体味的地方。

思考题:
1. 裴頠如何论证"济有者皆有"的?
2. 贵无论与崇有论的玄思逻辑有必然联系吗?

参考书目:

李中华:《裴頠及其〈崇有论〉新探》,载《学人》第二辑,江苏文艺出版社,1992年。

余英时:《名教思想与魏晋士风的演变》,载《士与中国文化》,上海人民出版社,1987年。

唐翼明:《魏晋清谈》,人民文学出版社,2002年。

钱　穆:《国学概论》第六章《魏晋清谈》,商务印书馆,1997年。

第四章　郭象融儒入道的思想——
"崇有"派(下)

　　裴頠和郭象之为"崇有"派代表,都热衷于政治,与他们生活的时代情境有很大关系。从现存材料所显现出的思想形态看,裴頠的《崇有论》虽屡出新义,但与郭象的《庄子注》比起来,其深度与广度都是有些差距。玄学理论在郭象那里,才臻于极致。

第一节　郭象的生平与时代

一、元康—永嘉时期的政治与社会

　　290年,晋武帝死,继立的惠帝司马衷是个白痴,当大臣向他禀告百姓饿死时,他却反问为什么不吃肉。当时,皇后贾南风与太后杨氏及其父亲杨骏争权,阴毒的贾后占了上风,于元康元年(291)杀杨骏,并启用汝南王司马亮与卫瓘。不久,却命楚王玮杀亮、瓘,再以"专杀"之罪杀玮。

　　此后,贾后以堂兄贾模为散骑常侍,加侍中;中书监张华、裴頠为侍中;安南将军裴楷(裴頠叔父)为中书令,加侍中;与右仆射王戎("七贤"之一)并管机要。这些人中,贾模、裴頠虽属后党,却有济世之心,加上张华等同心辅政,以致元康的头几年尚有一个相对稳定的政局。司马光因此评论说,"朝野安静,华(张华)等之功也"(《资治通鉴》卷82"元康元年")。

　　296年,赵王司马伦入京,执掌军政。而后,贾后废勇敏的惠帝太子司

马伷为庶人，接着又杀了他。300年，赵王伦以此为借口宣称为太子报仇，起兵杀贾后及张华、裴𬱟等，并于永宁元年（301）废惠帝自立。再后来，齐王冏（镇许昌）、成都王颖（镇邺）、河间王颙（镇关中）等起兵声讨赵王伦。司马伦被杀后，惠帝复位。在此情形下，白痴皇帝就更只能做傀儡了。这样，政局继续混乱，齐王冏、河间王颙、长沙王乂、成都王颖、东海王越继续往返冲突，内战绵延至316年，史称"八王之乱"。其中，幽州刺史王浚甚至引北方的乌桓、鲜卑兵参战，以至他们进入邺和长安后，暴掠妇女财货，民不聊生。

305年，东海王越以迎复惠帝为名，起兵讨河间王颙，迎惠帝还洛阳。306年，惠帝中毒而死，皇太弟炽立，是为怀帝。自此，朝政大权落入东海王越之手。郭象入仕后，即是在司马越那里达到其政治生涯顶峰的。

晋室内部争权如此，政府要员也好不到哪儿去。太傅何曾和司徒何劭父子，一日用度就耗费一两万钱；历任太仆、征虏将军、卫尉的石崇靠居官抢劫发财，"财产丰积，室宇宏丽。后房百数，皆曳纨绣，珥金翠。丝竹尽当时之选，庖膳穷水陆之珍"。他与王恺斗富，"恺作紫丝步障四十里，崇作锦步障五十里以敌之；崇涂屋以椒，恺用赤石脂"（《晋书·石崇传》）。诸如此类，引发御史中丞傅咸警告晋武帝说："奢侈之费，甚于天灾。"（《晋书·傅咸传》）其时，王沈作《释时论》，指斥士大夫求官买职；成公绥、鲁褒先后作《钱神论》，讽刺那些要员嗜财如命，败坏政风官德。这些人，算是浊世清人了。

与那些寻欢作乐的王公贵族相比，致力于救世匡政的士人却少有善终。与阮籍时的"名士少有全者"类似，自300年裴𬱟、张华、欧阳建（石崇的外甥）见杀以来，303年，文学家陆机、陆云兄弟被司马颖杀害；304年，被惠帝经常念叨的忠臣嵇绍（嵇康之子）乱中被杀。311年，"信口雌黄"的清谈家王衍也被石勒杀了，虽然他死前有所悟，但已晚矣！

在这样的环境中，郭象入仕了。

二、生平交游

关于郭象的生平，史书少有记载，《晋书》的《郭象传》，也语之寥寥，未究其家世渊源及生平大事。

郭象，字子玄，河南(今河南洛阳)人，约生于252年，卒于司马越所立的怀帝之永嘉六年(312)。如是算来，则郭象虽比裴頠长15岁，却多活了27年。

晋武帝时期，由于当时政局比较稳定，对没有家世渊源的郭象来说，大概自觉没有什么好机会入仕，或者他想赚得声名，而最可能的原因，应如他在《在宥》的注中所说，"吾一人之所闻，不如众技多，故因众则宁也。若不因众，则众之千万，皆我敌也"。又如在《徐无鬼》注中所说："苟不遭时，则虽欲自用，其可得乎！"于是，"州郡辟召，不就。常闲居，以文论自娱"(《晋书·郭象传》)。

后来，大概郭象不甘心毫无建树，便先去做了一个司徒的属官，稍后便升至黄门侍郎。八王之乱中，司马越掌权，加了太傅，便引他为太傅主簿，"甚见亲委"(《郭象传》)。按照史书记载，司马越"少有令名，谦虚持布衣之操，为中外所宗"。再看其在八王之乱中的作为，以当时情形看，即便他有擅权之举，但毕竟还是个想匡政的人，更何况与其他主动争权的"王"相比，司马越最初是被逼才参与内战的(事见《晋书》卷五九诸王之传)。这样，对想展现才能的郭象来说，遇到比皇帝高明得多的权臣赏识自己，一下子又得居要职，想做番事业，"任职当权，熏灼内外"(《郭象传》)，也就可以理解了。

史书有关郭象生平的简略记载中，值得辨析的是这样一段文字：

> 东海王越得以宗臣，遂执朝政，委任邪佞，宠树奸党，致使前长史潘滔、从事中郎毕邈、主簿郭象等操弄天权，刑赏由己。尚书何绥、中书令缪播、太仆缪胤、黄门侍郎应绍，皆是圣诏亲所抽拔，而滔等妄构，陷以重戮。(《晋书·苟晞传》)

此为苟晞于311年旨在讨伐司马越向怀帝的上表之语。今人多引"东海王……刑赏由己"一节，余者略而不引，并据此说郭象是个弄权者。实际上，这是苟晞借皇帝来泄私愤以反司马越的幌子。按照史书记载，司马越延引入府的多是当时才士，而苟晞则是个残暴的酷吏，时人称之为"屠伯"。其弟苟纯更是有过之而无不及，时语称为"小苟酷于大苟"。而且，苟晞还是个反复无常的小人，在与司马越拜把子结义之前，就辗转于齐王冏、河间王颙、成都王颖之间谋官任职,而当司马越不想让他做当时军政要地兖州的刺史时,他便转而与怀帝谋划对付东海王了。在惠帝那儿位至上将后,他又"志颇盈满,奴婢将千人,侍妾数十,终日累夜不出户庭,刑政苛虐,纵情肆欲"(诸事见《晋书·苟晞传》和《晋书·司马越传》)。如此之人的泄愤之语,是值得怀疑的。

从其他史料的记载看,郭象其实是个很有些狂狷性情的人。据《世说新语·文学》载:

> 裴散骑(遐)娶王太尉(衍)女,婚后三日,诸婿大会。当时名士,王、裴子弟悉集。郭子玄在坐,挑与裴谈。子玄才甚丰赡,始数交未快。郭陈张甚盛,裴徐理前语,理致甚微,四坐咨嗟称快。王亦以为奇,谓诸人曰:"君辈勿为尔,将受困寡人女婿。"

在当时青年才俊云集的情形下,比裴颜大十多岁的郭象,专找当时"言谈之林薮"的裴颜辩论,除了寒门士人要显示自己的才华,想与世家大族才俊一比高低的争胜扬名心态之外,郭象的"陈张甚盛"是不是也有点他自己所说的"自能"、"足性"的意味呢?况且,郭象的确具有那样的资质。王戎说,"郭子玄语议如悬河泻水,注而不竭"(《世说新语·赏誉》),也许就是旁观了这场辩论盛会后而有的评价。甚至,有人把郭象与玄思天才王弼相提并论。《世说新语·文学》注引《文士传》说:

> 象字子玄,河南人。少有才理,慕道好学,托志老庄,时人咸以为王弼之亚。

从《庄子注》的情形看,这个评论一点也不过分。与郭象同在东海王府共事的庾敳,虽自视甚高,却也承认郭象并不比自己差哪儿去,他说:"郭子玄何必减庾子嵩。"(《赏誉》)而在郭象主事后,他又对郭象说:"卿自是当世大才,我畴昔之意,都已尽矣。"(《赏誉》注引《名士传》)

至于《世说新语·文学》所说:"郭象者,为人薄行,有俊才。见秀义(向秀注《庄子》之义)不传于世,遂窃以为己注,乃自注《秋水》、《至乐》二篇,又易《马蹄》一篇,其余众篇,或点定文句而已。"这是中国哲学史上的一桩公案,至今尚无铁证证明《世说》所言的虚实。

除《庄子注》外，郭象尚有《论语体略》，存少量残篇；《碑论》十二篇，今不存。清人郭庆藩《庄子集释》，全录郭象之注，《新编诸子集成》中有精校本。

第二节 《庄子注》融儒入道的基本思想

在玄学理论衍流的进程中，玄学家总是"受用"着先秦的儒道思想，并在各自的著作中留下或显或微的印迹。郭象的《庄子注》从语言形态上看，道家的意味浓郁，但按照郭象自己"寄言以出意"的注《庄》方式，则那些道家式的表述背后，有着一个传统儒家士人对现实社会人生的冷峻审视和深切关怀。甚至，《庄子注》本身就是郭象努力以道家的方式来解决儒家问题的尝试。

一、"寄言以出意"的玄思方式

《庄子》和《庄子注》文本的最大差别在于，《庄子》中斑斓而瑰丽的寓言和想象的隐喻之义，在《庄子注》中被转化成平实而明晰的论说之理。如此转变得以实现的关键，即在于郭象运用了"寄言以出意"的玄思方式。

在郭象看来，《庄子》本身就运用了"寄言以出意"。他说：

> 夫庄子推平于天下，故每寄言以出意，乃毁仲尼、贱老聃，上掊击乎三皇，下痛病其一身也。（《山木》注）

《庄子》中对老子、孔子的频繁引证，多是因为庄子一派痛恨社会文明化的弊端，以致他要以毁贱孔、老这两个世俗圣人的方式，来表达他追求本真存在和精神自由的主张。于是，针对有关孔子问学老子的记载，郭象断然而注说，"此皆寄孔老以明绝学之义也"（《天运》注）。

古人注疏经典，大致有"六经注我"和"我注六经"二法。前者容易发展成义理之学，后者则可能归途于考据章句之学。由此参照，魏晋时期的王弼、阮籍、郭象等玄学家对经典的注疏，走的基本是"六经注我"之路。而郭象所认为的"寄言以出意"，则是"《庄子》注我"了。后来有禅宗和尚说："曾见郭象注庄子,识者云:'却是庄子注郭象。'"(《大慧普觉禅师语录》卷二二)可谓一语道破《庄子注》的天机。

郭象进一步认为,阅读《庄子》,只要明白庄子所要阐述的意旨就可以了,其他都可以忽略不计。他说:

> 鹏鲲之实,吾所未详也。夫庄子之大意,在乎逍遥游放,无为而自得,故极小大之致以明性分之适。达观之士,宜要其会归而遗其所寄,不足事事曲与生说。自不害其弘旨,皆可略之耳。(《逍遥游》注)

这段话是郭象注《庄》的方法论说明。郭象深得魏晋人"清通"、"简要"的真传,注《庄》很干脆。"鹏鲲之实,吾所未详也",寥寥一语之后,他就撇开《庄子》文本本身,转而阐发他对寓言的理解。在郭象看来,庄子通过鲲鹏之喻,要说明的是"适性"而"逍遥"的问题。以今人的思维看,郭象对鲲鹏之喻的看法,实际上是他对思想及其表达工具之间关系的理解,即,鲲鹏无论是作为实存的物种,还是作为表达上的隐喻意象,都只不过是思想家表述思想的载体("所寄")。而作为读者,如果因为文本言词与文本意蕴之间的相关性,而过于对载体本身进行细致探求,那么,对语言本身的理解可能会替代对思想的体会,结果可能是得"言"而忘"意"。因此,真正的阅读,应该是"遗其所寄"而"要其会归"的过程,即对思想本身体会受用的过程,实际上也是不断消解言语对思想进行限制的过程。或者从另一个层面说,真正的阅读,是要领会语言及其情境的"弦外之音"、"韵外之致"。

基于这样的路向,郭象认为,读《庄子》"宜忘其所寄以寻述作之大意,则夫游外弘内之道坦然自明",这样,就能明白"《庄子》之书,故是涉俗盖世之谈矣"(《大宗师》注)。事实上,这种经由阅读的寻大意、明道以后,再返过来回味《庄子》的过程,就是"入乎其内→出乎其外→入乎其内"的过程,这样的过程即是所谓的"受用"、"体味"的过程。后来禅宗主张的"此山此水→非此山非此水→此山此水"的明心见性的悟道进程,与此异曲同工。

严格说来,与王弼的"得意忘言"相较,郭象的"寄言以出意"虽然与其主旨相通,但二者之间依然有重大不同,它主要体现在郭象比王弼多了一层"入乎其内"。在此意义上,玄学方法中所隐含的回归意蕴才落到了实处,玄思也因此有了自己的平实而非虚渺的归趣。

二、万物"自生"而"独化"的"自然"论

郭象之于《庄子》,"出意"最深的,是他对"自然"的深度阐发。从思想渊源上看,老庄以及《淮南子》等对"天"和"自然"的看法,都不同程度地注重它们的整体性和规律性的内涵。郭象在《庄子注》中的"出意",有意消解了这样的意蕴,而直把"自然"当作存在的本质和状态的融合体,每个存在,即是一个完满自足的"自然"。

1. "物各自生"

《庄子注》中,郭象"受用"了道家的逆向思维方式,以逆推的方式穷究存在为何存在,终而说明存在之为存在并非有什么本体或外力使然,而是自然的。他说:

> 谁得先物者乎哉?吾以阴阳为先物,而阴阳者即所谓物耳。谁又先阴阳者乎哉?吾以自然为先之,而自然即物之自耳。吾以至道为先之,而至道者乃至无也。既已无矣,又奚为先?(《知北游》注)

在"物→阴阳→自然→道→无"这样的序列中,推到最后的"无",由于"无"本身已经是"至无",无论从物象上还是从逻辑上,都已经找不到任何先于它而存在的东西了。然而,这样的逆推虽然证明了具体存在(物)没有本体或外在的依据,但其逻辑的反向是不成立的,即"无"是不能生"有"的。郭象说:

> 无既无矣,则不能生有;有之未生,又不能为生。然则生生者谁哉?块然而自生耳。自生耳,非我生也。我既不能生物,物亦不能生我,则我自然矣。自己而然,则谓之天然。天然耳,非为也,故以天言之。以天言之,所以明其自然也,岂苍苍之谓哉!而惑者谓天籁役物使从己也。夫天且不能自有,况能有物哉!故天也者,万物之总名也,莫适为天,谁主役物乎?故物各自生而无所出焉,此天道也。(《齐物论》注)

这段话有以下几层意思:一是从"有无"的关系看,由于"无"什么都不是、什么都没有,它是无法生出"有"的。既如此,"有"是如何成为自身的呢?根据

上面逆推的逻辑,无论正向反向,其结果都只能说明"有"是非外在的,有之为有,只能"自生"。所以,郭象认为老庄之所以屡屡说"无",是为了说明"明生物者无物,而物自生"(《在宥》注)。二是从"物"(有)之间的关系看,"自生"意味着自己而有,即"我"之自有。这样,"我"这个"有",既非因他"有"而成,他"有"也不因"我"而有。因此,自己而成而有的过程,即是自然而然的"自然"了。三是从"我"之为"我"的状态上看,"自己而然"的过程,用"自然"来说,有同语反复之嫌,也难以显现其蕴含的必然性意味。因此,借用古老的"天"来说明"自己而有"的无他性和自主性的非功利化内涵。但是,这仅仅是一种表述上的强调和权宜而已,并非因为用了"天"字,就说明这样的过程是有一个外在的整体性和规律性之"天"在背后推动着。四是从"天籁"之为"天籁"所蕴含的逻辑上看,每个存在的根据都在其自身。由于由各种声响而成的"天籁"中,每类声响都是"自己而然"的,故"天籁"之为"天籁",也仅仅是这些"自然而然"的声响所绵延的"自然而然"的进程而已。因此,"天"仅仅是一种总体性的称谓,而并非是指什么本质上的整体性与规律性。在这个意义上,万物都是自然的"自生","自生"因此是"天道",也即存在的"自然"之"道"。

2. "我之自然"

在先秦思想的背景里,"天"是具有整体性和规律性的终极化观念。郭象既然认为天不是什么主宰性的存在,而万物又是自生的,则实际上说明他消解了《庄子》中"道"所具有的根据和终极意味。郭象说:

> 万物万情,趣舍不同,若有真宰使之然也。起索真宰之朕迹,而亦终不得,则明物皆自然,无使物然也。(《齐物论》注)

从现实的情形看,万物多彩多姿的背后,仿佛有着一种见不到的力量在作用着。但是,当我们寻求这力量作用的轨迹时,却一无所获。因此,从经验上说,万物也是无主宰的自然而然。

这样,无论逻辑上还是经验上,万物都是自然的,"自然"因此是万物的常态,也是万物的本真之态。郭象说:

> 天地者,万物之总名也。天地以万物为体,而万物必以自然为正。自然者,不为而自然者也。(《齐物论》注)

由于万物("自然者")之自然而然的自我成就过程("不为而自然")都没有什么功利化目的,则存在之间的关系和状态也都是自然而然的。又因为天地是万物的总体性称谓,则"天地之为天地",即如天籁之为天籁一样,也都是以"自然"为过程形态的。因此,"自然"即为天地的"正性"。"我"作为天地中的一分子,也必然如此。郭象说:

> 彼,自然也。自然生我,我自然生。故自然者,即我之自然,岂远之哉!(《齐物论》注)

这样,如果彼、我是两个实体,则彼我也必以"自然"为"正性";如果彼我有某种关系,也必以"自然"为关系形态。无论怎样,自然是我,我是自然。而各个"我"之间,实际上又有着"彼""我"的分别,我之自然与彼之自然纵使不是迥异的,起码也非同一的。因此,"自然"作为"我"的本质和形态,是每个"我"的必然。用西方思想的观念来说,"自然"因此而具有了"个体化"的本质特征。这样的特质,是存在可以"独化"的逻辑前提。

3."独化"

由于每个"我"都是"自生"的,则"我"的生存进程,并不需要什么依托来推动,而是自足而化的。又因为这样的"化"是相互区别着的"我之自然"的"化",则它是"外不资于道,内不由于己,掘然自得"的"独化"。郭象注庄子关于影子的影子("罔两")寓言说:

> 世或谓罔两待景,景待形,形待造物者。……故明乎众形之自物,而后始可与言造物耳。是以涉有物之域,虽复罔两,未有不独化于玄冥者也。故造物者无主,而物各自造,物各自造而无所待焉,此天地之正也。故彼我相因,形景俱生,虽复玄合,而非待也。……今罔两之因景,犹云俱生而非待也,则万物虽聚而共成乎天,而皆历然莫不独见矣。故罔两非景之所制,而景非形之所使,形非无之所化也,则化与不化,然与不然,从人之与由己,莫不自尔,吾安识其所以哉!(《齐物论》注)

在一般人看来,"罔两→影子→物形→造物"这一序列中,总是一个依据一个的被动生成关系。在郭象看来,即便如影子的影子(罔两)这种看似虚妄的东西,实质上也是"自生"而无所依赖("待")的。只不过,它与影子之间存在着一种"自然"相生的关系。同理,影子与物形之间也非依赖关系,诸如物形变动了,影子也随着变和动的情形,只是二者之间的相生"玄合"关系,而没有什么外在的力量使然。甚至,影子之为影子,也并不因为物形而有影子。换言之,影子的自我规定性(影之理)与此形物的自我规定性(此物之理)没有丝毫关联,但影随形动的情形依然会发生。这就是所谓的"若责其所待而寻其所由,则寻责无极,卒于无待,而独化之理明矣"。因此,万物虽聚为天地,但万物各自的自我生存进程("独化")是各不相同的,即便是每一次的"化"及其结果("然"),也都是自己而然("自尔")的。

所应注意的是,郭象所谓的"独化",其实有两个层面的意思,一是存在的纯粹"自生",即某物初成时的状态。二是存在于"有待"背景下的自己而然。这层意思里,由于"天地万物,凡所有者,不可一日相无也。一物不具,则生者无由得生;一理不具,则天年无由得终"(《大宗师》注),"独化"者与他物其实有一种"相生"关系,但这种"相生"实际上是一种自然而然的"相因"与"相资",彼此之间并不具有此决定彼或彼决定此的根据性。由此,这类"独化",看似有待而化,实际上依然是无待而化。在这个意义上,郭象说"相因之功,莫若独化之至"(同上),实际上指的是与万物的自然相生关系相比,存在自身的自我成就才是最根本的。因此,他在注《庄子》的序言中说"神器独化于玄冥之境而源远流长也",乃是指人对宇宙世界的认知和行动,应该以对这种有待而无待的"独化"认知为基础,才会无往而不适。当然,这是任何一个深刻的思想家都免不了的理想化期待。

结合"我之自然"的个体化意义,则"独化"之说是郭象对"我之自然"的自我成就过程的动态化表述,或者说,这是郭象对存在本真状态的一种理解。而这样的理解,正是其"性分"和"逍遥"学说的前提。

三、由"自然之性"到"自守其分"的"性分"论

郭象对《庄子》的"出意",意蕴最丰的是他的"性分"理论。在《庄子注》中,郭象忽略了《庄子》内篇与外杂篇中的性、性命等范畴与庄子思想及其传

人思想之间不同的关联意义,而着力阐论自己的性分理论。

1. "自然之性"

在郭象看来,天地万物都"必以自然为正",则"自然"实际上成为万物之性。他说:

> 凡所谓天,皆明不为而自然。言自然则自然矣,人安能故有此自然哉?自然耳,故曰性。(《山木》注)

> 摇者自摇,作者自作,莫不复命而师其天然也。(《则阳》注)

由于万物的生存进程都是自生独化的"自然而然",则所谓"人安能故有此自然哉",是说"自然之性"不是外受的已然的静态的,而是自然的动态的生成的。由此,郭象关于"性"的看法与以前的儒道法各家产生了一个重大的差异,即以前的思想家论"性"时,都有意无意地把"性"当作存在的静态本质;郭象则不然,他以"性"为一种自然而然的生成进程,存在"自己而有"的生存进程完成了,此存在的"性"才会得以完全的呈现。在此意义上,"摇者自摇,作者自作",说的是任何个体的生存进程都可视为是其"性"的自然呈现,也是其自我特质的自为成就。所以,"莫不复命而师其天然",一方面"师其天然"是指这一动态生成的过程是自然的,"复命"指的是这一过程是本质的,即"复命"是展现"性"之自然而必然的"分";另一方面,复命而师天然,二者一体两面,是合一的。

郭象以鲲鹏等存在的"自能"为例,来说明"自然之性"的这种动态化特征。他说:

> 故大鹏之能高,斥鷃之能下,椿木之能长,朝菌之能短,凡此皆自然之所能,非为之所能也。不为而自能,所以为正也。故乘天地之正者,即是顺万物之性也……(《逍遥游》注)

鹏之高飞、朝菌之短命等存在的"正",即在于它们各自的高下长短的"所能"。而由于每个存在的"所能"都是"天性所受,各有本分,不可逃,亦不可加"(《养生主》注),则万物之为万物自身,万物之所以有着自己的"正性",正在于万物都有着各自的"所能"之"分"。因此,这个所能之分,既是"万物之性",实际也是存在的"自然之分",它必须以自然而然的"顺"应才能得以充分显现。

进一步地,顺性的过程,即是存在自我解放的过程,也是"逍遥"的过程。这就是:"夫率自然之性,游无迹之涂者,放形骸于天地之间,寄精神于八方之表。"(《田子方》注)顺性不仅可以让身体解放,还能使精神自由,"性"或"性分"因此获得了终极目的的意义。

2. "自然之分"

庄子所说的"天倪",是指在宇宙背景下的存在所各自遵循的天然界限,郭象注为"自然之分"。他说:"天倪者,自然之分也。"(《齐物论》注)郭象之注大致有以下几层意思:

首先,"自然之分"是以物我的外内关系为参照下的"出意",即性分总是内在于万物的。郭象说:

> 夫六合之外,谓万物性分之表耳。夫物之性表,虽有理存焉,而非性分之内,则未尝以感圣人也,故圣人未尝论之。(同上)

六合(天、地、东、南、西、北)只是具体存在的空间背景,虽然其中也涵蕴了关于它自身的"理",但由于这样的"理"是外在于个体的,对存在本身的"性分"并不具有实际意义,因此它们是可以被忽略不论的。这样,郭象转而关注存在自身的"性分",而遗弃了外在于此的整体化宇宙及其规律性。

其次,"自然之分"是动态化的。"自然之分"的充分呈现,实际上是存在自我成就的一种动态化过程。郭象说:

> 夫卮,满则倾,空则仰,非持故也。况之于言,因物随变,唯彼之从,故曰日出。日出,谓日新也,日新则尽其自然之分,自然之分尽则和也。(《寓言》注)

容器之为具有"容纳"之性的东西,不在于是否有人用着它。但是,容纳作为容器的"自然之分",这个容纳之性却必须通过"用"才能得以呈现。因此,要尽其容纳之性,就要不断"日新"地盛着、倒出东西。人们每天用它盛着、倒出的过程,即是容纳之性不断呈现的"日新"过程。这样,人尽卮用,卮尽其性,人与卮之间自然就形成了一种相利而存的和谐关系。

再次,对"自然之分"充分认知和遵循,是个体自我成就的保证。郭象说：

> 和之以自然之分，任其无极之化，寻斯以往，则是非之境自泯，而性命之致自穷也。(《齐物论》注)

"自然之分"的充分展现，是存在自我成就的过程。而从认知的角度看，追溯这个"成就"的过程，实际上是回归"自然之分"的一种方式。在此过程中，人对"自然之分"的认知和感悟程度，决定了人对是非价值偏见的消解程度。最终，人因此不仅能获得对自身生命进程的观照，同时也可以体味生命的终极意义。

这样，存在之间相利的和谐相处问题，便可以转化成如何让各个"自然之分"和融的问题（"和之以自然之分"）。而从"自然之分"本身看，这个问题实际上是各个存在的"自然之分"如何"自尽"而不相害的问题。郭象以"自守其分"来解决它。

3. "自守其分"

郭象认为，人总是有所知有所不知的，而"所不知者，皆性分之外也。故止于所知之内而至也"（《齐物论》注）。如同圣人对六合之外存而不论一样，人对性分之外的存在也是不可知不可论的，人所能知的只在性分之内。因此，对存在的认知只能是对性分本身的认知。然而，认知能力作为人"自然之分"的一个方面，也自有其本分而不可逾越的。郭象说：

> 聪明之用，各有本分，故多方不为有馀，少方不为不足。然情欲之所荡，未尝不贱少而贵多也，见夫可贵而矫以尚之，则自多于本用而困其自然之性。若乃忘其所贵而保其素分，则与性无多而异方俱全矣。(《骈拇》注)

人总是免不了要遭受欲望的涤荡，以致"贱少而贵多"，多多益善。可实际上，认知之"分"本身是有深浅多少之别的。如果人任由欲望的诱惑，而不断运用聪明来填补欲壑的话，"则自多于本用而困其自然之性"。如果知道认知有"分"且能"保其素分"的话，就不会用额外之物来遮蔽或损伤"性"了。郭象说："知止其分，物称其生，生斯足矣，有馀则伤。"（《达生》注）个体之物如此，个体之物之间亦然，即所谓"万物万形，各止其分，不引彼以同我，乃成大耳"(《天地》注)。如果每个个体都能"各止其分",不相互损益,则存在各自都是自足而光辉的。

值得辨析的是,郭象说"各止其分",注重说明的是存在之间不可相互侵越的必要性,但它对个体存在的自我成就而言,还不是充分的。个体要完成自我成就,其"自然之分"是不可缺失的。从另一面说,保持住各自的"自然之分",是展现各自"性分"的前提,也是自我成就的前提。郭象说:

> 物各自守其分,则静默而已,无雄、白也。夫雄、白者,非尚胜、自显者耶?尚胜、自显,岂非逐知过分以殆其生耶?故古人不随无崖之知,守其分内而已,故其性全。其性全,然后能及天下;能及天下,然后归之如溪谷也。(《天下》注)

"自守其分"与"自生"在内涵上是相通的,其旨都在"自己而然"。"物各自守其分",指的是存在在其"自生"的过程中,明晰自身的"自然之分",并循着"自然而然"的路子呈现其"性分"。而在此过程中,没有什么外在的强力逼迫,也没有内在的过分欲求,其状态看似静默的,也是无为的。因此,郭象沿用老子的"知其雄,守其雌,为天下溪;知其白,守其辱,为天下谷"之意,认为"雄"、"白"都是刚猛强为的"尚胜自显",是超越"所知"而强为"所不知"的伤性害生之举。为了避免这样的结果,人必须明晓自身的认知有"分"并"自守其分",才会达到完美的自我成就("性全")。

值得注意的是,这样的成就过程,从社会的角度说,也是推己及人的过程,更是众之归己的过程。以先秦原始儒道的思想看,这三者融于一途,实质上是古代士人"修身—平天下"的人生路向的曲折映射。

四、"无为"而"相为"的社会政治思想

老子的"无为"在一定程度上说是一种治世之"术",庄子的"无为"是存在所应有的一种生存状态。郭象通过对自然和性分的玄思,巧妙地融合了老庄的"无为"思想,建构了他"无为而相为"的社会政治理论。

1. "自为"而"无为"

郭象认为,"性之所能,不得不为也;性所不能,不得强为"(《外物》注),即便是圣人,也依然如此。在此层面上,存在是否各全其性和自守其分,实际上是以能否各尽其能为表征的。郭象说:

> 夫善御者,将以尽其能也。尽能在于自任,而乃走作驰步,求其过能之用,故有不堪而多死焉。若乃任驽骥之力,适迟疾之分,虽则足迹接乎八荒之表,而众马之性全矣。(《马蹄》注)

就马而言,"走作驰步"是马性之态,"驽骥之力"是马性之能。而马之性分是否得到充分展现,并非以其独自的奔跑能力("走作驰步")为标准,而是以它的奔乘之能为衡量的。这样,马之为马,表面上看是以马之驰步为根据,实际上却是以马之奔乘来决定的。

由此可见,郭象对物性的"出意",是以利用"性"之所能为极的。这也就是《庄子注》中反复申说的"各以得性为至,自尽为极"的意思(《逍遥游》注)。"自尽"是自尽其能,是运用;"得性"是自我成就,是显现。但是,自尽其能与自我成就实际上又是一体两面,"能"在"分"内,"性"在"尽"中。从能的角度看是性尽其能,从性的角度看性现其分,二者都具有过程性。这样的过程,从存在自身看,即是其自然之性的"自为"和"自用"。郭象说:

> 足能行而放之,手能执而任之,听耳之所闻,视目之所见,知止其所不知,能止其所不能,用其自用,为其自为,恣其性内而无纤芥于分外,此无为之至易也。无为而性命不全者,未之有也;性命全而非福者,理未闻也。(《人间世》注)

以人为例,人之五官,各有其分,各司其能,各任其用。它们的各尽"自然之分",即是用其"性内"之能。在此过程中,由于都能"自守其分",则所谓的"放"、"任"、"听"、"视"、"止"都是"用其自用,为其自为"。而如此"自用"与"自为",其实是内在性分的能和用,它们既不由外作,也不为外求,而是"因其本性,令各自得"(《徐无鬼》注),"功尽其分,无为之至"(《则阳》注)。在郭象看来,这实际上就是存在自我成就过程中的最为简易的"无为"。而如此"无为",不仅是"自然之性"的充分呈现,也是人生福祉的完美成就。

因此，郭象对《庄子》的"出意"，就从如何"守分"的层面，过渡到各自"自为"的层面。而所谓的"自为"，因为是不由外作不为外求的"自在而为"，从过程和状态上看，它实质上是一种"无为"。

2. "无为"以"相为"

郭象生于乱世，深味人间倾轧的苦痛。在《庄子注》中，他有大量关于人世何以和谐的论述。郭象以"相与于无相与"、"相为于无相为"来说明人与人、人与物相利而生的社会化本质。他说：

> 夫体天地，冥变化者，虽手足异任，五藏殊官，未尝相与而百节同和，斯相与于无相与也；未尝相为而表里俱济，斯相为于无相为也。若乃役其心志以恤手足，运其股肱以营五藏，则相营愈笃而外内愈困矣。故以天下为一体者，无爱为于其间也。（《大宗师》注）

从"自然而然"的角度看，鼻子的呼吸功能与手的操持功能无关，耳朵的听觉功能与舌头的味觉功能也风马牛不相及，各器官的"自为"决定了彼此"无相与"和"无相为"。但是，当它们自然而然地结合在人这个躯体上时，彼此的"无为"又成了人之为人所必须的"相与"和"相为"。没有它们各自性分之能的充分发挥，或者，它们逾越各自的"自然之分"，"运其股肱以营五藏"，则"我"就不可能有一个完美的存在进程。在此意义上，"足性"成为"全生"的必要和充分条件。所以郭象反复说，"物各顺性则足，足则无求"（《列御寇》注），"足性而止，无吞夷之欲，故物全"（《马蹄》注）。

按照如此"相与"、"相为"的内在逻辑，郭象提出了人世的"相治"。他说：

> 夫臣妾但各当其分耳，未为不足以相治也。相治者，若手足耳目，四肢百体，各有所司而更相御用也。

> 夫时之所贤者为君，才不应世者为臣。若天之自高，地之自卑，首自在上，足自居下，岂有递哉！虽无错于当而必自当也。（皆《齐物论》注）

由于人所具有的"才"和"能"是差异的，其"自为"和"自用"也必然是有差异的。但是，它们之间却是一种自然而然的"相与于无相与"、"相为于无相为"的关系。这样，在现实社会中，由此"才"、"能"和"为"关系而形成的社会性的尊卑高下的差异,也是一种"自然之分"。与此相关的人和事,只要各有所司地自"当"这个"分",社会就必然地具有了秩序性。否则,"若皆私之,则志过其分,上下相冒,而莫为臣妾矣"(同上)。任何出自私心的越"分"而为,必然导致倾轧丛生。

所应辨析的是,郭象此处的"分"具有社会性内涵,与所谓的"名教"看起来有密切关系。但是,郭象所说的此类"分"的形成是基于人各自的"自为"能力的,即"时之所贤者为君,才不应世者为臣"。如果没有为君的能力而为"君",没有为臣的才质而居位,则其"为"本身就已经是伤"性"越"分"之举。因此,郭象有关此类臣妾"名分"的论说,是一种他心目中基于"自然"、"无为"而有的理想化"名教",而非现实中的"名教",也不能等同于现实名教。这是理解郭象思想时,尤其值得注意的。

3. 无为而治

从社会管理的角度看,郭象认为,"千人聚,不以一人为主,不乱则散。故多贤不可以多君,无贤不可以无君,此天人之道,必至之宜"(《人间世》注)。但是,按照"无为"以"相为"的逻辑,则人世中君臣的尊卑高下之序的和谐演进,就各尽其分的角度看,重要的是君尽君责,臣尽臣职,各守其分,互不干涉。各守其分式的"无为",以现代的语言说,即是"不干涉"原则。郭象说:

> 夫工人无为于刻木而有为于用斧,主上无为于亲事而有为于用臣。臣能亲事,主能用臣;斧能刻木而工能用斧;各当其能,则天理自然,非有为也。若乃主代臣事,则非主矣;臣秉主用,则非臣矣。故各司其任,则上下咸得而无为之理至矣。(《天道》注)

我们知道,魏晋乱世之乱的根本原因,在于君臣都没有"自然而然"的君臣之质,即君无君德,臣不能尽臣才,以致主非主,臣非臣。郭象认为,"君"之性,不在亲事,而在用臣;"臣"之"性",不在僭权,而在做事。用臣是君之能,亲事是臣之能,君臣之间"各司其任"的"自为","各当其能"的"自用",都是"无为"。而这样的"无为"所涵蕴的"无为之理",是"天理自然"的。很显然,郭象之反对主代臣事或臣秉主用,事实上是他对魏晋乱世原因的一种反思。

郭象进一步给予"无为"以新颖的阐释。他说:"无为者,非拱默之谓也,直各任其自为,则性命安矣。"(《在宥》注)无为不是什么也不做,而是在"各止其分"而安性命的前提下的"自为"。因此,所谓"无为之业",乃是使得"群才万品,各任其事而自当其责"(《天道》注)。这样,逍遥乎"尘垢之外",当然就不见得非要躲在深山老林,与世隔绝了——逍遥在此生此世即可实现。郭象说:

> 夫圣人虽在庙堂之上,然其心无异于山林之中,世岂识之哉! 徒见其戴黄屋,佩玉玺,便谓足以缨绂其心矣;见其历山川,同民事,便谓足以憔悴其神矣;岂知至至者之不亏哉!(《逍遥游》注)

由于常人不知基于"自为"的"无为"而"相为"的道理,而褊狭地认为华美的行头会羁绊心灵的自由,不断地做事会劳累精神。实际上,那些都是守分尽能的"圣人"的"所遇"、"所有"、"所能"而已,其自然之"能"与"分"并不因此而丧失。

由此,郭象对"逍遥"的注重,从存在性分的自我展现层面转换到存在在"无为而相为"的社会性层面上的何以"为"。换言之,郭象最终注重的是人世之"我"何以"逍遥"而"为"。

五、"足性"以"逍遥"的终极追寻

郭象对庄子"逍遥游"的篇目注是:"夫小大虽殊,而放于自得之场,则物任其性,事称其能,各当其分,逍遥一也,岂容胜负于其间哉!""逍遥"是庄子和郭象的共同追求,但与庄子注重内在超越的精神完满,同时还对人世怀着深切忧患的逍遥不同,郭象的"逍遥",别有新义。

1. "自得"的"逍遥"

郭象认为,存在的自我成就过程,实质上都是"自得"的"逍遥"之态。他说:

> 庖人尸祝,各安其所司;鸟兽万物,各足于所受;帝尧许由,各静其所遇;此乃天下之至实也。各得其实,又何所为乎哉? 自得而已矣。故

> 尧、许之行虽异,其于逍遥一也。(《逍遥游》注)

所谓"天下之至实",指的是天下之人和物都各得其所。无论鸟兽、厨师,还是圣王、隐士,如果每个个体都能"自守其分",各尽其能,则它们无须任何功利化的作为,也都能达到完美的自我成就("自得")。虽然个体之间的差异永远存在,但由于每个个体都"自得"了,因此而"逍遥"。而依据"无为"而"相为"的逻辑,从人类社会的角度看,则各个"自得"的个体之间,形成的是它们都能"逍遥"乎其中的"自得之场"。

然而,每个"自得"的差异着的个体虽然从其自身而言是逍遥的,但这样的"逍遥"仅仅是低层次的逍遥。在郭象看来,真正的逍遥是"成己"也"成物"的物我俱得式的"无心以顺有"的圣人境界。

2. "游外以弘内"的"逍遥"

郭象认为,世间之人各有所好所能,如果其所好所能各适其分,则也算是"逍遥"的人。郭象说:

> 此数子者,所好不同,恣其所好,各之其方,亦所以为逍遥也。然此仅各自得,焉能靡所不树哉!若夫使万物各得其分而不自失者,故当付之无所执为也。

数子指的是《刻意篇》中所说的"山谷之士、平世之士、朝廷之士"等类人。郭象认为,他们的这种仅仅是"自得"式的逍遥多能"成己",而不见得能"成物"。如"教诲之人,游居学者之所好也"一样(《庄子·刻意》),他们至多也就是有利于一部分人而已。因此,"使万物各得其分而不自失者",才是真正的逍遥者,这也是"乘万物御群材之所为,使群材各自得,万物各自为,则天下莫不逍遥矣"的意思(《秋水》注)。用现在的话说,必须是既利己("不自失")又利人("群材各自得")的生存进程,才是"逍遥"的人生。这样的人生,即是郭象所反复申述的"游外以弘内,无心以顺有"的"圣人"生活。他说:

> 夫理有至极,外内相冥,未有极游外之致而不冥于内者也,未有能冥于内而不游于外者也。故圣人常游外以弘内,无心以顺有,故虽终日挥形而神气无变,俯仰万机而淡然自若。(《大宗师》注)

"冥内"是无待的自为和自用,"游外"是有待的无为而相为,二者是"逍遥"的一体两面。冥内是成己,游外是成物,"游外以冥内"或"游外以弘内"的过程,实际上是己、物俱成的过程。这样的过程,即是"圣人"的成就过程。

若以传统的"修身—平天下"的"内圣外王"的人生路向作参照,则冥内是"修身"是"内圣",游外是"平天下"是"外王"。虽然这样的比附可能会失却郭象"逍遥"中的"自然"意蕴,但这并不能抹煞郭象作为受用了"传统"的士人,他思想中不经意间所留下的传统印痕。

综合来看,郭象对《庄子》的"出意",与竹林玄士对《庄子》的"受用"不一样。竹林玄士在理论形态上具有强烈的批判精神,在生活情态上则持与现实政治保持距离的优游与放达。郭象其实也对现实有着深切的无奈,但他并没有像同时代的许多名士那样,把批判的激越转化成生活上的虚诞,而是将个体性情的自由诉求转化为一种理性的思考,把竹林名士试图对现实进行超越的努力转化成对现实世界进行矫正的政治参与。

然而,郭象的"逍遥"理论,在《庄子注》中是自足其说的成己与成物的圣人境界,可一旦脱离了郭象自己的语境,则容易遭致油滑混世的批判。又因为史书对郭象的所谓"薄行"的记载,其理论与生活的样式,甚至成为后世士人"薄行"人生的资源和样板。

从哲学史的角度看,郭象的"自生"、"性分"理论,为外来佛教的"心性"理论,提供了有益的本土思想资源。东晋名僧支遁从"圣人之心"的角度认为"足性"并不必然"逍遥",而对郭象的逍遥理论进行批判,即是明证。

思考题:
1. 郭象的"自然"与先秦道家的"自然"有何异同?
2. 郭象如何把"无为"与"性分"联系起来阐发的?
3. 郭象如何赋予"逍遥"以新义的?

参考书目:

汤一介:《郭象与魏晋玄学》(增订本),北京大学出版社,2000年。

卢国龙:《郭象评传——理性的蔷薇》,广西教育出版社,1996年。

刘师培：《中古文学论著三种》，辽宁教育出版社，1997年。
田余庆：《东晋门阀政治》，北京大学出版社，1989年。

有关魏晋玄学应进一步阅读的书目：
刘泽华主编：《士人与社会》（秦汉魏晋南北朝卷），天津人民出版社，1992年。
毛汉光：《中国中古社会史论》，上海书店出版社，2002年。
［日］内藤湖南：《中国史通论》（上），夏应元等译，社会科学文献出版社，2004年。
［日］谷川道雄：《中国中世社会与共同体》，马彪译，中华书局，2002年。
［日］冈村繁：《汉魏六朝的思想和文学》，陆晓光译，上海古籍出版社，2002年。
［日］井波律子：《中国人的机智——以〈世说新语〉为中心》，张荣湄译，学林出版社，1998年。

第五章 范缜的"神灭"思想

第一节 引　　言

　　佛教在东晋以后获得广泛传播和发展的同时,与政治、经济的关系也日益密切起来,以致东晋名僧慧远(334—416)著文阐论"沙门不敬王者"之理。而到了梁武帝萧衍那里,更于天监三年(504)宣布佛教为"国教"。这样,思想文化的形态,也逐步由儒玄主导向儒玄佛共存乃至佛理独尊的方向转变。仅就史料中的可考记载,东晋明帝、哀帝、简文帝、孝武帝等都崇信佛教,而南朝各开国皇帝对佛教也笃信有加,以致宋齐梁陈四朝信佛的王子总共有四十人之多,当时的豪门如吴国张氏、庐江何氏、吴郡陆氏、汝南周氏、琅琊王氏等,共有近八十位名士信佛。佛教在社会高层的影响力由此可见一斑。

　　东晋以后,佛理成为清谈的重要资源和内容,清谈的主流除豪门名士间的虚诞放达外,又加入了名士与名僧间的交游和论难,《世说新语》和《弘明集》等对此有着详细记载。《弘明集》的编纂者——南朝梁代高僧僧祐(445—518)在《〈弘明论〉后序》中论反佛者的批判情形说:

　　　　详检俗教,并宪章五经,所尊唯天,所法唯圣。然莫测天形,莫窥圣心,虽敬而信之,犹曚曚弗了。况乃佛尊于天,法妙于圣,化出域中,理绝系表,肩吾犹惊怖于河汉,俗士安得不疑骇于觉海哉?既骇觉海,则惊同河汉:一疑经说迂诞,大而无征;二疑人死神灭,无有三世;三疑莫见真佛,无益国治;四疑古无法教,近出汉世;五疑教在戎方,化非华俗;

> 六疑汉魏法微,晋代始盛。以此六疑,信心不树,将溺宜拯。(《弘明集》卷十四)

僧祐站在佛家的立场上,认为佛法尊妙于五经,佛陀高于圣人。而对当时反佛者的各种怀疑和批判,他也总结出六个方面,其中一个是世俗人士"疑人死神灭,无有三世"。所指就是范缜《神灭论》的主题。

从思想发展的角度看,汉代的桓谭和王充都以薪火之喻论述过"神灭",两晋间的杨泉也以薪火为喻说:"人死之后,无遗魂矣。"(《物理论》)薪火之喻的逻辑关系因此也成为范缜之前的神灭论者的理论方法。然而,也有高僧运用这样的方法来论证"神不灭"。如慧远说:"火之传于薪,犹神之传于形;火之传异薪,犹神之传异形。"(《沙门不敬王者论》)值得注意的是,汉末至西晋间有关神灭与否的争论,多是儒家内部或儒道之间的本土文化争论,神灭论可视为对本土相关学说的批判。自东晋以后,这种争论则演化成中外两种文化间的争论,其性质可视为本土文化对外来佛教文化渗透的一种反击。

从论难的角度看,弘佛者与反佛者都利用的薪火之喻的逻辑,实际上存在着悖论。王充说:"火灭光消而烛在,人死精亡而形存。谓人死有知,是谓火灭复有光也。"(《论衡·论死篇》)这是说形体、精气、知,如同烛、火、光的关系,没有烛、火就没有光,同样,没有形体、精气也没有"知"。可问题是,光为火之质,知为精之质,知与光因此具有普遍性,如果形体、烛是特殊的个体的,又如何能解释它们何以有"知"和"光"的普遍性呢?而按照佛理,佛是普化之"神",如果慧远说的薪、形是个体的特殊的,那么普化之"神"又如何转化为薪、形的特殊性呢?这种潜在的逻辑悖论困扰着论难双方,但争论依然继续。

慧远之后,双方最著名的争论应是慧远的俗家弟子宗炳(375—443)与何承天(370—447)的争论。据史书记载,僧人慧琳作《白黑论》(又名《均善论》)对佛理多有批评,遭到当时僧人围攻,以致被流放。衡阳太守何承天与慧琳交谊很好,对其遭遇颇为同情,就把《白黑论》送给太子中舍人宗炳,请其评判。于是,宗著《明佛论》(又名《神不灭论》)论证神不灭之义,他说:"夫火者,薪之所生,神非形之所作……无形而神存,法身常住之谓也。"(《弘明集》卷二)而何著《达性论》作难,既强调没有因果报应,也坚持形死神灭。他说,"生必有死,形毙神散;犹春荣秋落,四时代换,奚有于更受形哉?"(《弘明集》卷四)此后,永嘉太守颜延之又加入进来,与何论难二番。这场论战,当时的侍中何尚之在《答宋文帝赞扬佛教事》中引述文帝的评价说:"颜延年之折《达性》,宗少文之难《白黑论》,明佛法汪汪,尤为名理,并足开奖人意。若使率土之滨皆纯此化,则吾坐致太平,夫复何事?"(《弘明集》卷十一)很显然,这并非宋文帝刘裕的公允之论,而只是因为他笃信佛教,并想借此机会深化自己的统治策略而已。

所有这些,即是范缜《神灭论》产生的历史和理论渊源。

范缜,字子真,南乡舞阴(今河南泌阳)人。约生于公元450年,约卒于515年。缜父蒙早卒,少孤贫,事母孝谨。未弱冠时,远从沛国(今安徽萧县一带)刘瓛问学,勤奋异常,见解不凡,刘瓛因此很器重他,亲自为其举行成人的冠礼。在刘瓛众多车马华服的贵族弟子中,范缜一直草鞋布衣,傲然独行。成人后,范缜博通经术,尤精"三礼"。

范缜的性格与嵇康有类似处,率直而好危言高论,以致亲戚朋友都担心他因此而有什么不测。范缜的"外弟"(妹夫)萧琛,时人誉之为"口辩",但他对范缜的"简诣"风度却佩服得很,两人在亲情之外,更有晋人的"神交"之态。大概范缜过于勤奋和忧国忧民,以致他到29岁时,"发白幡然",于是作"伤暮诗"、"白发咏"以自嗟。

在南齐时,范缜曾为竟陵王萧子良的"宾客",在朝的最高职位也就是中书郎(以上皆出《南史·范缜传》)。入仕南梁后,范缜曾在宫廷宴会上为老友王亮鸣不平,质问梁武帝为何不用贤良(事见《梁书·王亮传》)。结果,因王亮事他被贬发广州,返回后在国子博士任上悒悒而卒。

今存主要著作有《神灭论》(全文载《梁书·范缜传》)、《答曹思文〈难神灭论〉》(载《弘明集》卷九)。

第二节 《神灭论》的基本思想

由于名理学的运用和清谈的盛行,现存两晋南北朝的思想史文献有个特点,许多重要篇章都采用问答体,最著名的应是嵇康的《声无哀乐论》。自儒佛交锋后,此体更甚。范缜以宾主问答方式写成《神灭论》后,梁武帝发动王公贵族六十四人写了共七十五篇文章,对其进行论难。

一、《神灭论》所要挑战的现实

范缜在南齐为权臣竟陵王萧子良的"宾客"时,萧子良"精信释教",范缜"盛称无佛"。面对萧子良"君不信因果,何得富贵贫贱"的责难,范缜说:

> 人生如树花同发,随风而堕,自有拂帘幌坠于茵席之上,自有关篱墙落于粪溷之中。坠茵席者,殿下是也;落粪溷者,下官是也。贵贱虽复殊途,因果竟在何处?

在此,范缜以人生际遇的偶然性来否定佛教因果报应说。这是信佛者所不能接受的。于是,萧子良就组织大批僧众与范缜论战但没有驳倒范缜,后竟陵王派王融游说范缜说:"神灭既自非理,而卿坚执之,恐伤名教。以卿之大美,何患不至中书郎。"话虽乖巧,却暗藏杀机。范缜回答说:"使范缜卖论取官,已至令、仆矣,何但中书郎邪?"(以上皆出《南史·范缜传》)这样,分歧依旧。

入梁以后,范缜面对的是兴佛比竟陵王还有过之而无不及的梁武帝萧衍。武帝为了崇佛,三次舍身入寺为奴。从现有文献看,萧衍是有理论素养的,例如,他以体用关系来疏解薪火之喻的逻辑矛盾。在《立神明成佛性义记》中,萧衍说:

> 经云:"心为正因,终成佛果。"……夫心为用本,本一而用殊。殊用自有兴废,一本之性不移,一本者即无明神明。(《弘明集》卷九)

这是说,作为本体的"心"是不曾变动的,而那些与外界接触而有的形体、识见、烦恼等则是"生乎现境"的,它们有着变迁生灭,是"殊用"的体现。因此,这个不变不动的"性"就是"神明",它是不灭的永恒的。

另一方面,萧衍在《敕答臣下神灭论》中先以皇帝的权威断言,神灭论"违经背亲,言语可息",又说,"神灭之论,朕所未详"。为了结束这场重大而持久的纷争,梁武帝提了他的解决方案。他对神灭论者说:"欲谈无佛,应设

宾主标其宗旨,辩其短长,来就佛理以屈佛理"。(《弘明集》卷十)

在这种情形下,范缜作《神灭论》,而后应对王公贵族潮水般的论难。

二、《神灭论》的基本内容

《神灭论》深得魏晋人熟用的名理学精髓,逐层设问,渐阶剖析,一方面以本土学问抗击了外来佛理,另一方面又因此而归于玄学主题——自然陶化,无为而治。

1. 形神相即

佛教理论一个重要的预设前提是,佛陀是神圣且唯一的,他超绝人世而又关切人间。由此,人神在现实中是截然分判的,即所谓"神之与形,理不容一"(《神灭论》,下引不注)。从逻辑上看,人神的分判实际上隐含了个体的特殊性与佛陀的唯一性(普遍存在性)的分离。范缜看准了这点,从形神相即的角度来论证人神的不可分离性。范缜说:"神即形也,形即神也;是以形存则神存,形谢则神灭也。""即"是融合、不离之义。在范缜看来,神灭之所以能得到证明,正是因为有"形"的缘故。形和神只是称谓不同,实际上它们是一体两面,即所谓"名殊而体一"。从理论建构的角度看,"形神相即"是范缜"神灭论"的预设前提,即形神是一元的不可分的。

2. 形质神用

仅仅有预设还不够,于是范缜从质用的角度来论证形神的一元性。他说:

> 形者神之质,神者形之用;是则形称其质,神言其用;形之与神,不得相异也。

在玄学理论中,往往以体用关系来说明有无问题。但由于"体"这个范畴本身即蕴含了超绝之义,范缜为了避免陷入"名"的逻辑混乱,就转而以"质"来代替"体",但其论证却是遵循着有无、体用关系的逻辑。裴𬱖在《崇有论》末尾举例论述"济有者皆有"时说,工匠并非某个器物,没有工匠就制作不了器物,但不能因为制造器物者不是器物本身("有"),就说工匠是"无"。范缜遵

循这样的论证理路,认为形神在质用层面的一元性,正好可以证明"名殊而体一"。他也举例说:

> 神之于质,犹利之于刀;形之于用,犹刀之于利;利之名非刀也,刀之名非利也。然而舍利无刀,舍刀无利。未闻刀没而利存,岂容形亡而神在?

这是说,有刀才有锋,有锋才能算是名副其实的刃,刀和锋二者本身不能等同,但二者之间谁离开谁了,就不会有相应的刀刃或锋利。形与神的质用关系,如同刀刃与锋利的关系一样,没有形,就没有神。同时,"神"灭了,那也意味着相应的"形"也没了。稍作比较,"舍利无刀,舍刀无利",与"济有者皆有"的论证逻辑,真是异曲同工! 只不过,范缜把裴頠"无"是"有"之所遗的潜在逻辑进一步拓展到人之为人的本质层面上来了。

3. "人之质,质有知"

依据形质神用的逻辑,范缜从人之为人的层面确立了"形神不二"。他说:"今人之质,质有知也;木之质,质无知也。人之质非木质也,木之质非人质也。"由于人之实体与木之实体不同,人之"质"(人之所以为人),是因为人这个实体"有知"。也就是说,是否具备认知精神是人和自然万物区别的标志。

范缜还从生死衍变的角度进一步证明"有知"是人之所以为人的根本。在他看来,"生形之非死形,死形之非生形",人之活体是人之质的载体,如果人死了,尸体虽是人形,但已经不是有"质"的人了。这个道理,如同花木的荣枯一样,活着的花木之所以是"荣木",是因为它能开花结果,开花结果即是"木之质",而枯谢的花木因其不能开花结果,只能称之为"枯木"。人的生死如同花木的先荣后枯一样,总是先生而后死。万物的存在,其实也都有着从生到死的渐次过程。所以说,"生灭之体,要有其次故也","渐而生者,动植是也。有悻有渐,物之理也"。

4. "是非之虑,心器所主"

传统儒家认为,五官五脏各有所司,而心的功能在于思虑认知。范缜承续这种理论,认为四肢五脏虽是人体的不同器官,有着不同的知觉,但并不能因为各个器官的知觉功能有差异,而认为人的认知精神就有本质上的不同。相反,"手足虽异,总为一人。是非痛痒虽复有异,亦总为一神矣"。

在范缜看来,五官四肢的功能是知觉,如痛痒之知等。此外,尚有是非的思虑。但是,知觉和思虑只是"知"的不同层次,"浅则为知,深则为虑"。而造成这种深浅差异的根据并非外在的,只是由于人体部位的功能不同而已,即"是非之虑,心器所主","五藏各有所司,无有能虑者,是以知心为虑本"。很显然,范缜这种"心为虑本"的理解,实质上可视为"形"为"知"本的逻辑延伸,其目的是把人认知世界的根据安顿在人自身当中,从而消解任何其他超绝人自身的"神明"对人的引导或启示。

从逻辑上说,范缜这些对于人的"知"的看法,由于他坚持了"形"为"知"本,按照形神相即的理论前提,则个体任何"知"的存在,都必须有相应的"形"的存在,否则,"形谢神灭"。在这个意义上,范缜的《神灭论》彻底摧毁了梁武帝关于"心为用本"的神不灭的论证根据,同时,也消解了薪火之喻的逻辑悖论。

5. 圣凡之别

圣人是否可以"学"而致,是魏晋玄学家经常争论的问题。范缜依据形质神用的逻辑,提出了自己的看法,"圣人定分,每绝常区,非惟道革群生,乃亦形超万有"。这是说,圣人之为圣,是其先天地具备了超绝凡人的形质。范缜论证说,"精金"能有昭光是因为它纯粹无杂,同理,圣人之"神"必依托于圣人之"器","凡人之器"只会产生"凡人之神"。进一步地,由于"是非之虑,心器为主",圣人虽然有着类似于凡人的外表形体,但"比干之心,七窍列角;伯约之胆,其大若拳",这样超越常人的"心器",必然有其超绝常人的"知""虑"。所以范缜说:"圣同于心器,形不必同也。"

范缜认为,五经中关于鬼神的那些记载,是"圣人之教然也"。宗庙和祭祀活动中对鬼神的认可,并非是因为真有鬼神存在,而仅仅是圣人教化凡人的一种方式,目的是"所以弭孝子之心,而厉偷薄之意,神而明之"。另一方面,人和鬼的差别,只是"幽明之别"。鬼是人意识中的幽暗影像,但那终究不能说明真有鬼存在。所以,"人灭而为鬼,鬼灭而为人,则未之知也"。

其实,范缜强调圣凡之别,也是它论证神灭的最后一层意思。他把圣人之为圣归结为"心器之殊",事实上是为了给"圣不可学"寻求终极根据。从逻辑上讲,圣有圣器的潜在逻辑是圣人"自生"。很显然,这是范缜运用了郭象的"自生"理论,来论证圣凡之别都在于圣凡自身。所以,圣凡之体没了,圣人之神与凡人之神也就灭了。后来萧琛在《难范缜〈神灭论〉》中批评范缜不说"器有圣智",实际上并未驳倒范缜。相反,他正好指出了范缜引而未发的意思,即圣器"自生"出圣智,圣智作为圣人之"知",乃是圣之为圣的根据。进一步地,圣器没了,圣智就失却了依凭,"神"因此也就灭了。

6. 玄学余绪

在《神灭论》的末尾,范缜对佛教的现实影响展开了严厉的批判。首先,范缜说他批判佛教的现实缘由是,"浮屠害政,桑门蠹俗……吾哀其弊,思拯其溺"。范缜认为,崇信佛教使得人们倾家荡产地趋奉僧、佛,既不顾亲人的现实困苦,也无视他人的"穷匮",最终导致人"厚我之情深,济物之意浅"。范缜进一步认为,最为严重的是,佛教徒舍弃儒家服仪,以袈裟为服("舍逢掖,袭横衣"),又废弃儒家礼制,以瓶钵化缘供奉佛陀("废俎豆,列瓶钵"),本土文化因此遭致破坏。甚至,按照佛教徒的生活方式,"家家弃其亲爱,人人绝其嗣续",人类因此将无以为继。所以范缜说,"其流莫已,其病无限"。

既如此,又该以什么来拯救佛教所造成的弊溺呢?范缜说:

> 若陶甄禀于自然,森罗均于独化;忽焉自有,怳尔而无,来也不御,去也不追,乘夫天理,各安其性。小人甘其垄亩,君子保其恬素;耕而食,食不可穷也;蚕而衣,衣不可尽也;下有余以奉其上,上无为以待其下,可以全生,可以匡国,可以霸君,用此道也。

这是说,自然独化之"道"是宇宙人生的根本,每个存在都是自生自为的。如果遵循自然相生的"天理",每个人都能按照自己的"性分"生活,则各司其业,各尽其职,食不可穷,衣不可尽。这样,求生者尽其天年,为政者循其治道,还需要那些讲求因果报应、三世轮回的佛教拯救社会和人生吗?

从思想衍化的角度看,《神灭论》末段所推崇的"道",无论深度还是广度上都没有超出道家和玄学的蕴含。重要的是,为了求得社会人生的安宁,范缜在批判佛教的弊端之后,所主张的治世之道,并非儒家积极的经世致用,而是道家的无为而治。很显然,这是他深受玄学理论影响的结果。而且,范缜在此运用的"独化"、"自有"、"天理"等概念和理论,都是郭象已经充分阐释过的。在此意义上,从哲学史的角度看,与其说范缜是个反佛的斗士,倒不如说他的《神灭论》实际上是玄学的余绪。

思考题:
1. 如何理解儒、佛人士运用薪火之喻的逻辑阐发形神关系时所面临的问题?
2. 范缜如何从人自身出发来论证"神灭"的?

参考书目:

陈元晖:《范缜的无神论思想》,湖北人民出版社,1957年。

潘富恩、马　涛:《范缜评传》,南京大学出版社,1996年。

郑基良:《魏晋南北朝形尽神灭或形尽神不灭的思想论证》,台北文史哲出版社,2002年。

郭　朋:《汉魏两晋南北朝佛教》,齐鲁书社,1986年。

第四编　汉唐佛教哲学

绪　　论

佛教自两汉之际传入中土以后，从一种外来的印度宗教，最终演化为富有汉文化特色的中国宗教。在其扎根中国社会的艰难历程里，佛教与以儒家、道家为代表的本土思想既冲突又融合：一方面佛教始终在接受中国固有传统的思想整合，在汉代被视为求神成仙的道术，在魏晋又被比附为玄学清谈，到了隋唐则形成了本土化的中国佛教宗派；另一方面，佛教也在改变和丰富中国本土的传统思想，道教的唐代重玄学、宋代内丹学，儒家的宋明道学，无不受到了佛教思想的激荡。儒释道三家的思想互动，佛教融入中国社会的壮阔历程，其实也是中国佛教哲学形成与发展的历史。

汉代社会流行图谶纬书、方技术数，迷信阴阳灾异之说，喜好预断吉凶、禳灾祈福。佛教最初传入汉地，也被认为是"求福祥"、"致太平"的"神仙祭祀致福之术"(《汉书·郊祀志》)。东汉桓帝(147—167)初年，在洛阳从事译经弘法的安世高，原为西域安息国太子，他所翻译的小乘禅学，被混同于中国固有的吐纳、服气等养生术，一直到南朝慧皎(497—557)编撰的《高僧传》，他还被描写成精通"七曜五行，医方异术"，俨若一位方士。

比安世高稍后来华的西域大月氏国人支谶，在洛阳翻译大乘经典，传播般若经的性空思想，认为一切事物或现象，都是各种因缘条件的聚集结合，没有固定不变的自性。这种自性空的思想，在中国传统里原本是没有的，因此借用道家的术语译为"本无"。支谶译出《道行般若经》是在汉灵帝光和二年(179)，玄学家何晏、王弼均死于曹魏正始十年(249)，在此七十年间，我国的学术风气发生一大变化，繁琐的儒家经学淡出士林，玄学清谈渐为盛行。

正始玄风是否受益于般若经的译传,殊难考证。但到两晋之际,般若思想已经大行于世,名士与名僧过从甚密,佛家玄谈蔚然成风。佛教僧人采用《老》、《庄》、《易》"三玄"的名词概念来解释佛经,所谓"格义",即"以经中事数,拟配外书,为生解之例"(《高僧传·竺法雅传》)。这种做法,虽与魏晋玄学以道家思想解读儒家经典的思路相合,从传播学的角度上讲,对佛教在中国流传也有其正面价值,但这样的解读被认为乖离了佛教经典的原义,最终不能见容于佛门大德。譬如,"本无"的译法,容易让人望文生义,把佛教的"空"与老子的"无"混为一谈。东晋时期出现的"六家七宗"主要是解释佛教"空"与"色"的关系,这个主题与魏晋玄学的"有无之辩"相似,他们的论证也受玄学的影响。所以,僧肇(384—414)后来在《不真空论》里对他们做出了尖锐的批评,认为这些早期的般若学派都没有把握"空"的实质,在他看来,"般若空"是非有非无的"不真空"。

僧肇的思想,以鸠摩罗什(343—413)所译的《大智度论》、《中论》、《百论》、《十二门论》为主要依据,极力弘扬龙树、提婆所传的般若中观学。除了《不真空论》,他还写了《物不迁论》、《般若无知论》等著名的佛学论文,后被结集为《肇论》,这标志着中国僧人已能正确理解印度佛教的思想。

在此以后,进入南北朝,除了般若类经典,宣扬涅槃佛性、三界唯心、如来藏、阿赖耶识等各种佛学思想的经典竞相流传,出现了许多精通某类佛教经典的专门学者。因此,当时的佛教界学派纷呈,师说竞起,主要有涅槃学、毗昙学、成实学、三论学、地论学、摄论学等不同的佛学流派。竺道生(355—434)孤明先发,在大本《涅槃经》尚未译出之前,因倡言"一阐提人皆得成佛"而被逐出南京。后来大本流传到南京,果然提到"阐提悉有佛性",竺道生因此被尊为"涅槃圣"。涅槃佛性,是南北朝佛学的根本问题,《涅槃经》被看成是佛说的最高阶段,特别是在南朝佛学顶峰的梁代,涌现了一批著名的涅槃师。东晋末年、南北朝初期,有一批僧人专门讲习说一切有部阿毗昙义学,被称为毗昙师。毗昙,即"阿毗达磨",这里是指小乘的论藏。毗昙学的研习,后来逐步融会到《俱舍论》、《十地经论》与《摄大乘论》等论典的研究,为此后大乘论藏的研究奠定了理论基础。梁代是研究《成实论》的高峰,"成论大乘师"一度占据了佛教界的中心地位。但等到大家明白《成实论》不过是一部杂糅大乘思想的小乘论典以后,《成实论》很快沦为三论学的附庸,三论师取代了成论师的地位,两家在"二谛"问题上发生争议。地论师之名,因其研究《十地经论》。该论解释《华严经·十地品》,译出于北魏永平元年至四年(508—511)。《摄大乘论》是唯识学的入门读物,译于陈天嘉四年(563),但其流行已到南北朝结束的时候。摄论师即指专研《摄论》的僧人。地论师、摄论师在阿赖耶识的染净、万法缘起的依据等问题上意见分歧。地论师的思想,后来与《大乘起信论》相结合,逐步发展成为华严宗的体系;而摄论师的思想,到了唐代就完全让位于玄奘(600—664)新译的唯识学。

佛教在中国的译传,并不单纯是某种宗教观念的传播。佛学思想的输入,同时也是一种全新的社会组织形态的移植,即"僧伽"或"寺院"制度的融入。随着僧尼、寺院数目的激增,寺院经济不断膨胀,僧团与政府之间的矛盾变得相当明显。佛教被认为削弱国家的经济实力,影响国家的政局稳定,伤害儒家的孝悌伦理,政府主张淘汰部分僧人,要他们遵守儒家的世俗礼仪。庐山慧远(334—417)的《沙门不敬王者论》,以世间法与出世间法各有礼数,详辩"出家修道"与"处俗弘教"的不同,认为佛教有助于儒家的教化,同时也有自身的宗教目的。这位幽居深山的僧人,严持戒律,在社会上有着"唯庐山道德所居"的美誉,他的这篇文章在中国佛教史上的影响和作用十分突出。

隋唐佛教宗派的出现,标志了中国佛教的成熟、本土化的完成。通常认为,隋唐佛教宗派主要有八家:天台宗、三论宗、唯识宗、华严宗、净土宗、律宗、禅宗和密宗。其中尤以天台宗、华严宗、禅宗、净土宗最有中国特色,表明中国佛教已具备独立发展与自我更新的能力。这些宗派通过判教或编撰传法谱系,确立自己在佛教里的正统地位。判教,意为"教相判释",即对佛陀的说教与各种佛教经典,提出自己的评判与分类的标准。编撰传法谱系,是给自己的宗派编造一个祖师相承的谱系,即"祖统"或"灯统",给"传法定祖"披上合法的外衣。这些宗派在总结以往的修持方法与义学理论的基础上,试图揭橥一种在他们看来是最圆满的佛法,用来代表最正统、最契时机的佛教。譬如,天台宗认为《法华经》的思想最为圆满,称为"法华圆教";华严宗认为《华严经》的思想最为究竟,自称是"教内别传";禅宗则声称自己的禅法属于"教外别传",不同凡响;净土宗认为念佛法门最为契机,舍此无他。这些宗派大多没有完全因循汉译印度佛典的思想传统,而是有选择地继承与阐发他们心目中的佛法了义。

天台宗,又称"法华宗"、"止观宗",是最早成立的中国佛教宗派,智顗(538—598)是实际的创宗大师。这个宗派构建了一套以止观双修为中心的佛学体系,即"摩诃止观"或"圆顿止观"。这套具体的禅修实践,可以简化为"一心三观",即在观照当下的一念心时,能同时从空性、假名与中道实相这三个角度去观察一念心及其呈现的一切法:万法都是因缘和合而生,因此是"空";诸法虽空,却有显现的相状,因此有其假名;这些假名虽有,但不离空性,法尔自然,即是中道实相。三谛圆融、一念三千,是天台宗所要证得的最高深的止观境界。天台的止观学说,对于充实与丰富儒家的心性论起了直接的推动作用。唐代士大夫梁肃(753—793)是天台九祖湛然(711—782)的弟子,他把天台的止观实践看成是儒家所说的"穷理尽性",是为了"导万法之理而复于实际"(《天台止观统例》),而佛教的"实际",在他看来,也就是儒家的"性之本"。后来李翱(772—841)援佛入儒,探求儒学的"性命之道",提出"复性说",思想上受到天台止观以及禅宗的影响,认为只要去除迷惑人性的"情",即可恢复人性。

华严宗,又称贤首宗,把《华严经》看作佛说的最高阶段,法藏是实际的创始人。这个宗派构建了一套独特的宇宙观,主张"法界缘起",认为世界上的一切事物互为条件,犹如一滴海水含具百川之味,彼此互相依赖、互相包容、互相融摄,处在无穷无尽、无限复杂的普遍联系之中。六相圆融、十玄无尽,是华严宗用来解释"法界缘起"的两个重要概念。《起信论》认为一切事物都是如来藏的变现,但这不过是"理事无碍法界",现象与本体虽有一体不二的关系,却还有理事、体用的分别。只有认识到一切事物各自有体有用,各随因缘而起,又能各守自性,事与事看似互为相对,却又能互为相应,彼此互相交涉,万物相融无碍,这才是最圆满的"事事无碍法界"。这套缘起论,影响了以后宋儒在天理、天道与理气关系等问题上的论述,程颐讲"体用一源、显微无间",朱熹说"理一分殊",都有华严思想的痕迹。

禅宗主张"教外别传,不立文字,直指人心,见性成佛",因此又称"别传宗";它号称直传佛祖的心印,以心传心,因此也称"佛心宗"。禅宗淡化佛经之于解脱的意义,反对盲目的坐禅,是佛教思想史上的一场革命。创始人相传是菩提达摩(约卒于529年),不过,实际的创立者应是六祖慧能(638—713)。慧能之前的禅宗祖师,史称"楞伽师",崇奉四卷本《楞伽经》,主张"藉教悟宗"、"守心看净"。从慧能开始,认为"但持《金刚经》一卷,即得见性,直了成佛"(《坛经》),反对拘泥于静坐入定,而"应无所住而生其心"。他说:"佛是自性作,莫向身外求。自性迷,佛即是众生;自性悟,众生即是佛";"顿渐皆立无念为宗、无相为体、无住为本。"(《坛经》)中唐以后,禅宗分化出"五家":沩仰宗、临济宗、云门宗、曹洞宗、法眼宗,临济宗,在宋代又发展出杨岐宗与黄龙宗二支,总称"五家七宗"。晚唐五代,禅门人物最为兴旺。他们演绎慧能的顿悟思想,外离相即禅,内不乱即定,把禅门修行融入日常生活,随缘任运,所谓"平常心是道"。这些祖师在接引学人开悟时,因材施教,或棒喝交施,或机锋话头,甚至呵佛骂祖,不一而足,留下了许多脍炙人口的禅门公案。

禅宗是在中国影响最大的佛教宗派,它的许多理念和行持法门渗透到了中国人的生活方式与思维习惯里。禅宗不仅对中国的文学艺术、士大夫的审美情趣影响深远,而且还激发了宋明心学的产生与发展。陆九渊讲"心即理",称"心"为"本心",王阳明讲"良知"是心之"灵明",他们的心学思想,很明显是受了禅宗的启发。禅宗还对两宋、金元的道教影响甚巨,特别是金丹派南宗、全真道主张明心见性、性命双修,酷似禅宗。譬如,张伯端(984—1082)的内丹学以禅道双融、三教归一为其特色;全真教以三教合一为其宗旨,认为人人皆可成仙证真,以明心见性为修炼首务。

净土宗主张念佛往生,创立的时间颇难确定,通常认为成立于唐代的道绰(562—645)和善导(613—681)。他们承继北魏昙鸾(476—542)的净土思想,尊崇《无量寿经》、《观无量寿经》与《阿弥陀经》,即"净土三经",认为在末法时代,众生要依靠阿弥陀佛的他力救助才能往生西方极乐世界,念佛往生是众生得救的便捷法门。这种简便易行的念佛法门,备受民间欢迎。不过,该宗的哲学色彩较淡,本书不列专节介绍。

三论、唯识、律宗、密宗,虽没有上述四宗那样富有创造力,但在佛教史上也曾颇有声势。三论宗发挥三论的中观思想,实际上是东晋以来般若学研究的延续和总结,吉藏(549—623)则是集大成者。该宗采用"破而不立"、"归于无得"的方法批判一切,破邪显正,不留任何的执着。三论宗在唐代贞观(627—649)以后逐渐衰弱。这一宗派哲学思想相当丰富,但历史较短,本书不再另列专节介绍。唯识宗由玄奘及其弟子窥基(632—682)创立,提出"唯识无境",认为一切外部事物都是由阿赖耶识变现出来的假相。该宗由窥基发扬光大以后,在唐代活跃亦不过数十年光景,此后长期不受重视,明末清初则因西学、耶教的传入而有过短暂的复兴。到了近现代,则因西学的刺激以及唐代唯识典籍在日本的再现,唯识学引发了持续的研究热潮,以民国年间的支那内学院、三时学会最具代表,现在则以西方的现象学与佛教的唯识学进行比较研究,颇受学人关注。该宗具有丰富的哲学思想,名相复杂,本书列出专节略加介绍。戒律是佛教的根本,戒住则法住,律宗研究传授小乘各部戒律,纲纪僧团,尤以道宣(596—667)创立的南山宗最为著名。密宗认为依靠结手印、念咒、观想等"三密相应"的方法,可以即身成佛。唐玄宗开元年间(713—741),印度密教的根本经典得以系统翻译,不空(705—774)等人创立了汉地自成一体的密宗。但该宗仪轨或与中国的儒家伦理相悖,北宋以后渐趋衰微。元明时期,密宗在蒙藏地区发展很快。至近现代,汉地佛教界"修密"之风复起。

宋元明清的汉地佛教,简单地说,是禅净的天下。宋代以后,净土思想因其简便易行而最为流行,乃至乡野村夫见面皆称"阿弥陀佛"。念佛成了诸宗共修的方便法门,禅宗提倡"禅净双修",天台宗则称"台净合一"。诸宗之中又以禅宗最为兴盛,它在宋代还有显著的思想变化。圆悟克勤(1069—1135)编成《碧岩录》,发展出"文字禅",即在文字上解读禅门公案。但这种做法有悖于禅宗"不立文字"的精神,所以,大慧宗杲(1089—1163)转而提倡"看话禅",撷取公案里的某些语句作为"话头"(即题目)来参究;宏智正觉(1091—1157)则主张"默照禅",提倡坐禅默照。到了南宋末年,禅宗也只剩下临济宗与曹洞宗两支法脉,而以临济势力最盛。其他诸宗,以台贤两家为代表,渐渐发展出融会各家的风气,近现代甚至有了"八宗共扬"的理论主张,宗派的特色不断减弱。

佛教发展到这一地步，它与中国社会思想文化的关系已近乎水乳交融。在庶民百姓中间，佛教首先是一种能够支配或改变他们生活的信仰方式，遍及到社会生活的方方面面，有所谓"庶民佛教"或"民俗佛教"。而在知识精英里面，佛教的思想也已融入儒道两家。

唐代道教的重玄学是援佛入道的重要表现。隋唐道书以"重玄"指《老子》的"玄之又玄"，成玄英（约 601—690）等重玄家，吸收佛教中观学的思想方法，释"玄"为遣除"滞着"，前"玄"遣除有、无之滞着，后"玄"遣除"不滞之滞"，两重遣滞，故名"重玄"。他们还借鉴佛教的"佛性"论，盛谈"道性"问题。宋明道学虽以辟佛为目的，但其内涵却是长期儒佛会通的结果。像周敦颐、张载等道学家，大多有过出入佛老的经历，言行之间浸透着佛教的影响，借用佛家的理论构建新儒学的心性论、工夫论。儒释道三家的互动，促进了三教的合流。佛门大德一方面辩称佛教出世的优越性，一方面力主三教一致。宗密（780—841）说："孔、老、释迦皆是至圣，随时应物，设教殊途。内外相资，共利群庶。"（《原人论》）儒家治世、道家治身、佛家治心，南宋孝宗（1163—1189 年在位）的这番总结，成为三教相资互用的基本论调。到了明代，社会人心早已认同三教合一，佛教就完全变成了中国人心目中属于自己的宗教。

佛教的本土化、内在化，同时意味着，佛教哲学成了中国哲学的重要组成部分，既受中国本土思想的影响，同时也是中国哲学发展的思想源泉之一。佛教特别是隋唐佛教哲学对中国哲学的贡献，首先集中表现为，各个宗派为中国哲学提供了许多独具特色的思想体系。特别是佛教心性论，既是佛教与儒道两家的理论契合点，也是儒道两家哲学发展的理论刺激。此外像佛教的宇宙论、实践论、生命观、伦理观等，也都丰富了中国本土的哲学思想。

其次，佛教的这种贡献，还有两个方面的表现：一是佛教提供了不同于传统中国哲学的思维方式，即不落两边的否定性的中道"空"观。传统哲学讲"执两用中"，这是肯定性的思维，但像禅宗讲"说似一物即不中"，那就不能有所肯定，却又能空灵不昧；二是佛教名相充实了中国哲学的概念术语，时至今日，西方哲学的术语翻译仍在借鉴传统的佛教名相。

第一章 汉魏两晋南北朝佛教哲学

佛教起源于印度,创始人释迦牟尼佛原是位王太子,因见于人对生老病死的无奈,为求解脱之道,放弃了王位继承权,出家修行。佛得道后,随类摄众,接纳弟子,创立教团,宣扬教理。佛在长期的说法传教过程中,建立起完整的教义和教规,以后又经弟子们的不断演述、阐发,经历原始佛教、部派佛教、大乘佛教和(大乘)密教等阶段的变化发展,最终形成了一套体系庞大独特的宗教理论。

佛陀时代(大体相当于孔子时代)及而后的二三百年,佛教的传布范围基本不出印度。至阿育王时期(相当于我国战国末期),实行佛教治国政策,并派遣僧徒,出使四方,积极向外传播佛教文化,佛教始真正走出印度。传入我国汉地以后,历经汉魏两晋南北朝约600年时间的传播与融合,佛教终于能在中国社会生根发展,并为隋唐佛教哲学的全面繁荣奠定了扎实的基础。

第一节 佛教的初传

佛教传入汉地的确切年代,向无定说。最早的有周世已有佛法说,在《广弘明集》中,佛家根据《列子》中孔子"西方有圣者焉"一语,认定孔子已知西方有佛。不过,诸如此类的说法,在学界往往被视为无稽、附会。《魏书·释老志》说汉武帝开通西域,张骞出使还,知西方有国名"天竺"(古印度名),"始闻浮屠(佛陀古译名)之教";又载哀帝时"博士弟子秦景宪受大月氏王使伊存口授浮图经"。但即使如此,由于当时中印交通不发达,佛教传至中国,尤其是汉地,其规模一定有限,当然也谈不上什么影响。学界一般以汉明帝永平初年遣使往西域求法一事为佛教入华的标志。

一、佛教依附于神仙道术而行

在有关明帝求法的各类文字中,有些关键词值得重视,可供我们考察那个时代佛教的线索。如《释老志》记载,明帝所梦见者"项(一作"顶")有白光,飞行殿庭",《四十二章经序》、《理惑论》诸本都有类似的句子;《理惑论》等还有明帝问"此为何神",答曰"得道者"这样的话。身放光、能飞行、神、得道者,这一组词勾勒出了佛的形象与特征。显然,这反映了当时人对佛教的认识。而佛教的传入与初步发展,与这个时期世人对神异奇迹抱有特别的热情有关。如果再结合《后汉书》、《三国志》等史籍的相关记载,即可得出如下印象:

1. 汉魏时期佛教在中国的影响不大,"百姓稍有奉佛者"(《后汉书·西域传》);汉末,因在上层社会出现奉佛(非信佛)者,遂进一步推动民间与佛教的接触。

2. 汉魏时人对佛教甚少认识,在时人眼里,佛教大致如东汉王充在《论衡》中所揭示的,"世信祭祀"(《论死篇》),"信有其神为祸福矣"(《祭意篇》),属鬼神报应之类,与神仙道术似无异。

3. 汉魏时人对佛教的态度也不纯粹;因佛教还不具备足以独立的条件,故不得已也只能依附于当时盛行的神仙道术,借此得以流传。

以上特点,大致延续至两晋之际,尤其是后两条,对早期中国佛教的走向影响甚大。既然汉魏时期的佛教不能以独立的形态行世,它就不太可能以自己特有的思想示人,而客观上当时传入之佛典也少,社会上对佛法理义的了解几乎空白,故无佛教哲学可谈。对此,我们可以早期的汉译佛典《四十二章经》和被视为中国最早的佛学著作《理惑论》的有关内容,(关于《四十二章经》和《理惑论》的成书年代,向有不同的看法,但无论如何,我们还是认为两书还是具有早期中国佛教的特征。)及从早期来华僧人的行迹中得到印证。

佛教的最高境界是涅槃。涅槃的意思是远离一切生死烦恼,自在解脱。佛教认为,众生之所以受生死轮回之苦,根本在于迷于生死假象,不明因果之理;如果众生能依佛法之理修行实践,坚持不懈,最终必将参破生死,获大智慧,彻底觉悟。"佛陀"的意思就是大彻大悟者。阿罗汉是依佛修行的得道者,同样达到了断尽一切烦恼,离生死,超轮回,觉悟解脱的境界。然而《四十二章经》介绍阿罗汉时说他"能飞行变化,旷劫寿命,住动天地",其特征与仙道者似无不同。在《理惑论》中,佛被描述为是一个神通广大、变化莫测的"道德之元祖",形象更加神奇:

> 佛之言觉也,恍惚变化,分身散体,或存或亡,能小能大,能圆能方,能老能少,能隐能彰,蹈火不烧,履刃不伤,在污不染,在祸无殃,欲行则飞,坐则扬光,故号为佛也。

应该说,如站在佛教的立场看,佛所具有这些神通,并非是牟子生造胡编、虚张声势。佛经(尤其是大乘类经典)中,佛菩萨的神通力,相比牟子所描绘的,实有过之而无不及。问题的关键是两者的侧重点不同,语境不同。

神通之于佛教,不像有的宗教那样具有根本性、结构性的意义。一般而言,佛教所讲的神通有"五通"与"六通"之分。五通是神足通、天眼通、天耳通、他心通和宿命通五种。佛教认为,这些神通凡夫也可通过修习达到,是外道和佛教共有的。六通即是五通再加无漏通。无漏通也叫漏尽通,意指断尽一切烦恼惑业,亲证菩提智慧。这才是"圣者"(佛、菩萨、罗汉)所特有的境界。佛教认为,前五通不能解决根本的生死问题,如没有第六通,最终也将得而复失。所以在佛教看来,神通只是小道,只是方便,没什么了不起。对于生命的解脱来说,神通运用得好,固然能成为修道弘法的助缘,但它不是根本,不是究竟,无法改变生死的根本和业报的性质。如唯以神通为务,滥用神通,张扬神通,则是本末倒置,甚至有可能"走火入魔",使神通成为一种"道障"。可见,像牟子这样一位信佛者,如此着意渲染佛陀的"神性",或许有出于某种宣教效果的考虑,但这毕竟与佛教根本精神是不合拍的。然而,这里所反映的问题不在于牟子究竟对佛教是否有准确的理解,它告诉我们的主要是,佛教当时所处的是怎样一个时代。如果再征之于僧史,则可对那个时期佛教的处境有更清晰的感性的了解。

据慧皎《高僧传》载,被视为第一个来华僧人的摄摩腾,善解大小乘经,常以"游化为任"、"誓志弘通",但当他"不惮疲苦,冒涉流沙",来到"大法初传"的汉地,却并没有像在他处弘法时那样效果明显,"由是显达"。在洛阳,汉明帝虽以礼相待,特"立精舍以处之",但时人对他感到陌生,更不了解他所带来的是一种什么文化,故"未有归信"者。他也只得"蕴其深解,无所宣述",冷落、寂寞,乃至遗憾"因缘未熟",无可奈何(参见《高僧传》本传)。

与摄摩腾不同,"明解三藏,博览六经,天文图纬,多所综涉"的三国僧人康僧会(约3世纪),当他杖锡东游,来到"初染大法,风化未全"的江东,深知要获信于人,必须"垂神迹"、"示威灵",才能成功。果不其然,康僧会施法术,显灵验,终于使吴主孙权惊叹信服,并为建塔,"由是江左大法遂兴"(参见《高僧传》本传)。

这种情形,在过了半个多世纪的北方,依然如此。此可以来华僧人佛图澄(232—248)的弘法故事为典型(参见《高僧传》本传)。至佛图澄的弟子道安(312,一说314—385)时,佛教行世方式始有改变。史载,道安行道,"无变化技术可以惑常人之耳目,无重大威势可以整群小之参差",唯以道德学问、人格修为摄众化俗(参见《高僧传》本传)。中国佛教发展至此,风气有了明显的转向。

二、佛经翻译对佛教传播的推动

佛教是一个教义完备、理论丰富的宗教,三藏经典浩如烟海。中国佛教的发展,与佛教的翻译事业密切相关。

佛经翻译的最早年代已无从稽考,据《三国志·魏志·东夷传》裴注引鱼豢《魏略·西戎传》,在西汉哀帝时,"博士弟子景庐受大月氏王使伊存口授浮屠经"。(《释老志》也有类似记载)而通常以汉明帝时传译的《四十二章经》为最早的中译佛经。不过,严格意义上的佛教翻译事业,应该始于东汉末,其代表人物是安世高(约2世纪)与支娄迦谶(支谶,约2世纪)。

安世高原为西域安息国王太子，后出家修道，于汉桓帝建和年间（147—149）来到洛阳，不久即学会了汉语，开始译经工作。安世高所译以小乘类经典为主，而以"禅数最悉"（道安《安般注序》）。禅是定学，是一种佛教实践的方法，被视为"趣道之要经"（同上）。"数"是慧学，偏于理论。安世高介绍的"禅"主要讲如何调控气息的出入，摄心守意，专注一境等禅观功夫，这些被佛教视为通向解脱的实践法门，与当时流行的道教吐纳修炼之术极为相近。至于那些慧学类经典，主要介绍佛教四谛、五蕴（五阴）、八正道、十二因缘、十八界等基本理论，属于佛教（学）的基础理论。可见，安世高的译经工作，具有基础性、适应性和开创性的意义。

稍后于安世高来华的支谶（月氏人），他所翻译的主要属大乘经典，其中不少译籍对以后中国佛教的发展影响很大。如《般舟三昧经》推崇大乘禅观，宣扬阿弥陀佛和西方净土的殊胜性，对后来净土思想的流传具有非常重要的意义。《首楞严经》也提倡大乘禅观，中唐以后，此经备受禅讲之士的推崇；经中所说真心常住、性体本净的思想，与天台、华严和禅等佛教宗派的教义多有相契，因而受到各宗学者的重视。尤其值得一提的是《道行般若经》，此经是《大般若经》的别行本，系《般若经》的第一译。般若学主要阐述佛教缘起性空的思想，是大乘佛学的理论基础，此经的传入，揭开了般若学在中国发展的序幕。

翻译是一项以符号转换为手段、意义再生为任务的跨文化交流活动，它不仅仅是一种文化的传播，还是一种文化的阐释。译者在译经过程中，难免会带着他自己对文本的理解、诠释，而这种理解、诠释，又必然受到其所处文化环境的制约。在支谶、安世高的译本中，我们可以明显地看出道家、道教思想对早期中国佛教的影响。如《安般守意经》中出现的"清净"、"无为"概念无疑出自老子，"守意"、"数息"则与道教的"守一"和吐纳术有一定的关联；《道行般若经》将"波罗密行"译为"道行"，"如性"译成"本无"等。这类译词的选择，虽不能肯定是全出于译者对道家、道教思想的有意迎合，但如果是一种不自觉的选择，则更反映出时代文化的强势。然而，对中国哲学史而言，问题的关键还不在于此。

宗教虽然重在实践，但对于理论思辨色彩很浓的佛教来说，从哲学的角度切入，无疑也是认识理解佛教的一个途径和方向。因此，文本的作用显然特别重要。对佛教发展而言，早期佛经翻译这种大量援用道家概念的现象，无论是有意或无意的迎合，还是一种权宜的适应，客观上在以后很长的一段时间内，影响了国人对佛教的理解，对中国佛教性格的形成，具有某种示范性、根源性的作用。

当然，佛经翻译者与佛教传播的受众对象毕竟都是以佛教徒为主，译经的目的在于介绍佛菩萨的言教，所以，译经的基本要求首先是"因本顺旨"、"敬顺圣意"（道安《道行经序》）。早期佛教翻译中在选词上所存在的那种方便适应，无疑有碍于读者对佛教的正确理解。至东晋道安、鸠摩罗什（343—413）时代，佛教界对前期佛经翻译工作予以了总结与反思，对译经的选题也更全面、系统，佛教翻译事业上了一个新台阶。道安是东晋初佛教领袖，他晚年在当时中国北方佛教中心的长安，领导了几千人的大道场。道安本人虽不懂梵文，但见多识广，佛学底子深厚，又具有很高的管理领导才能，以个人的道德学问、人格力量，感召"四方之士，竞往师之"（《高僧传·道安传》）；他积极组织译经事业，不但总结出一套对后世影响很大的翻译理论，为中国佛教翻译事业打下了理论基础，还通过对同本异译的考校比勘，注释经文，第一次编撰《综理众经目录》，为佛学研究做好了必要的文献目录学的准备工作。鸠摩罗什在姚秦弘始三年（401）被迎请入关。第二年，鸠摩罗什应姚兴之请，在长安逍遥园西明阁建立译场，专事译经，时在长安附近的义学僧人有八百余人参与译事。译场的功能相当广泛，除译经外，还进行讲经说法、研究参习及学术交流等活动。鸠摩罗什在译经之余，也经常演释法义，接引大众。不少魏晋僧人往往通过参与译经活动而获取佛学知识，受到专业训练而得到提高。鸠摩罗什门下人才济济，据说有三千弟子，突出者有僧叡、僧肇、道生等，他们在中国佛教史上享有重要的地位，对中国佛教哲学的贡献也十分突出。

译经事业对中国佛教发展的又一大贡献，就是在译经工作开展的同时，出现了大量佛教义学僧。最早印度佛教的经文是以口耳相传的形式流传于世的，《分别功德论》言："法显本求戒律，而北天竺诸国，皆师徒口传，无本可写。"早期汉译佛经往往是多人合作的成果，译经时一般先由一人背诵经文，一人口译成汉语,这叫"传言"或"度语",另一人或数人记录成文,这叫"笔受"。以后,译经制度越来越严密,分工也更细,又有证义、润文、校对等出现。同时,主译者在译经过程中还经常讲经说法,阐发义理。译经构成魏晋佛教的主体,魏晋僧人也以参与译经活动作为学佛的主要途径。梁慧皎《高僧传》将"译经"置于"十科"之首,也反映了译经在该时代佛教中所处的主导地位。总之,译经既为中国佛教提供了极其充分的可供研习的文本,又聚集并培养造就了大量的佛学人才。

第二节 早期中国佛教哲学

佛教传入中国,首先要解决的问题是如何与中国固有文化相适应,在与中国社会取得协调的基础上取得生存,并进一步的发展。这种适应与协调是多层面、多方位的,也非一蹴而就。佛教最终之能成为中国传统文化三大组成部分之一,有一个极其漫长的过程;而在这漫漫旅程中,佛教所做的努力也是多层面、多方位的;不过,其中最具有本质意义及指导性同时也是最艰巨的工作,当属理论的探索与哲学的建构。这种努力,早期可以牟子《理惑论》为典型。

《理惑论》成书年代在后汉末至三国期间。此时佛教传入不久,经典不多,汉地人士对佛教的认识相当模糊,从哲学的角度看,《理惑论》所反映的问题大多是浅层次的;而站在佛教的立场,其中不少观点也不够纯粹。虽然,《理惑论》的作者所讨论的主要是宗教问题,而非真正的哲学问题,如作者不惜笔墨对释迦牟尼佛"神异性"的描绘,只从现象上对佛、道两教优劣的比较分析,而几乎没有在教理上对之进行论证,等等。但作者的致思理路,尤其是以儒、道思想来说明佛教的合理性,强调儒、道(尤其是道家)两家与佛教的共通性,乃至一致性,无疑开了"三教合一"论的先河。中国佛教哲学的形成与发展,自始至终有着一个诸如援道入佛、援玄入佛、援儒入佛的过程,而从这个意义上讲,《理惑论》这种论理方法,即使其本身不是哲学性的,但仍不失为一种典范。稍后,如三国孙吴时期的康僧会,以儒家的伦理观念来比附、阐发佛教的六度思想,将"五常"比配佛教的"五戒",乃至再后的"格义"佛教及"六家七宗"的般若学理论等,皆可视为这样一种范式的逻辑发展。不同的是,像"格义"佛教,尤其是"六家七宗"的般若学派,其论题内容大多不出哲学的范域,即在形态上已经哲学化罢了。

从两汉至两晋,佛教在中国的流传虽已历经数百年,但有关佛学的研究和阐发却始终很弱,其中的原因很多,而很重要的一条乃是印度佛教与中国传统文化之间的一种隔阂。这种隔阂,一开始的表现大多是非哲理性的,就像《理惑论》所反映的那样。但随着佛教在中国不断的发展及佛经的大量传入,汉人已经不满足于对佛教作一般的浅层次的了解。然而,面对印度佛教极其丰富而又深奥的教理,汉人在理解与把握上感到困难重重。佛教的性质、思想,乃至许多概念术语,对大多数人来说都十分陌生,这就必然在文化接受、认识与传递上发生障碍,严重影响了佛教的传播与进一步发展。这个问题被当时的僧人视为弘法的瓶颈,成为一大难题。

对此,两晋之际的佛学人士有过不少相应的针对性努力,以下几则属比较典型的事例:

(1) "(罗什)手执胡经,口译秦语,曲从方言,而趣不乖本。"(《祐录》卷八慧观《法华宗要序》)

(2) "昔竺法护出《正法华经·受决品》云:'天见人,人见天。'什译经至此,乃言:'此语与西域义同,但在言过实。'叡曰:'将非人天交接,两得相见。'什喜曰:'实然。'"(《高僧传·慧叡传》)

(3) "肇便著《般若无知论》,凡二千余言,竟以呈什,什读之称善。乃谓肇曰:'吾解不谢子,辞当相挹。'"(《高僧传·僧肇传》)

(4) 慧远讲经,"尝有客听讲,难实相义,往复移动,弥增疑昧。远乃引《庄子》义为连类,于是惑者晓然。"(《高僧传·慧远传》)

以上(1)至(3)则,皆与译经大师鸠摩罗什有关。显然,在职志于佛教弘通的罗什看来,选用适当的语言表达佛法的义理,对于佛教的传播是至关重要的。至于第(4)则故事,无疑已带有哲学性质,属于更高层次的理论问题。尤需注意的是,这四则故事所涉及的,皆为中国佛教哲学史上重要之人物,且又同处于一个时代,此中似乎透出了经过长期的摸索、酝酿,中国佛教哲学的成熟即将到来的消息。

一、"格义"佛教

对哲学理论的探究,不是一般的语言问题所能解决的。思想上的隔阂,固然首先是表现在语言交流上的困难,而对哲学而言,则无疑是以对概念的陌生为第一障碍。流行于两晋之际的"格义"佛教,就是一部分义学僧人为消解这种隔阂所作努力的产物。

"格义"一词从本义上讲,原是"扞格"于义理的意思。僧祐在《出三藏记集》中指出:"自大法东被,始于汉明,历涉魏晋,经论渐多,而支、竺所出,多滞文格义。"这里的"格义"显指一种在表达上过于生硬、有欠通达的现象,是早期来华的异域僧人因学养上所存在的不足,而出现在经译文本上的欠缺。而中国佛教哲学史上的"格义"佛教,却是早期一些义学僧人为传扬佛教的方便而自觉努力的产物。由于两晋时期学术界老庄思想的盛行,且佛教哲学与老庄哲学有许多相通相似处,当时的不少僧人精于老庄之学,如史载慧远"博综六经,尤善庄老"(《高僧传·慧远传》);支遁精通玄理,其注《庄子·逍遥》篇"标揭新理",令"群儒旧学莫不叹伏"(参见《高僧传·支遁传》),如此等等。所以,为了佛教传播上的方便,当时的义学僧人大多喜欢援用老庄的思想来说明佛理,或以道家的哲学概念为佛教术语下注。此即"格义"佛教兴起之由。

"格义"佛教的特点是,用中国原有的学术思想去比拟配说佛经,递互解说,以使人易于理解佛教义理,其比较典型且使用较多的是将中国原有的名词、概念,特别是老庄哲学的名词、概念去比附、注释佛教的名相。它的代表人物是东晋初的竺法雅。竺法雅与道安同学于佛图澄,史称他"少善外学,长通佛义。衣冠仕子,咸附谘禀"(《高僧传·竺法雅传》),是一位内外皆通、为世人所尊重的义学僧人。作为一个"凝正有器度"(同上)的高僧,竺法雅之行"格义"法,并非只是附和当时流行的玄风,为赶时髦而已。史载:"时依雅门徒,并世典有功,未善佛理。雅乃与康法朗等,以经中事数拟配外书,为生解之例,谓之格义。"(同上)"格义"方法的运用,是那些学通中印的义学僧人，因见于汉地一般学佛者对佛教理解的困难，在讲经时特借时人比较熟悉的概念加以解说，意在消解学人对外来的佛教的某种隔阂感。显然，"格义"佛教的出现，乃是一种传播方法，是教界中一些有学养的高僧所行的弘法传教的方便法门。而类似于此特点的弘法手段，在竺法雅之前或之后的佛教人士都曾实践过，如前述的牟子、康僧会和慧远等。

"格义"佛教的出现，在中国早期佛教史上，有它的合理性与必然性。作为一种方法学上的"格义"佛教，在佛教传入中国不久就已经出现。道安的学生慧叡（一说僧叡）在《喻疑》中指出："汉末魏初，广陵、彭城二相出家，并能任持大照，寻味之贤，始有讲次。而恢之以格义，迂之以配说。"（僧祐《出三藏记集》卷五）"格义"与"讲次"（讲经）有关。最早的佛经翻译，必须要有"讲次"这一环。听讲者一般都是参与译事者，然他们虽对佛学有一定的造诣，但终究有限，讲者以"格义配说"，便于听者生解，也是当然之理。有译经而设有讲次，因讲次则有格义，"格义"佛教可以说是源远流长。又，道安对"格义"佛教有过严厉的批评，反对在讲经时与"俗书"并用。而与道安同时代的僧光却对道安否定"格义"的态度表示不满，提醒道安说："何容是非先达！"（《高僧传·僧光传》）道安也说过："先旧格义，于理多违。"（同上）说明行"格义"法者并非法雅一家，或许法雅对旧"格义"法有所改造，用一种新"格义"法，取代了旧的"格义"法。

那么，新"格义"法与旧"格义"法的区别主要在哪里呢？这方面的资料虽然缺乏，但从留存的零星记载中可以推测大概。慧叡《喻疑》一文论到"格义"时这样说："始有讲次以来，下至法祖、孟祥、康会之徒，撰集诸经，宣扬幽旨，粗得充允，视听暨今。"而僧叡《毗摩罗诘提经义疏序》中批评"格义"是"迂而乖本"（《出三藏记集》卷八）。"格义"之被视为迂违，主要是它机械地援用"俗书"，逐条拟配立例以解佛理，道安《道行经序》说："然凡谕之者，考文以征其理者，昏其趣者也；察句以验其义者，昏其旨者也。何则？考文则异同每为辞，寻句则触类每为旨；为辞则丧其卒成之致，为旨则忽其始拟之义矣。"（《出三藏记集》卷七）由于"格义"专在文字章句上着眼，容易把佛教的整体思想搞得僵化，或支离蔓芜；其比配生解，自难免会流于断章取义、牵强附会。道安所批评的可能与僧叡为同一对象，即行旧"格义"法者，而非竺法雅。而《高僧传·竺法雅传》有这样一段话："雅风采洒落,善于机枢。外典佛经,递互解说。与道安、法汰每披释凑疑,共尽经要。"显然,道安所批评的绝不会是与他一起"披释凑疑,共尽经要"的同道。

竺法雅"格义"佛教的特点,是"以经中事数拟配外书"。在当时,"事数"乃是一般研读佛经者所遭遇的第一个障碍。《世说新语·文学篇》载:"殷中军被废,徒东阳,大读佛经,皆精解。惟至事数处不解。"殷中军即东晋名士殷浩,史称他"善玄言",好《老》、《易》,晚好佛理(见《晋书·殷浩传》)。殷浩能"精解"佛经,却在"事数"上遇到障碍。所谓"事数",梁刘孝标在注中解释:"事数,谓若五阴、十二入、四谛、十二因、五根、五力、七觉之属。"这些都是佛教的名相法数,即佛教专用名词,是佛学研究的基础。竺法雅以"事数"作为"格义"的重点,确立明确的研究对象和方向,表现出一种研究理论和方法上的自觉。当然,竺法雅的"格义"佛教,同样也有将"外典"与佛经相配合来阐发义理的。另外,慧远援用《庄子》义解佛教实相义,并得到其师道安的首肯。诸如此类,说明"格义"佛教的形式多样,在魏晋时期流行较广。僧叡在《毗摩罗诘提经义疏序》将"格义"佛教与"六家"、"性空"这些当时几大佛教学派同列,也反映了其在早期中国佛教哲学史上的地位。

全面评判"格义"佛教在中国佛哲学史上的影响和地位,主要有这样三个方面:首先,佛教传入之初,在世人对佛教还比较陌生,表示怀疑、不解,甚至抱有排斥的态度时,"格义"对消解世人的心理障碍,打破文化交流上的隔阂,"宣扬幽旨",引发世人对佛学研究的兴趣,无疑有积极的意义。

其次,"格义"佛教在对佛玄合流和般若学思潮的兴起,具有很大的作用。根据现代学者陈寅恪的考证,"格义"学对道安、法汰的本无宗和支愍度的心无义都有相当的关系(参见陈寅恪《支愍度学说考》)。同时,"格义"佛教又为道安以后的佛学者从事佛学研究和传播工作提供了许多经验。

再次,"格义"佛教作为一种具有比较哲学性质的研究方法,一方面促进了传统思想和当时外来佛教思想的会通融合,对魏晋玄学的发展也有很大的影响。它不但为玄学提供了可以资取的养料,其研究范式在当时也属新颖,开拓了一个新的学术天地,从某种程度上讲,以后中国化佛教的出现,即是顺着"格义"的道路而趋于成熟,并走向成功。

总之,"格义"佛教不但具有传播学上的意义,同时还具有方法论上的价值,可以说是中国佛教哲学史上从探索期转向成熟期这一过渡阶段的第一个重要佛学流派。

二、般若学和"六家七宗"

般若学的要旨是通过体认世间诸法的虚幻不实,来引导世人摆脱俗世种种假象的诱惑,出假入真,亲证实相,得到解脱。般若学理论的特点是讲世间万物(诸法)无不藉各种条件的组合(缘合)而成,没有独立的自性,是"性空",世人对存在的认识,只是一种"假名"(概念)而已。般若思想在东汉末传入中国,两晋之际开始盛行,东晋初一度取代玄学,而居于义学中心的地位。

1. 般若思想的兴起

考汉地般若学兴起之因,主要有三个方面:一是自东汉末至东晋年间大量般若类经典的译出,二是两晋时期玄学的风行,三是时代学术的发展需要。

汉地第一部般若经乃支谶所译的《道行般若经》,后由支谶的再传弟子支谦重译该经,名《大明度无极经》。二支的译本因搀杂许多老庄概念,不够精纯,后人多有批评。二支以后,般若经的翻译很受佛教界的重视,其中较有影响的是三国时人朱士行在于阗携还的梵本《大品般若经》,于元康元年(291)由无叉罗、竺叔兰译出,名《放光般若经》;稍后还有竺法护所译的《光赞般若经》。两经在当时佛学界评价很高,很受欢迎。般若经典的一再译出,对于促进般若学的传播和发展具有非常积极的意义;再加上魏晋玄学之促成,使般若学逐渐受到当时整个学术文化界的重视,而成为一时之显学。

魏晋时期,玄学成为学术文化的主流,佛学曾一度与玄学合流,不少僧人通过引玄入佛,以玄释佛的方法,藉以传播佛教。同时,玄学家、清谈家也喜从佛教般若学中汲取养料。一时间,谈空说有成为学人的一种时髦,世人对般若学的兴趣激增。

般若学与玄学之所以能相呼应,在其理论方法和旨趣上有许多相似处。玄学倡"贵无",般若学说"性空",当时的般若学家大多视"性空"与"贵无"为一义。这虽是含混之见,但在方法论上,两家都有极浓的思辨色彩,却又都要努力跳出一种通行的逻辑演绎的思维模式,其所追求的玄远之旨,或般若境界(中道实相),皆超于一般的言说概念;就研究对象而言,玄学的理论核心是本末、体用问题,而般若学所讨论的宇宙实相(性空)与存在现象(假名)两者间的关涉和各自的理境,从哲学角度看,也可视为一种体用关系,同属一种形上学的理论。由于两家所追求的理论旨趣在形式上有相同之处,故而名僧与名士常相往还,谈玄说妙,引经据典,互相标榜。

再就学术自身发展的要求看,何晏、王弼开创的魏晋玄学发展至郭象时已臻顶峰,很难于理论上再有突破。思想领域确须有一种新的刺激,寻求生机,再创活力,般若学正是顺应着这一时代的需求而出现。北周道安在《二教论》中说:"推色至于极微,老氏之所未辨;究生穷于生灭,宣民又所未言。可谓瞻之似尽,察之未极者也。"(《广弘明集》卷八)般若学在理论建构上,比玄学更为精致,更具思辨色彩,内容上也更为丰富,所以也更适合该时代喜究玄远之旨的风尚。而魏晋时代的思想学术界,门户之见不深,不同学派的理论家大多有容纳对方、互相取重的胸襟。又魏晋时期学术思想虽很活跃,但政局不安,社会动荡,人们的心灵深处实有一种难以名状的飘忽而无归宿感。宗教给人生所带来的终极关怀和究竟,正是一般世学所不足,而对人类来说又是不可或缺的。般若学作为一种佛教哲学,自有其玄学所无却为宗教所特有的摄化力和感召力,即能给人以心灵的慰藉和生命的依止感。当时的学人即有从研究老庄转而服膺般若学、皈依佛门的。如佛学大师僧肇,"志好玄微,每以《老》《庄》为心要,尝读老子《道德》章,乃叹曰:'美则美矣,然栖神冥累之方,犹未尽善。'后见旧《维摩经》,欢喜顶受,披寻玩味,乃言始知所归矣"(《高僧传·僧肇传》)。僧肇学术兴趣的转向和投入佛门的抉择,正透露出两晋之间佛学逐渐取代玄学成为时代文化精神核心的消息。

另外,魏晋时期不少以玄理清谈名重一时之士,在为人处世上往往并不与其学问相应,有的甚至完全脱节或矛盾。相比之下,当时那些为世所尊的高僧,学问人品皆标重于世,而能以其超然的道德风范、人格魅力赢得世人的敬重。如东晋佛教领袖道安为人庄重,内典外书无所不通,为当时整个文化学术界的泰斗,后秦苻坚曾赦令,凡"学士内外有疑,皆师于安",时长安一带流传"学不师安,义不中难"之语。东晋名士习凿齿致书谢安,对道安的道德学问赞叹备极。史载道安门下长聚众千百,其中不少人不辞千里前往求学问道,甚至有仅为礼瞻致敬而来者(参见《高僧传》本传)。所谓道由人弘,时人不乏从对高僧的仰慕倾服进而敬信佛教者。所以至六家七宗时代,名僧风范竟能领袖群伦,佛教般若学亦能引领一时代之学术文化。

一个时代,有一个时代的理论问题。时代的理论,当然是关于该时代的基本问题为对象;时代的问题无疑以时代的存在状态、时代存在的价值基础和价值目标为首出。而有关时代问题的理论,则一定要以学术文化为核心,才能得以全面深入地开展,并得到根本有效的解决。在两晋时期,佛理与玄理的结合,既满足了时人对玄理幽致的追求,又能在那个价值无定、人心无向、生命无归的时代里,使人感到有所寄托、有所皈依,使生命得到贞定。正是在这样一个时代的需要和文化背景下,经过了长时期的酝酿,般若学逐渐摆脱了对玄学的依附,终于登上了学术文化舞台的前台,唱上了主角。早期的中国般若学,以"六家七宗"为代表。

2. "六家七宗"——般若学派在"空""有"问题上的阐发

六家七宗是继"格义"佛教后出现的重要佛学流派,是代表当时佛学研究最高水准的学派。这些学派的形成,主要是当时的般若学者在对般若性空学的中心概念"空"义的理解和阐述上发生分歧,而产生学派分化。这些学派的一个共同特点,就是不拘泥于片言只语的经文,立足于各自的体会和认识进行佛教研究,自由阐发,创立新解。

"六家"之名的最早提出者是后秦僧叡。他在《毗摩罗诘提经义序》中有"六家偏而不即"一语,但没有列出六家的具体名称和人物。"六家七宗"一词初见于刘宋昙济的《六家七宗论》(已佚)。其后,梁宝唱在《续法论》中曾引此论,并具体列出六家的名称为:本无、即色、识含、幻化、心无、缘会。又在"本无"中分出"本无异",而成为七宗。以后,陈朝慧达在《肇论序》中也提到"六家七宗",唐元康作《肇论疏》,引昙济《六家七宗论》来解释慧达《肇论序》中提到的"六家七宗"。但由于僧肇在《不真空论》中主要批点了心无、即色、本无三家,因此"慧达序"和"元康疏"只对这三宗有比较详细的介绍,并列出三家的代表人物。隋唐三论宗大师吉藏作《中观论疏》,对六家七宗之人物全部列出。近人汤用彤先生在其名著《汉魏两晋南北朝佛教史》中经过详细考证,对六家七宗的名称及其代表人物重新给予确定,此后,学术界一般都以此为定论。

本无宗是六家中影响最大的一家,代表人物是东晋道安。道安是否属六家中人物,历来有不同的看法,但学界还是以肯定的意见居多。"本无"一词,实系该时代般若学者所通用,一般都以"本无"来表示"性空"这一概念。"无"这一概念,本为道家所常用,通常被视为宇宙万物的根源。如《老子》说:"无名天地之始。"又说:"天下万物生于有,有生于无。"这里的"无",既是万物存在的根源,又有"生生"之功能。佛家说"无",既非简单的否定判断,也不是宇宙生起之源。对此,即使在较早的般若经典的译本中也是十分明确的。如《大明度经》说:"一切皆本无,亦复无本无……是为真本无。"作为一种遮遣词"无",其所用的是双向否定,即超越的否定;或所谓双遮双遣,即破中有立,立中有破。要在不执有无,由假出真。然此"真"也不可以名状,不可以相求。般若学的核心即在于此。

有关道安"本无"的思想,现缺乏原始的资料。后人所根据的,主要是吉藏的《中观论疏》和宝唱的《名僧传抄·昙济传》中引昙济《六家七宗》的相关内容,又僧肇《不真空论》对本无宗也有评述。《中观论疏》说:"释道安明本无义,谓无在万化之前,空为众形之始。夫人之所滞,滞在末有。若宅心本无,则异想便息。"昙济《六家七宗》中所述也大致如此。道安之"本无"义强调"无在万化之先,空为众形之始",此与《老子》"无"的概念同为一理,都是把"无"视为宇宙的本体,万物的起源。般若性空学说的"空"、"无",乃是一存在的状态,是谓宇宙之实相,万物之如。如者,如其本然也。意谓存在世界即是"如是"地存在着,它既不是某种具体的实存物(实有体),也非能生起宇宙方法的根源(创生体)。世间之存在,皆是假相;实相无相,若求其本体,了不可得。故若以"无"为"本",则又成一执。执着于"无",无异就是把"无"视为一种特殊的"实有体"。《不真空论》所破的也正是这一点。

然而根据吉藏《中观论疏》的记载,道安的本无义还有一层含义:"安公明本无者,一切诸法,本性空寂,故云本。"此从存在的形式和特性上对"本无"的说明,无疑为典型的般若思辨方式。吉藏认为此说"与方等经论,什、肇山门义无异也",这个论断应该说是正确的。因此似可以推断,道安的般若学思想有一个发展过程,而以"一切诸法,本性空寂"来阐释"本无"义,是道安对般若比较成熟的认识。

心无宗的创立者是支愍度(生卒年不详)。支愍度成名很早,在西晋惠帝时已有相当的影响,其时他主要是在北方活动。东晋成帝年间,支愍度往江东传道,其心无义的创立即在过江之前。《世说新语·假谲篇》载:"愍度道人欲过江,与一伧道人为侣。谋曰:'用旧义往江东,恐不办得食。'便共立心无义。"支愍度是位名士型的学僧,他对内典外学均有相当的修养。显然,他在立心无义之前,曾对"旧义"作过一番研究,并对江东的学术风气也曾予以分析,认为"旧义"不宜在江东传道(办食),因缘不契。从动机上看,心无义的创立,主要是为了适应某种时代的特点,以方便传道活动而已。

刘孝标在《假谲篇》注中说:"旧义者曰:'种智是有,而能圆照。然则万累斯尽,谓之空无;常住不变,谓之妙有。'而心无义者曰:'种智之体,豁如太虚。虚而能知,无而能应,居宗至极,其唯无乎!'""旧义"认为,一切种智,常住不变,能圆照一切,故而是有。支愍度则主张心体(种智之体)犹如太虚,唯其虚无,始能应接万物,照知一切。《老子》说:"天地之间犹橐籥乎?虚而不屈,动而愈出。"《易·系辞上》说:"易无思也,无为也,寂然不动,感而遂通天下之故,非天下之至神,其孰能与于此。"可见,心无义似与《老子》、《易·系辞》之旨相若,也像格义佛教一样,是一种比附内典外书的学说,而非般若学之正宗(参阅陈寅恪《支愍度学说考》)。

关于心无义的文献资料,除《世说》及注中所记载的这些外,另有僧肇《不真空论》所保存的"心无者,无心于万物,万物未尝无"这句话。元康《肇论疏》和吉藏《中观论疏》将这句话总结为:一、不空境色;二、空心。元康释"万物未尝无"一语说:"然物是有,不曾无也。"吉藏说:"不空外物,即外物之境不空。"元康释"无心于万物"一语说:"但于物上不执心,故言其空。"吉藏则说:"其意谓经中说诸法空者,欲令心体虚妄不执,故言无耳。"认为心无义的特点是空心(心不执物)不空色;对于"空"而言,关键不在于"色"之有无,但人在主观上却不能有所执着,其理论的重心落在心体上。"无心于万物",就是不起执心;尽累谓之空,心体"豁如太虚",则"虚而能知,无而能应"。心无义不取旧义"种智是有",对于"万累斯尽,谓之空无"却依然保留。这就是说,与通常的佛教学者不同,心无宗只讲"空心",却不论"色空"。虽然佛教强调"无执"本身就是对"心"而言,但这在逻辑上并不等于承认"色"为"实有",恰恰相反,正因为"色"为"假有",学佛者只要起般若之智,如实观照存在之真相,就必然"不执"。虽然我们从现有的资料中很难确定心无宗是否有过"万物未尝无"的论点,但其空"心"不空"色"的致思理路,确实有可能为"色"留出"有"的空间。所以僧肇在《不真空论》中对其批评道:"此得在于神静,失在于物虚。"元康批评心无义之失是"不知物性是空",都是以般若学理论为根据的。而支愍度既然视物性不空,其在哲学上要追求的最高境界——无,则必然只能落在"心体"上了,从哲学上讲,也是能自圆的。心无义在佛学界一度曾很有影响,后在法汰、慧远等高僧的数番论战责难之下,终于偃旗息鼓了(参见《高僧传·竺法汰传》)。

即色宗的代表人物是支道林(314—366),即支遁,他曾作有《即色游玄论》、《释即色本无义》,均已失传。现存有关即色义的直接材料,是《世说新语·文学篇》注引支道林《妙观章》里的一句话,安澄《中论疏记》也录有《即色游玄论》中的一句话。僧肇对即色义的评析,及隋唐学僧所作的有关疏记中,也提供了一些间接资料。另现存的支道林《大小品对比要钞序》一文也贯穿着即色义的思想。

支道林《妙观章》言:"夫色之性也,不自有色。色不自有,虽色而空。故曰:'色即是空,色复异空。'"在《即色游玄论》中,支道林也有类似的话语。支道林认为,物质现象(色)没有独立的本质特性,没有自体,其性是空,此因"色不自有(色)"故,所以说"虽色而空"、"色即是空"。根据吉藏的分析,此义与道安的本无义无别,并认为僧肇《不真空论》所破的非支遁之即色义,乃另有一家"关内即色义"(参见《中观疏论》)。道安与道林同以因缘生法而释空,从哲学上讲,在方法论上固然有一致之处,然本无义偏于形上层面,往往易与"末有"脱节而落"空",而道林却偏重现象的分析,落于形而下而不易超越。立足点的不同,往往会导致完全不同的结果,故不能说无异。至于说僧肇所破的非支遁的即色义,似也有误。

根据般若性空学的理论,性空之体存在于无有自性的现象之中,无有自性的现象其本体即是性空,两者相含相摄,不一不二。色空不二,乃当体而论;如拆解分离,即落于两元对峙。所以佛教谓之"色即是空,空即是色"。而即色义所主张的析色明空,走的却是另一种路数。根据僧肇《不真空论》所提供的线索,支道林认为,"色"无自性,所以"色即是空";但作为现象的"色"毕竟不是"空","色复异空"的含义应该这样去把握:呈现在现象世界上的"色",必须通过主观的分析,层层剥去其因缘借合的表象,才能认识它是没有自性的"假有",达到去色存空,而这与作为本体存在的"空"毕竟有所区别,故曰:"色复异空"。龙树说性空是当下的,无须由思辨的形式,即逻辑演绎的方法去获致。而支道林把现象与本体拆为两途的理论纬度,其结果是不能使"道"当下得到落实,不能使"道"全幅呈现——全体大用,这正是僧肇所要批评的。般若无滞碍,即色义却尚未达此最高境界,且其理论的重心与路向都已偏了,当然必须对之破斥。

支道林是当时最具有名士风度的高僧,《道贤论》把他比作"七贤"之向秀。支一生主要在江南一带活动。自永嘉以后,文化重心南移,江南名士荟萃,盛极一时。支道林的学问才气与风度,在当时皆属一流,时江左名流逸士如王洽、王濛、谢安、王羲之等都与之披襟解带,交游往还,切磋学问,故其即色义在名士中有相当的影响,其中名士郗超对即色义支持最力,曾持此义与竺法汰的本无义、于法开的识含义相争。郗超在《与亲友书》中说:"林法师神理所通,玄拔独悟,数百年来,绍明大法,令真理不绝,一人而已。"就江南佛教而言,此话不能算太过头。所以,支道林对东晋时代佛教的传播,促进般若学的发展,实有非常的贡献。

六家七宗余下的数家分别是:识含宗,于法开立;幻化宗,道壹立;缘会宗,于道邃立;以及竺法汰、竺法深为代表的本无异宗。这几家在学术上的建树不多,理论上的架构也较一般,相对来说影响较小。总而言之,"六家七宗"之人物,因在哲学上还没有完全跳出玄学的思辨模式,在对佛学的弘传与阐发实践中,虽然能较明确地认识到援玄入佛、会通佛玄的重要性和必要性,但却未能完全把握佛学与世学之间的分际,辨明般若学与玄学的异同,故东晋年间般若学虽已取代玄学,成为义学中心,却未能尽去玄学色彩。这说明作为盛极一时的玄学，对时代思潮影响的深远，及般若学与玄学在某种程度上的接近。当然，更主要的原因是，由于经译不全，佛学研究者可资参究的经论不足，而大部分学僧又缺乏一种完全独立的文化主体意识，致使他们在"空"义的阐发上，自觉或不自觉地存在或浓或淡的玄学味，而不成其为纯正的般若学。这个情况，至罗什、僧肇以后才得到改变。

东晋南北朝是我国学术文化发展史上一个大转变时期，当时，思想学术界的理论兴趣，已从传统哲学偏重伦理问题的讨论分析，转向对宇宙之本体、存在之究竟等一些形而上的理论问题的探究上。在这样一个文化背景下，这个时期的佛教，与汉魏佛教相比，也有两个显著的特点：在佛教内部，由过去那种重在对神异奇迹的追求，逐渐转为注重悟性体验与思辨理论的探究；其次，世人也开始认识到佛教乃一种求解脱或究竟的生命哲学，而不再视佛教为一类方术或仅是一种玄思之学。这两个特点，表现在佛教哲学上，就是它的成熟与独立。而其代表人物，则可以慧远、僧肇和竺道生为典型。

第三节 慧　　远

慧远（334—416），俗姓贾，雁门楼烦（今山西代县）人，是继道安之后的东晋佛教领袖。慧远在僧俗两界都享有很高的威望，中年以后入庐山，数十年间，"影不出山，迹不入俗"，但社会影响却很大。当时的庐山，也几乎可以说是佛教人文荟萃、信息集散之地。慧远包容性很大，这在表面上只是体现为一位高僧的胸襟，实质上却反映了其理论的多源性和思想的兼容性。但同时这又成为他的佛学思想较为驳杂、理论不够纯粹的一个原因。慧远对佛教的贡献是多方面的。在佛教理论上，慧远继承和发展了道安的般若学本无义的思想，提出了法性不变论和神不灭论，在此基础上，慧远着重阐发了其最有特色且对后世影响最大的因果报应说及佛教和名教关系理论，为中国佛教伦理哲学奠定了基础。慧远的佛学思想主要保存在《沙门不敬王者论》、《三报论》、《明报应论》和数篇序文及各类书信、铭、赞、记、诗等中。

一、对本无宗理论的发展

我们知道,本无宗的理论特点,就是用魏晋玄学中本末、有无等哲学观念,从本体论的角度去理解、诠释般若性空之学。在这一点上,慧远的般若学思想同样具有这样的特点。但慧远时,鸠摩罗什已经来华,般若学的许多重要经典渐由罗什译介过来。史载,慧远就一些佛教的理论问题多次与罗什书信往来,反复探讨。这就是说,慧远所得到的资讯是比较充分的。姚秦弘始七年(405),罗什译出般若学要典《大智度论》,该论是空宗创始人龙树为释《大品般若经》而造。慧远因受姚兴之请为此译本写序而很快读到此书。慧远对此论相当推崇,曾反复研读("一章三复"),成为其般若学理论的主要依据。而此时慧远的般若学理论已明显成熟,也十分自信,表示自己的理论完全是"依经立本"(《大智论钞序》),在表述上自然也就清晰、明确。道安在《合〈放光〉〈光赞〉随略解序》一文中,以齐本末("本末等尔")、超有无("泊然不动,湛尔玄齐,无为也,无不为也")、离分别("有无均净,未始有名")的思想来说明"法身"、"如"、"真际"这些佛教的核心概念,玄学味依然很重。相比之下,慧远就显得"中规中矩",他说:"无性之性,谓之法性。法性无性,因缘以之生。生缘无自相,虽有而常无。"(同上)以"生缘无自相"分辨有无,与玄学家的思辨方式完全不同。在有和无关系的问题上,道安认为不能存有"卑高"的分别(见道安《道行经序》),但没有充分展开。对此,慧远就有比较具体的说明:"有无迥谢于一法,相待而非原;生灭两行于一化,映空而无主。"(《大智论钞序》)指出有和无都是存在的现象,而非终极的实在,主张只有从有无对立中超越出来,"即之以成观,反鉴以求宗"(同上),既不执有,又不执无,站在一个更高的角度上去观照有和无,直追存在之本质,"而后非有非无之谈,方可得而言"(同上),才能正确把握有和无的关系。

与他的老师道安一样,慧远也是一位宗教气质极浓的哲学家,道安在解释有无、本末的关系上,在吸收玄学体用关系理论的同时,更把入道修行、脱俗成圣的思想贯串起来。他认为,"人之所滞,滞在末有,宅心本无,则斯累豁矣。夫崇本可以息末者,盖此之谓也"(《名僧传钞·昙济传》引昙济《六家七宗论》)。与贵无派"崇本息末"思想不同的是,道安主张摆脱"末有"的累赘必须靠佛教的人生观和修行方法去对治,从根本上"明乎万形之未始有,百化犹逆旅"(道安《大十二门经序》)。道安的这种佛教出世精神,在慧远那里再一次得到了发展。据载,慧远著有《法性论》,但已佚失,在《高僧传·慧远传》中仅保留这样一句话:"至极以不变为性,得性以体极为宗。"慧远主张生命活动的意义在于"体极",即还归到本体,进入到一个不生不灭,与本体融合为一的涅槃常住境界。显然,慧远对佛教终极价值的肯定,在表述上更为明确,更具宗教味。

虽然慧远对般若性空理论从佛教哲学的角度作了较正确的解释,但这并不影响他对涅槃常住的信仰与坚持。《高僧传·慧远传》载:"先是中土未有泥洹(涅槃)常住之说……远乃叹曰:'佛是至极则无变,无变之理,岂有穷耶?'"所谓"至极",对众生言,就是"不变"的佛教最高境界"泥洹",对宇宙万物来说,就是真实的体性(见《沙门不敬王者论》)。此"体性",哲学上可称之为"本体",从宗教层面上讲也叫"道体",证体即证道,证道即是成佛解脱,是人生的终极价值。慧远把体认宇宙的本体与追求佛教的最高境界看成是一致的,使他的佛教哲学理论充满了宗教精神。这也是慧远的般若学理论与一般的思辨哲学在本质上的区别。据载,鸠摩罗什在读了《法性论》后,给予极高的评价,认为慧远的观点完全契合佛理。说明般若性空学的"破"也是相对的,既有所破,必有所立;般若空与涅槃有是佛教哲学的两个方面,最终必然会在宗教目标下统一起来。

二、佛教伦理哲学思想

慧远从"至极以不变为宗"的论点出发,提出了神不灭的理论。慧远认为,神是"精极而为灵者",它"圆应"万物,"假数而行",却又非"物"、非"数",没有"体状","非卦象之所图",所以,物有生灭,数有穷尽,神则无生无灭,无穷无尽(见《沙门不敬王者论》)。对人的生命来说,有生死的生命是"形","神"却生生不绝。那么,有生灭的"形"与无生灭的"神"有一种怎样的关系呢?对此,慧远通过"情(识)"的作用来说明。他说:"反本求宗者,不以生累其神;超落尘封者,不以情累其生。不以情累其生,则生可灭;不以生累其神,则神可冥。冥神绝境,故谓之泥洹。"(同上)认为身形是桎梏,"情"是"神"的累赘;凡夫执着于肉身,追求物欲的满足,使神受到情识的污染而沉沦,生死轮回,流转不已;如果人们一旦从情欲中摆脱出来,就能超越生死轮回之场,成为一个自由、自主、自宰的独立者。根据慧远的观点,凡夫因受"情"所惑,使"神滞其本",被"形"所"桎梏",而有生死轮回,流转不已;一旦泯灭情欲,破除迷惑,神就清净解脱,超越生死,达到涅槃境界(同上)。慧远在神不灭论的基础上,进一步阐发了佛教的因果报应思想。

因果报应是佛教的基本理论之一,用来解说生命存在的现象与规律。佛教认为,因为能生,果为所生;有因则必有果,有果则必有因。对生命来说,因果报应即是善因者得善果,恶因者得恶果;有原因之发生,必有结果之应报。由生命活动所造成的因,佛教称之为"业",由因所导致的果,也叫"报应"。佛经说:"业报自招无代者。"佛教认为人的一切行为的果报,不能够转借、代受,自作自得,自业自了。佛教因果报应理论随着佛教传入中国,长期以来,世人对它始终缺乏准确的了解,至慧远时,各种怀疑、否定或误解的言论非常之多(参见《广弘明集》卷十八),慧远的因果报应理论就是为回应这些言论而建立起来的。

中国传统文化中,本来就流行着类似报应说的思想,如《尚书》"有夏多罪,天命殛之"(《汤誓》),"天道福善祸淫,降灾于夏,以彰厥罪"(《汤诰》),《周易》"积善之家,必有余庆;积不善之家,必有余殃"(《坤·文言》),《左传》"祸福无门,惟人所召"(《襄公二十三年》),等等。慧远以佛教的三世因果、业报缘起思想为理论基础,巧妙地将中国民间流传的灵魂不死和传统伦理思想摄入他的因果报应学说中。

慧远根据佛教所主张的人的行为、思想意识是报应的根源这一理论,指出:"无明为惑网之渊,贪爱为众累之府。"(《明报应论》)无明是佛教专用词,意为愚痴无知。慧远认为,愚昧和贪爱是"神"的累赘,是善恶报应和生死轮回的根由;众生行善则受福,为恶就要遭殃。然而,现实生活中,善恶福祸并非如影随形,报应不爽。为此,慧远又以"三报说"来解决这个矛盾。所谓三报,就是现报、生报和后报。"现报者……即此身受;生报者,来生便受;后报者,或经二生三生,百生千生,然后乃受"(《三报论》)。慧远认为,因果报应的发生因业力的强弱大小等,在时间上产生先后迟速的不同。为善为恶,并非一定受现世报,也有可能在下世或几世乃至千百世受报。而所谓"祯祥遇祸,妖孽见福"(同上),是因为"现业未就,而现行始应"(同上)。过去播下的种子已经结果,今生的业因尚未成熟,暂时未发生作用,但终究还是要受报应的。

慧远大力宣扬因果报应的理论,目的是要人们超脱轮回,为他的出世哲学开路。他强调众生的祸福得失,不存在一个外来的主宰者,一切都由自己的行为所招致。慧远认为,众生不除掉世欲的欲望,就不能摆脱轮回,生生死死受到各种痛苦。他说,生死轮回"非祈祷之所移,智力之所免也"(同上),在整个生命流程中,人应该争取主动。而"服膺妙法,洗心玄门",就是"超登上位"(同上)的最佳途径。为了适应中国传统文化,慧远又把儒家的伦理道德思想注入到他的因果报应说中,同时还吸收了玄学关于名教与自然的理论,提出一系列观点,建立起他的佛教伦理思想。魏晋玄学本有名教与自然之辩,至东晋时,有关的理论问题大致都解决了。但这时佛教开始盛行了起来,其与中国的政治、社会、经济、文化乃至风俗习惯等各方面的矛盾也凸显了出来,而佛教教义与名教思想本来就有许多不同处,自然与名教之辩转为佛教与名教的问题,再度引起争执。历史上,佛教自传入中国起,一些知识人士就指出了佛教与名教存在着矛盾冲突,不少佛教人士为调适两者的关系,在理论上也曾进行过多种的努力。但由于那时佛教在社会上影响还不大,许多问题没有完全激发出来,理论的展开当然也不会深入。而慧远有关佛教与名教关系的理论,就是在这样一个基础上和背景下建立起来的。

佛教与名教关系理论,最突出、最核心的就是佛道与孝道、政道的关系问题。对此,慧远的基本观点是两者不相矛盾,不相排斥,具有互补性。他说:"因亲以教爱,使民知其有自然之恩;因严以教敬,使民知其有自然之重。"(《沙门不敬王者论》)认为儿孝父母,臣敬君主,"实由冥应"(同上),是一种因果自然之理;因果报应说能使人"明于教(礼教)"(同上),有益于稳定政治统治和社会秩序。慧远还明确规定,在家信徒应有"奉上之礼,尊亲之敬,忠孝之义"(《答桓太尉书》),处事行事必须服从教化,与社会的道德规范相一致。所以,"在家奉法,则是顺化之民"(《沙门不敬王者论》),是有助于"王化于治道者"(同上)。至于出家僧人,慧远一方面强调"沙门不敬王者",认为沙门出家修道,处于方外,必须保持佛教的独立与僧格的尊严,但同时又明确指出,出家虽"遁世以求其志,变俗以达其道"(同上),不与"世典同礼"(同上),但素居行道者必定德行超众,如此"则道洽六亲,泽流天下"(同上)。故虽不处王侯之位,"亦已协契皇极"(同上),实际都是协助了帝王治理邦国,有助于统治者的教化,"大庇生民矣"(《答桓太尉书》)。正是如此,慧远说佛教与名教只是理论形式和践行方法的不同,但在世俗层面上却并行不悖、相得益彰,"可合而明矣"(《沙门不敬王者论》),通过这样反复论说,得出了佛教和中国传统思想、政治社会、伦理道德相协调的结论,从而在理论上解决了佛教与名教的矛盾。

第四节 僧 肇

僧肇(384—414)是东晋时代著名的佛学理论家,是中国佛教史上公认的得大乘空宗思想精髓的般若学大家。僧肇青年出家,师承著名佛经翻译家鸠摩罗什,成为什门四大弟子之一。

僧肇生时,魏晋玄学的鼎盛期已过,佛学逐渐跳出对玄学的依附而走向独立,般若学在佛学界乃至整个学术界已有举足轻重的影响。鸠摩罗什来华,大力弘传龙树、提婆的空宗理论,第一次系统介绍了根据般若经类而成立的大乘性空之学,译介一大批般若类经典。至此,中国佛教般若学得以摆脱玄学的影响,开始走向独立的道路。而这项工作,主要就是由僧肇来完成的。僧肇的佛学理论,于他在世时已博得时人的赞誉,鸠摩罗什说:"秦人解空第一者,僧肇其人也。"(唐元康《肇论疏》引《名僧传》)与僧肇同时的南方佛教领袖慧远也称叹僧肇的学说为"未尝有也"(《高僧传·僧肇传》)。可以这样说,自罗什、僧肇以后,中国佛教哲学才得以走上完全独立的道路。

僧肇的佛学理论主要保存在后人汇编的《肇论》一书中,其中《不真空论》、《物不迁论》和《般若无知论》是他的代表作。

一、不真空论

东晋初,佛教界对般若性空学的理论众说纷纭,各执一端,存在着各种不同的观点。鉴于这样一个"众论竞作,而性莫同矣"(《不真空论》)的现状,僧肇撰写了《不真空论》。在这篇论文中,僧肇试图通过对旧般若学各派理论的批判、总结,以克服当时佛教理论界杂乱无绪的局面,使人们对佛教理论有正确、统一的认识。

"六家偏而不即",旧般若学派对"空"义的理解与阐发,不是存"有",就是执"空",皆不免有所偏颇。究其原因,是他们将般若学混同于世俗一般的学问,藉知识论来探求佛教的真谛,而蔽于佛教缘起性空,中道实相(存在本真、如实的状态)。僧肇说:"真谛独静于名教之外,岂曰文言之能辩哉?"(《不真空论》)强调"真谛"乃出于言表之外,而不是一个知识的对象,非靠纯粹的概念推理求得。僧肇"契神于有无之间"(同上),指出:"有无之境,边见所存,岂是处中莫二之道乎?"(僧肇《答刘遗民书》)僧肇认为,若于无相处著相,于无自性上别立实体,反而遮掩了存在的真相。这个思想,僧肇的老师鸠摩罗什在注释《维摩经》时已有显露,而僧肇把它阐发得更加明确、全面。僧肇说:"圣人之于物也","以其即万物之自虚,不假虚而虚物也。"(《不真空论》)在《不真空论》中,有三处"即万物之自虚"一语,显见此义为僧肇立论的主旨。僧肇依据般若中道观的思想,以不偏不二、不取不舍的理路,当下而论,即色而谈空,即色而显空;即色即空,色空不二。这就是僧肇般若学理论与旧般若学的根本区别所在,也是他"不真空"观点的特色所在。

至于如何使"不真空"在理论上得到成立,僧肇是从两个方面加以阐述的。他说:"《中观》云:'物从因缘故不有。'"(同上)又说:"待缘而后有者,故知有非真有。"(同上)一切存在都是条件的结合,虽万象显迹,却都是"假有",没有独立实在的自性。假有就是"不真",不真即空,此其一。其二,"万物非真,假号久矣"(同上)。僧肇认为,一切事物的名称,无非是人们给予的一个假定概念罢了。物即非真,名号也是假设,"以名求实,物无当名之实"(同上)。万物的终极不分彼此,所谓"名"只是人们主观上的分别心在起作用。"名"不能反映"实"的本质,只是"假名",是"不真"的。而作为一位佛教哲学家,僧肇并没有停留在不真即空的单向证明上。他认为,仅仅抓住万物"不真"是"空"的一面还不是究竟圆满,应该看到:"万物若无,则不应起,起则非无,以明缘起,故不无也。"(同上)"假有"作为一种非实在的存在,为世人所共见共闻,不能随意抹杀,简单否定。僧肇在《维摩经注·佛国品》中有这样一句话:"欲言其有,有不自生;欲言其无,缘会即形。"万象缤纷,因缘而起,若执为实有,固然是"妄见";然"假象"毕竟也是一种存在,若只讲空而不见假有,就会落于"执空"而成为"断见"。僧肇认为,"执空"则不能"乘千化而不变,履万惑而常通"(《不真空论》),就不是"真空";谈真则说空,导俗应存有,只有掌握这种不偏不倚、不落两边的"中道义",才能"无滞而不通"、"所遇而顺适"(同上)。毫无疑问,僧肇这种对空有关系的阐述,是有他对佛教实践的考虑的。而任何实践都是有指向的,这个指向也必定要在理论上得到明确反映。僧肇在《不真空论》结尾时提出"立处即真"、"触事而真"、"体之即神"这一系列命题,说明僧肇理论的最终目的还是要导俗归真(空)。

僧肇的不真空理论,是有其理论特色和时代意义的,它解决了中国佛教界长期存在的如何把握空有关系的理论问题。不离诸法(现象)而谈"真",与儒家的"道不可须臾离",及道家的道无所不在的思想也颇为合拍,使人看到了中印哲学之间在体用关系理论上存在相通相合处。至于以后佛教天台宗高谈"三谛(空、假、中)圆融",禅宗大唱"当下即道",都可以说是对僧肇这一思想的发挥。

二、般若无知论

据《高僧传·僧肇传》载,僧肇在协助鸠摩罗什译出《大品般若经》后,写了《般若无知论》呈师,"什读之称善,乃谓肇曰:'吾解不谢子,辞当相挹。'"名士刘遗民读了是文后大为赞叹地说:"不意方袍,复有平叔。"把僧肇比作何晏(字平叔),意为僧肇之般若学,就像何晏之于玄学,有其开创之功。当时深居庐山的慧远读了该论后,也扶几称叹:"未尝有也。"确实,僧肇这篇论文在当时影响很大,使他一举成名,成为般若学大家。

在《般若无知论》中,僧肇运用般若中观学的思维方法,通过对般若性质的分析,即探讨般若究竟是有相还是无相、有知还是无知的问题,阐述了如何观照宇宙的实相,把握生命的本质,成就得大自在、大智慧——即佛教所追求的究竟解脱的方法和途径。这些讨论属认识论问题。僧肇在是文中首先引《放光般若》"般若无所有相,无生灭相",和《道行般若》"般若无所知,无所见"作为其理论依据。般若是佛教所讲的一种能对宇宙人生最实在、最正确的认识能力,是成佛以后所具有的最高、最全面的智慧,却怎么又是无相、无知、无见的呢?问题正是从这里引出。

根据般若学的理论,一切有相,都是因缘所生,缘散还灭,不能保持其永恒不变的性质;世间一切相,都摆脱不了生、住、异、灭的规律。般若作为一种永恒的绝对存在,当然是"无相"而不能"有相"。与"空"的性质一样,僧肇认为,般若的"无相"不是一无所有的空无,而是不住一切相又不离一切相的"殊胜相"。般若的这一特性,是僧肇《般若无知论》的出发点。也就是说,般若的无相,是无知、无见的逻辑前提。僧肇说:"真智观真谛,未尝取所知。"(《般若无知论》)真谛是"空",般若(真智)与"空"相应,当然无有所知、无有所见了。另外,般若在体上的无相,在用上必然是无知、无见。僧肇在《维摩经注》中说:"夫有形必有影,有相必有心","有心必有封,有封则不普。"(《佛国品》)影和相都是主观上的攀缘、执着的对象。有取必有舍,心有分别,则知有所限;常人之所知,必有所执,有执就有局限、遮蔽,心量没有全幅打开(有封),就是"不普"。《般若无知论》说:"夫有所知,则有所不知。"知与不知是个相对概念,既有知,当然有所不知,只有"无知之般若",才能"照彼无相之真谛",所以说,"不知之知,乃曰一切知"。按僧肇的观点,知识的障碍非在"未知的"而在"已知的",即阻碍人类心智发达的"坎"是"所知障"。正因为如此,般若智慧从直观的体验中产生,而不是由分别心所得;般若是以"观照"的方式来把握世界,而不是通过知识的、分析的途径去认识世界的。

对于般若无知的性质,《般若无知论》进一步论述道:

> 夫所知非所知,所知生于知。所知既生知,知亦生所知,所知既相生,相生即缘法。缘法故非真,非真故非真谛也。

意思是说,认识的对象(所知),并非是一独立的实在体,它是由思维(知)所赋予、确定的;另一方面,认识也非孤起独有,乃是缘于对象的触发而生。"知与所知,相与而有,相与而无"。既然知与所知都是因缘所生,所以两者皆非"真"。而般若乃究竟圆满、永恒绝对的圣智,绝非世俗一般的知见所能比拟。般若乃缘真谛而生,"真谛自无相","真智何由智(知)"。唯般若的无知、无见,才能超越一切之相对,无有分别,无有执着,而洞照一切,不遗一切。若外蔽于物,内隔于心(僧肇称之为"惑取之知"),则般若的大机大用不能显发。另外,僧肇认为,"般若之与真谛,言用即同而异,言寂即异而同"。从般若观照之用上讲,固然有能照、所照之分;但般若、真谛本是一体,万法无相,般若虽照也是无相、无执、无知的,能照、所照其究竟虽"异而不异也"。

僧肇的认识论在于打破心、物的相碍对立,而启"心"的全体大用,即在强调般若的无知、无取的前提下,目的在于般若的无所不知、无所不见。可见,僧肇的《般若无知论》非仅是一篇知识论,它重在揭示认识与宗教实践的关系,向世人指出一条如何通向佛教最高境界的道路。而在理论上,僧肇以般若无相、真谛无相为根本,用般若中道思想相贯串,而与《不真空论》中缘生实相、立处即真的理论相一贯,成为他哲学体系中的一个组成部分。僧肇提出的体用不二的修行应化理论,对佛教就如何处理入世与出世的关系,具有理论上的指导意义;对以后华严宗"理事无碍"、"一多相即"的教义,及禅宗、净土宗的思想也有很大的影响。

三、物 不 迁 论

自魏晋至南北朝,思想哲学界异说纷呈,看似复杂,但归根结蒂则不离体用观念。而僧肇的般若学理论,同样也不脱体用理论的范式。僧肇为进一步阐述他的即体即用的哲学思想,继《般若无知论》、《不真空论》后,又写了《物不迁论》。在哲学上,该论通过对万物有无变化、生灭、来去、动静等问题——即事物存在形式的探讨,以即动即静的观点来论证体用的理论。

僧肇写《物不迁论》的缘起是批判佛教内部小乘教(有部)执三世有和"中根(缘觉)执无常教说"(慧达《肇论疏》),及世人所谓"有物流动"(《物不迁论》，以下凡引该文时均不再注)、万物是变的思想。僧肇"契神于有无之间"(《不真空论》)，立不偏不二之说，其理论始终以般若中观学为依据。所以，僧肇以"物不迁"为题，并非是为了证明万物乃住而不变，也非执静为体、以静为万物的根本。

根据般若学的观点，存在的究竟——即宇宙的实相，超乎一切言说相对。同样，在僧肇看来，本体的存在形式乃即动即静、非动非静的"真常"；执"迁"或"不迁"，都是偏而"乖真"。虽然，"声闻悟非常以成道"，勘破一切，超然物外，亦可成道，庶几近乎"真"，但这不等于究竟义。至于所谓变者万物，不变为本体；或常人那种"有物流动"，万物皆变的思想，也都"偏"而非"真"。

僧肇根据般若中观学"法无来去，无动转者"，"诸法不动，无去来处"的思想，通过"求静于诸动"、"求动于诸静"的方法来说明他的"物不迁"的观点。僧肇说："昔物自在昔，不从今以至昔；今物自在今，不从昔以至今。"认为过去的事物只存在于过去，不会延续到现在；现在的事物只存在于现在，在过去也未曾出现。所以万物是静而非动，是不迁而非迁。然而，为什么面对这样一个共同的事实——"所造未尝异"，世人会得出另一种万物是"动而非静"的结论——"所见未尝同"呢？世人以昔物之"不来"而言"动"，僧肇则以"不去"反说"静"；"人之所谓住，我则言其去；人之所谓去，我则言其住"，僧肇是否恃其聪辨之智，有意与世人唱反调，标新立异？或者纯粹是诡辩，强辞夺理？这些问题只有放在僧肇整个佛教哲学体系下及其宗教立场上予以考察，才能得到恰如其分的认识。

僧肇的动静观是基于他的宗教终极目标结合般若学缘起性空、中道实相的理论而形成的。僧肇说："如来因群情之所滞，则方言以辩惑；乘莫二之真心，吐不一之殊教。"意思是说，虽然从"教"的方便角度论，佛菩萨的言教总是因"群情"之所惑而有相对之"殊教"，但"真心"不二，超越一切之相对。对此，我们可由僧肇《维摩经注·弟子品》中的一段话，作进一步的理解："如来去常故说无常，非谓是无常；去乐故言苦，非谓是苦；去实故言空，非谓是空；去我故言无我，非谓是无我；去相故言寂灭，非谓是寂灭。此五者，可谓是无言之教，无相之说。"谈现象，谈人生，谈宇宙，谈究竟，这些对人来说无不切切相关的大问题，佛却边立边破，随设随扫，目的就是为防世人受概念的迷惑,陷于相对,从一个极端走向另一个极端,而有所执着。僧肇在《答刘遗民书》中也说:"言也象也,影响之所攀缘也。"究竟之真理,超乎言象,离乎因缘。常人之所谓来或去、变或常,"皆因缘假称耳"(僧肇《维摩经注·文殊师利问疾品》)。究竟之理体既不可以概念求,也不能截然地划分动或静,佛说常或无常也仅是权巧方便,不能执实。

既然佛的言教都是方便施设,所以,"言常而不住,称去而不迁。不迁,故虽往而常静;不住,故虽静而常住"。僧肇所谓的"不迁",并非以"常"来代替"无常",也不是以"静"来否定"动",而是"常而不住","去而不迁",不住即住,常即无常,"动静未始异"。当然,不住与不迁,也不是无条件的混同。"谈真有不迁之称,导俗有流动之说",两者各有侧重,迁与不迁,动与静是一体之两面。僧肇认为,只有明白了动静之间这个辩证关系,就不会对佛教中常出现的两种似乎截然相反的理论感到迷惑。如,"《成具》云:菩萨处计常之中,而演非常之教。《摩诃衍论》云:诸法不动,无去来处。"前者要打破世人执常的偏见,后者却又说诸法是不动、不变的,似乎自相矛盾。其实,"斯皆导达群方,两言一会",都是对机而谈,对症下药。僧肇指出,如来"言去不必去",目的是"闲人之常想";"称住不必住",是为了"释人之所谓往耳"。所以,"虽复千途异唱,会归同致矣"。僧肇反复论说,就在于证明他"动静未始异"的观点,回归到他即动即静、即体即用的哲学体系中去。

当然,作为一位宗教哲学家,僧肇的一切论证,一定有其终极指向,即最终是要为其宗教目的服务的。僧肇在处理动与静、迁与不迁等关系问题上,并没有陷入相对主义泥潭中。在《物不迁论》中,僧肇以"即动而求静"这样一个哲学命题来支撑其"物不迁"的观点;又以"真"与"不迁"相应,而视"流动"为"导俗之说",说明僧肇在整个论说过程中已经有了以常、静、不迁等类概念为"真",以无常、动、迁等一类概念为"俗"的预设。虽然这种预设对证明"如来功流万事而常存,道通百劫而弥固"来说有其宗教价值,但站在般若性空学的角度,却不能不说是缺憾。不过也正由于如此,而使僧肇的佛教哲学理论具有中国化的特色,他的"物不迁"思想,对以后的中国佛教中真常一系的发展也具有一定的影响。

综观僧肇在佛教上的贡献,大致为以下三个方面:一、他比较正确地运用了中观学的思辨方式,以大乘空宗理论为基本,旁取儒学、玄学思想,巧妙地把中印两地的思想结合起来,形成一个完整的哲学体系,并初步实现了佛教哲学的中国化。二、僧肇生时,玄学的鼎盛期已经过去,他通过对佛学界一些不合佛学原义思想的澄清,使般若学完全摆脱了对玄学的依附,并找到了佛教自己的哲学话题,从而将佛学引上独立发展的道路。三、僧肇的佛教哲学思想,直接或间接地影响以后中国化佛教宗派的产生;他提出的不少命题,成为以后中国佛教所经常讨论的哲学问题。总而言之,僧肇是中国佛教哲学走向成熟的一位标志性人物,他开拓了佛教中国化的途径和方向,是中国化佛教哲学的奠基人。

第五节 竺道生

竺道生(355—434),俗姓魏,原籍巨鹿(今河北平乡),寓居彭城(今江苏徐州)。士族出身,自幼聪颖。因随竺法汰出家,从师姓竺。道生对佛教的领会极有天赋,时有新解,十几岁时即登席讲经,"吐纳问辩,辞清珠玉"(《高僧传》本传),那些宿学老僧也不能相与酬抗。中年以后,他到各地游学参访,积累学识。学成后,道生自创理论,笼罩旧说,成为一代宗师。道生著述很多,但大多散失,今留下的有《妙法莲华经疏》及其他经解残篇。综观道生一生的学问事业,可分三个阶段。

中国佛教在其前一千年中的一些重大思潮的兴起、转换,都直接或间接地与印度佛教的演进、流变相关联。印度佛教继公元三四世纪龙树、提婆的大乘空宗思想盛行之后,继起的大乘思想主要是《涅槃经》类的佛性说和《胜鬘经》类的如来藏说。东晋义熙十三年(417),法显在建康(今江苏南京)与佛陀跋陀罗(觉贤)译出《大涅槃经》(前分)六卷,名《大般泥洹经》或《方等大般泥洹经》。北凉玄始十年(421)昙无谶在姑臧(今甘肃武威)译出《大般涅槃经》,总三十六卷(后作四十卷)。此经于东晋元嘉七年(430)传至江南,由义学僧慧严、慧观与谢灵运等依法显六卷本《泥洹经》整合成三十六卷,世称《南本涅槃经》,昙无谶的原译本则称《北本涅槃经》。此经所述大乘义理精致宏阔,宗教价值独特,指向明确,传入之初即在中国佛教界发生重大影响。

不少僧人一生讲授此经上百遍,至于为此经作注制疏者更是无数,一时间,涅槃学成为东晋(末)、南北朝的显学,直到隋唐,佛教界仍不乏有以治此经而名家者。

东晋佛教在经历了般若思想大洗礼之后,逐渐走向成熟与独立,在社会各界,尤其是思想文化界对佛教逐渐有了比较全面深入的认识以后,开始从正面来接受它。而作为一种宗教,佛教所要解决的是生死解脱问题,虽然生死问题可以也有必要通过理论的方式去寻找答案,但理论毕竟不是目的。在一系列纯理论问题的阐发、论争热闹过后,佛学界自身也会沉静下来,去思考、探索一些与生命最直接、最密切的问题,这一点,在当时可以慧远、竺道生为代表。当然,有关生命的问题,并不排斥以哲学的方式来表达,但其必定是由生命问题本身所引出的。这个现象,表现在学术上,就是佛学界开始转变形上思辨的路向,以直接探求成佛的基础及可能性与涅槃成佛的境界作为思考的中心与重心,佛教心性论问题也因此而凸现出来。竺道生生当其时,他之能成为这一转型期的代表人物,除了他对佛理的慧解,与一个宗教家对时代人生问题所特有的感悟和整个中国佛教的走向也有着密切的关联。

在东晋佛教哲学史上,如果说僧肇在般若性空学上作出了重大贡献,道生则在涅槃佛性说及顿悟成佛义上独树一帜,他们共同推进了中国佛教哲学朝着成熟、独立的方向发展。

一、涅槃佛性说

涅槃是佛教的术语,意为不生不灭。佛教认为,凡生即有灭,唯有成了佛(或罗汉)才能达到涅槃的境界。佛性也是佛教术语,原指佛陀的本性,后来又衍生出成佛的种子之义,成为探讨成佛的原因、根据和可能性问题。涅槃佛性问题关联于般若,《大涅槃经》即有"从方等经出《般若波罗密》,从《般若波罗密》出《大涅槃》"(卷十四)之说。《大智度论》也说:"诸法实相,即是涅槃。"(卷三十一)实相是大乘般若学的重要概念,意指宇宙万物的真实相状,也可称作"如"、"法性"等;在般若类经中,常将如、法性、真(实)际、毕竟空等概念与涅槃并举。道生受学于鸠摩罗什,他的涅槃佛性说思想来自其对般若实相学的深切体会。般若实相学旨在扫除一切存在的虚幻"假相",以豁显万法的真实面目(诸法实相),证入如来之见,即成就佛道。道生说:"万法虽异,一如是同。"(《法华经疏·序品》)一如,也叫真如、真际、实际、法性。"如,法性,实际,是三皆是诸法实相异名"(《大智度论》卷三十二),在不同的场合予以不同的称呼,如于万法处为实相,对佛来说称法身,对众生言即是佛性,"理无二致"。融般若学与涅槃学为一义,构成了道生涅槃佛性说的哲学基础。从这个基础出发,道生提出了一切众生皆有佛性、皆得成佛的观点。

道生认为,对于诸法实相义,须由般若智慧体认证知,而一旦证得自然法性,即为佛矣。他在《维摩诘经注·入不二法门品》中说:"体法为佛,不可离法有佛也。"又说:"夫体法者,冥合自然;一切诸佛,莫不皆然。所以法为佛性也。"(《涅槃经集解·师子吼品》)法遍一切,所以一切众生皆有佛性,都有成佛的可能性。然而,现实世界佛与众生差别宛然,就在于众生存有"烦恼"、"惑情",妄生分别,颠倒取著,未能"观察法理"(《维摩诘经注·观众生品》)的缘故。也就是说众生未能悟佛之见,体认诸法实相。道生说:"良由众生,本有佛之见分,但为垢障不现耳。"(《法华经疏·方便品》)迷者众生,悟即是佛。道生认为,众生与佛的区别,就在这迷惑与觉悟的不同。学佛的目的就是要"返迷归极,归极得本"(《涅槃经集解·序题经》)。那么,众生所迷者何?道生说:"夫有有则有灭,有灭则有苦。"(《涅槃经集解·纯陀品》)执有者即是感于世间假相,"有相则有对,有对则为二"(《维摩诘经注·入不二法门品》),有相有对,则生死异途,生佛相隔矣。至于众生之所悟,即是悟其自具之佛性。道生认为,佛向世人揭示一切众生皆有佛性之理,"即是慈念众生"(《涅槃经集解·如来性品》),乃佛陀慈悲本怀的自然流露。道生高举佛性这面旗帜,通过对流行的几部重要大乘经典的解读、阐发,将经中所蕴含的高深的理论问题与生死解脱的宗教问题之内在关联给揭示了出来。

为进一步加强众生皆能成佛的观念,道生又提出了"佛性即我"(同上)的命题。众生本性与佛无二无别,所以一切众生皆能成佛,既然"我"即是佛,那么成佛当然是众生本分中事,佛在众生中求,不能离开众生境界而别树境界。我们知道,在早期佛教经典中,佛教通常是说无我、无常;般若学讲诸法性空,即是诸法实相义,实相通涅槃,般若智慧以体空证入佛道。道生则坚持我即是佛,是否矛盾。道生在《注维摩诘经》中说:"无我,本无生死中我,非不有佛性我也。"(《弟子品》)道生认为,众生的生生死死是"假我"的表现,恒常不变的佛性才是"真我",假我要破,真我要立,去假而存真。般若之功在破除假有,涅槃之旨则树立真际,一破一立,似二而一,不相矛盾。所以说:"大乘之悟,本不舍生死,远更求之也。"(《佛道品》)没有现象世界,哪有般若之用;离开了生命存在,求佛只是一句空话,涅槃反成虚妄,"斯为在生死事中即用其实为悟矣"(同上)。道生虽然也明确指出生死假我的虚妄,但他的涅槃佛性说理论,更重在揭示涅槃之常、乐、我、净(涅槃四德)的真实(参见《涅槃经集解·德王品》)。般若学讲性空,涅槃学谈佛性,虽同为佛说,但两者的理论维度大不一样,这一反一正之间,在道生的涅槃佛性理论中所占的比重有明显的高低。这个特点,恰恰也反映了这个时期的中国佛教哲学的理论重心开始由般若空向涅槃有的转换。

道生涅槃佛性说的一个重要内容,是提出"一阐提"也有佛性,也能成佛的主张。"一阐提"是梵文的音译,意为"不具信"、"断善根",佛教中特指那些断绝一切善根的人。在道生之前,中国佛教界都认为一阐提人没有成佛的可能,当时较为流行的六卷本《泥洹经》对此十分明确,如"一阐提懈怠懒惰……若成佛者,无有是处"(卷三);"彼一阐提于如来性所以永绝,斯由诽谤作大恶业……于如来性不能开发起菩提因"(卷六)。据载,当时南朝众僧皆"盛宗此义"。但道生却不人云亦云,也不死守文句。慧皎《高僧传·竺道生传》记录道生对当时中国佛教界曾有这样的批评:"自经典动流,译人重阻,多守滞文,鲜见圆义,若忘筌取鱼,始可与言道矣。"道生曾受过正宗的般若学训练,主张"入道之要,慧解为本",他"剖析经理,洞入幽微,乃说一阐提人皆得成佛"。道生认为,一阐提人也是众生之类,当然也有佛性,也有成佛的可能;并怀疑六卷本《泥洹经》不够完全。道生的主张"独见忤众",在当时的佛学界引起了轩然大波。一些执守经典文句的"旧学"僧人,原来对道生的许多新论已"多生嫌嫉",早就不满,现在见他竟然与佛经唱反调,"讥愤滋甚",更是满腹愤激,纷纷起来指责他。甚至,京都(南京)佛教界竟对道生作出了开除教籍的处分。道生自信真理在握,无愧佛祖,遂当众发下重誓:"如果自己所说有违经义,则立即得恶疾;反之,将来一定是距狮子座吉祥而逝。"言罢拂衣而走,到他处继续讲经说法。不久,昙无谶所译《涅槃经》由北方传入建康,经中果有"一阐提人有佛性"之说,霎时间轰动了京城佛学界,道生也成为众僧崇拜的对象,被尊为"涅槃圣"。于是,师从道生涅槃学的人大增,涅槃学在南方得以进一步风行。这一段精彩又富戏剧效果的过程,虽然无关哲学本身,但却能反映当时佛学界在"新"、"旧"学转型期间论争的激烈,说明中国佛教哲学的发展,也是十分曲折和复杂的。还得一提的是,一阐提人究竟是否有佛性,"法显本"和"昙无谶本"竟然会出现两种截然相反的说法,道生作为一位佛教哲学家,当然不会以"此佛"去反"那佛",据宋智圆《涅槃玄义发源机要》载,道生曾研究六卷本《泥洹经》,对经中所言的一阐提佛性,认为此是佛为激励"恶行之人,非实无也";并指出,教法"诱物之妙,岂可守文哉"(参见任继愈主编《中国佛教史》第三卷,第348—349页)。这说明道生确非死守经文,是一个能独立思考、很有诠解能力的佛教哲学家。

道生在佛学上的精辟之论还有很多,如"善不受报论"、"佛无净土论"等,其中以"顿悟成佛"说对中国佛教思想的发展影响最大,此说与涅槃佛性说构成道生佛教思想的主体。

二、顿悟成佛义

与其他宗教一样,佛教也有自己的实践哲学。佛教的一切实践修行,最终都是围绕觉悟成佛这个中心展开的。顿悟成佛说就是探讨有关成佛途径问题的理论,属佛教实践哲学的范围。

东晋南北朝时期,佛学界在如何成佛的问题上发生论诤,其焦点在于对"悟"的诠解上,而参与讨论的几乎尽是当时一流的佛学家,如道安、支道林、僧肇、竺道生、慧远、慧观、谢灵运等。此后,这场论诤一直延续至南朝宋齐才逐渐歇息。佛教所谓的悟,是指去除尘世的迷惑,把握佛教真理;成佛就是对整个宇宙和人生的大彻大悟。当时,在佛教哲学内部,对如何悟道主要有渐悟和顿悟两种不同观点。渐悟,就是把对佛教真理的觉悟看作是个认识过程，认为悟有阶梯次序，须多次完成；顿悟，认为悟是即刻性的，是一次完成的，不悟则已，一悟顿了，彻底把握佛教真理。持渐者有支道林、道安、慧远、僧肇、慧观等，唱顿者以竺道生、谢灵运为代表。就以对中国佛教和佛教哲学的发展而言，后者的影响和意义远远超出前者。

佛教把修行的历程分为十个阶段，称作十地或十住。十地的阶次，是以对佛理觉悟程度的深浅而言。十地有三乘十地和大乘菩萨十地，当时佛学界所讨论的十地主要系后者。大乘菩萨十地以初地、七地和十地意义最特别。初地名欢喜地，意思是初证圣果，悟我法二空，能自利利他，生大欢喜；第七远行地，又名深行地、深入地，是指修行者在禅定中悟得万法空寂无我之理，远离世间，超越二乘（小乘），真正进入大乘菩萨位的境界；第十法云地，谓成就究竟，法身（体）如虚空，智慧如大云，遮天覆地，具足无边功德，即觉悟成佛的境界。

隋硕法师《三论游玄义》载，当时持渐悟（小顿悟）义者总共有六家，但有一个共同的观点，就是都主张顿悟于七地。他们认为，七地以前"有无不并"（慧达《肇论疏》），诸法分行，渐生新解，"无二之理，心未全一"（同上），谈不上悟。行至大乘七地位，万行皆备，智慧具足，觉悟到空有相合不二的妙谛，"始名悟理"（同上）。觉悟之后，还须继续进修，入十地位，方为功行圆满，得究竟解脱，即证道成佛。这一学说在当时很风行，《世说新语·文学篇》注引《支法师传》曰："法师研十地，则知顿悟于七住……当时名胜，咸味其音旨。"

渐悟论者的另一个基本观点是，认为众生的慧根（对佛理的接受、理解能力）有深浅，必然会有顿、渐之别。如道生的同学慧观说："实相乃无一可得，而有三缘。行者悟空有深浅，因行者而有三。"（《名僧传抄·三乘渐解实相》）在竺道生顿悟说出现后，慧观写了《渐悟论》进行反驳，此文已佚，其观点大概与僧肇的《涅槃无名论》（此论有近人考证，以为非僧肇所作）相同。僧肇在是文中，针对觉悟只能一次完成、没有阶次的观点而批驳说："夫以群生万端，识根不一，智鉴有深浅，德行有厚薄，所以俱之彼岸而升降不同。"虽然佛教的真理是一非二，但众生根机（基础）各异，对佛义的理解认识也有深浅差别；也就是说，般若之智的鉴照（智鉴）有明、暗之分，所以觉悟也就有顿、渐之别。支道林、僧肇等的观点后人称之为"小顿悟"，慧观则明确称自己的悟道观为"渐悟"。他们主张修有渐次,悟有阶序,以竺道生的顿悟义视之,则应叫"渐悟"较为确切。

道生主张悟道不容阶级,迷时无悟可言,豁然觉悟,则与佛教真理相契无间。道生认为,十住三乘理论乃佛教方便之说,十地之前无有悟道的可能;入十地而悟道,即是二而一的事,证体悟道在一次完成,即得究竟,岂有再悟之理。所谓"一念无知者,始悟大悟时也"(《涅槃经集解·菩萨品》)。支道林等以七住已获无生法忍,非为得实之谈。道生说:"得无生法忍,实悟之徒,岂须言哉……夫未见理时,必须言津,即见于理,何用言为!"(《法华经注》,转引自汤用彤《汉魏两晋南北朝佛教史》473页。)认为十住以前无悟道的可能,七住岂能得无生法忍,只有到十住的最后一刹那间,有了如金刚一般坚固、锋利的"慧剑",断尽诸结,一下子去除一切迷妄困惑,悟无生而证正觉,始成顿悟。隋吉藏在《二谛义》中引道生的话说:"果报是变谢之场,生死是大梦之境,从生死至金刚心皆是梦。金刚心后,豁然大悟,即是真悟,无复所见也。"持渐者以七住悟理之后,仍须进修三位,至十位而入究竟。从逻辑上讲,既须进修,就是尚未彻了真理。惑未解,结未断,真理尚待开发,怎么能说悟呢?一悟则顿然了结,无有再悟之理。所以十住以前无有真悟,七住当然也不例外。在道生看来,小顿悟论者于悟上加悟,叠床加屋,拖泥带水,只能称之为"渐",而非"顿"。

道生的顿悟义,与他的涅槃佛性说同出一理,他说:"不易之体,为湛然常照,但从迷乖之,事未在我耳。苟能涉求,便返迷归极,归极得本。"(《涅槃经集解·序题经》)迷悟生佛,虽悬殊霄壤,但"不易之体"却无差无别,一切众生皆有佛性,见性成佛,顿悟自然,全由自己。当时有人对顿悟义提出怀疑,"以为苟若不知,焉能有信?"(见道生《答王卫军书》)认为从对佛教的了解到发生信仰,直至完全把握佛教真理、证道成佛是个发展过程,这个过程就是渐悟。此提法与慧观、僧肇他们以"知"为悟的观点相同。对此,道生认为,闻教而生解,只是知识的作用,非真心的自然流露,不是真悟。他说:"见解名悟,闻解名信。信解非真,悟发信谢。理数自然,如果熟自零。"(慧达《肇论疏》)闻教有渐,起信有渐,修习也有渐,但觉悟必须是顿;一悟顿了,证得法性而成佛。悟与见是两个不同的概念,此即"豁然大悟","无复所见也"。道生在强调顿悟的重要性时,并没有否定渐修的必要性,这一点与渐悟论者完全一致。但道生认为渐修毕竟是权非实,是三非一,不能随意抬高它的地位,扩大它的意义,至于以修为悟,或误把进修过程中的所见所得为悟,更犹如以指为月,得筌忘鱼,未得谓得,认假作真。

道生顿悟成佛的理论,以般若实相学为基础。实相无相,不一不二。道生说:"夫称顿者,明理不可分,悟语极照。以不二之悟,符不分别之理。理智恚(悉)释,谓之顿悟。"(同上)究竟之真理乃不可分割的整体,所以悟也不分阶级,必须是顿,而不可能是渐。如果悟是由渐而得的话,说明所悟者乃是个可以分解的具体对象物,是有相而非无相。"有相则有对,有对则不二"(《维摩诘经注·入不二法门品》)。所以此悟非真悟。故严格而言,如以七住悟后,再至十地而达究竟,非但不能称之为"顿",说"悟"也是勉强。道生说:"以理验知,非实涅槃也。"(《涅槃经集解·纯陀品》)涅槃即是终极实在,由体证而得,非理性知识推断的结果,是超乎常识经验的,"非浅识所量"(《维摩诘经注·经名解》)也。十住以还,全是信解认识的过程,无悟可谈。究竟的理体,一悟即契,无欠无余。所以悟是即刻性的,是一次完成的,此始可谓之顿悟。

对于道生的顿悟说,在当时有不少反对者,但同时也有支持者,后者以东晋名士谢灵运为杰出。与道生一样,谢灵运的顿悟义也是纵理而谈,不拘事相的差别。谢强调明理悟道与起信修习是两码事,不能混为一谈,指出"阶级教愚之谈,一悟得意之论",进一步阐发了道生至理不二的理论。为了分辨顿、渐的差别,谢灵运在概念上对二者予以了严格的区分,明确渐是假、是权、是用,修属渐;顿为真、为实、为体、为常,悟是顿,充实和发展了道生顿悟成佛义的理论。

谢灵运的理论还有一个特点,就是折中儒、佛以发挥道生的顿悟义。他认为两家思想在具体表现形式上有不同,但在归极处都是为追求宇宙的真理和人生的根本解脱——"体无是同"。而道生的顿悟义正是融合两家学说的"新论"。很明显,此观点是从玄学家王弼所谓孔子是真正能明本体无的圣人这一论点变化而来的。谢的这一思想,对促进以后学术界儒、佛思想的交流融通,也有积极的影响。

从东晋末出现在佛教哲学内部的顿、渐之辨,到南北朝时还在继续,但后期所讨论的基本没有越出前期的范围,许多观点大多只是前期的重复或说明。入唐以后,佛教中又出现了南顿北渐之争,这个在禅宗内部形成的分化与隋唐前佛教哲学界所发生的顿、渐之辨既有联系,又有区别。但从某种程度上讲,后者可以视为是前者的延续和演进。

综观东晋南北朝顿、渐两家所论,虽然在表面上都以佛义为根据,但显然以道生一派的顿悟义在逻辑上更加周延、自洽,道生批评持渐论者未见"圆义",非得实之谈,应该说是击中了渐悟理论的要害。毫无疑问,若站在一般的哲学角度上看,道生顿悟成佛说的宗教神秘主义色彩更浓,"唯心"的立场更彻底,但其思想显然也更符合大乘佛教的精神。另外,渐悟论者基本观点与中华传统文化不相契合,故而此说虽曾风行一时,终究还是被时代所淘汰。而道生的顿悟义,虽一度遭到"嫌嫉",最终却还是受僧俗两界所崇奉,并在中土开出硕大的果实。顿悟成佛义提倡内心的自省自悟,为中国佛学开出了新气象。以后的中国佛教能逐步摆脱繁琐仪式,以求智求慧作正事,使中国佛教哲学走向更成熟的、与印度佛教哲学有所区别的道路,不能不肯定有顿悟说的贡献在。同时,道生的顿悟成佛义与涅槃佛性对中国哲学心性论思想的发展也有很大的影响。总而言之,道生的佛学理论,在中国佛教史上乃至整个中国哲学思想史上有着极其重要的地位。

余　　论

南北朝时期的佛教哲学虽缺乏像慧远、僧肇、道生(道生的主要活动在东晋)这一类佛学大师的代表人物,但许多佛学理论的讨论、研究仍在延续、深入。如有关形神因果的理论,慧远之后,时有辩论,而构成南朝学术思想的重要内容。先是宋僧人慧琳作《黑白论》(又名《均善论》),判儒佛异同,但许多观点违反佛理,其中对佛教因果报应的思想也多有曲解。曾问学过慧远的居士宗炳因此而撰《明佛论》(又名《神不灭论》)相斥,主张"精神不灭,人可成佛",强调报应之理,说:"万化各随因缘。"后何承天复作《达性论》支持慧琳,主张人死神灭,不信杀生受报,说:"生必有死,形毙神散。"另有颜延之作《释达性论》反对何说，如此往复论辩，焦点在神灭或不灭。齐末，又有范缜作《神灭论》，主说"形存则神存，形谢则神灭"，遭到萧琛、沈约等反驳。梁武帝即位后，曾组织主持硕学俊彦，反对范缜的神灭论观点。

另自道生以后，有专弘《涅槃经》的涅槃师出现，所讨论研究的问题，还是以"涅槃佛性"为核心，主要包括一阐提有无佛性，佛性的性质，顿悟、渐悟等。这种论争一直到隋唐，成为南北朝佛教哲学的中心问题。

至于般若学，东晋以后在佛教义学中虽已被涅槃学取代而居于次要的地位。但梁代后，有专门研究并弘扬《中论》、《百论》和《十二门论》的三论师出现，形成三论学，一度盛行，发展至隋代的吉藏而形成宗派——三论宗。

除此之外，还有专门研究、弘扬某经、某论的毗昙师、成实师、地论师、摄论师、楞伽师等，形成了学派纷呈的局面。这些学派有的在传承数代后或自行衰落，或被其他学派所取代；有的在其发展过程中或演变，或被整合成佛教的其他宗派。这已经是隋唐以后的事了。

思考题：

1. 早期中国佛教有哪些特点？这些特点对中国佛教哲学的发展有何影响？

2. 为什么说六家七宗在"空"的理解与阐述上"偏而不即"？试以僧肇的般若学理论进行简析。

3. 慧远"沙门不敬王者"的理论根据是什么？他的因果报应思想的哲学基础在哪里？

4. 如何理解般若"空"与佛性"我"？

参考书目：

1. 汤用彤：《汉魏两晋南北朝佛教史》，中华书局，1983年。

2. 吕澂：《中国佛学源流略讲》，中华书局，1979年。

3. 任继愈主编：《中国佛教史》（第一、二、三卷），中国社会科学出版社，1981年、1985年、1988年。

4. 印顺：《印度佛教思想史》，台湾正闻出版社，1988年。

5. 吕澂：《印度佛学源流略讲》，上海人民出版社，1979年。

6. 印顺：《佛法概论》，上海古籍出版社，1998年。

第二章　隋唐佛教哲学

若按宗派来分,隋唐佛教共有八个主要的宗派,即:天台宗、三论宗、唯识宗、华严宗、禅宗、律宗、密宗、净土宗。各个宗派都有比较复杂的发展历史,更有丰富深刻的哲学思想。本章仅选择其中在哲学上比较有代表性的天台宗、唯识宗、华严宗和禅宗等四个宗派,对其哲学思想略作介绍。

隋唐佛教各宗的高僧大德将佛学理论发挥至极处,在佛教哲学上所取得的巨大成就,构成了中国佛学的精华。他们不仅为中国佛教思想史的发展作出了贡献,也在中国哲学史上奠定了他们不可替代的重要地位。隋唐佛教哲学作为中国哲学史上的重要一环,是中国传统哲学与印度佛学、佛学内部的教下与宗下等方面互相激荡、不断发展的结果。同时,隋唐佛教哲学尤其是禅宗的心性论,反过来又刺激了儒学和道教,对于后来宋明理学、宋元道教金丹派南宗与全真道的产生都有深远的影响。总体而言,若论哲学思维的细密深邃、理论体系的复杂严整、悟道境界的高深玄远以及实践方法的巧妙灵活,佛教哲学都有其独到之处,实为中国古代哲学中十分重要的组成部分。

第一节　天台宗

天台宗是最早建立的中国佛教宗派,其实际创始人是陈隋之际的智𫖮(538—597)。智𫖮曾在天台山(今浙江省天台县境内)禅讲九年,晚年重回此山,演教弘法,制定教规,最终圆寂于天台石城,后世遂称他创立的宗派为天台宗。因其宗奉《法华经》,亦称"法华宗"。该宗最初由慧文、慧思开创,继由智𫖮、灌顶建立规模,旋而转衰,经唐代中兴后再度转衰,至宋代复又一度兴盛,其后逐渐式微,却又不绝如缕。

智𫖮在继承前代诸师的基础上,对此前数百年的佛学成果进行综合与融汇,建立起融摄全体佛法的教观学说体系,成为中国佛教史上第一位集佛学之大成的宗教哲学家。百余年之后,中兴天台的湛然(711—782)在秉承智𫖮思想的基础上有所发挥,同时,其思想因受时代思潮的影响而具有鲜明的时代特色。天台宗的教义在不同的历史时期,虽然发生了一定的变化,但始终以智𫖮的思想为基础,因此,要了解天台宗哲学,当以研究智𫖮的著述为主。

天台宗的教义尽管非常复杂,但只要掌握其一以贯之的中心思想——诸法实相论,即可得其要领。智𫖮创宗立说,诠释不可思议的诸法实相,指示悟入实相的止观之道,判摄佛陀所说大小乘一切教法的次第与解说诸法实相的浅深,横说竖说,详说略说,他的初衷与旨趣,无非是要昭示:诸法实相虽妙不可言,但也可假借言语以宣示,运用思维以悟解。因为言语思维既为诸法所摄,本来就与实相不相违背。天台宗立说之巧妙圆融,处处透射出创宗者对诸法实相的深入体证和善于随机摄化的智慧辩才,天台宗的经典文句本身即是诸法实相的体现。

一、圆 融 三 谛

天台宗对诸法实相最为简洁的说明,莫过于"圆融三谛"。

智𫖮将三谛之法分为"隔历三谛"与"圆融三谛"两种,称前者为"粗法",后者为"妙法"。智𫖮所称的"隔历三谛"不合于佛说的缘起论,不能揭示诸法实相的深义,故称"粗法"。关于这种三谛的名目与含义,智𫖮解释如下:

> 一者有谛,二者无谛,三者中道第一义谛。所言有谛者,二十五有,世间众生,妄情所见,名之为有,如彼情见审实不虚,名之为谛,故言有谛,亦名俗谛,亦名世谛……二、无谛者,三乘出世之人所见真空,无名

无相,故名为无,审实不虚,目之为谛,故言无谛,亦名真谛,亦名第一义谛。三、中道第一义谛者,……遮凡夫爱见有边,遮二乘所见无名无相空边,遮俗谛真谛之二边,名为不二。不二之理,目之为"中",此理虚通无拥,名之为"道",最上无过,故称"第一",深有所以,目之为"义",诸佛菩萨之所证见,审实不虚,谓之为"谛",故言中道第一义谛,亦名一实谛也,亦名虚空、佛性、法界,如如、如来藏也。(《四教义》)

所谓"谛",就是"审实不虚"的意思。世间凡夫执著于五官感知到的东西如亲眼所见、亲耳所闻等为实"有",以为真实不虚;小乘的声闻、缘觉二乘执着于所见之"无",大乘菩萨以不有不无的"中道"为真实不虚。三者若是各执三谛中的一谛为真理,这是"隔历三谛"。

龙树在《中论》里说"众因缘生法,我说即是无(空),亦为是假名,亦是中道义",智顗据此提出"因缘所生法,即空即假即中"的"圆融三谛"说,破一切执,立一切法,即破除六道凡夫的种种执着以及声闻、缘觉乃至菩萨的各种偏执,直显诸法实相,故称"妙法"。

因此,智顗分析了小乘三藏教、大乘通教、大乘别教、大乘圆教对"即空即假即中"的不同理解,最后得出结论:前三种教对空假中三谛的理解有所隔别,属于"隔历三谛"的"粗法",只有大乘圆教的理解才真正是"圆融三谛"的"妙法",最能够说明缘起法的深义。

智顗释之如下:

> 若谓即空即假即中者,虽三而一,虽一而三,不相妨碍。三种皆空者,言思道断故;三种皆假者,但有名字故;三种皆中者,即是实相故。但以空为名,即具假中,悟空即悟假中。余亦如是。(《摩诃止观》)

三谛即是一谛,一谛亦即是三谛,三谛圆融。因为三谛与一谛无异,即空、即假、即中这三谛也无异,所以才是一实谛。若认为三谛有差别,则有颠倒,就不能叫作"一实谛"了。一实谛,也就是诸法实相。所以"即空即假即中"就是诸法实相,诸法实相就是"即空即假即中"。这里的诸法,既可以指一切法,也可以指任何一法,如智顗所说"一念心起,即空即假即中"(《摩诃止观》),"于一一根即空即假即中"(同上),色、受、想、行、识一一皆是"即空即假即中",乃至"十法界即空即假即中"(《法华玄义》)等等。

由此可知,智𫖮所说"圆融三谛"的"妙法",旨在对治包括一切凡夫对有的执着,以及小乘声闻、缘觉和大乘菩萨认识诸法实相时出现的或落于执空、或落于执有、或落于执中等等违反缘起法的偏差,对缘起论的深刻义蕴进行了非常充分的发挥。这种"三谛圆融"的理论试图说明,世界的真实状况,就是"即空即假即中"的。人们出于理解的需要和讨论的方便,不妨把世界的全体分为本体(空)、现象(假),在对待本体与现象、现象与现象之间的关系上,不偏执一边(中)。

"三谛圆融"的理论虽然指出了世界本来如此的真实状况,但也难免有人对这个理论产生执着,如此依然不能如实认识世界真相。所以,"圆融三谛"作为不可思议的"妙法",一定要落实到观行上,这就是不可思议的"一心三观",如智𫖮所说:

> 若一法一切法,即是因缘所生法,是为假名,假观也;若一切法即一法,我说即是空,空观也;若非一非一切者,即是中道观。一空一切空,无假中而不空,总空观也;一假一切假,无空中而不假,总假观也;一中一切中,无空假而不中,总中观也。即《中论》所说不可思议一心三观。(《摩诃止观》)

由智𫖮所说"一心三观"的内涵来看,仍然不离"即空即假即中"的缘起法。"一心三观",可以使人远离对"空"、"假"甚至"中"的偏执,而且智𫖮所立"即空即假即中"的"圆融三谛"以及"一心三观"等所有教理本身,我们阅读智𫖮著述所生起的种种理解,我们每时每刻的举心动念、五官感知和言行举止等等,无不是因缘所生法,都是"即空即假即中"。若能如此理解一切法,观照一切法,最后三谛、一谛等名词与认识,悉皆消殒,归于"诸法寂灭相,不可以言宣"的境地,得"无谛"之义,至此才可说得上对"即空即假即中"的"诸法实相"的深刻涵义有了如实的理解。

智𫖮所立"圆融三谛"之说,以不可思议的"妙法",诠释其亲身所证不可思议的境界,灌顶称为"天台智者说己心中所行法门"(《摩诃止观》),既有其理又有其事,而不属于思辨推想。人们通过修习智𫖮所说的止观法门,应该能够理解不可思议之法,证得不可思议之境。这也是天台宗哲学乃至全部佛教哲学与世俗哲学一个重要的区别所在。"圆融三谛"说,虽然表达的形式非常简要,但非常富有辩证的张力,能够很好地表达天台宗的核心思想——诸法实相论的深刻内涵,是为天台宗哲学的总纲。今人在学习哲学时,对于诸如本体与现象、体性与作用等问题,或偏执本体,或偏执现象,或执由体起用,或执摄用归体;对于本体,或说是有,或说是无,或说是一,或说是多,往往争论不休。"圆融三谛"说对于止息无谓的纷争或可起到补救的作用。

二、一 念 三 千

不可思议的诸法实相,过于玄妙,若非具有很高的智慧,实难有所领会和真实悟入。于是智顗"说己心中所行法门",也就是根据自己的修行经验,发明"前代未闻"的"止观",根据不同根机的人修证诸法实相的不同需要,广说深浅不同的各种"止观"法门,构成了一个结构严谨、内容丰富、宗旨明确的"止观"学说体系。

关于止观的类别,智顗秉承南岳慧思的传授,分别针对不同根性的人而说渐次、不定、圆顿三种止观。三种止观皆是缘于实相的大乘止观,其中以圆顿止观最为殊胜。一部《摩诃止观》,通篇开为十章,以五意贯彻始终,详说圆顿止观的名义、体相、方便、正观等内容,大小乘一切佛法几乎包罗殆尽。智顗在《摩诃止观》第七章"正修止观"第一"观阴界入境"讲到"观心十法",而在"观心十法"第一"观不可思议境"中,他详细说明"一念三千"的不思议境,可以说是观心的极致,能观之心与所观之境都不可得,亦即诸法实相。观心之极致就是教理之极致,"一念三千"即是诸法实相,所以,止观与实相无二无别。

智顗为止观开出十境:一、阴界入境,二、烦恼境,三、病患境,四、业相境,五、魔事境,六、禅定境,七、诸见境,八、增上慢境,九、二乘境,十、菩萨境。十境都是如实认识诸法实相的障碍,所以修习止观要观上述十境。

十境之中，阴界入境恒常自现于众生之前。因为每一个凡夫的生命都是由色、受、想、行、识五阴（新译为蕴）和合而成的，都有十二入和十八界；所以，不仅必须先以阴界入境为作观的对象，而且不管此境发与不发起，平常都要以此境作观。其余的九境，只有发起的时候才可作为观的对象，如果没有发起，就无境可观。例如，生了病才可观病患境，不生病就没有病患境可观。

在观阴界入境的时候，因修习者所迷不同，所观之境也不同。若迷于心，则开为五阴；若迷于色，则开为十二入；若心、色俱迷，则开为十八界。然而如湛然所说："阴、入、界三并可为境，宽漫难示，故促指的。略二就阴，如去丈就尺，略四从识，如去尺就寸。"（湛然《止观辅行传弘决》）五阴、十二入、十八界固然都可作为观境，但所观太宽泛，往往不易见实相。正如伐树须伐其根，根断树倒；如灸病须得找准穴位，灸到病除。一切阴入皆由心起，所谓心是惑本。观阴界入境时，先应当拣去十二入与十八界而取五阴；五阴之中，再拣去色、受、想、行等四阴，只取识阴作为观境，而识阴正是心。这就是天台宗所说的"三科拣境"。

另外，根据南岳慧思的分类，法有众生法、心法、佛法等三种。"但众生法太广，佛法太高，于初学为难。然'心佛及众生，是三无差别'者，但自观己心则为易。"（《法华玄义》）这里，智顗从宗教修行的角度，认为观众生法和佛法对于初学者来说都太难了，若根据晋译《华严经》所说"心佛及众生，是三无差别"的道理，自观己心则比较容易。观心虽易，是否会因此而不能兼顾众生法与佛法呢？智顗根据《涅槃经》与《华严经》所说，结合"圆融三谛"所说"一念心起，即空即假即中"的道理，认为观心一法仍具众生法、心法与佛法三种法，其说如下：

> 《涅槃》云："一切众生具足三定。……上定者谓佛性也。"能观心性名为上定，上能兼下，即摄得众生法也。《华严》云："游心法界如虚空，则知诸佛之境界。"法界即中也，虚空即空也，心佛即假也，三种具即佛境界也。是为观心仍具佛法。（《法华玄义》）

说一念心即具众生法、心法、佛法，或说一念心即是诸法实相等等，仍嫌立说太简单,不易为人所理解。于是智𫖮在说观心十法门中之第一"观不可思议境"时,又立"一念三千"之说,揭示出人们当下的一念心即具足十法界三千诸法的所有性相。此说往往被后世学者视为智𫖮晚年的成熟、究极之说,代表着天台宗哲学的最高成就。其实仍与"圆融三谛"一样,是随机建立的权巧方便之说,目的无非还是使人更易于理解诸法实相的深奥义蕴,契入诸法实相不可思议境界。

既称为"不可思议境",便难以言说,智𫖮乃先说明思议境,借此凸显不思议境。可思议法,有小乘、大乘之分。小乘说心生一切法,认为一切众生恒种善、恶之因,得善、恶之果,在三界六道中不停地轮回。如果要摆脱轮回,必须舍弃凡夫的一切贪欲烦恼,最终达到身心悉归于空寂无为的状态,称为涅槃。这是讲实有生灭的有作四谛,属于思议法。

大乘也讲心生一切法,计有十法界。意为一切众生心有善恶,因善恶之因不同,感得十种不同的果报,而彼此迥然有别,不相混滥,所以称为十法界;再者,此十法一一当体都是法界,所以称为十法界。十法界即:地狱、饿鬼、畜生三恶道和阿修罗、人、天三善道,这是六道凡夫的因果法,简称为六凡;小乘声闻、缘觉和大乘菩萨、佛,这是四种圣人的因果法,简称为四圣。此十法界,"逦迤浅深,皆从心出。虽是大乘无量四谛所摄,犹是思议之境,非今止观所观也。"(《摩诃止观》)亦即不是圆教止观所要观的不可思议境。

关于不可思议境,智𫖮根据《华严经》所说"心如工画师,造种种五阴。一切世间中,莫不从心造"和《大智度论》中所说三种世间的说法,将上述十法界又分为十种五阴世间、十种众生世间和十种国土世间共计三十种不同的世间。这三十种世间悉从心造。三十种世间一一各具如是相、性、体、力、作、因、缘、果、报、本末究竟等十如是法。"如"是"不异"的意思,"是"是"无非"的意思,"如是"就是指事物的实际情况。因为十界互具,即一一界皆具十界三十种世间,总共有三百世间,一一世间各具十如是法,这样算下来,即共计有三千如是法。所以智𫖮说:

> 夫一心具十法界,一法界又具十法界、百法界。一界具三十种世间,百法界即具三千种世间,此三千在一念心。若无心而已,介尔有心,

即具三千。(《摩诃止观》)

这里的"一心"("一念心"),也就是人们平常念念不停的一念。"三千"代表"一切法"。其意是说,凡夫当下的一念即具一切法。这就是著名的"一念三千"说。"一念三千"既被智𫖮称为不可思议境,其含义自然很难把握。因此,智𫖮特别对"一心"与"一切法"的关系作了进一步的说明:

亦不言一心在前,一切法在后。亦不言一切法在前,一心在后。……若从一心生一切法者,此则是纵。若心一时含一切法者,此即是横。纵亦不可,横亦不可。只心是一切法,一切法是心故,非纵非横,非一非异,玄妙深绝,非识所识,非言所言。所以称为不可思议境,意在于此。(同上)

这样的说明仍显得过于笼统,让人难以把捉,于是智𫖮自设问答,澄清将"一心具三千"理解成心具、缘具、共具、离具的四种错误认识,尤其批驳了地论师的法性依持说和摄论师的阿梨耶依持说。按照地论师的主张,是心具一切法;按照摄论师主张,则是缘具一切法,都是有所偏颇,与缘起法不合。为了浅显易懂,智𫖮特用梦喻来说明,对于梦的产生,分如下四种情况进行推求:(1)依心故有梦。若依心有梦,不睡眠的时候应有梦;(2)依眠故有梦。若依眠有梦,死人如入眠应有梦;(3)眠法合心故有梦。若睡眠与心二者相合而有梦,睡眠的人应该一直在梦中,不应该有不做梦的时候。而且,只有睡眠与心各自有梦,二者相合才可能有梦。二者既各无梦,相合也不应有梦;(4)离心离眠故有梦。若离心离眠而有梦,虚空既无心也无眠,应常有梦。由此推断,根本没有什么实在的梦,睡眠时梦见的一切事更没有什么实在性了。心就好比是地论师所说的法性,梦就好比是摄论师所说的阿梨耶识,说法性或说阿梨耶生一切法,都是不正确的。

智𫖮又从纵、横、亦纵亦横、非纵非横四个角度推求,认为"心"不可得,三千法也不可得,一切言语、思维皆不可及,所以说"一念三千"是不可思议境。虽然不可说,但出于对众生的慈悲怜悯,又可于无名相中假借名相来说,令人欢喜,藉此悟入不可思议境。因此智𫖮认为,虽然都说"一念三千"的妙义,但所说义理有浅有深,各不相同,可以根据如下四种不同的情况(也就是因缘），尤其是针对不同根器的人，令听闻者或生欢喜，或生善信，或断烦恼，或悟妙理。这就是所谓的世界悉檀、各各为人悉檀、对治悉檀、第一义悉檀等四悉檀。尤其是第一义悉檀，说法形式最为微妙：或说或不说；或说因，或说缘，或说因缘共，或说离因缘；或以说为不说，或以不说为说，智者称为"终日说终日不说，终日不说终日说，终日双遮终日双照，即破即立即立即破"（《摩诃止观》）。都能令人见理，悟得心生三千一切法的不思议境。

此一念三千的不思议境广大深邃，为使人有轨迹可供遵循，于是有种种"三法"，这些法门仍是一心所生，其名义略举如下：

> 轨则行人呼为三法，所照为三谛，所发为三观，观成为三智，教他呼为三语，归宗呼为三趣。得斯意类一切皆成法门。（《摩诃止观》）

三法，也称三轨：真性轨，即是诸法实相；观照轨，即是认识诸法实相的智慧作用；资成轨，助成智慧起作用并认识实相的一切修行法门。三谛即俗谛、真谛和中道第一义谛。三观即空观、假观和中观。三智就是道种智、一切智、一切种智。三语即随他意语、随自意语、非自非他意语。三趣即是：若明白了顿教也就理解了心，连心都不可得，也就没有什么趣非趣了；若理解了渐教，则知道一切法都趣向心；若理解不定教，说一切法趣向心也不为过。由此可知，一心具一切法，一切法是一心。此不思议境无法不收，无智不发，无誓不具，无行不满足。

到了唐代荆溪湛然中兴天台宗时，受到当时流行的华严宗、禅宗尤其与二宗关系密切的《大乘起信论》思想的影响，将理体的观念与智顗的"一念三千"说结合，提出"理具三千"说，理与事相对，故而又提出"事造三千"说；理与事相合，所以"理具"与"事造"又是不二的。湛然将智顗所说"一念三千"的不可思议境一分为二，又合二为一，这种解释或可容易使人理解智顗思想，有助于天台宗的流传，但也可能影响到对不可思议境的如实领悟，以及对智顗佛学思想的准确把握。

三、性具善恶

善恶问题是任何宗教都特别关注的重大问题。这既是一个理论问题，又是一个实践问题。智顗作为一位具有强烈救世悲愿的佛教思想家,对这个问题有很多的论述,不仅从理论上对善恶问题作出了详尽的阐述,而且提出了相应的修行方法,以求得善恶问题的彻底解决。

一般而言,智顗的性具善恶说出白《观音玄义》,因为《观音玄义》对性德善恶、修得善恶有明确的论述。其实,在《法华玄义》和《摩诃止观》等著作中,智顗关于善恶的论述随处可见。智顗的性具善恶说,为唐代荆溪湛然所继承并有进一步的阐述。到宋代,中兴天台宗的知礼大加发挥,以"性恶"说标榜,以此作为天台宗学说的标识。

性具善恶说在智顗的思想体系中并不是一个孤立的问题,而是诸法实相论的题中应有之义,只有把它放到诸法实相论的背景下来思考,才可能有比较准确的理解。

善恶之法,首先属于可思议的因果法。如前所述,小乘讲心生一切法,心有善恶,故有三界六道的因果循环;大乘讲心生一切法,心有善恶,则有六凡四圣的十界善恶性相差别。其次,诸法实相不可思议不可说,一法尚不可得,何况一切善恶之法?若有说法的因缘,又可说。说法因缘分四种情况,即四悉檀因缘,乃广说善、恶、非善非恶等法。智顗概说如下:

> 因缘和合有善人、恶人之异,是世界;善缘和合有善人,是为人;恶缘和合有恶人,是对治;双非善恶是第一义。五阴实法隔历,是世界;从善五阴生善五阴,是为人;以善五阴破恶五阴,是对治;无漏五阴是第一义。善法恶法异,是世界;说今善法生后善法,是为人;以今善法破今恶法,是对治;非善非恶是第一义。(《法华玄义》)

虽有上述种种善恶等法,其实都是属于因缘所生,没有自性。但小乘只知道恶中无善,善中无恶。大乘则能"观恶心非恶心,亦即恶而善,亦即非恶非善;观善心非善心,亦即善而恶,亦非善非恶"(同上)。凡夫、小乘以及大乘的别教与圆教等,对善恶的认识有深浅的差别,如智顗所说:

> 但解三恶业相,不达人天三善业相,则非深达,达恶达善乃为深达。若达善恶业相但是善恶,不名深达,又善恶俱是恶,离善离恶皆是善,是为深达。又达人天善恶是生死边,达二乘离善离恶涅槃空边,但是二边

不名深达;又二边皆是恶,亦不名深达,别教菩萨能达二边之浅,渐渐深达,故名深达。又别教渐深亦非深达,圆教即于浅业达于深业,方乃得名深达罪福相。(《摩诃止观》)

一切凡夫、小乘及大乘通、别二教的认识都不够正确,可称为恶,唯有天台圆教的认识,才可称得上是善,因为"善顺实相名为道,背实相名非道。若达诸恶非恶,皆是实相,即行于非道,通达佛道"(同上)。唯有圆教方可如此。

以上关于善恶的各种说法,包括圆教之法,都不过是在有说法因缘的情况下"随便宜"而说,故是权说,这就决定了性具善恶说在智𫖮思想体系中的位置。若脱离诸法实相论,把性具善恶论看成是智𫖮的究竟实说,则会有失偏颇,不能准确传达智𫖮的本意,并会影响到对智𫖮思想的准确理解。

下面来看智𫖮对性具善恶的论述。

智𫖮在《观音玄义》中"料简缘了"亦即讨论缘因佛性和了因佛性时,明确提出了性德善恶的主张。缘因佛性、了因佛性与正因佛性,合称三因佛性。所谓佛性,意为"觉了不变"。三因佛性,旨在说明一切众生都具有成佛的根据和条件。智𫖮释之为:"法性实相即是正因佛性,般若观照即是了因佛性,五度功德资发般若,即是缘因佛性。"(《法华玄义》)也就是说,法性实相是众生成佛的正因,由法性实相可发智慧照了实相,一切功德善根助成智慧显发实相。

智𫖮关于性德善恶的讨论是围绕着缘因佛性和了因佛性来展开的。因为正因佛性即法性实相,若与前面所说"三法"相配合,相当于三谛中的中道第一义谛,不可言说,故无善恶;缘、了二因,相当于俗谛和真谛,可方便言说心生一切法,故有善恶因果法。

智𫖮在《观音玄义》中所说要点如下:

(1) 缘、了二因皆具性德善恶。"性"是不可改的意思,因此,性德善恶历三世而无人能毁坏,也不可断除。

(2) 十界众生中,被视为断尽一切善根的一阐提人,"断修善尽,但性善在"(《观音玄义》),被视为纯善的佛,"断修恶尽,但性恶在"(同上)。

（3）阐提不断性善，所以还能起修善；佛不断性恶而不起修恶，又能随机缘所激、慈力所熏，与恶众生同事而将其化度。这主要是因为，阿梨耶识中有一切善恶种子，阿梨耶识就是无记无明。一阐提人虽修善断尽，但不断无记无明，为阿梨耶识所熏，所以还能生善，修善得起，广治诸恶。若能因此通达恶性相即是善性相、一切善恶之法皆与实相不相违背的道理，就不再称作一阐提了。佛虽不断性恶，而已经断尽无记无明，不为善恶种子所熏染，无恶可生；佛能通达恶际即是实际，于恶自在，性恶不断，所以还能起恶，行于非道通达佛道，能广用诸恶法门化度众生，却不会被恶所染。

总之，智顗所讨论的善恶，含义极为深广，不是世俗社会的伦理、法律乃至哲学意义上的善恶所能范围的。性具善恶说，既非片面肯定世俗社会一切罪恶的合理性，更非赞成和放纵恶行，而是要说明一切众生尤其是恶众生应当教化也能够教化的理论依据和特殊方法。恶人应该而且能够翻恶为善，通达善恶而离善恶，归于诸法实相；而要教化恶众生，往往需要从事教化事业的觉悟者采用诸恶法门才可奏效，觉悟者看似形同恶人同行恶事，实则是度恶众生的善行。智顗不仅在理论上说明善恶的道理，更提供了具体方法，这就是四种三昧中的"非行非坐三昧"之第三"随自意历诸恶事"修止观。智顗虽说"非行非坐三昧"，而视之为不得已之法，并不劝人修习。此法虽有效果，但须根据时机因缘，在明师的指导下才可修习，不可擅自为之。好比世间的险路和平坦的大路，若唯有险路可通，须有行路者的勇气与智力，再加上向导的引领及有力者的保护等，才可望抵达目的地。修习者行于恶而要通达恶性，此道难通，而且可能因此恣情纵欲，作恶更多。唐代的湛然在阐明智顗的性具善恶说时，将性恶与实恶作出明确的分别，并特别强调说："只缘实恶者坠，改恶者升。是故圣人示为升坠，令实行者改恶从善"。（湛然《止观辅行传弘决》）

四、小　　结

1. 天台宗哲学的性质和特色

天台宗哲学，是智顗等人以修证境界为基础提出来的。以今人的哲学眼光来看，诸法实相论是他哲学思想的根本，"一念三千"是他的修证境界，即破即立、即立即破的方法是他说法和组织教理的基本方法。其最大的思想特色就是圆融。在天台宗的佛学思想体系中，哲学思想、修证境界、方法论，三者是统一的，如果套用智𫖮的语言表述形式，就是"三即一，一即三"。可以说，在智𫖮的思想体系中，没有体与用、理与事、法性与无明、菩提与烦恼等等的二分，都是混然为一的，后来的湛然，虽将"一念三千"一分为二，即"理具三千"与"事造三千"，终究还是将二者合而为一。因此，如果我们仅依照当今人们所熟知的本体论、认识论、真理观、道德观等哲学范畴来理解智𫖮以及后来的天台宗哲学，必然无法准确把握乃至无法体会到天台宗哲学的圆融精神。

2. 天台宗哲学的方法论

"即破即立，即立即破"可以说是天台宗哲学的方法论。诸法实相的妙理不可说，绝待止观不可说，"一念三千"的妙境不可说，但是因为有四悉檀因缘，一切不可说的妙理妙境又都可以说。智𫖮的过人之处就在于，他以"即破即立，即立即破"为根本方法，非常巧妙地发挥了佛陀说法的四种形式，即所谓的四悉檀，非常成功地处理了可说与不可说的矛盾，把不可思议的修证境界和高深的佛教理论，进行了非常充分的诠释。我们只要掌握了这个方法论，然后再去研读天台宗三大部五小部，就不难寻绎和理解其中的高深哲理，对于玄妙的境界也会有所体认。

3. 主要贡献

智𫖮的诸法实相论，讲一切法即是一法，一法即是一切法，一法即实相，实相具有中道、第一义谛、虚空佛性等种种异名，论证了一切有生命和无生命的存在者，都有佛性，到唐代湛然更明确提出了"无情有性"的命题，为一切众生皆可成佛提供了理论根据。他的性具善恶说到了宋代，经由知礼的发挥，明确称之为性恶论，成为中国古代人性论学说中一种非常独特的理论。从理论上说，众生与佛是平等的，而事实上二者还是有差别的。智𫖮乃以诸法实相论为根据，提出以观心为主的止观法门，详细说明凡夫当下的一念妄心即具三千诸法的不可思议境，让诸法实相论能够落到实处，让凡夫成佛由理论上的可能性，经由止观修习，可以变成事实。他所说的止观法门，在后来中国佛教各宗中成为通行的修行方式,当然,因各宗立论各异,止观内容有所不同。

天台宗的另一大理论贡献,就是建立了五时八教的判教理论。智𫖮集南北朝各家判教理论之长,依照说理的浅深,将佛教经典分为藏、通、别、圆所谓化法四教;再根据说法的形式,分为顿、渐、秘密、不定所谓化仪四教;然后根据佛陀说法时间的先后,将佛教经典分属于五时,即:华严时、鹿苑时、方等时、般若时、法华涅槃时。以五时与八教相配合,比较成功地将佛陀一生所说各种教法组织成一个井然有序、理路清晰的思想系统,为佛教大小乘各派义理的不同处提供了一个比较合理的解释,有利于消弭佛教内部各派的纷争,对于缓和佛学思想的混乱状况有非常大的帮助。

4. 天台宗哲学的影响

天台宗作为成立较早的中国佛教宗派,其哲学理论和实践法门具有示范的作用,对其他宗派产生了深远的影响,尤其是华严宗的判教和止观学说受天台宗的影响最为明显。密宗高僧一行记录整理而成的《大日经疏》,即是主要根据天台宗的教理,对密宗理论重新进行组织。在六祖慧能的时代,即有天台宗的僧人永嘉玄觉自悟实相而得慧能的认可,所作《永嘉证道歌》更是在禅门中广为传颂。天台宗的止观法门也为禅宗广为采用,以教导初学者。

第二节 唯 识 宗

唯识宗,也称慈恩宗、法相宗,由玄奘开其先河,而一宗教理的组织实际上是由其弟子窥基完成的。此宗崇奉印度大乘佛教中自弥勒(约当公元三四世纪间人)、无著(约四或五世纪时人)、世亲(约四或五世纪时人)传至护法(约六世纪中叶)、戒贤一系的瑜伽行派的学说,阐扬一切唯识之理。本宗经典主要有《瑜伽师地论》、《成唯识论》、《成唯识论述记》、《大乘法苑义林章》等。

玄奘(600—664)是我国历史上著名的佛经翻译家。他自出家至游印求法之前的修学时期,正当隋唐之际,南北朝时期的佛教学派多数依然在各地传续不绝,三论宗与天台宗都已经流行,但玄奘对三论宗和天台宗殊少留意，主要是参学当时流行的各个学派，先后学习了《涅槃》、《摄论》、《毗昙》（包括《杂心》、《发智》二论）、《成实》、《俱舍》等经论。他对于南北各地大小乘各派相互差别甚至对立的佛学理论甚感困惑，后来从来华的中印度高僧波颇密多罗（明友）处，知道了印度那烂陀寺的瑜伽学大家戒贤（约当公元六七世纪时人）以及赅摄佛学全体的瑜伽学大本《十七地论》，便立志赴印度求法，以期实现各派佛学的内在融通。到达印度之后，他以瑜伽行派护法、戒贤一系的佛学为旨归来综贯大小乘各派教理，实现了求法的初衷。玄奘没有专门的佛学论著传世，后人因此无法系统研究他的佛学思想，但从他在印度修学的经历以及他回国后译经的组织规模，仍可看出其学术取向和统摄全体佛学的用心，他的佛学思想在窥基（632—682）的著述中也有间接的表现。窥基和圆测（613—696），并为玄奘门下唯识学二大家。但在圆测的唯识思想中，多有真谛（499—569）等所传的旧说，对于玄奘、真谛以外的唯识异说，也不置可否。

窥基宗奉护法的思想，对于真谛译传的唯识学说持严厉的批判态度。玄奘译《成唯识论》时，本欲将印度十家注全部译出，窥基力主以护法的注为主，其他九师的注为辅，糅译而成一部，作出定解，并由窥基一人独任笔受。所以，《成唯识论》十卷实为编译，其中多有玄奘与窥基二人的唯识思想，此书后来之所以成为唯识宗的标识与思想核心，也是理所当然的。窥基在玄奘所传印度瑜伽行派唯识学的基础上，组织起以八识二无我、五法三自性、五重唯识观等学说为主要内容的教观体系。

窥基的弟子慧沼（650—714）祖述、阐明并补充窥基之说，对以圆测为代表的各家唯识异说一一批判。经过他的努力，一改此前玄奘门下窥基、圆测二家唯识学说并行的局面，将窥基一系定于一尊。但到慧沼的弟子智周（668—723）之时，只限于祖述师传，对唯识学说无所发展，唯识宗的教势也成强弩之末。智周之后，唯识宗骤衰，著述零落。从此以后一千余年间，唯识学虽也间或有人研究，晚明曾有过短暂的复兴，甚至在近现代蔚为显学，但唯识宗作为一个宗派，再也没有复兴。

唯识宗的教义以结构严谨、名相繁多、说理缜密、义趣幽深著称，学者每每视为畏途。其实，唯识宗以唯识为宗，说一切法都不离识的原理，无非阐明破我执与法执,断烦恼障与所知障,证我、法二空,得大菩提、大涅槃二胜果等道理,其全部教义的理路非常清晰,如总说一切唯识,识展开为三能变,每一能变识各有其性相,层层递进,环环相扣,一切法悉纳其中,详尽描绘出心身世界、诸法染净、因果差别间相续不绝、循环无差的图景,广大深邃,引人入胜,与世俗哲学和科学也容易会通,因此成为今时诸多佛教学者热衷研究的佛教显学。

研读唯识宗哲学,首先须把握"一切唯识"的纲领,掌握其运用因明立说的方法,然后对名相逐一辨析,便可得其门而入,由浅入深,由有相入无相,由世俗谛入胜义谛,由安立至于非安立。最终若对于唯识宗所说体妙离言的真如亦即圆成实性有所契会,则可以说与唯识宗立说的宗旨相距不远了。

一、一切唯识

唯识宗认为,凡夫众生、小乘认为在心识之外,必定有实在的我和实在的法存在,执着于有;大乘中的别派认为一切皆空,而执着于空。这都不是如实的认识,只有唯识宗所说的唯识理,才是完全正确的认识。一如窥基所说:"故此即以唯识为宗。识有非空,境无非有,以为宗也。虽具明诸法,皆不离识也。"(《成唯识论述记》)全部唯识教义,虽广说三能变种种相性,无非说明一切唯识的根本原理。

识,是了别的意思。若具体来说,由浅到深,可分为五个方面,称为五法,即:识自相、识相应、识所变、识分位、识实性。五法事理皆不离识,故名唯识。识的实性就是真如,所以真如也不离识,而真如是无为法,不能随缘起用,而识能随缘起用,因此一切法都摄归于识,而不能摄归真如,正是基于这样的考虑,才安立识名。唯,主要是简持的意思,即简去属于遍计所执性的我执和法执,持取识相即依他起性和识性即圆成实性。识也可称为心,故唯识也可称唯心,二者没有根本差别。

窥基为了说明一切法皆摄归于识,将各种经论里所说各种观的名称,如唯心、中道、般若波罗蜜多、一实谛、如来藏、自性清净心、法身、不二法门、佛性、非安立、圆成实、真如、法界、法性、真际、虚空界、安立与非安立谛、胜义与世俗二谛、名与事二法、生与法二无我、三性、三无性、三解脱门、三无生忍、四法印、四悉檀、四寻思、四如实智、五忍等等,系统地整理出来,全部视为唯识的同体异名。窥基说:"如是一切虽异名说,皆是此中唯识境智差别名也。"(《大乘法苑义林章》)由此可知窥基欲以唯识摄尽诸法之意。

窥基认为,各种经论诸教所说的观法虽名称各异,实则都属一切唯识所摄。这样一来,唯识的内容就非常丰富了,概括起来约有如下五种类别:一、境唯识,但说唯识所观境。二、教唯识,只说唯识教。三、理唯识,成立唯识道理。四、行唯识,如四种寻思、如实智等。五、果唯识,唯识得果。这五种唯识包罗一切,进一步表明以唯识摄尽诸法之意。

从以上所说唯识的种种异名和五种类别可知,当年玄奘去印度求法的初衷,即欲找到一种能够统一中国各派不同教理的佛学理论,这就是印度大乘的瑜伽行派。玄奘归国后虽然无暇从事著述以具体阐明如何以瑜伽行派的唯识理论来统一各派异说,但后来还是通过窥基对唯识宗教理的组织表达了这个愿望。

另外,窥基的四重出体说,为以唯识摄尽诸法提供了坚实的哲理基础。窥基指出,体有四重:一、摄相归性体,即一切法的实性是真如。真如,也可称为如、如来藏,诸经论所说不一。一切有为、无为等法虽成个别体相,其实都是真如之相,不离真如,不异真如,譬如海水随风而成波相,波之体与水不异。二、摄境从识体,即一切法皆是唯识。三、摄假随实体,即诸假法随其所依实法为体。比如说瓶,以其所依的色、香、味、触四尘为体。四、性用别论体,指色、心、假、实各有不同的内容等。如色蕴就包括十二处中的十处和十八界中的十界。此体由浅至深,依次可再分为因缘、唯识、无相、真如四重。如前说瓶等,依因缘为体;诸因缘生法,依唯识为体;唯识有相,以无相为体;无相又以真如为体,而真如体妙离言,不可言说,不可思议,属于非安立,不可再立体了。

上述二种四重体,名目虽然不同,而皆各有不同的所指,以理而言,不相违背。窥基认为:"此二四体摄法义周,随其所应,释一切法。"(《大乘法苑义林章》)窥基明确主张:诸法各各都有此四种体。具体来说,唯识宗讲一切法为自识所变,是第二摄境从心体;说种种正教都是佛说,乃是第四性用别论体；从根本上来说，唯识宗也是以真如为体的，这是第一摄相归性体；唯识宗以用来宣说教义的声、名、句等，作为唯识正教之体，这是第三摄假随实体。若仅以教体而言，虽属第三摄假随实体，而不离其他三重体。窥基总结说："虽说一体，义不违三，即——法各各有此四种体。故说诸法体，准此应知。"（同上）

顺便要指出的是，由于窥基采用的是二重四体说，这就使得他的著述之中，"体"字之含义非常丰富，仅以"性用别论体"来说，就有层层深入的因缘、唯识、无相、真如等四种体，这就不免令人在研读和理解唯识宗的著述和思想时遇到很大的困难。但是，唯识宗遵循因明的方法，立破分明，总是相待来立说，只要根据上下文仔细辨别，就不难判断其究竟是哪种意义上的体。

总之，唯识宗作为一个隋唐佛教宗派，虽然在教理思想上以继承印度瑜伽行派为主，但还是进行了统摄全体佛法的尝试，表现出一定程度的中国化倾向。

二、八识与转依

唯识宗为了破除凡夫、外道、小乘对实我、实法的执着和大乘他宗对空的执着，纠正人们对于唯识理的错误理解，通过唯识相即三能变相和唯识性即三性二谛的理论，具体说明对实我、实法的妄执属于遍计所执性，犹如龟毛兔角一样，是虚构出来的，所以理当断除；与我、法二执共生的所知障和烦恼障也是可以断除的。若除却妨碍认识真理的这二大障碍，真理便得以显现，所知障与烦恼障最终可转变为大菩提、大涅槃二种胜果。而关于人们如何由明了唯识理而渐次修行，由凡夫逐步升进而趋于菩萨、佛的果位，这是唯识位所讲的内容，在此从略。

1. 八识变现一切法

唯识宗说，一切诸法，都是阿赖耶等诸识所变，所变之法虽有森罗万象，而能变识只有三种，即第八识、第七识和前六识，依次称为异熟能变、思量能变、了别能变，也叫初能变、第二能变、第三能变。

（1）初能变相

初能变有三种相，即自相、果相、因相。所谓"自相"，即自体相，就是阿赖耶识。阿赖耶是梵语音译，是"藏"的意思，有能藏、所藏、执藏三义，一般取执藏之义。所谓执藏，是指源于阿赖耶识的第七末那识这个深层的自我执着心，一直将刹那生灭、恒转相续的阿赖耶识，误解为常一不变的主宰而执着不舍。就阿赖耶识作为第七末那识执着的对象而言，称为执藏。

对于不同境界的众生来说，此识或称阿赖耶识，或称异熟识，或称执持识，名义虽有所不同，但都是指此第八识体。所谓"果相"，是说此识能引生一切善恶业的果报，因为果报属于非善非恶的无记果，而与有善有恶的业因性质不同，时间先后也不同，所以称为异熟果。所谓"因相"，是说此识能持一切有漏、无漏、色、心等诸法种子，又能与有漏、无漏种子共同作用，生起现行诸法即一切现象。对于现行诸法来说，摄藏于此识自体中的种子即是诸法之因，故说一切种子是此识的因相。此因相种子之义，即是一切唯识的理论根据，是一切有为诸法染净缘起的根本，无论有漏杂染和无漏清净，都依之生起，故称此识为根本依。

下面主要根据因相种子之义，略说根身和器世间的由来，以见唯识宗对一切众生及其所依存的世界所持的独特观点，与世俗哲学的本体论极为相似。

先略说种子的名义。

一切法可分为有为法和无为法二大类。一切有为法，包括有漏、无漏、色、心诸法，都是从第八阿赖耶识中开发生起的。阿赖耶识自体中，有生起诸法之果的种种功能力用，不同的功能力用生起各自不同的法，种子的基本含义，即"谓本识中亲生自果功能差别"（《成唯识论》）。就好像草木的种子，能生芽茎，种瓜得瓜，种豆得豆，种子不同，其果各异，不相紊乱，故将此功能力用，假借世俗的"种子"这个名称，不能作实体化的理解。这些功能力用未生起时，称作种子；生起显现为诸法时，则称为现行。种子另外还有个名称，叫作习气。所谓习气，是现行诸法熏习的气分，含藏于阿赖耶识中，具有产生思想、行为及其他一切有为法的作用，与种子名异而体同。

种子必须具有刹那灭、果俱有、恒随转、性决定、待众缘、引自果这六个特性，方可称为种子。但其中最为重要的特性有两个：其一刹那灭，说明其体有生灭,功能从生灭变化而起;其二恒随转,说明其体不同于兔角龟毛,不是子虚乌有的。种子虽然是有的,但只是依世俗谛说为实有,而真如是胜义有。所以,唯识宗虽承认种子的真实存在,但与真如的真实存在,含义有所不同。再从性相的角度,种子有相,是第八识的相分;而真如无相,是第八识的实性。二者也是有差别的。

种子是从哪里来的呢?唯识宗认为,"诸法种子有漏、无漏,各有二类:本有、新熏。理无失故,不违经故。"(《成唯识论述记》)所谓本有,指无始以来,第八识中,法尔自然具有生起诸法的功能,这就是本有种子,也叫本性住种;所谓新熏,指无始时来,从种子生起的现行诸法,依七转识的作用,再熏习其气分于第八识中,成为以后生果的功能,这就是新熏种子,也叫习所成种。本有、新熏二种子,相互作用,生起现行诸法。

第八识自体中的种子千差万别,生起显现为千差万别的世界万物,大则山河大地,小则微尘毛孔,无不是种子的现行。是什么种子生起众生的根身,什么种子生起众生所依托的外部世界呢?又都是怎样生起的呢?《成唯识论》在说到第八识的行相所缘时,对上述问题有明确的回答。论中说:

> 此识行相所缘云何?谓不可知执受、处、了。了谓了别,即是行相,识以了别为行相故。处谓处所,即器世间,是诸有情所依处故。执受有二:谓诸种子及有根身。诸种子者,谓诸相名分别习气;有根身者,谓诸色根及根依处。此二皆是识所执受,摄为自体,同安危故。执受及处,俱是所缘。(《成唯识论》)

此中所谓"不可知",是说,作为认识对象的诸种子及根身,非常微细;器世间其量难测,故名不可知,不是说绝对不可知。第八识以了别为行相。所谓了别,即是第八识的见分,也就是认识主体的认识作用。执受及处是了别的所缘,也就是认识的对象,属于识的相分。执受中的种子仅是指一切有漏种子,而不包括无漏种子。所谓根身,即一切众生物质性的身体,包括诸色根及其依处两部分。诸色根,指眼、耳、鼻、舌、身五种现行清净的物质,能取外界之境,发内界之识,是发生感觉认识作用的实体,约相当于现在所说的神经系统。五色根的所依处,称为扶尘根,指眼、耳、鼻、舌、身五种粗显的肉体器官,为五色根所依,自身并无发识取境的认识功能,而能够扶助五色根产生感觉认识作用。所谓器世间,指一切众生所居之国土世界,有成有坏。

总体而言,"阿赖耶识因缘力故自体生时,内变为种及有根身,外变为器"(同上)。具体来说,器世间和根身分别是共相种和不共相种所变。

先说器世间。"所言处者,谓异熟识由共相种成熟力故,变似色等器世间相,即外大种及所造色。虽诸有情所变各别,而相相似,处所无异,如众灯明,各遍似一"(同上)。其意是说,异熟识中的共相种子成熟,变现为器世间相,也就是地、水、火、风四种元素所谓外大种及其所造山河大地等自然界的种种物质。众生虽然各变各的,但所变的相非常相似,都在同一个地方,这就好像很多灯发出的光交相辉映,共成一片光明,不分彼此。因此,器世间不是由一个或一部分众生的异熟识变现的,而是由所有众生由于具有共同的作用力,由异熟识交互作用共同变现的。一切众生变现国土的目的是为了使色身有所依托,利用国土中的物质资源来资养色身。总之,只要众生有持用身体的需要,便会将此国土变现出来。众生即使还在此方国土,也会把将来要投生的他方国土给变现出来。唯识宗由此来解释某一国土将要毁坏或正在生成时,没有众生居住或投生其中,此国土何以显现的问题。

再说根身。《成唯识论》说:"有根身者,谓异熟识不共相种成熟力故,变似色根及根依处,即内大种及所造色。有共相种成熟力故,于他身处亦变似彼。"(同上)大意是说,异熟识中的不共相种成熟了,生起作用,变现出眼、耳、鼻、舌、身五种色根及其五种所依处,也就是由地、水、火、风四大元素所谓内大种构成了有感觉认识功能的物质性的身体器官。众生不仅依不共相种变现出自己的身体,同时也由共相种变现出其他众生的身体。众生由此便能相互利用身体的作用来互相支持和协助,共同来维持身体的生存。如果不变现出其他众生的身体,单一众生无法从其同类那里获得支持和协助,也不能从异类众生那里获得食物等生存资源,实难维持生存。

上述阿赖耶识自体内变种子根身、外变器世间的理论,从其表现形式和内容上看,的确与世俗哲学的本体论或世界观有某种相似的地方,因此被称为佛教的本体论,但就其精神实质而言,与世俗哲学的本体论却是大异其趣的。因为阿赖耶识本身亦为一缘起的存在,既恒久相续,又不断转变,就像瀑布一样，看似常一不变，其实是非断非常。故唯识宗讲大小二乘修证的果位，大乘菩萨修至第八地时，小乘的声闻、缘觉入无馀涅槃时，此识即不再叫阿赖耶识，而称为异熟识，至于到了佛地，此识纯为清净无漏，只能称为无垢识。总之，唯识学为破众生妄执外境实有而立一切唯识，一如《成唯识论》所说："为遣妄执心、心所外实有境故，说唯有识。若执唯识真实有者，如执外境，亦是法执。"（同上）

(2) 第二能变相

第二能变识，即第七末那识。末那，为梵语之音译，意译为意，思量之义。因为与第六意识（依末那之识）相区别，而特取梵语音译，名为末那识。此识无始以来，与第八阿赖耶识共同生起，恒审第八阿赖耶识的见分即认识主体的认识作用为"我、我所"而执着不舍。打个比方说，第七识好比一个看守，第八识犹如宝藏，此第七识时刻不停地把第八识宝藏据为己有，贪恋不舍。

第七识独有恒审思量的作用，妄想分别，恒执我相，无有间断。第八识虽然恒起，因为没有分别，不能称为审思。后面要讲的第三能变识中第六意识虽然也是审思，但有间断，例如深度睡眠、深度昏迷时，即不能生起审思作用。眼、耳、鼻、舌、身五识既不恒起，更无审思作用。此第七识自无始以来，微细相续，不用外力，自然而起，虽然不能引生异熟果，却能覆圣道、蔽心性。

若具体分析，此识之所以能覆圣道、蔽心性，乃是因为它恒与我痴、我见、我慢、我爱等四种根本烦恼相应。所谓我痴，又叫恒行不共无明，此无明迷执我相，与我见相应，所以叫我痴。一切凡夫无始以来我痴相续不断，与我见、我爱、我慢三大惑相应，能障碍真义智。我见，也叫身见，将好像是我而其实非我的第八识，妄认为是我，所以叫我见，与一切凡夫恒时共生相续。我慢，恃仗所执之我，倨傲高举，所以叫我慢。我爱，于所执着的我，深生迷恋，故名我爱。这四个根本烦恼恒久与第七识心王相应，内令第八识烦扰浑浊，外令眼、耳、鼻、舌、身、意六转识恒久成为有漏。一切众生由此四种烦恼，我执不舍，便永远不能脱出生死轮回，得成圣道。若能破除我执，则四种根本烦恼及与之有关的其他一切烦恼自然随之断尽，犹如树断其根，枝叶随之而枯。由我执破除，自然不会再执着于识外有实法。法执既破，证得我、法二空,唯识之理真如即显。因此,唯识学讲第二能变相,说明我执的由来及其表现,其实是为了破除对我及我所的妄执,将此识由缘第八识转为缘真如及其他诸法,由恒审思量所执我相转变为恒审思量无我相。阿罗汉入金刚喻定,就可以顿断此种,我执永不复起;大乘的菩萨也能够使我执伏而不现,最后证得菩提时顿断我执。所以,末那说与西方哲学中的唯我论虽表面相似,根本旨趣则完全不同。

(3) 第三能变相

第三能变识有六种。若根据它们各自所依的六根来立名,分别称为眼、耳、鼻、舌、身、意等六识。若根据它们各自的认识对象(境)来立名,则称为色、声、香、味、触、法等六识,其中前五识只能认识各自的对象(境),而法识能够认识一切法。六识了别的境,即所能认识的色、声、香、味、触、法等,都是粗糙浅显之境,所以称为了别境识。

此六识之中,以第六识功能最为强大,发生认识作用的时候也最多。因为前五识不能思虑,不能单独起作用,需要第六意识引导,唯以外境为认识对象,需要的条件如此之多,常常不能具备,因此前五识发生认识作用的时候较少。第六意识则相反,自己能思虑,能自己起作用,以理事等为认识对象,需要的条件较少,容易具备,所以认识作用经常发生。但在以下情况中,第六识也不起作用,即生无想天时、入无想定时、入灭尽定时、深度睡眠时、深度昏迷时,称为五位无心。除此之外,第六意识在任何时候都在发生认识作用。

凡夫六根常不清净,六识为其所困而不得自在,六识所起认识作用不仅很有限,而且常常为境所牵,顾此失彼,障碍丛生,不能全面准确地认识事理。通过如理修行,六根清净,即可得诸根自在。诸根互用,即一根发识,可以认识到六识所能认识的一切对象。

2. 转依——转识成智

唯识宗把一切法的实相——真如,称为理佛性,在承认真如为实践的依据而外,又主张有染净、根本的所依,即是人们的根本意识——第八识"藏识"。唯识宗虽然从染净两方面说"依",虽可视为"性相别论",但认为依义和依之所在不同,二者并非浑然一体。再说"转依",义如解脱,在瑜伽行派那里是指将真如作迷悟依,藏识作染净依,依真如由迷境转为悟境,依藏识由染分变成净分,这样才能究竟解脱。唯识宗更将这种义理,与"理"、"事"相配合来立说,到了理的全明,事的纯净,便是实践的终极。

在实践方面,唯识宗建立了"五重唯识观"的独特观法。窥基将此观从宽至狭、从浅至深、从粗至细分为五重:

(1) 遣虚存实。用遣虚观对破从虚妄分别生起的执实我实法,用存实观对遣否认有依他起性、圆成实性的邪见。这是空、有相对的观法。

(2) 舍滥留纯。依他起的诸识中,有相、见、自证、证自证四分,相分是所缘之境(滥),后三分是能缘之心(纯),为避免二者互相杂滥,所以舍弃所缘相分之境,只就纯属能缘的后三分观察唯识的道理。这是心境相对的观法。

(3) 摄末归本。见、相二分都依自证分起,即不外自体分上的能所缘用,是所变,称之为末。自证分(本)是体,是能变。所以只就自证分观察唯识的道理,这是体用相对的观法。

(4) 隐劣显胜。八识的自体分中,各有心、心所的分别。心是所依,如王;心所是能依,如臣。故以心王为胜,心所为劣,只说唯心,不说唯心所。如此,隐劣心所,显胜心王,只就心王的自体观察唯识的道理,这是王、所相对的观法。

(5) 遣相证性。八识心王的自体分是依他起的事相,而其实体则是我、法二空,即离了遍计所执而显示的圆成实性。因此,更进一步舍遣依他的事相,只就圆成实性的法体求证唯识理,叫作遣相证性。进入此第五重观时,根本智先证真如理,后得智次了依他法,理事既彰,我、法二执自然息灭。这是理、事相对的观法。此处说遣相证性,只是伏断依他起染分法的知解、分别。依他知解既断,所缘染相自然不会当情而现。再用对治法门,逐渐引生、巩固依他起法的净分,取得转依的实效,而圆满唯识的观行。

众生不明唯识理,故有我、法二执,生烦恼障与所知障,障碍涅槃与菩提。通过修习五重唯识观,不仅可证验一切唯识之理,更可由此最终转烦恼障与所知障为大涅槃、大菩提二种胜果,究竟成佛。有漏的八识即可转为无漏之八识,从而可得四种智慧,即:① 眼、耳、鼻、舌、身识之前五识转至无漏时,得成所作智;② 第六意识转至无漏时,得妙观察智;③ 第七末那识转至无漏时,得平等性智;④ 第八阿赖耶识转至无漏时,得大圆镜智。这就是唯识宗的"转识成智"说。此说简化了转依说的内容,对于后来的中国佛教以及佛教以外的思想都有很大的影响。

三、三性与二谛

前说唯识的种种异名、种种相性,虽然极其复杂,若以三性与二谛来加以概括融通,则较易令人领会其宗旨。尤其从唯识宗对二谛义的论述,可以间接地证明,玄奘早年在印度的那烂陀寺留学时作《会宗论》(已佚)以会通唯识与中观二大学派的历史记载是确有其事的,而且这种会通的思想也被窥基继承下来了。

先说三性。三性,也叫三自性,是对一切法的性相是有、是无、是假、是实所作的分类,也叫三相、三自相,即:(1)遍计所执性,指凡夫的迷情妄执,是说凡夫依其妄情普遍观察思量一切法,由此虚妄分别执有实我、实法。如见绳而误以为蛇,而并没有蛇的实体,只是妄情迷执为蛇。一切有为法,都是因缘假合而成,其中没有一个是实我、实法,只是众生依其妄想分别,迷执为实我、实法,所以实我、实法是遍计所执性。只是依众生的妄情而假有,不能离妄情而有,故可称之为假;因为它没有体相,所以是"实无"。(2)依他起性,即依因缘而生的一切法。"他"指因缘,以阿赖耶识中的种子为第一因,借其他种种之助缘而生的一切法,虽是离妄情而自存的,如绳以麻等因缘而生,故名"依他起性",属于聚集相续而有,本无永恒不变的自性,所以也可称为"假有"。这里实法与假法是相对而言的,若无实法,也就没有假法,反之亦然。(3)圆成实性,即圆满成就的真实性,在任何时间和地方都湛然常住,无生灭变易,故称真如;是一切有为法的体性,因此也称法性。恰如绳的实性是麻,故名圆成实性,因为不需要依赖任何条件而得建立,唯是"实有",也即是"真有"。

以上所说三性皆不离识。三性可分为真与妄、真与俗两重关系。一是遍计所执性(妄)与圆成实性(真)相依,由此可将唯识之性分为虚妄唯识性和真实唯识性二种;二是依他起性(俗)和圆成实性(真)相依,由此可将唯识之性分为世俗唯识性和胜义唯识性。究竟而论，唯识实性是舍虚妄而取真实，舍世俗而取胜义，唯识实性就是圆成实性。此圆成实性为一切诸法所依，而不离识，所以称之为唯识性。另外，根据《成唯识论》所说，三性与真如、六法、五事、五相、四谛、三解脱门、二谛等，都是相摄的关系。

尤其从三性与二谛的相摄关系可知，唯识宗对于唯识与中观两派思想，是持会通态度的。由此若再结合前面的四重出体说，可以看出，唯识宗与影响中国佛教极为深远的如来藏思想也不是没有会通的余地。

二谛的名义是：一、世俗谛。世，指隐覆、可毁坏的意思。俗，指显现、随世流的意思。此谛覆空理，有相显现，按理来说，应该称为隐显谛。有和无都是真实不虚的，名之为谛。二、胜义谛，旧名第一义谛，亦名真谛。胜谓殊胜。其义有两种，一指境界而言，二是指道理而言。事是如实有其事，理是如实有其理，理事不谬，名之为谛。

然而二谛有有体与无体、事与理、浅与深、诠与旨等种种差别。所以二谛又可以各分为四重，称为名事二谛、事理二谛、浅深二谛、诠旨二谛。四重二谛，由无体到有体，由事到理，由浅到深，由可说到不可说，由安立到非安立，详尽说明了佛陀说法和众生修习的次第，可总摄一切佛法。

这四重世俗谛是：一、世间世俗谛，也叫有名无实谛。二、道理世俗谛，也称随事差别谛。三、证得世俗谛，也叫方便安立谛。四、胜义世俗谛，也称假名非安立谛。以上四重世俗谛，都可称为安立世俗谛。

四重胜义谛是：一、世间胜义谛，也叫体用显现谛。二、道理胜义谛，也叫因果差别谛。三、证得胜义谛，也叫依门显实谛。四、胜义胜义谛，也叫废诠谈旨谛。前三重胜义谛名为安立胜义，第四重则是非安立胜义。前三重胜义谛是依殊胜智慧认识真理的境界来安立的，第四重胜义是废诠谈旨的一真法界，是依道理立义。前面所讲三性之中的圆成实性，被称为一切法的胜义谛，就是依最后的胜义谛而说，而不是指前三重胜义谛而言。

总就四重二谛与安立、不安立的关系而论，第一重世俗谛是假名安立，后三重世俗谛、前三重胜义谛为有相安立，第四重胜义谛废诠谈旨，无差别相，是非安立，因为这是圣者的自内证，无以言说。

就四重二谛的真俗关系而言，第一重俗谛，唯是俗而不是真；第四重真谛,唯是真而不是俗;前三重真谛和后三重俗谛,有真也有俗。另外,第四胜义必与四俗相对,才能称为胜义,若与第四重胜义相对而言,前三重真谛也可称为俗谛;同理,第一重俗谛必与四真谛相对,才可称为俗谛,若与第一俗谛相对而言,后三俗谛也可称为真谛。四重俗谛与四重真谛,一一对应,相依相待而各有俗谛、真谛之名。

窥基在详述四重二谛的真俗关系之后,作了如下一段总结:

> 故若有俗时,亦必有真;若有真时,亦必有俗。俗是真家俗,真是俗家真,有俗亦有真,无真亦无俗。故非遣依他而证圆成实,非无俗谛可得有真,真俗相依而建立故。如是所说四种二谛。(《大乘法苑义林章》)

"真俗相依而建立"一句,可以说是我们理解唯识宗教义的关键。唯识宗以音声、文字等所宣说唯识相性种种教理,固然可称为胜义谛,但都属于言诠和安立的范围,只可以归于四重真谛中的前三谛,而不是废诠谈旨、非安立的第四重真谛,称其全部教义尽为俗谛所摄也无妨。但因"真俗相依而建立故",俗不离真,无俗便无真,由俗方可证真,由依他起性可证圆成实性,由四重俗谛而证第四重真谛,也就是体妙离言的真如。而这才真正是唯识宗教义的宗旨所在。

四、小　　结

1. 唯识宗哲学的特色

唯识宗哲学,为了破除众生执着于离识而有实我、实法的妄执,阐明一切唯识之理,安立三能变、三自性等等名相,用来分析众生心识根身及世界万法产生的根源及种种差别,指出众生生死流转的根本原因以及解脱的途径、次第等等。举凡世俗哲学所谓的本体论、认识论、伦理学等,都可以在唯识学中找到相关的内容。

2. 唯识宗哲学的方法论

唯识宗继承印度瑜伽行派的传统,注重以因明(古代印度的逻辑学)的方法来组织教理,立破分明,尤其注重从相依相待的角度来立说,如说假,必以实对;说无,必以有对;说俗,必以真对;说相,必以性对,等等。这使得唯识宗的教义组织非常严密,次第井然。只要明其方法,循其理路,便可登堂入室,掌握唯识宗的宗要。

3. 唯识宗的贡献

唯识宗比较忠实地将印度瑜伽行派的佛学介绍到中国来,使人知道如何正确运用概念、思维,以及从概念认识证得实际,而复返于概念的设施,如此来贯通真俗二谛的境界,详述修学的次第与阶位,倡导非常踏实的学行方法。此宗所说的五重唯识观,从革新虚妄的实我、实法入手,不仅要明了一切现象的真实相,更要转染污为清净,转颠倒为如理,这在当时显然具有积极、进步的意义。

此外,本宗自玄奘为始,前后数代都十分重视因明,并在这方面有所发展。玄奘游学印度时,多方参学。回国后先后译出商羯罗主的《因明入正理论》和陈那的《因明正理门论》两部重要的因明著作,并作出全新的解说。门人窥基在因明方面得到了玄奘的真传,在《因明大疏》及《成唯识论述记》中,对于因明作法,多有发展。

4. 唯识宗的影响

南山律宗的创立者道宣(586—667),在组织律宗的理论体系时,依据《成唯识论》,以阿赖耶识所含藏的种子思心所为戒体,称为心法戒体论,并提倡《四分律》通于大乘之说,这显然是受了慈恩宗唯识思想的影响。

其他宗派,如华严宗的法藏在建立华严宗教理时,对于唯识宗的理论尤其是三性说多有借鉴。禅宗的六祖慧能及其后诸多禅师,都有借唯识之理来解说禅理的例证。至于近现代,唯识学在教内外的影响尤其显著。

第三节 华 严 宗

华严宗是由唐代高僧法藏实际建立的一个大乘佛教宗派,因以《华严经》为宗经,故名华严宗;因法藏赐号贤首,也称贤首宗;又因此宗发挥"法界缘起"的旨趣,或称为法界宗。此宗的早期传承,一般作法顺——

智俨——法藏——澄观——宗密。

华严宗发源于今天陕西省境内的终南山。北周末至唐初,终南山中多有研习《华严》的佛教学者。随着隋唐时代研习和崇信《华严》之风的盛行,专弘《华严》教观的华严宗也渐次形成。初期的代表性人物法顺、智正、智俨等,都有在终南山修习的经历。法顺(557—640),俗姓杜,故又称杜顺,禅定功深,倡导《华严》学说,相传著有《华严法界观门》、《华严五教止观》等,为华严宗的奠基者。与法顺同时代的智正(559—639)依据《华严经》宣讲作疏,实为阐释《华严》的义学高僧。智俨(602—668)专学《华严》,所撰《华严经搜玄记》十卷,疏释《华严经》的教相义理及观行的方法等,初步建立起华严宗的教相和观行。

智俨最杰出的弟子法藏(643—712)全面继承并大大发展了智俨的华严学说,所撰《华严探玄记》、《华严一乘教义分齐章》、《华严游心法界记》等著作,系统地阐述了华严宗的教观理论。经过法藏的努力弘扬,华严宗风行各地,成为一大宗派。法藏的弟子虽多,却无一人能继承师说和光大师门。后来有私淑法藏的澄观(738—839),毕生以振兴华严学说为己任,著书凡四百余卷,讲《华严经》达五十遍,对法藏的弟子慧苑所持异说进行了批判,捍卫了法藏的学说,并有所发挥,华严宗因此复盛。澄观最为杰出的弟子宗密(780—841)力弘《华严》,其佛学思想的最大特色是提倡佛儒一源和禅教一致之说,对于晚唐以后佛学思想的发展有着深远的影响。经武宗会昌法难(841—846)的打击之后,华严宗风即告衰竭。到宋代稍有复兴,大约同时,北方辽代佛教也很发达,其中以华严学为最,且与密教相结合。以后历代,此宗余绪不绝。

华严宗建立于天台宗和唯识宗之后,在教观两方面对于二宗都有不少的资取和借鉴,但与二宗的立场迥然有别。天台宗所讲诸法实相论和种种止观,并不强调真和妄的区别,而是说明众生的一念妄心即具一切凡圣诸法,由此倡导直接观察当下一念妄心的妄心观。唯识宗讲一切唯识和三性二谛的道理,说明妄识如何变现出世界万象,并将妄识及其所变的染净诸法称为相,而与它们的实性即真如作出明确的区分,最后归结于转凡夫的妄识成为佛的智慧,由此在行观上提出唯识观。而华严宗则以《华严经》为主要根据建立法界缘起论，依据真如不变随缘的道理，说明一切事物都是处在混融无碍的关系或状态之中，在观行上主张法界观，藉此观行而入无尽法界。因此，华严宗与天台、唯识二宗立说各异其趣，各从不同的角度来展现大乘佛学缘起论的丰富内涵。

华严宗的学说一般也可分为教与观两部分。教即教相，即判教理论。华严宗在吸收前代判教主要是天台宗五时八教的基础上，提出了五教十宗的判教，既将佛教一切经典与佛学理论组织成一个由浅到深、由低到高、井然有序的系统，同时又意在强调本宗才是最圆满究竟的佛法，这和天台宗的判教目的是一样的。观则包括本宗的哲学理论和实践的方法，也就是法界缘起论和法界观。下面主要介绍法界缘起论的基本内容。

一、法界缘起

1. 以法界为宗

华严宗在理论上的最大特色，就是以法界缘起为宗，明确主张法界缘起论。这个理论的提出和完善经过一个比较复杂的发展过程。首先是由法顺根据五教止观创立法界观，内容包括真空观、理事无碍观、周遍含容观三重。法顺的立说尚侧重于观行的实践方面。智俨承其观门而组织六相圆融、十玄无碍的义理，初步建立起一宗理论的规模。最后由法藏加以发挥和完善，尤其详尽说明法界观之第三重周遍含容观的内容，即法界圆融、事事无碍、相即相入、无尽缘起的玄义，从而使法界缘起论臻于成熟。

澄观指出，作为华严宗理论核心的法界缘起论，是"以理实为体，缘起为用，因果为宗"（《华严经疏》）。也就是说，法界包括了体、宗、用三个方面，依此可将法界分为理实法界、缘起法界和因果法界三种。他由此进一步提出四法界、五法界乃至十法界诸说，而以四种法界之说最具有代表性。四法界的名义略述如下：

一、事法界，指差别之现象界，意为宇宙万物都是由因缘而生，各有其差别与界限，就如金匠用黄金作成千差万别的各种器物。事物之间的这种差别与界限是因为普通人的认识分别而产生的，并非为事物本身所固有，所以虽有却不真实。

二、理法界,指平等的理体,也就是真如。意为宇宙万物,其真实的体性就是真如,平等而无差别,就如黄金器物虽形状各有不同,但都以黄金为其体性,本质上并无差别。这种认识无疑是看到了所有现象的共同本质,但是还远远称不上究竟。

三、理事无碍法界,指差别的事物与平等的理体之间,是一体不二的关系。事物以真如之理为体,如此才得以成其为事物。平等的真如理体唯有借助于有差别的事物才得以显示出来。所以说,事揽理成,理由事显;换句话说,万法就是真如,真如就是万法,真如与万法,无碍融通。就如金器就是黄金,黄金就是金器,黄金与金器一体不二,不可分离。这里是说,现象与本质是高度统一的。这种认识较之前二种固然更胜一筹,但在华严宗人看来仍不是最高的认识。

四、事事无碍法界,指一切差别的事物,一一皆具有真如法性之理。一切事物与真如无碍,从真如而起的任何一个事物与其他一切事物也无碍。比如水、火看似两种性质完全不同的事物,但都依真如而起,以真如为体,所以,从真如本体的层面来看,水、火这两种事物彼此无碍。宇宙间一切事物就是这样各守自性,事事相望,多缘互应,一多相即,大小互容,重重无尽,无碍自在,构成一即一切、一切即一的关系。简言之,不仅一切现象与本质是统一的,各有差别的一切现象之间也是统一的。这才是华严宗所自许的最高认识。因此,华严宗虽说四种法界,最终以事事无碍法界为究竟旨归。

2. 性起法门

华严宗说,多即是一,一即是多,法界也是这样。华严宗虽将法界分为三、四、五乃至十种等种种不同,其实仍可归于一种法界,这就是理实法界,或称一真法界。一真法界并非纯粹凝然不变,而是能够随缘生起一切染净诸法。这与唯识宗只许第八阿赖耶识为一切染净诸法产生的总根源,而认为真如不变而不能随缘生起诸法的观点是完全相反的。法藏借用唯识宗的三性学说,而说真如有不变和随缘二义,以此来说明世界万法,无论是依众生的妄心分别而生的遍计所执性,还是因缘而生似有还无的依他起性,都是依真如而起,具含真如法性之理,没有本质差别。法藏认为三性都各有二义：圆成实性也就是真如,有不变、随缘二义；依他起性有似有、无性二义；遍计所执性有情有、理无二义。从真如的不变、依他起性的无性义和遍计所执性的理无义这三个方面来看,三性一际,并无不同,这可称为"不坏末而常本"。又从真如的随缘义、依他起性的似有义和遍计所执性的情有义这三个方面来说,三者也没有本质差异,这可称为"不动本而常末"。法藏的结论是："真该妄末,妄彻真源,性相通融,无障无碍。"(《华严一乘教义分齐章》)由此可知,华严宗认为,一切诸法都是依真如法性之体而得生起,并不需要其他因缘,这种主张就是著名的性起理论。

"性起"一语,源出晋译《华严经·宝王如来性起品》。法藏解释"性起"说："不改名性,显用称起,即如来之性起。又真理名如名性,显用名起名来,即如来为性起。"(《华严经探玄记》)他又把性起分作理性起、行性起、果性起三种,而以果性起为主。所谓果性起,就是在如来果上,真如法性不等待其他因缘,顺自性全体起为世间出世间、迷悟、情非情等一切诸法,犹如大海,虽然无风而波涛自涌。

一切诸法之所以能称性而起,归根结蒂是因为真如有不变、随缘二义。不变即是不动,随缘则是动,二者看起来是自相矛盾的,如何才能统一起来呢？法藏认为,不变、随缘二义并无本质上的差别,所以不相违背。他解释说,圆成实性(亦即真如),虽然随缘而成为染净诸法,而永远不失自性清净。正是因为不失自性清净,所以才能随缘而成为染净诸法。比如明镜,能映现各种染净之相,但镜自身的明净是不会因为映现染净之相而有丝毫的减少,而且正是因为镜子本身明净,才能映现染净之相。反过来说,正是因为映现了染净之相,我们才更知道镜的明净,因为镜的明净,我们才知道所映现的东西有染净之相。当映现净法之时,镜子本身的明亮不会增加；当映现染法的时候,镜子本身的干净也不会受到污染,由此反而更能显出镜的明净。

真如的道理也是这样：真如自性清净不动,而能成于染净诸法,而且正是由于成于染净,才显出真如的自性清净来。真如并不破坏染净诸法而能显明自性清净；而且正是由于自性清净,才能成于染净诸法。所以说真如的不变、随缘二义是全体相收,一性无二,并不互相矛盾。

法藏用明镜映现染净之相,来比喻真如自性清净而能成染净诸法,固然使人容易理解真如的不变、随缘二义,也很能说明,所谓性起即是由真如之体而起妙用。在《华严一乘教义分齐章》中,法藏更称真如为"真常",这都使人易于把真如当作一种常恒不变的实体来理解。这样的理解既不符合被大乘佛教视为根本的缘起性空理论,也不是法藏的本意。因为法藏本人坚决反对人们以世俗的常见把真如理解成为"凝然常",即理解成一种固定不变的东西。法藏称真如为真常,"是随缘成染净时,恒作染净而不失自体,是即不异无常之常,名不思议常"(《华严一乘教义分齐章》)。真如自体清净又随缘而有染污,由此可说真如是常而无常;虽然染污而自体依然清净,即无常而常。法藏对真如的解说的确应该引起我们的深思,当我们为了理解上的方便而试图把真如视为世界万物的本体时,很容易把真如给实体化,这其实可能已经与法藏所说真如是"不思议常"的本意相去甚远了。

二、六相圆融

为详尽说明事事无碍法界无尽缘起的妙理,华严宗又创立了十玄门和六相圆融的理论,二者并为华严宗的根本教理,合称"十玄六相",二者会通而共同构成法界缘起论的中心内容。法藏在《华严一乘教义分齐章》里就非常强调,"十玄无碍"和"六相圆融"二门是与其他宗派完全不同的理论。下面根据这两种理论形成的先后和内容的由简到繁,先说六相,再说十玄。

华严宗自始至终都非常重视观法,其所有的哲学理论,同时也就是观法的内容,从五教止观到法界观,再到十玄与六相,都可以这样来看待。所修的观法虽有多种,内容浅深也各不相同,若从根本上来说,其实不外乎由修华严三昧之因而最终归于海印三昧之果。海印三昧属于佛果性海,是佛的自境,这是不可言说的;华严三昧属于普贤境界,是缘起之因,这是可以言说的。这里所说的缘起,指的就是前文所介绍的"法界缘起",无尽圆融。

《华严经》里所说的各种世界、人物、行事乃至一切现象,几乎都是在说此法界缘起,但经文浩瀚散漫,其中的条理不易看清楚。印度的世亲论师作《十地经论》,初步梳理出一些线索,即用总相、别相、同相、异相、成相、坏相这六相来解释经中文句的义趣,不过仅是就菩萨修行的阶位而言。隋代的高僧(地论师)慧远(523—592),在其所著《十地义记》、《大乘义章》等书中也曾对六相加以详解,但也只是从体和理上谈六相,而没有从相和事上来谈,所以立论不够全面。唐代的智俨由此体会到华严法界缘起的相貌也不外乎这六方面,于是便用六相来解释一切缘起的现象,开始就六相做出圆解,创立六相圆融的独特理论。法藏随之加以发挥,在其多种著作中对六相之义进行了全面的论述,如在《华严一乘教义分齐章》里解说六相,书的末尾有一颂文,对六相进行总结说:"一即具多名总相,多即非一是别相,多类自同成于总,各别体异现于同;一多缘起理妙成,坏住自法常不作,唯智境界非事识,以此方便会一乘。"这可以说是法藏关于六相说的最终结论。澄观继法藏之后,也对六相说做出了非常详尽的叙述。经过前后数代的不断完善,使六相圆融的理论日趋成熟,从而成为华严宗的重要教义之一。

所谓六相,是指用来说明一切事物相反相成、圆通自在、无碍混融关系的三对范畴,即:总相与别相、同相与异相、成相与坏相。法藏以房舍为喻,对六相圆融作了比较通俗易懂的具体说明。

一、总相与别相。比如说房舍,这是总相。而房舍是由众多砖瓦椽柱等各个部分构成的,相对于房舍这个总相来说,其中的砖瓦椽柱等可称为别相。由此可说,别相成就总相,总相含于别相之中,离开别相则无总相,离开总相也无别相,总相与别相互融,相即自在。总、别二相看似相反,实则相成,不可分离。这里所说的总、别关系,与现代世俗哲学所说总体与局部的辩证关系非常相似。

二、同相与异相。砖瓦椽柱等材料共同构成了房舍,都是房舍的构成要素,故名同相。而砖瓦椽柱等,随类各有自己的形相,互有差别,名为异相。砖瓦椽柱等物虽然共同构成了房舍,而依然保持各自的差别。这就是同中有异,异中有同,同异看似对立,实则彼此渗透,相互融入。

三、成相与坏相。由砖瓦椽柱等诸种要素组合而成为房舍,房舍成则叫作成相。砖瓦椽柱等物各自住于本位,各具自相,虽共同构成房舍,但若只从任何一物的自身来看,则砖仍只是砖,瓦仍只是瓦,砖瓦椽柱等无一物可称为房舍,房舍的名义便不能成立,所以叫作坏相。这是成相不碍坏相,坏相不碍成相,成、坏同时具有,成相、坏相也是看似对立,实则相辅相成。

在这三对范畴之中,总相、同相、成相这三个范畴,表示一切事物平等无差别。别相、异相、坏相这三个范畴,表示一切事物各有差别。而此平等与差别,相即相入,圆融无碍。离了总相则无别相,离了同相则无异相,离了成相则无坏相,反之亦然。总相即是别相,别相即是总相。同相即异相,异相即同相。成相即坏相,坏相即成相。如此则六相圆融,一切事物,无不六相具足,圆融无碍。

法藏认为,若懂得了六相圆融的道理,就能完全理解一切事物就是一真法界无尽缘起的根本教义,也就能够断一切惑障,成就一切行德,具有普贤菩萨的解行,并能最终证得十佛境界之果。因此,华严宗所建立的六相圆融理论,作为观法的重要内容,始终不离宗教实践的宗旨,下面所说十玄门的理论也具有同样的性质。

三、十玄门

所谓十玄门,又称十玄缘起,全称十玄缘起无碍法门。表示法界中事事无碍法界之相,若通此义,则可入《华严经》所说至为深广的义海,故称玄门;又此十门相互为缘而起,故称缘起。此即从十个方面说明四法界之第四事事无碍法界之相。事事无碍的原理,毕竟不出相即、相入这二个方面。相即,如波水相收,波即是水,水即是波,表达万物同体的观念。相入,如二镜互照,彼依此有,此依彼有,表达万物相依的观念。十玄门的理论,无非说明这个相即相入的原理,进一步揭示出法界缘起的深义。

在华严宗学说的发展史上,十玄门有古十玄与新十玄之分。首先是智俨领悟了六相圆融的道理之后,进一步寻绎《华严经》所说法界缘起的条理,而发明了"一乘十玄门"的说法,这可以说是智俨的理论独创,因为在佛教的经论里都没有关于十玄的明文。智俨初倡的十玄,后来就被称为古十玄。其具体的名目是:一、同时具足相应门,二、因陀罗网境界门,三、秘密隐显俱成门,四、微细相容安立门,五、十世隔法异成门,六、诸藏纯杂具德门,七、一多相容不同门,八、诸法相即自在门,九、唯心回转善成门,十、托事显法生解门。

法藏继承了智俨的十玄学说，而对于十玄的次序不断有所改变，连有些名称也改了。法藏在撰《华严一乘教义分齐章》时虽仍主要承袭智俨之说，但已经对智俨所说十玄门的次第作了初步的改变，其次序如下：一、同时具足相应门，二、一多相容不同门，三、诸法相即自在门，四、因陀罗网境界门，五、微细相容安立门，六、秘密隐显俱成门，七、诸藏纯杂具德门，八、十世隔法异成门，九、唯心回转善成门，十、托事显法生解门。等到法藏后来建立"法界观"时，对于十玄的次序又作了非常大的改动，只有第一门未变，其余各门的次序几乎全都改变了。改动后的次序是：一、同时具足相应门，二、诸藏纯杂具德门，三、一多相容不同门，四、诸法相即自在门，五、秘密隐显俱成门，六、微细相容安立门，七、因陀罗网境界门，八、托事显法生解门，九、十世隔法异成门，十、唯心回转善成门。可能法藏觉得这样的次序更合理一些。最后，法藏对于十玄的名称又作了一次改动，将第二诸藏纯杂具德门改为广狭自在无碍门，第五秘密隐显俱成门改为隐密显了俱成门，第十唯心回转善成门改为主伴圆明具德门。法藏之所以这样改动，其目的是要将十玄归结为对事事无碍法界的说明，从而最终摆脱了智俨的古十玄重在讲理事交涉的痕迹。这可说是法藏的定论，也就是后世所谓的"新十玄"，其名目是：一、同时具足相应门，二、广狭自在无碍门，三、一多相容不同门，四、诸法相即自在门，五、隐密显了俱成门，六、微细相容安立门，七、因陀罗网法界门，八、托事显法生解门，九、十世隔法异成门，十、主伴圆明具德门。

其中，第一同时具足相应门，其大意是说，十方三世一切诸法，无有前后始终等别，同时具足圆满，彼此照应，互为缘起，顺逆无碍，参而不杂，如一滴海水，即具百川之味。这一门成立的依据是，佛入海印三昧，诸法于其中炳然同时显现。为了更加全面深入地揭示出一切事物混融无碍的相貌，法藏又于此门中列出十项要目，即：教义、理事、境智、行位、因果、依正、体用、人法、逆顺、应感等，称之为十义具足，对于十义一一详加解说。为了浅显易懂起见，法藏在《华严经探玄记》中用莲花为喻来对十义进行说明，称此十义同时相应，具足圆满。此第一门是十玄的总说，说的是事事无碍法界的总相，其余九门也都分别具有十义，各从不同的方面来显示事事无碍法界的相貌，将宇宙万象相互差别、相互联结、相互作用、相互贯通、相互映现、相互隐显、相互支持、相互包含等关系,作出了极为辩证的说明。

澄观在《华严经疏》里说明十玄门时,于每一门都用了一个不同的比喻,这能让人更容易体会十玄的含义。他说,一、同时具足相应门:好像一滴海水便具备百川的滋味;二、广狭自在无碍门:好像一尺的镜子里见到千里的景致;三、一多相容不同门:好像一间屋内千盏灯光的交涉;四、诸法相即自在门:好像金黄的颜色离不开金子;五、隐密显了俱成门:好像片月点缀天空,有明也有暗;六、微细相容安立门:好像琉璃瓶子透露出所盛的芥子;七、因陀罗网法界门:好像两面镜子对照,重重影记;八、托事显法生解门:好像造像塑臂,处处得见合于标准的样式;九、十世隔法异成门:好像一夜的梦便仿佛自在地过了百年;十、主伴圆明具德门:好像北极星的所在被众星围绕着。

这十门中的任何一门都同时具有十门,任何一门中都有十义,十义十门展转相乘,则有百门乃至千门。总之,一一门中都具有十、百、千之数。任何一种事物或现象也是同样具足十义十门,乃至百门、千门。总之,一切诸法皆具足此十玄门,相即相入,无碍自在,而差别之相宛然;虽宛然差别,而重重无尽,成一大缘起。举一法即法界全收,事事无碍,玄妙不可思议,称为十玄缘起无碍法门,也叫无尽缘起法门。

十玄缘起的理论,无非是对事事无碍法界的充分展开,侧重于说明现象界一切事物之间是混融无碍的关系,那么,一切事物之间为什么能够这样混融无碍呢?澄观总结出如下十条原因:一、唯心所现,二、法无定性,三、缘起相由,四、法性融通,五、如幻梦事,六、如影像现,七、因无限量,八、佛果证穷,九、深定大用,十、神通解脱。澄观认为,十条原因中,无论哪一条都能令诸法混融无碍。其中的前六条原因,都是出于诸法本性自然而然有的,或者说是事物自身所固有的,富有哲学性。后面所讲的四条则是就通过修行达到诸佛菩萨的境界所具有的无限认识功能力用来说的,这些说明则有非常浓厚的宗教色彩。

总而言之,华严宗的佛教哲学家们所建立的十玄缘起论,对于一切现象之间混融无碍关系作了详尽说明和论证,取得了巨大的理论成就,也表现出高超的哲学思维水平。

四、小　　结

1. 华严宗哲学的特色

本宗以《华严经》所说佛果境界和普贤境界作为主要的立论根据，建立了一个以四法界、六相、十玄等为核心内容的法界缘起论体系，用中国人容易理解的理事、体用、本末等哲学范畴，将宇宙间一切现象和本质、现象与现象之间的复杂关系作了非常充分的说明，可以说是中国佛教理论中辩证法思想的杰出代表。

2. 华严宗的贡献

华严宗作为较晚成立的一个宗派，在建立自宗理论的时候，比较多地吸收了此前其他宗派，主要是天台宗和唯识宗的理论成果，也受到了禅宗以及在当时佛教界已经流行的《大乘起信论》的影响，一改天台、唯识二宗从妄心妄识出发来展开佛教理论的做法，直接以真如佛心作为立论的基点，对《华严经》的义理进行了创造性的发挥，建立起一个高度中国化的佛教理论体系，不仅在佛学理论的中国化方面达到了前所未有的高度，而且其所取得的理论成就以及由此表现出来的理论思维水平，其他佛教宗派甚至儒、道二家都不能与之相比，可以称得上是中国哲学史上的一座高峰。总之，华严宗哲学是中国佛教哲学家在吸收、消化印度哲学思想的基础上所进行的理论再创造，既是中国高僧对整个佛教理论所作的重大贡献，同时对于中国哲学的发展也是一大贡献，后来有不少中国哲学家受到华严宗哲学的深刻影响。

3. 华严宗的影响

华严宗的哲学思想对于其他的佛教宗派尤其是晚唐以后渐成中国佛教主流的禅宗有非常大的影响，很多禅师都借华严宗的教理来说禅理。一身兼传禅宗与华严宗的宗密所提出的禅教一致说，更使华严宗对禅宗的影响大增。到五代时，则有禅宗的法眼宗文益（885—958）、延寿（904—975）两大禅师力主禅教融合之说，把华严宗教理与本宗的禅法完全融合起来。此外，华严宗在宋代稍有复兴，华严宗哲学直接或者通过禅宗间接地对宋明理学产生了很深远的影响。

第四节 禅　　宗

　　禅宗,又称佛心宗、达摩宗、无门宗,指以菩提达摩为初祖,提倡所谓"教外别传,不立文字,直指人心,见性成佛"的中国佛教宗派。禅宗自称为"宗门"或"宗下",而把依据经教建立的天台、唯识、华严等宗派称为"教门"或"教下"。

　　大约在三论宗、天台宗的酝酿时期,禅宗也由初祖菩提达摩(约卒于529年)从南印度传来,经过二祖慧可(487—593)、三祖僧璨(？—606)、四祖道信(580—651)等人的数代传授,至五祖弘忍(601—674)时已初具规模,到六祖慧能(638—713)时大唱顿教宗旨,禅风劲挺于岭南,慧能一系称为南宗。与慧能同出弘忍门下的神秀(606—706)禅师,在以当时的长安、洛阳二京为中心的中原地区弘传主张渐修的禅法,神秀一系称为北宗。

　　慧能的弟子怀让(677—744)在南岳衡山(今湖南省境内)开出南岳系,怀让的弟子马祖道一(709—788)继其法统,主要在洪州(今江西省南昌市一带)弘传禅法,时称洪州宗。道一的门下人才济济,弟子有百丈怀海(720—814)、西堂智藏(735—814)、南泉普愿(748—834)等139人,后来分别于各地弘扬禅法,南宗顿教至此盛传于天下。从道一的门下展转发展出临济宗、沩仰宗等派别。

　　慧能的另一弟子行思(671—740)在江西青原山(今江西省吉安市境内)开出青原系。门下所出石头希迁(700—790)常住南岳衡山传播禅法,与马祖道一并为当世最为著名的两大禅师。从希迁门下相继衍生出云门宗、曹洞宗、法眼宗等派别。

　　此外,慧能晚期的弟子神会(668或686—760)在经过与北宗的长期论争之后,成功地将慧能的南宗禅法传播于北方,并在洛阳的荷泽寺建立了荷泽宗。他的主要贡献是,明确提出南宗顿教优于北宗渐教的说法,认为慧能才是达摩以来的禅宗正统。

　　总之,慧能一系的南宗顿教,经过数代弘演,著名禅师不断涌现,法运隆盛,支派繁兴,从中唐至五代,先后有沩仰宗、临济宗、曹洞宗、云门宗、法眼宗五大派相继建立,禅宗呈现出五宗竞秀的壮观景象,禅宗史上称之为"一花开五叶"。到宋代,临济宗又分化出黄龙和杨岐二派,合称为"五家七宗"。从此以后,自南海至北国,从东海到西蜀,到处都有禅宗流传,相继不绝以至于近代,为期长达一千五百年。自晚唐以后,禅宗事实上已经成为中国佛教中最大的一个宗派,也是中国化佛教的典型代表。其历史演变之复杂,宗门家风之多样,与中国传统文化渊源之深,对后来中国思想文化的影响之大,都是教下各宗所不能相比的。

　　大约在六祖慧能的时代,天台、唯识、华严等宗,已各从某一方面将佛学理论发挥至极致,若循着教理的路线,似乎已经不大可能再有什么新的发展了。各宗所说的教理都非常精密深邃,引人入胜,成为当时学佛之人争相研习的内容。但各宗都有一个难以克服的缺陷,那就是入门难,要修行证果则更难。若非具有相当的文化基础和理解能力,有精通一宗教理的老师的精心指导,再加上自己多年的潜心研究,实难得其门径。佛教重在修行证果,而各宗的修行实践方法,尤其是唯识、华严二宗,陈义过高而往往不切实用,天台宗的止观法门虽然门类齐全,本应能够满足各种根器者的不同需要,但也必须对教观有透彻的理解,加上刻苦修行,才可能有所成就。禅宗自六祖慧能大唱顿教法门,直示明心见性、顿悟成佛的崭新禅法,一改教下各宗注重烦琐的概念分析和复杂的理论研究,克服其修行证果既难且慢的弊端。因此可以说,慧能所倡导的顿教实为佛教实践方法上的一大革新,一经提出,即迅速受到人们的普遍欢迎,再经过两三代的弘扬之后,即后来居上,一跃成为当时佛教的中坚。后来又由百丈怀海根据我国当时的实情制定了高度中国化的丛林清规,完成了佛教教团制度上的革新,为禅宗在中国古代农业社会的存在与发展提供了制度上的保证。因此,禅宗之所以能够成为中国佛教的主流,有其必然性。

　　同时也应该看到,正是由于教下各宗佛学理论研究的发达,造就了一大批精通义理的佛教人才,这些人才中相当一部分转而投身于禅门,参禅证道而成为禅门宗师。由此而言,实是在教下各宗的滋润下,禅宗才会有中唐以后参禅者如麻似粟、诸大禅师不断涌现的兴盛局面。会昌法难之后,教下各宗衰竭,僧才凋零,禅门也随之人才不济,不通教理又无实证的禅者充斥禅门,真正悟道的禅师难得一见,禅宗虽仍保持表面的繁荣,但已渐渐走样乃至于变质,禅风由纯正厚实渐变为浮夸轻薄,文字禅、口头禅、念佛禅等相继流行。宋代禅宗虽也不乏卓有成就的大禅师,元明以后号称开悟的禅师也屡见于禅宗史书,但总的趋势是在走下坡路。可见,禅宗虽号称是教外别传的宗门,而一旦失去教门的依托,也无独自繁荣之理。

一、明心见性

从禅宗思想本身的发展历史来看,对于本宗的宗旨,历代祖师前后所说并不相同。早期如弘忍说:"心是本师"(《最上乘论》),慧能说:"指授即无,惟论见性,不论禅定解脱"(《坛经》),神会说:"千经万论只是明心。"(《景德传灯录》)而到后来五家宗派的祖师们,对于如何是祖师西来意、什么是达摩宗旨一类的问题,一般都不从正面来说,让人琢磨不透。今据早期诸祖所说,以"明心见性"作为禅宗的宗旨。所谓"明心见性",就是五祖弘忍所说的"识自本心,见自本性"(《坛经》)。

教下各宗论心,有真心、妄心之别。禅宗既号称为佛心宗,又称为心地法门,历代祖师都以传佛心印自任。历代禅师们的语录著述中,频频说到的心,也不外乎真心与妄心两种。禅宗所谓本心,也叫自心,是指真心而言,也叫佛心,或叫涅槃妙心。关于真心与妄心的关系,五祖弘忍作出了明确的区分,认为一切众生的真心本来圆满清净,不生不灭,无有分别,好比是太阳,而妄念烦恼一切见解好比是黑云,能遮蔽自性的光明,恰如黑云能遮住太阳的光辉,因此唯有除妄念才能见到真心,所谓"妄念云尽,慧日即现"(《最上乘论》)。慧能则认为真心不离妄心,主张即妄心而认识真心,而不是断妄心以求真心。当慧能听到有一个叫卧轮的禅师说"卧轮有伎俩,能断百思想,对境心不起,菩提日日长"(《坛经》)时,称此偈未明心地,因为尚执于断妄想以求菩提,便也作了一偈说:"惠能没伎俩,不断百思想,对境心数起,菩提作么长。"(同上)其意也正如永嘉玄觉(665—713)说:"不求真,不断妄,了知二法空无相。"(《永嘉证道歌》)黄檗希运(?—850)禅师也说:

然本心不属见闻觉知,亦不离见闻觉知。但莫于见闻觉知上起见解,亦莫于见闻觉知上动念,亦莫离见闻觉知觅心,亦莫舍见闻觉知取法。不即不离,不住不着,纵横自在,无非道场。(《传心法要》)

所谓"本性",也叫自性,或叫真空、真性、真如、佛性、般若、菩提、含藏识、本来面目等等,是非常非无常、非善非不善的无二之性。慧能认为:

若悟自性,亦不立菩提涅槃,亦不立解脱知见,无一法可得,方能建立万法。若解此意,亦名佛身,亦名菩提涅槃,亦名解脱知见。见性之人,立亦得,不立亦得,去来自由,无滞无碍,应用随作,应语随答,普见化身,不离自性,即得自在神通游戏三昧,是名见性。(《坛经》)

慧能本人虽然识字不多,但当他在听五祖弘忍讲《金刚经》而证悟自性时,当即用五句话对"自性"作了非常全面的表述,即:"何期自性本自清净,何期自性本不生灭,何期自性本自具足,何期自性本无动摇,何期自性能生万法。"(同上)深为弘忍所认可。慧能本人作为一个证悟自性的觉悟者,在解说无二之性的自性时,是非常自由灵活的,有时不立一切法,称自性为真空;有时立一切法,运用华严宗的真如不变、随缘之说和唯识宗的八识之说,广说由自性之体起种种妙用,或自性能含万法等等,显示出一个觉悟者应有的智慧成就和善于说法的辩才。

慧能释自性真空时说:

心量广大,犹如虚空,无有边畔,亦无方圆大小,亦非青黄赤白,亦无上下长短,亦无瞋无喜,无是无非,无善无恶,无有头尾,诸佛刹土,尽同虚空。世人妙性本空,无有一法可得。自性真空,亦复如是。(同上)

人们若闻说空,便又着空,空心静坐,百无所思,慧能称之为执有邪见的迷人,不懂得世人性空却又含万法的道理:

世界虚空,能含万物色像。日月星宿,山河大地,泉源溪涧,草木丛林,恶人善人,恶法善法,天堂地狱,一切大海,须弥诸山,总在空中。世人性空,亦复如是。(同上)

由此自性可起种种妙用:

自性能含万法,名含藏识。若起思量,即是转识,生六识,出六门,见六尘。如是一十八界,皆从自性起用。自性若邪,起十八邪。自性若正,起十八正。若恶用即众生用,善用即佛用。用由何等,由自性有。(同上)

　　佛教经论中所说佛有三身即清净法身佛、圆满报身佛、自性化身佛,"此三身佛,从自性生。"所以慧能说:"佛向性中作,莫向身外求。"众生之自性即是佛性,凡夫即是佛,佛性本无差别,只是迷悟不同:

　　　菩提般若之智,世人本自有之,只缘心迷,不能自悟。须假大善知识,示导见性。当知愚人智人,佛性本无差别,只缘迷悟不同,所以有愚有智。(同上)

　　要实现由愚到智,由凡夫到成佛的转变,必须修般若行。何谓般若行?慧能说:"一切处所,一切时中,念念不愚,常行智慧,即是般若行。一念愚即般若绝,一念智即般若生。"(同上)由于人的根机不同,修般若也有很大的差别。若是上根大智之人,一闻便信,心开悟解,而知本性自有般若之智。能用本有的菩提般若之智来观照,一念由迷转悟,即是凡夫顿成佛,烦恼顿成菩提。如慧能说:"凡夫即佛,烦恼即菩提。前念迷即凡夫,后念悟即佛。前念着境即烦恼,后念离境即菩提"(同上);"用自真如性,以智慧观照,于一切法,不取不舍,即是见性成佛道。"(同上)而小根小智人,虽闻般若而心生不信,纵使修般若行,而不识般若,不生般若智,这就是慧能说的:"世人愚迷,不见般若,口说般若,心中常愚,常自言:我修般若。念念说空,不识真空。"(同上)慧能认为,其实小根之人原有般若之智,与大智人并无差别。因为邪见障重,烦恼根深,犹如大云覆盖于日,不得风吹,日光不现。所以虽听闻佛法而不自开悟。若一旦开悟自性,即成大智之人。

　　人们若欲成就佛的一切种智,必须通达一行三昧和一相三昧。若于一切处,行住坐卧,纯一直心,不动道场,真成净土,此名一行三昧。若于一切处而不住相,于彼相中不生憎爱,亦无取舍,不念利益成坏等事,安闲恬静,虚融淡泊,此名一相三昧。这两种三昧,立名虽有不同,实质并无差别。慧能说,若人能修行一行三昧和一相三昧,如在地里播下佛性的种子,听其说法,禀承其宗旨而行,犹如得到雨水的滋润,佛性的种子自然能生根发芽,从小到大,最终开花结果,必定能证得妙果。

综合慧能前后所说,所谓明心见性,就是"识自心众生,见自心佛性","自见本心,自成佛道"(同上)。这的确是前代罕闻的说法,是名符其实的顿教法门。后来一些著名禅师如马祖道一说的"自心是佛",石头希迁说的"即心即佛",黄檗希运说的"心即是佛",大体上未超出慧能所说的范围,各人在具体解释的时候可能稍有不同。慧能作为一个识字不多的禅宗祖师,竟能非常娴熟地运用各种教理对心性作如此全面深刻的说明,若不是一个真实证悟自性的觉悟者,实难办到,称之为佛教哲学家也未尝不可。其深刻的禅学思想多分来自他本人的亲证,这又是他与教下各宗的佛教哲学家很不相同的地方。

综观慧能关于心性的叙述,若从教门的立场来看,似乎与《大乘起信论》所说真如不变、随缘的道理相仿,好像没有什么奇特高明之处。但他不是采摘经论中的语句,而是出自慧能本人的自悟境界,因为识字不多,而更能用非常简明朴实的语言道出。他的说法记录被尊称为《六祖坛经》,这是中国其他任何一位高僧的著述都未曾享有的殊荣,由此奠定了慧能在中国佛教史上作为一代禅宗祖师的重要地位,同时因为他对心性论的创造性阐释,后人也把他视为中国哲学史上重要的佛教哲学家之一。慧能的心性论思想,不仅影响后世禅宗达一千余年之久,而且宋明理学的建立、五代宋元道家丹道思想的形成,无不与之息息相关。

六祖慧能之后,至五代时期,南宗禅逐渐演变出五大宗派,各派都各有特殊的宗风及重要法门。其实各家也只在教授方法上各有种种特别的施设以引导修学者趋于证悟,有时甚至为了破除学禅者对佛菩萨、祖师乃至经典文句的固执和盲目的宗教信仰,而不惜采用呵佛骂祖、毁弃经教的教授方法,以期实现人格的升华和精神的悠闲自在。后代的禅师们多不使用经教中的专有名词,而改用中国文化中固有的词汇如"平常心"、"君臣"、"父子"、"王子"、"功勋"、"宾主"等词汇,甚至用《周易》的卦象来解说禅理,用通俗易懂的白话方言来启示初学者,用平民文学的语言来表达所证得的高深禅境与佛理。单从这一点来说,禅宗也可称得上是中国化最为彻底的一个宗派。

各家的宗风与法门虽有不同,始终以"直指人心,见性成佛"为不二的宗旨,仍然是契合于佛陀本怀和佛教根本精神的佛教派别,与中国的儒、道二家思想在本质上还是不同的。

总而言之,禅宗所说的心和性,虽有妙心、真如、佛性、涅槃等种种不同的称谓,都是指宇宙同根、万物一体的法界全体,这是禅宗所说修道的本体。禅宗所说的"明心见性",就是要真实证得这个心物一元的心性本体。然而一立心性本体之名,落于言诠,已属言教的范围,而不是禅宗的宗旨本身了。至于慧能在《坛经》中所说"无念为宗"、"无住为本"等语,也都是表示特别重视定、慧的方便之语,不必执为宗旨。若能如永嘉玄觉所说"行亦禅,坐亦禅,语默动静体安然"(《永嘉证道歌》),或者如黄檗希运所说,能够"直下无心默契","与我心心同虚空去,如枯木石头去,如寒灰死火去"(《传心法要》),这才与禅宗的宗旨多少有些相应。

至于人们日常思维意识的妄心,固然也包括在宇宙万法之中,是心性本体的一种机用,而若执认思维意识的妄心就是禅宗所说的妙心真性,则不免毫厘千里之差。而宋、元以后的禅宗风气,恰恰将"直指人心,见性成佛"的法门,重新走与小乘禅观及以禅那思维修为主的禅定合一,由此而产生以禅定静坐为主的"参话头"、"作工夫",或以默照澄心等禅法,前代顿悟心性的淳厚禅法逐渐变质,陷于妄识阴境的驳杂禅法日益盛行,禅宗的宗旨越往后代越是变得隐晦不明了。

二、禅宗与经教

1. 宗通与说通

全部佛学经教的学理,都是说明如何修持求证的理论与方法。所谓"教外别传"的禅宗,只是为表示与普通佛教、佛学的教授方法有所不同,并非在教理以外特别有个稀奇古怪的法门。对于指称佛学教理的"教",与"教外别传"的禅宗之"宗",可以作如下的概括:"教",是教导你如何修因证果;"宗",是我要如何求证修行;宗与教,只是在教导方法上有所不同,目的并无二致。

三藏十二部的言教既为佛所说,说必有心,心生万法,言教为万法所涵,自然与心无别。凡人之语默动静,都是未成文的文字,也为人心自性中本来具有。况且所谓"宗",乃教理之纲宗;"教",乃宗旨之阐演。离宗旨无以为教,离教理无以标宗。由初祖达摩所开"藉教悟宗"的传统即是明证。若真能明心,则一通百通,内外诸学,无不通达。若心地不明,对于教理文字或毁弃不学,或执之不舍,都不能认为正确。禅宗里真正称得上合格的大禅师,无不是宗、教兼通的,一如《楞伽经》中所说,要宗通与说通兼备,也如永嘉玄觉所说:"宗亦通,说亦通,定慧圆明不滞空。"(《永嘉证道歌》)禅宗历代祖师及著名禅匠,或由先习教理而后入禅,或于悟后研寻教理,必事至理圆、宗教贯通而后已。禅师们于证悟之后,更能够深入经藏,真正理解经藏言教的精神实质,即使采用通俗易懂的口语方言来演说禅法,也都与教理若合符契。

　　菩提达摩初传禅宗于汉地,除传授心法以外,同时还将求那跋陀罗所译四卷《楞伽经》作为印心的典据,由此开启了"藉教悟宗"的传统。经中说,一切声闻、缘觉、菩萨有两种通相,这就是宗通及说通。所谓宗通,是讲自己如何修行成佛道,所以要远离言说文字妄想,才能不断地有所进步,直至达到自觉境界。所谓说通,是讲如何教化其他未悟的人,所以必须既立文字而又远离各种差别之相,随顺众生的根器,因应所需,非常巧妙地宣说种种教法,令其得到度脱。达摩禅是"忘言忘念,无得正观为宗"(《续高僧传》),故达摩所说的"藉教悟宗",即要对经教有超脱的手眼,不被名相所缚,舍妄归真而达到"明佛心宗"的境地。

　　二祖慧可的弟子们都依奉《楞伽经》为心要,但对于此经的态度已经开始出现分化。其中一派只是口说玄理,不执文字,不从事文字著述,有重宗不重教的思想倾向,代表了禅宗的特色。另外一派著有疏抄,有重教的倾向,由此逐渐发展成重视乃至执着名相分别的楞伽经师,其精神已游离于达摩禅之外。

　　从三祖僧璨开始,禅宗的活动地域已经转移到南方,主要在今天安徽省西南部的大别山一带。四祖道信本人即是蕲州(今湖北省蕲春县)人,长期在南方修学并正式在黄梅(今湖北省黄梅县)的双峰山建寺传法,深受南方自东晋南北朝以来长期盛行的般若学的影响,转而特别重视属于般若类的《文殊师利所说摩诃般若波罗蜜经》(二卷,梁曼陀罗仙译),而将《楞伽经》的

"诸佛心第一"与《文殊说般若经》的"一行三昧"融合起来,制定了《入道安心要方便门》,成为《楞伽》与般若统一的新禅门。五祖弘忍继承了道信的禅法,并加以发扬光大,时称东山法门。弘忍比道信更加重视般若类的经典,由原来的以《楞伽经》为主转为以般若经为主。除了《文殊师利所说摩诃般若波罗蜜经》外,也很重视《金刚经》。六祖慧能即是听弘忍讲《金刚经》而得开悟的。

六祖慧能大开顿教法门,提倡一种全新的禅法。他的禅法固然没有离开达摩禅的传统,如慧能自己所说:"教是先圣所传,不是慧能自智。"(《坛经》)又说:"吾传佛心印,安敢违于佛经。"(同上)但慧能对待经教的态度,已经与前几代祖师有很大的不同。如五祖弘忍还只是说"守本真心,是十二部经之宗也"(《最上乘论》)。慧能则从心性论出发,不仅说"一切修多罗及诸文字,大小二乘。十二部经,皆因人置"(《坛经》),进而更认为:"三世诸佛,十二部经,在人性中本自具有。"(同上)慧能并没有由此得出不用文字或不立文字的结论,而是认为这样的见解是因不明自性、着相执空而产生的邪见,是谤佛经,这样的人是永远不能见性的。对于不用文字和不立文字的错误,慧能是这样分析的:

> 自性动用,共人言语,外于相离相,内于空离空。若全着相,即长邪见。若全执空,即长无明。执空之人有谤经,直言不用文字。既云不用文字,人亦不合语言,只此语言,便是文字之相。又云,直道不立文字。即此不立两字,亦是文字,见人所说,便即谤他言着文字。汝等须知,自迷犹可,又谤佛经。不要谤经,罪障无数。若着相于外,而作法求真,或广立道场,说有无之过患。如是之人,累劫不得见性。(同上)

六祖慧能之后,举凡著名的大禅师,无不学通教理。既悟心法之后,以禅师的身分阐宏教理者也不乏其人,如永嘉玄觉、青原行思、天皇道悟(748—807)、荷泽神会、圭峰宗密(780—841)、岩头全奯(828—887)等,或持戒弘教,或禅教双举,或语契经藏,或改投教门,宣扬教乘,成绩颇为可观。但更多的禅师则于悟后独唱宗旨而不讲经教。究其原因在于,禅宗以修证为上,首重事人,如空手夺刃,直探骊珠,及其事至,则理自圆通。当宗门鼎盛之时,教下各宗大师辈出,发挥佛教义理几臻极致,讲经法师多如繁星,佛法宣明,普及社会,依教修持有成者亦复不少。悟道的宗师正好可以单提向上宗旨,不必再预讲座,这是时势使然。正如药山禅师所说:"经有经师,律有律师,争怪得老僧!"(《五灯会元》)亦如鼓山神晏所说:"经有经师,论有论师,律有律师,有函有号,有部有帙,白日明窗,夜附灯烛,自有人传持在。"(同上)而研习教理者,也多执文字而不知经义,违背"依义不依语"之教诫,浮于义海而忘归,迷于途而不知返,于行证之事终不相应,皓首穷经,徒劳无功。

2. 呵斥经教与禅教合一

达摩禅法的特色原来就是不着名相而意在超悟。而禅法必须应机才得流传,所以禅师们以种种方便教授初学,若有法器成熟者,则授以深法,倘非其人,终不能窥禅法之堂奥。从达摩至于道信四代,禅法尚不大为世人所知,诸祖常作方便言说以开导初学,这与一般禅法的教授表面看来很相类似,而真正能"领宗得意"者并不多。如前所说,在二祖慧可的门下,已经出现重宗与重教的分化。三祖僧璨与四祖道信都有重宗的倾向。五祖弘忍依然"萧然静坐,不出文记。口说玄理,默授与人"(《楞伽师资记》),也是重宗轻教的。弘忍之世,东山法门已经非常兴盛,俨然初具一大宗派的规模,此时若再不将本宗的禅法与其他禅法作出明确区分,势必会影响到禅宗的发展。而且,此时的弘忍门下已经具备了明白揭示达摩禅的宗旨与特色的各种条件,东山法门的禅法已经充分表现出"不立文字"、"顿入"和"传心"的禅宗特色,于是顺理成章地提出了对于后世禅门影响深远的"教外别传"之说。

所谓"教外别传",无非表明"东山法门"的深法传授,祖师暗自识别可堪承受深法的上根利器,即以深法相授,开佛密意,令其顿入一乘。这种深法被认为是达摩禅的真意,是不立文字、教外别传、以心传心的,是顿入(顿悟)的。"教外别传"之义虽然已经昭然若揭,但弘忍及其门下还是继承着"藉教悟宗"的传统。只是弘忍的弟子众多,对于《楞伽》与《般若》各有侧重。如神秀精通《楞伽》,慧能专重《般若》。

自慧能南宗顿教流行之后,基于"立言说"与"不立言说"的不同,对于经教,逐渐分出呵斥经教与教禅一致两种截然不同的态度。但无论是呵斥经教之言,抑或是教禅一致之说,都是诸大禅师应时对机的方便施设,有其特殊而深刻的意义。

唐代佛学研究很发达,学佛者研习经论,最易出现分别名相和泥执名相不得解脱的过失,永嘉玄觉即说:"吾早年来积学问,亦曾讨疏寻经论,分别名相不知休,入海算沙徒自困。却被如来苦呵责,数他珍宝有何益。"(《永嘉证道歌》)大珠慧海说:"经传佛意,不得佛意而但诵,是学语人,所以不许。"(《景德传灯录》)黄檗希运指出:

> 学道人多于教法上悟,不于心法上悟,虽历劫修行,终不是本佛。若不于心悟,乃至于教法上悟,即轻心重教,遂成逐块,忘于本心。(《传心法要》)

临济义玄也说:

> 学人不了,为执名句,被他凡圣名碍,所以障其道眼不得分明。祇如十二分教,皆是表显之说,学者不会,便向表显名句上生解,皆是依倚落在因果。(《临济录》)

为了将学佛者从对经教的迷执中解脱出来,禅师们在提持宗旨之际,逐渐改变"藉教悟宗"的平实作风,而代之以呵斥经教的激烈言行。

马祖道一、百丈怀海二人,对经论的态度尚比较温和,与慧能所持见解近似,如道一说:"经律论是自性用,读诵者是性法。"(《景德传灯录》)怀海说:"但是一切言教,只明如今觉性自己。……若不能怎么得,纵令诵得十二韦陀经,只成增上慢,却是谤佛,不是修行。"(同上)自百丈以后,禅师们对经论的态度开始发生剧烈的变化,诸如沩山灵祐(771—853)、药山惟俨(751—834)、德山宣鉴(780—865)、夹山善会(805—881)、仰山慧寂(804—890)、临济义玄(?—867)、洞山良介(807—869)、云居道膺(853—902)、雪峰义存(822—908)、云门文偃(864—949)等诸多著名禅师,无不有呵斥经教的言论。

例如,沩山灵祐曾经问仰山慧寂:"《涅槃经》四十卷,多少是佛说,多少是魔说?"仰山说:"总是魔说。"沩山赞叹说:"已后无人奈子何!"(《沩山灵祐禅师语录》)临济义玄说:"三乘十二分教,皆是拭不净故纸。"(《临济录》)洞山良价说:"祖佛言教,似生冤家,始有参学分。"(《洞山录》)云居道膺说:"假饶解千经万论,讲得天华落、石点头,亦不干自己事。"(《景德传灯录》)云门文偃说:"尽乾坤大地三乘十二分教三世诸佛天下老师言教,一时向汝眼睫上会取去。饶汝便向这里一时明得,亦是不着硬汉,无端跳入屎坑。"(《云门广录》)

而呵斥经教的历代禅德们,也都是精通经教的哲匠,绝非浅学少智者可比。他们这种"正言若反"的方便说法无非是要彰显禅宗的目的与向上宗旨,以指示后学者理行事至为上。正如临济义玄所说:"夫大善知识,始敢毁佛毁祖,是非天下,排斥三藏教,骂辱诸小儿,向逆顺中觅人。"(《临济录》)至于已经深明心地的大禅师,为了说法教化的需要,也不妨读经。用云门文偃的话来说,就是:"看经须具看经眼。"(《云门广录》)因此,在呵斥经教的禅师们之中,如仰山慧寂、药山惟俨、云门文偃等都是经常看经的。而且从禅宗史书的记载来看,在整个唐代,在禅门之中,读经看教仍是一种非常普遍的现象。

但法久弊生,禅师们呵斥经教的宗旨不断为后学们所误解和曲解,遂衍生出种种的谬说与弊端,流风所及,竟有参禅之徒蔑视教理,视三藏十二分教皆为剩语,不通经教反而自鸣为高;或者仅于片言只语有所领会,便自以为能,呵佛骂祖,毁弃经教。这又与诸师运用呵斥经教这种特殊教授方法的初衷大相径庭了。因此,遂有深明宗旨的禅门宗匠如晚唐的宗密提倡禅教一致,五代时的文益和延寿等大唱禅教融合,主张禅不离教,须依教而参,依教印证,终于形成禅教合一的大趋势,与昧于禅门宗旨、不学无术、毁弃经教的禅学末流相颉颃,为禅宗的健康发展作出了重大的贡献。

三、顿悟与修行

在中国佛教史上,早在东晋时就有关于顿悟成佛与渐悟成佛的讨论。当时,鸠摩罗什的弟子竺道生提出顿悟成佛说。道生所说的顿悟,是以不二之悟契符不分之理,智慧与真理相契无间。但这种顿悟的最高智慧,必须通过渐修达到佛地金刚心后并成就法身才有,所以本质上还是渐修顿悟成佛论。针对竺道生的顿悟成佛之说,先后有慧观撰《渐悟论》、昙无成作《明渐论》,主张渐悟成佛,阐明渐悟之理,来反对道生。南朝名士谢灵运以及僧人慧叡则赞同和支持竺道生的顿悟成佛论。

随着禅宗的兴起,顿、渐之争又在禅宗与教下各宗之间展开。从佛理上说,禅宗所说的明心见性,与教下各宗的理论并无根本的不同。其不同之处乃在于,教下各宗一般都认为,要想从一个凡夫达到超凡入圣乃至究竟成佛,必须循序渐进,不断积累福德和智慧两种资粮,通过有次第的修证,经历种种阶段和级别,历时三大阿僧祇劫(极长的时间),最终才能因福德和智慧圆满而成就佛果。而禅宗则说顿悟成佛,"一悟即至佛地",无需经历久远时劫和诸多阶级。

在禅宗内部,自初祖菩提达摩直至五祖弘忍的时代,因为禅法尚不昌明,为教导初学者而不得不采取诸多属于渐修的禅修方法。自慧能、神秀的时代,禅宗已经较为兴盛,有良好禅学素养的学禅者日增,因为教化对象的不同,而有顿悟顿修、顿成佛道和从渐修入手以求见性成佛的不同。其中,神秀一系重在教化所谓钝根,故其北宗禅注重渐修;慧能一系重在教化所谓利根,故其南宗禅提倡顿悟顿修。由此而有南北二宗顿渐之分。这种区分,并不意味着要将禅宗传自菩提达摩的一乘禅法一分为二,所以慧能说:"法本一宗,人有南北。法即一种,见有迟疾。何名顿渐?法无顿渐,人有利钝,故名顿渐。"(《坛经》)又说:"迷人渐修,悟人顿契。自识本心,自见本性,即无差别,所以立顿渐之假名。"(同上)

神秀门下有徒众讥讽六祖慧能不识字,神秀则对他们说:"他得无师之智,深悟上乘,吾不如也。且吾师五祖,亲传衣法,岂徒然哉?吾恨不能远去亲近,虚受国恩。汝等诸人,毋滞于此,可往曹溪参决。"(同上)当然,慧能对于神秀所传禅法也是不否定的,如慧能对神秀的弟子志诚说:"汝师戒定慧接大乘人,吾戒定慧接最上乘人。悟解不同,见有迟疾。"(同上)

再就慧能一系的南宗顿教内部而言,对待修行的态度也是因人因时而异的。

慧能自称其所传为顿教、顿门、顿法,是明确主张顿悟成佛的,在《坛经》中,处处说顿悟:

> 我于忍和尚处,一闻言下便悟,顿见真如本性。是以将此教法流行,令学道者顿悟菩提,各自观心,自见本性。若自不悟,须觅大善知识,解最上乘法者,直示正路。……若识自性,一悟即至佛地。(同上)

慧能又说:"自性自悟,顿悟顿修,亦无渐次。"(同上)这里慧能将顿悟与顿修并提,可见他是不废修行的。慧能屡屡强调依法修行的重要,而绝口不说不修。因为"若听说不修,令人反生邪念。但依法修行,无住相法施"(同上)。虽说修行,未悟自性的人与开悟的人有所不同:

> 修行觅佛,未悟自性,即是小根。若开悟顿教,不能外修,但于自心常起正见,烦恼尘劳,常不能染,即是见性。善知识。内外不住,去来自由,能除执心,通达无碍,能修此行,与般若行本无差别。(同上)

慧能所说的修行,乃是指不落渐次的般若行。《坛经》中对于如何是般若行有很多的说明,慧能临终之前,还谆谆教导弟子:

> 但识自本心,见自本性,无动无静,无生无灭,无去无来,无是无非,无住无往。恐汝等心迷,不会吾意,今再嘱汝,令汝见性。吾灭度后,依此修行。(同上)

慧能所说"念念不愚"、"念念自净其心"、"念念般若观照"的般若行,说是顿修,其实也就是顿悟成佛,如慧能说:"若起正真般若观照,一刹那间,妄念俱灭。若识自性,一悟即至佛地。"(同上)可见,慧能虽说顿悟顿修,始终将二者视为一事,这与南宗顿教的称号是完全吻合的。以后的诸大禅师无不强调顿悟的重要,如仰山慧寂曾问其:"慧寂即一期之事,行履在甚处么?"沩山灵祐回答说:"只贵子眼正,不说子行履。"(《沩山灵祐禅师语录》)最重要的是眼正,即要有正确的见地。

但是,关于顿悟之人究竟要不要修行、如何才能顿悟等问题,在后来的禅门中一直是禅师们探讨的热门话题。黄檗希运直从心性本体的角度立言,说众生"本来是佛,不假修成"(《宛陵录》)。他的弟子临济义玄则明确提出"无修无证"的主张:"约山僧见处,无佛无众生,无古无今。得者便得,不历时节。无修无证,无得无失,一切时中更无别法。"(《临济录》)义玄坚决反对"有修有证"的说法，称一切修行都是造业：

> 尔诸方言道：有修有证。莫错，设有修得者，皆是生死业。尔言六度万行齐修，我见皆是造业；求佛求法，即是造地狱业，求菩萨亦是造业，看经看教亦是造业。佛与祖师是无事人，所以有漏有为，无漏无为，为清净业。（同上）

曾有僧人问沩山灵祐："顿悟之人，更有修否？"灵祐则从实际修行的角度作出如下回答：

> 若真悟得本，他自知时，修与不修，是两头语。如今初心，虽从缘得，一念顿悟，自理犹有，无始旷劫习气，未能顿净，须教渠净除现业流识，即是修也。……以要言之，则实际理地，不受一尘；万行门中，不舍一法。若也单刀直入，则凡圣情尽，体露真常，理事不二，即如如佛。（《沩山灵祐禅师语录》）

后来也有僧人曾问仰山慧寂："禅宗顿悟，毕竟入门的意如何？"慧寂答道：

> 此意极难。若是祖宗门下，上根上智，一闻千悟，得大总持。其有根微智劣，若不安禅静虑，到这里总须茫然。（《仰山慧寂禅师语录》）

慧寂在这里明确指出，顿悟是上根上智之人的事，根微智劣的人除非修行禅定有成，否则很难明白什么是顿悟。在唐代的禅门中，仰山的观点很具有代表性，因此，在唐代的禅门中，修行之风非常盛行。其实，从唐代禅宗丛林的农禅并重和僧堂之设，也可以看出禅宗对修行的重视。禅宗讲"运水搬柴，无非妙道"，固然不专崇坐禅，但并不等于不重视坐禅。唐宋时的禅宗僧人一般在不劳动的时候，便在僧堂里坐禅。很多禅师是在劳作之时顿悟的，在僧堂（也就是后世所称的禅堂）里顿悟的则更多，恰好印证了"久坐必有禅"的说法，因此才有石霜庆诸（807—888）禅师门下僧众长坐不卧、屹立若木桩，时称"石霜枯木众"的禅林佳话，以及长庆慧棱（854—932）禅师二十年间坐破七个蒲团而竟不得开悟的传说。可见顿悟的难易快慢，实是因人而异的。禅宗语录、公案中所说顿悟的情况也是千差万别的，有的人是在顿悟前苦修多年,有的则在顿悟后依止宗师多年,细心保养呵护,最终才能透彻。故禅宗所说顿悟,实自渐修而来,顿悟之顿,也就是渐修功成的最后一刹那;或是顿悟其理,顿见空性,然后依法修行。后人阅读禅宗灯录、公案时,若只看古代禅师当时顿悟的轻松自在,而不看未顿悟以前和既顿悟以后的行事,对于禅宗的顿悟便很难有全面的认识。

对于大多数属于中下根器的学禅者来说,可能他们自己并不清楚需要刻苦修行才有可能顿悟禅宗的宗旨,甚至根本不想获得顿悟成佛的智慧,参禅只为求神通,甚至只是贪虚名、图热闹,如此等等,都是舍本逐末。为了教化这种钝根之人,禅师们也不得不应病与药,使用各种方便手段,令其识得本源。因此,慧寂说:"我这里是杂货铺,有人来觅鼠粪,我亦抬与他,来觅真金,我亦抬与他。"(《仰山慧寂禅师语录》)若是一味宣讲明心见性的高深道理,必然不受欢迎而门庭冷落,因为最高深的道理其实也是最平常的道理,一点也不玄奇。故长沙景岑禅师说:"我若一向举扬宗教,法堂里须草深一丈。"(《景德传灯录》)慧寂也说:

  我若说禅宗,身边要一人相伴亦无,岂况有五百七百众耶!我若东说西说,则争头向前采拾,如将空拳诳小儿,都无实处。我今分明向汝说圣边事,且莫将心凑泊,但向自己性海,如实而修,不要三明六通。何以故?此是圣末边事,如今且要识心达本。但得其本,不愁其末。他时后日,自具去在。若未得本,纵饶将情学他亦不得。(《仰山慧寂禅师语录》)

唐代禅宗号称兴盛,情况尚且如此;至于后代,修行之风渐趋淡漠,作为唐宋禅宗丛林里核心设施的僧堂,在后来的禅宗丛林里大都变成了摆设。上根大智之人毕竟极少,下根小智之人又不肯老实修行,能够顿悟的人自然越来越少,禅宗也随之日趋衰落。

在禅宗中还有一事,既与顿悟密切相关,又关乎禅宗的法脉传承,这就是师承印证。从禅宗史上看,历代禅宗祖师宗匠,虽门下众多,所选荷担大法、继续慧命的接班人,却都是气宇如王、胸怀广大的秀异之人,如百丈怀海所说:"见与师齐,减师半德;见过于师,方堪传授。"(《百丈怀海禅师语录》)

付法弟子在得法之后,数年、十数年乃至数十年依止宗师,受到悉心的关怀与详尽的指授,非通常弟子所可比。付法弟子当然也受到最为严格的考验,禅宗的术语称为印证。印证,也就是以心印心。以心印心,不属于知解推理的范围,要求老师一定是证悟之人,见地和修行都臻圆满,对于弟子的根机、修行境界和见地如何,用何方法可与其相应,怎样使其进步,一望而知,勿需询问。然后其师以无所住之心,印证其心,若其心有纤毫迟滞,则不能通过,喻如世俗社会审察合格,盖印认可,称为印证,印证显然是禅宗至为严肃慎重之事。唐代禅门,宗匠如云,师徒授受,一丝不苟,保证了禅宗的法脉传承和繁荣兴旺。以后法久弊生,有真实证悟的大禅师难得一遇,印证日益流于形式,师徒授受也逐渐变质,号称明心见性、顿悟成佛的禅宗顿教在明清以后已经难以觅其踪迹了。

四、小　　结

1. 禅宗哲学的特色

禅宗作为隋唐佛教的一个宗派,一改教下各宗务求建立完整的佛学理论体系的风气,针对各宗精于佛学理论研究而疏于修证的弊端,专从修行实践的方面入手,一反教下各宗的渐修主张,提倡直指人心、见性成佛的顿悟法门,将中国佛教中所谓的"心性本觉"思想充分发挥。无论在中国佛教思想史上,还是在整个中国古代思想史上,禅宗的产生与广泛流行,都是一场具有思想解放性质的宗教改革运动,有力地破除了人们对宗教权威的迷信,驱除了遮蔽人类心性光明的云雾,极大地高扬了人的主体性,肯定了人的价值,在今天看来,仍有进步意义。

2. 禅宗与其他宗派的关系

以六祖慧能一系为主流的禅宗兴起于教下各宗相继兴盛的唐代中期,虽然号称是教外别传的宗门,实际上与教下各宗都有密切的关系。

首先,禅宗与华严宗的关系最为密切,相互影响。六祖慧能与北宗的神秀禅师都用华严宗教理来解说禅理,其后诸多著名禅师,都有借华严教理来说禅理。华严宗的第四祖澄观,对于当时禅宗的南北二宗的禅法禅理都深有研习，因而其华严思想中明显掺有禅宗的成分，且有融会禅教的思想倾向。其弟子宗密更是一身兼有华严宗五祖和禅宗荷泽宗传人的双重身分，以提倡禅教一致说而著名。禅宗的法眼文益、永明延寿两大禅师更力主禅教融合之说。宋代以后，禅与华严教理更加融合无间。

其次，禅宗与天台宗的关系始终非常密切，经常相互资取。诸如宗密作《坐禅仪》向初学者所说的坐禅方法，即是主要吸收了天台智顗《小止观》的内容。后来，天台宗人又反过来向禅宗学习止观之道。禅宗与华严宗共尊《大乘起信论》，天台宗受其影响，至宋代则形成主张真心观的山外派，而与以天台正统自居、主张妄心观的山家派论战长达数十年。

第三，禅宗与唯识宗的关系也很密切。慧能即借万法唯识之理来说明"自性能含万法"，又说"五八六七果因转"以论转识成智。其后亦多有禅师借唯识教理以说禅。

第四，禅宗与净土宗的关系密切而复杂。禅宗早期的修行方法中，即有所谓念佛禅。慧能从心性论的立场，主张"但心清净，即是自性西方"的"唯心净土"论。禅宗与净土宗的关系一度紧张，遂由唐代的净土宗高僧慈愍慧日（680—748）出来调和二宗，积极提倡教禅一致和禅净双修。五代时又有禅宗的永明延寿大力提倡禅净合一论；宋代以后，禅净双修论日益盛行。

3. 禅宗与儒、道二家的关系

就禅宗与儒家的关系来说，唐代虽有韩愈、李翱为捍卫儒家道统而极力辟佛，其儒家道统观念实是因受禅宗传心的影响而形成的。韩愈被贬潮州后，常问道于大颠宝通禅师（732—824）。李翱曾屡问道于当时名僧，并且数次问法于药山惟俨禅师，其思想亦深受禅宗的影响，所著《复性书》阐发性情之说，为北宋理学滥觞。宋代理学的建立，其影响因素虽多，其中来自禅宗心性之学的刺激与滋润，是显而易见的。禅宗在儒家文化盛行的中国传播，很多禅师少通儒书，思想自然受其影响，长此以往，禅宗遂呈逐渐儒化的趋势。唐代宗密即有儒佛一源的主张。后来更有北宋名僧契嵩禅师，以沙门立场主张儒佛一致之说。

就禅宗与道家的关系而论，唐末道教神仙丹道一派，深受禅宗的影响，直承原始道家，祖法老庄，而与禅宗渐至合流。其代表性的人物为唐末五代的吕洞宾,宋代的张伯端、白玉蟾等数人,尤其是后二人,直取禅理而言鼎炉丹药之道。金元之际的全真教袭取禅宗心法,主张性命双修,以明心见性为修炼的首要任务。此外,禅宗诸家禅师语录,借老庄哲学的语言以说禅理禅境者比比皆是,反映了中国佛教长期受到老庄道家思想持久影响的特点。

思考题:
1. 为什么说诸法实相论是天台宗哲学的理论基础?
2. 如何把握唯识宗哲学的方法与宗旨?
3. 禅宗与华严宗能够融合的理论基础是什么?
4. 禅宗为什么能够成为中国佛教的典型代表?

参考书目:
1. 吕澂:《印度佛学源流略讲》,载《吕澂佛学论著选集》第4册,齐鲁社,1991年。
2. 吕澂:《中国佛学源流略讲》,载《吕澂佛学论著选集》第5册,齐鲁社,1991年。
3. 汤用彤:《隋唐佛教史稿》,载《汤用彤全集》第二卷,河北人民出版社,2000年。
4. 李志夫:《中印佛学比较研究》,中国社会科学出版社,2001年。
5. 印顺:《中国禅宗史》,江西人民出版社,1999年。
6. 杨曾文:《唐五代禅宗史》,中国社会科学出版社,1999年。
7. 潘桂明、吴中伟:《中国天台宗通史》,江苏古籍出版社,2001年。
8. 魏道儒:《中国华严宗通史》,江苏古籍出版社,1998年。